OEUVRES COMPLÈTES

DE

SHAKESPEARE

TRADUITES

PAR ÉMILE MONTÉGUT

TOME SEPTIÈME

TIMON D'ATHÈNES
TROÏLUS ET CRESSIDA
CORIOLAN
JULES CÉSAR

PARIS

LIBRAIRIE DE L. HACHETTE ET Cⁱᵉ

BOULEVARD SAINT-GERMAIN, N° 79

1870

OEUVRES COMPLETES

DE

SHAKESPEARE

IMPRIMERIE GÉNÉRALE DE CH. LAHURE
Rue de Fleurus, 9, à Paris

OEUVRES COMPLÈTES

DE

SHAKESPEARE

TRADUITES

PAR ÉMILE MONTÉGUT

TOME SEPTIÈME

TIMON D'ATHÈNES
TROÏLUS ET CRESSIDA
CORIOLAN
JULES CÉSAR

PARIS

LIBRAIRIE DE L. HACHETTE ET Cⁱᵉ
BOULEVARD SAINT-GERMAIN, Nº 77

—

1870

Tous droits réservés

TIMON D'ATHÈNES[1]

IMPRIMÉ POUR LA PREMIÈRE FOIS DANS L'ÉDITION DE 1623.
DATE PROBABLE DE LA REPRÉSENTATION, 1610.

AVERTISSEMENT.

Timon d'Athènes fut imprimé pour la première fois dans l'édition de 1623. Quant à la date de sa composition et de sa représentation, elle est restée inconnue. Malone lui assigne celle de 1610. Cette date doit être à peu près exacte, car la pièce porte la marque du dernier style de Shakespeare, et révèle par la peinture des passions et des caractères qui y sont représentés l'expérience consommée d'un homme mûr auquel la vie n'a plus rien à apprendre sur l'incurable faiblesse de l'humanité, et qui a depuis longtemps déjà dépassé les dernières illusions de la jeunesse.

Shakespeare était comme l'on sait un grand lecteur de Plutarque, et c'est dans la vie de *Marc Antoine* qu'il a rencontré les éléments de son admirable drame. Plutarque raconte en effet dans la biographie du triumvir, qu'après la bataille d'Actium, Antoine, navré de douleur et abandonné de tous ses amis, sauf du seul Lucilius qui avait reporté sur lui le dévouement qu'il avait eu autrefois pour Brutus, fit jeter une chaussée sur l'île de Pharos pour y vivre à la manière de Timon le misanthrope. L'admirable biographe qui est en même temps un grand archéologue moral, s'il nous est permis d'employer cette expression, prend occasion de ce fait pour nous raconter tout ce que la tradition avait conservé touchant ce personnage de Timon, mentionné pour sa misanthropie par Platon et Aristophane. Quelques détails dans la *Vie d'Alcibiade* par le même Plutarque ont complété pour Shakespeare ces indications sommaires. Il n'est donc pas nécessaire, comme l'ont fait la plupart des critiques, de chercher à quelle source Shakespeare a puisé son drame, et s'il n'y avait pas un drame antérieur sur ce sujet; le fait bien connu que le poëte était un lecteur assidu de Plutarque suffit pour nous renseigner à cet égard. Toutefois il est juste de dire que ce personnage du vieux misanthrope athénien était familier, avant le *Timon* de Shakespeare, aux imaginations de ses contemporains. Timon est le héros d'un vieux drame, resté en manuscrit jusqu'à nos jours et imprimé pour la première fois par M. Dyce pour la *Société de Shakespeare :* nous en parlerons tout à l'heure. Un vieil auteur, contemporain de Shakespeare, Paynter, dans un recueil de nouvelles intitulées *le Palais du plaisir*, a répété en style détestable les renseignements sommaires que Plutarque nous a transmis : la traduction de cette nouvelle fait le sujet de la première de nos notes sur *Timon d'Athènes.* Enfin M. Staunton, dans une des excellentes mais trop brèves notices qu'il a placées en tête des pièces de Shakespeare, nous apprend que dans un recueil anglais d'épigrammes à la date de 1598 on trouve ce vers :

Like hate-man Timon in his cell he sits,

« Il est assis dans sa cellule comme Timon le misanthrope, » et que dans une vieille pièce de 1601 intitulée « l'Accueil de Jack Tambour » (*Jack Drum's entertainment*) on lit cette phrase : « Mais si toutes les rossinantes des brasseurs de la cité sont capables de m'arracher à l'amour de moi-même, elle feront plus que les sept sages de la Grèce; maintenant je veux être aussi sociable que Timon d'Athènes. »

Plutarque n'est pas cependant le seul auteur de l'antiquité qui ait parlé avec détail de Timon. Un siècle après l'illustre prêtre de Chéronée, ce grand esprit satirique si fantasque, ce miroir si précieux de la décadence du vieux monde, Lucien de Samosate, prit le misanthrope légendaire pour sujet d'un de ses dialogues amusants dont le corps est si nourri d'observations fines et sensées, et dont les conclusions morales sont d'ordinaire aussi insignifiantes que celles des fables de La Fontaine. Timon, déjà retiré dans sa solitude, invective au début de ce dialogue Jupiter qui laisse reposer sa foudre, tandis que les méchants prospèrent, et met insolemment cette négligence sur le compte de la vieillesse du dieu. Jupiter cependant n'est pas encore si sourd qu'il n'ait entendu Timon. « Quel est, dit-il à Mercure, ce criailleur qui est dans l'Attique, au pied de l'Hymette, tout près de la montagne. — C'est Timon, » répond Mercure; et il raconte au dieu par quelle série de mésaventures Timon est arrivé au changement d'âme et de condition où on le voit. — Vraiment, répond Jupiter, j'en suis fâché et je veux faire quelque chose pour lui dont je me reproche de ne pas m'être inquiété, occupé que j'étais par les affaires que me taillent nos modernes philosophes. Prends Plutus avec toi, Mercure; que Plutus emmène Thesaurus, et que tous deux s'établissent chez Timon. — Aussitôt fait que dit; Mercure emmène Plutus, qui part en rechignant quelque peu, en se souvenant des prodigalités de Timon, prodigalités qui, ainsi qu'il l'explique judicieusement à Mercure, sont de véritables insultes envers sa divinité qui ne le cèdent en rien aux brutalités des avares. Les voilà dans la demeure de Timon, et à leur approche la Pauvreté et les vertus qui l'accompagnent s'éloignent en rechignant, prévoyant qu'avec Plutus la corruption va redevenir maîtresse de Timon. Mais les craintives vertus se sont rendues coupables d'un jugement téméraire; elles ont compté sans la sauvagerie de Timon dont le premier mouvement est de vouloir casser la tête aux dieux même après qu'il les a reconnus. Heureusement les dieux ont une placidité tout aristocratique, ils ne s'émeuvent pas des injures de ce pauvre diable d'humain, et après avoir apaisé ce *bousingot* de la misanthropie, ils le font consentir à recevoir leurs bienfaits. Thesaurus est caché sous terre, Timon donne un coup de pioche et l'en fait jaillir.

Ici je me permettrai de faire remarquer qu'il est difficile de croire que Shakespeare n'ait pas eu d'une manière ou d'autre connaissance du dialogue de Lucien, car le monologue de Timon lorsqu'il découvre Thesaurus contient tous les éléments essentiels des terribles discours du personnage de Shakespeare. Rappelez-vous ses monologues, et surtout son discours à son intendant Flavius, lorsque ce dernier vient le visiter dans sa retraite, et jugez. « Ordonnons et décrétons de renoncer, jusqu'à la fin de nos jours, au commerce des hommes, de les fuir et de les mépriser. Ainsi, *hôte, compagnon, autel de la pitié, fadaises ! Compassion pour les larmes, secours à l'infortune, abus des lois et renversement des mœurs !* Moi, vivre seul comme les loups et n'avoir qu'un ami, Timon ! tout le reste des ennemis, des dresseurs d'embûches, et converser avec eux, sacrilége ! S'il m'arrive d'en apercevoir un, jour néfaste !... Ne recevons pas d'envoyés de leur part, ne signons aucun contrat avec eux, que ce désert nous sépare ! Tribu, phratrie, nationalité, patrie même, mots vides de sens, qui ne sont bons que pour les sots.... que Timon n'ait d'autre voisin, d'autre proche que lui-même ; qu'il éloigne de lui le reste des hommes ; que ce soit pour lui une loi suprême de ne tendre la main à personne, fussé-je près de mourir et réduit à me placer sur la tête la couronne funéraire. Qu'enfin le plus doux des noms soit pour Timon celui de Misanthrope ! le fond de mon humeur sera la brusquerie, la dureté, la grossièreté, la colère, la sauvagerie. Si je vois un homme près de se brûler et me suppliant d'éteindre le feu, je l'éteindrai avec de la poix et de l'huile ; si un fleuve grossi par l'orage emporte un homme qui me tende les bras et me prie de le retirer, je l'y replongerai la tête la première afin qu'il ne puisse revenir sur l'eau.... » C'est le ton des recommandations à Flavius et aux bandits, la violence de l'accueil fait aux ambassadeurs d'Athènes. Cependant Shakespeare à la rigueur était assez riche de son propre fonds pour n'avoir pas besoin d'emprunter ces germes ; il aurait pu parfaitement trouver en lui-même les sentiments qu'il a développés avec une si terrible éloquence, et cette coïncidence ne prouverait nullement qu'il a connu le dialogue de Lucien ; mais la découverte du trésor qui jaillit sous la pioche de Timon dans Lucien comme dans Shakespeare est un fait qui ne permet pas le doute. C'est évidemment à Lucien que Shakespeare a emprunté ce détail dont il a tiré de si magnifiques effets.

La conclusion du dialogue de Lucien et les derniers actes de *Timon d'Athènes* sont identiques. Dans Lucien comme dans Shakespeare le bruit se répand que Timon est redevenu riche, et flatteurs, parasites, faux amis reprennent le chemin de son antre. Dans Lucien comme dans Shakespeare, Timon les reçoit à coups de bâton et à coups de pierres ; la seule chose qui porterait à croire que Shakespeare ne connaissait pas ce dialogue de Lucien, c'est qu'il s'y rencontre un trait d'une profondeur comique admirable dont on peut s'étonner que le poëte n'ait pas profité. Parmi les bas flatteurs qui accourent à la demeure de Timon sur le bruit qu'il est redevenu riche, se trouve un certain Déméas, orateur de son métier, et impudent comme un homme à qui les nécessités de sa profession ont révélé qu'il n'est pas de bourde si grossière qu'on ne puisse faire avaler aux hommes pourvu que leur vanité soit flattée. « Salut, lui dit-il, Timon, rempart d'Athènes, boulevard de la Grèce, voici le décret que j'ai proposé en ta faveur.... « Attendu qu'il a été vainqueur au pugilat, à la lutte, et à la course, le même jour, à Olympie, et qu'il a remporté le prix du char attelé de quatre chevaux....

Timon. — Mais je n'ai jamais assisté aux jeux olympiques.

Déméas. — Qu'importe? tu y assisteras plus tard; mais il est bon de voir figurer cela dans un décret avec d'autres choses encore : « Attendu qu'il s'est distingué l'année dernière en servant la république contre les Acharniens, et qu'il a taillé en pièces deux bataillons de Péloponésiens.... »

Timon. — Comment? je n'ai jamais porté les armes, je n'ai jamais été inscrit sur les rôles militaires!

Déméas. — Tu fais le modeste; mais nous serions des ingrats si nous oubliions tes services.... » Suivent de longs considérants, tous aussi établis que les précédents et qui ont pour but de faire élever à Timon une statue tout en or. « Tel est, ajoute-t-il, l'avis de Déméas, orateur, proche parent dudit Timon et son élève, vu que Timon est un orateur excellent, qui réussit d'ailleurs dans tout ce qu'il veut. Voilà le décret que je propose pour toi. Je voulais aussi t'amener mon fils, auquel j'ai donné le nom de Timon.

Timon. — Comment, Déméas, tu n'es pas marié que je sache?

Déméas. — Non, mais je me marie, s'il plaît à Dieu, l'année prochaine, et j'aurai des enfants, et mon premier-né qui sera un garçon s'appellera Timon.

Timon. — Je ne sais pas si tu te marieras, mon ami, après le bon coup que tu vas recevoir.

Déméas. — Aïe! qu'est-ce donc? Es-tu donc tyran d'Athènes pour frapper ainsi les citoyens libres, toi qui n'es ni libre, ni citoyen? Mais tu seras bientôt puni de tous tes méfaits, et pour avoir brûlé l'Acropole.

Timon. — L'Acropole n'a jamais été brûlée, coquin! et tu n'es qu'un sycophante!

Déméas. — Oui, mais tu t'es enrichi en entrant par dessous terre dans l'intérieur du Panthéon.

Timon. — Je n'y suis jamais entré, et personne ne croira ta langue.

Déméas. — Alors tu veux y entrer, et tu as déjà volé le trésor qui s'y trouve (a). »

C'est une scène de la plus excellente comédie, et il est étonnant que Shakespeare n'ait pas eu la tentation de s'en servir. Mais peut-être est-ce la perfection même de cette scène qui l'a retenu. Le premier devoir du génie est en effet de respecter les œuvres du génie, et s'il est plus que permis au poëte de donner croissance et floraison aux germes contenus chez des compilateurs subalternes ou des auteurs médiocres qui n'ont pas compris la valeur des idées qu'ils rencontraient, son droit sur les pensées qui sont arrivées à parfaite maturité est plus douteux. Nous aimons à croire que c'est par obéissance à cette loi de moralité littéraire que Shakespeare s'est abstenu de toucher à ce passage de Lucien. L'auteur anonyme de la vieille pièce que nous avons mentionnée n'a pas eu de ces scrupules, car il a pris à Lucien pour la gâter en l'abrégeant lourdement cette scène d'un comique si vrai et si fin qu'il n'en est pas de meilleure dans Molière.

La grande scène de l'entrevue entre le philosophe Apemantus et Timon dans les bois, se rencontre aussi dans le dialogue de Lucien; mais cette fois quelle différence ! Apemantus dans Lucien se nomme Thrasyclès. Hypocritement il s'approche de Timon comme un frère quêteur cafard de l'église cynique, comme un tartuffe d'un ordre mendiant de l'antiquité, demandant au nom des pauvres et des affligés qu'il lui remplisse d'or sa besace. La scène est amusante, mais d'une observation ordinaire et quelque peu banale. Au contraire, sur quelle observation originale et profonde Shakespeare a fondé le dialogue de ses deux misanthropes. Apemantus nourrit contre Timon une secrète rage parce qu'il lui prend son rôle de haïsseur des hommes. Comment! il s'était créé ce personnage à

(a) Pour ces extraits nous nous sommes servis de l'élégante traduction de Lucien par M. Talbot.

force de labeurs, et voilà que Timon sous l'empire du malheur vient le jouer naïvement! La jalousie de métier s'empare de lui, et il ressent pour Timon l'animosité secrète que dès les premiers jours du monde, au dire d'Hésiode, le potier a portée au potier. Puisque nous rencontrons le nom d'Apemantus faisons encore remarquer l'intelligence merveilleuse avec laquelle Shakespeare a saisi le caractère particulier de l'école créée par Antisthènes, et le caractère général de cette sagesse sentencieuse, apophthegmatique, visant à donner aux axiomes de la morale la netteté et le relief des médailles, qui distingua les philosophes de la Grèce.

Nous avons dit qu'il existe un vieux drame sur ce sujet de Timon d'Athènes. Ce drame est resté en manuscrit jusqu'à notre époque. Steevens et Malone l'avaient vu au dernier siècle entre les mains d'un graveur célèbre, Strutt. Des mains de ce graveur il passa dans celles de deux autres personnes, et enfin dans celles de M. Dyce qui l'imprima en 1842 pour la Société de Shakespeare. M. Dyce conjecture avec raison, croyons-nous, que ce drame aura été représenté dans quelque solennité d'académie ou de collége; mais pourquoi Steevens, qui l'avait lu, s'est-il hâté de déclarer ce drame dépourvu de toute autre valeur qu'une valeur de curiosité? Oh non certes, la pièce n'est pas un chef-d'œuvre ; elle ressemble au drame de Shakespeare comme un grossier barbouillage de taverne à une toile du Titien; mais le grand poëte a puisé souvent à de pires sources. Le drame est baroque, mal conçu, informe; l'histoire de Timon qui devrait en être le sujet principal, grâce à l'ignorance absolue de l'art de la composition qui distingue l'auteur, n'en est plus qu'un épisode ; le caractère de Timon est réduit aux proportions vulgaires d'un prodigue de taverne et de cabaret qui se ruine en veau froid et en salades avec des filles et des escrocs dans les *oyster rooms* de son temps; et cependant ce drame se lit sans fatigue, et il est même amusant. L'auteur inconnu est évidemment un bel esprit de l'école de Ben Jonson dont il s'efforce de son mieux d'attraper la plaisanterie solide et massive, l'imagination brutale, et les types préférés. Nous avons là cet éternel personnage du gobe-mouche de village (*gull*) trompé par les aigrefins de la ville, et surtout ce type du voyageur avec son mélange de sottise et d'impudence, qui font si grande figure dans les comédies de Ben Jonson. Pseudocheus, le voyageur revenu des antipodes et du pays des Pygmées, n'est pas un personnage à dédaigner, et si on le rencontrait dans toute autre pièce, on admirerait l'art avec lequel l'auteur a su présenter le caractère du menteur grec, si célèbre dans l'antiquité. Déméas l'orateur, quoique emprunté à Lucien, a été habilement mis en scène, et il est vraiment amusant avec les mots de métier et de profession qu'il applique à toutes les phrases de ses interlocuteurs. Prend-on aussi innocemment que M. Jourdain faisait de la prose, le moins pour le plus, ou le plus pour le moins, fait-on une observation incidente, revient-on sur le même sujet à plusieurs reprises; remarquable hyperbole, tapinose ou diminution, curieuse parenthèse, anaphoris ou répétition, observe sur-le-champ Déméas. Pseudocheus et Déméas sont deux personnages sinon de très-bonne comédie, au moins de très-bon vaudeville, et mis en scène avec quelques modifications, ils nous feraient rire même aujourd'hui, ce qui n'est pas un médiocre éloge. M. Dyce hésite à croire que Shakespeare ait connu la pièce; rien, en effet, ne prouve qu'il l'ait connue, si ce n'est les deux ou trois ressemblances que Steevens a fait remarquer, mais ces ressemblances sans être étroites sont vraiment frappantes. Le caractère de l'intendant Flavius, ce type de la grande domesticité des maisons seigneuriales est en germe dans le personnage insignifiant de l'intendant Lachés; quant à la scène du banquet, elle y est plus qu'indiquée, elle y est grossièrement ébauchée, à ce détail près que ce n'est pas de l'eau que Timon jette à ses convives, mais des pierres sculptées et peintes comme des artichauts.

Avons-nous besoin de faire remarquer la transformation admirable que Shakespeare a fait subir au personnage de Timon tel que le lui léguait la tradition antique? Selon la tradition antique, Timon est un excentrique qui dans sa haine de l'humanité est resté fidèle à cette logique singulière que les anciens, dès qu'ils se piquaient de philosopher, portaient dans l'expression de leurs sentiments et de leurs doctrines. Un Diogène professe que l'indépendance est le plus grand des biens, et alors il croit n'être fidèle à sa doctrine qu'en habitant un tonneau qu'il roule sur la place publique; un Pyrrhon nie l'existence des objets extérieurs, et alors pour ne pas se mentir à lui-même il va se cogner la tête contre les arbres qu'il voit parfaitement devant lui. De même Timon, ayant juré haine aux hommes, adopte la vie des loups et s'en va vivre au fond des bois, accueillant à coups de pierres ceux qui viennent le visiter. Dans ce singulier souci qu'avaient les Grecs de mettre leur conduite extérieure en rapport exact avec leurs sentiments moraux, il y a une grande naïveté sans doute, mais aussi cet amour de l'harmonie et des proportions parfaitement symétriques qui les distingua (a). Le Timon de la tradition n'est donc vrai que pour Athènes, mais le Timon de Shakespeare est vrai pour le monde entier. Timon est un seigneur, riche, libéral, magnifique, qui croit s'attacher les cœurs par ses bienfaits. Le vent de l'adversité souffle, il est seul. Alors éclate en lui ce transport d'indignation qui saisit toute âme bien née la première fois qu'elle aperçoit la laideur de cette nature hu-

---

(a) Nous ne pouvons cependant nous empêcher de remarquer que dans nos temps modernes la philosophie n'a plus eu la même franche sincérité. Nos opinions n'engagent plus notre conduite, et ne dépassent pas le domaine de notre intelligence. Au contraire dans l'antiquité, toute école de philosophie était vraiment une église dans le sens le plus exactement conforme à celui que le christianisme a donné à ce mot.

maine que les riches connaissent si rarement, qu'ils ne connaissent même jamais si le hasard ou l'adversité ne les instruit pas. Avec l'ardeur qui distingue les natures généreuses, il se précipite dans la haine, comme il avait plongé dans la confiance, il porte dans la misanthropie le même excès, la même témérité qu'il avait portés dans l'amitié, et il montre sous son second caractère aussi peu de vraie connaissance de la nature humaine que sous le premier. Se voyant abandonné il croit les hommes méchants; s'il se donnait le temps de la réflexion, et s'il savait supporter son malheur, il s'apercevrait que ce qu'il y a de plus étonnant dans la nature humaine, ce n'est pas sa perfidie, mais sa lâcheté, et que ces hommes qu'il prend pour des méchants sont tout bonnement des indifférents. La nature humaine générale est admirablement exprimée par le mot de ce convive qui ne peut parvenir à rien comprendre aux violences de Timon : « Singulier seigneur, un jour il vous donne des diamants, un autre jour il vous jette des pierres. » Mais si Timon faisait cette observation il cesserait d'être poétique, parce qu'il cesserait d'être excessif, et c'est avec un parfait bon sens que Shakespeare l'a poussé jusqu'aux derniers emportements. « Tu n'as jamais connu les conditions moyennes de l'humanité, » lui dit Apemantus fort justement : oui, mais ces conditions moyennes sont impossibles aux grandes existences et aux grands cœurs, et leur sont de pires misères que les conditions extrêmes. Si Timon n'aime plus les hommes, il devra les haïr à outrance; s'il n'habite plus un palais, il devra habiter une tanière. Lorsqu'un roi tombe dans le malheur, il doit pour être poétique aller d'emblée jusqu'à la condition de mendiant, comme ce roi Lear que Shakespeare a montré errant sur la bruyère fouetté de l'orage; les états intermédiaires d'âme et d'existence lui sont interdits, et la misère la plus navrante que je connaisse dans l'histoire, c'est celle de Philippe, le fils du dernier roi de Macédoine, faisant des écritures pour gagner sa vie dans les études des procureurs romains.

La critique de la misanthropie de Timon, Shakespeare l'a faite dans ce drame, — et avec quelle hardiesse et quelle profondeur! — en dressant en face de lui l'antithèse d'Alcibiade. Alcibiade comme Timon est payé de ses services par la plus noire ingratitude. Le sang versé à flots sur les champs de bataille pour la défense de son pays ne lui est pas plus compté, que ses millions prodigués ne sont comptés à Timon. Mais comme ils prennent différemment les choses! Shakespeare qui a lu son Plutarque sait de quelle manière Alcibiade récompensa ses concitoyens du bannissement qui le frappait, l'alliance avec Lacédémone, l'expédition de Gylippe en Sicile et cette île perdue à jamais pour Athènes, les intrigues avec Tisapherne et les alliés d'Athènes ruinés, et la campagne de l'Attique dévastée. Alcibiade ne perd pas son temps en imprécations éloquentes. Ah vous me bannissez! ah vous me payez d'ingratitude! attendez un peu, je m'en vais vous tailler des croupières dont vos échines se souviendront longtemps, et pour chaque parole de votre insolent arrêt, des milliers d'entre vous, mes drôles, rendront leurs âmes à Pluton qui en fera tel usage qu'il lui plaira. Et il fait comme il dit, et il revient triomphant et vengé, tandis que Timon s'ensevelit au sein de sa défaite. Voilà deux manières d'agir fort différentes dans une même situation. De ces deux manières d'agir, quelle est la meilleure, et celle qu'on doit employer de préférence avec l'humanité? Que valent les hommes : les imprécations de Timon ou les étrivières d'Alcibiade? et quel est le plus noble des deux, de Timon ou d'Alcibiade? Shakespeare, avec son impartialité ordinaire, s'est contenté de mettre en présence les deux caractères et les deux conduites, en laissant au lecteur le soin d'en décider selon sa propre nature. Nous ferons comme lui.

On a quelquefois comparé le Timon de Shakespeare

à l'Alceste de Molière. Nous n'essaierons pas à notre tour cette oiseuse comparaison entre ces deux caractères qui n'ont rien de commun, et dont la misanthropie se ressemble aussi peu que la haine furieuse ressemble à l'amour propre blessé.

PERSONNAGES DU DRAME.

TIMON, noble athénien.
LUCIUS,
LUCULLUS, } Seigneurs, et flatteurs de TIMON
SEMPRONIUS,
VENTIDIUS, un des faux amis de TIMON.
ALCIBIADE, général athénien.
APEMANTUS, philosophe grondeur.
FLAVIUS, intendant de TIMON.
Un poëte.
Un peintre.
Un joaillier.
Un marchand.
Un vieil athénien.
FLAMINIUS,
LUCILIUS, } serviteurs de TIMON.
SERVILIUS,
CAPHIS,
PHILOTUS,
TITUS, } serviteurs des créanciers de TIMON.
HORTENSIUS,
Serviteurs de VENTIDIUS, et de VARRON et ISIDORE, deux des créanciers de TIMON.
Un page.
Un bouffon.
Trois étrangers.

PHRYNIA,
TIMANDRA, } maîtresses d'ALCIBIADE.
Cupidon et les Amazones, personnages de la mascarade.
Seigneurs, Sénateurs, Officiers, Soldats, Voleurs, Suivants, etc.

Scène. — Athènes et les bois dans le voisinage.

TIMON D'ATHÈNES.

ACTE I.

SCÈNE PREMIÈRE.

Athènes. — Une salle dans la demeure de Timon.

Entrent un poëte *et* un peintre.

Le poëte. — Bonjour, Monsieur.
Le peintre. — Je suis heureux de vous voir en bonne santé.
Le poëte. — Je ne vous ai pas vu depuis longtemps, comment va le monde ?
Le peintre. — Il s'use, Monsieur, à mesure qu'il marche.
Le poëte. — Oui, cela est bien connu : mais je vous demande, quelle rareté particulière y a-t-il ? quelle chose neuve dont nous n'ayons pas eu les oreilles rebattues ? Voyez....

Entrent un joaillier, un marchand *et autres par diverses portes.*

Le poëte. — Ô magie de la bonté ! c'est ta puissance qui par ses conjurations a forcé tous ces esprits à apparaître. Je connais le marchand.
Le peintre. — Je les connais tous deux ; l'autre est un joaillier.
Le marchand. — Oh ! c'est un digne Seigneur !

LE JOAILLIER. — Certes, cela est hors de tout doute.

LE MARCHAND. — Un homme très-incomparable : on peut dire vraiment qu'il se tient infatigablement et sans relâche en haleine de générosité; aussi dépasse-t-il tout le monde.

LE JOAILLIER. — J'ai ici un joyau....

LE MARCHAND. — Je vous en prie, faites-nous le voir : c'est pour le Seigneur Timon, Monsieur?

LE JOAILLIER. — S'il veut en donner le prix : mais pour ce joyau....

LE POËTE, *se récitant des vers à lui-même.*

Lorsque pour une récompense nous avons loué l'homme vil,
Nous avons commis un acte qui ternit la gloire de l'heureuse poésie,
Dont la vraie fonction est de chanter l'homme de bien....

LE MARCHAND, *regardant le joyau.* — C'est d'une belle forme.

LE JOAILLIER. — Et riche : voyez-moi quelle belle eau.

LE PEINTRE. — Vous êtes absorbé dans quelque ouvrage, Monsieur, quelque dédicace à ce grand Seigneur?

LE POËTE. — Une babiole qui s'est échappée de moi sans y penser. Notre poésie est une gomme qui découle de l'âme qui la nourrit : le caillou ne montre pas le feu qu'il contient avant d'être frappé; mais notre aimable flamme s'allume d'elle-même, et, comme le courant, franchit tous les obstacles qu'elle enlève en grondant. Qu'avez-vous là?

LE PEINTRE. — Une peinture, Monsieur. Quand paraît votre livre?

LE POËTE. — Immédiatement après que je l'aurai présenté, Monsieur. Voyons votre œuvre.

LE PEINTRE. — C'est un bon morceau.

LE POËTE. — En effet : cela est venu d'une façon toute magistrale; c'est excellent.

LE PEINTRE. — Passable.

LE POËTE. — Admirable! Comme l'attitude de cette gracieuse figure est expressive! quelle puissance morale

ACTE I, SCÈNE I.

jaillit de cet œil! quelle forte imagination se meut sur ces lèvres! on pourrait interpréter le langage muet du geste!

Le peintre. — C'est une gentille contrefaçon de la vie. Voyez cette touche; est-elle bonne?

Le poëte. — Ce que j'en dirai, c'est qu'elle en remontre à la nature; l'effort de l'art a mis dans ces touches une vie plus vivante que la vie.

Quelques sénateurs *traversent le théâtre.*

Le peintre. — Comme ce Seigneur est recherché!

Le poëte. — Les Sénateurs d'Athènes : — heureux hommes!

Le peintre. — Regardez, en voici d'autres.

Le poëte. — Vous voyez ce flux, cette grande marée de visiteurs. J'ai, dans cet ouvrage imparfait, représenté un homme que ce monde sublunaire caresse et choie avec l'empressement le plus affectueux : ma libre conception ne s'arrête pas à tel caractère en particulier, mais se meut à l'aise sur un vaste champ de cire [2] : pas une allusion malicieuse n'envenime une seule virgule dans le cours de mon inspiration; mais je vole, comme vole l'aigle, hardiment, d'un grand essor, et sans laisser de traces derrière moi.

Le peintre. — Comment dois-je vous comprendre?

Le poëte. — Je vais vous donner la clef de mes paroles. Vous voyez à quel point les gens de toute condition, de tout caractère, les légers et les capricieux, aussi bien que les graves et les austères, offrent leurs services au Seigneur Timon : sa vaste fortune, obéissant à sa bonne et gracieuse nature, soumet et achète à son amour et à sa société les cœurs de toute sorte, depuis le flatteur dont le visage est un miroir, jusqu'à cet Apemantus qui n'aime à peu près rien autant que s'abhorrer lui-même; oui, cet Apemantus lui-même courbe le genou devant lui, et s'en retourne apaisé, l'âme enrichie d'un signe de tête amical de Timon.

Le peintre. — Je les ai vus parler ensemble.

Le poëte. — Monsieur, j'ai imaginé la Fortune assise

sur une colline haute et charmante : à la base de la montagne, sont rangés des hommes de tout talent, de toute nature, qui, sur la circonférence de cette sphère, s'efforcent de s'élever en condition : parmi cette foule d'hommes dont les yeux sont fixés sur la souveraine déesse, j'en ai représenté un sous la figure du Seigneur Timon ; de sa main d'ivoire la Fortune l'attire à elle, et par cette faveur fait en même temps de ses rivaux ses esclaves et ses serviteurs.

Le peintre. — Voilà une conception parlante. Ce trône, cette Fortune, cette colline, avec cet homme qui sur un signe se sépare de la foule d'en bas, et gravit, tête baissée, la montagne escarpée pour atteindre à son bonheur, il me semble que cette scène serait bien exprimée par notre art.

Le poëte. — Oui, Monsieur, mais écoutez-moi. Tous ces gens qui étaient ses compagnons, il n'y a qu'un instant (quelques-uns même valaient mieux que lui), se mettent immédiatement à suivre ses pas, vont faire antichambre dans ses vestibules, versent dans ses oreilles une pluie de chuchotements pleins de dévotions, transforment en objet sacré même son étrier, et ne respirent que par sa permission.

Le peintre. — Oui, pardi, et que deviennent-ils?

Le poëte. — Tout à coup la Fortune, obéissant à l'humeur mobile de ses caprices, précipite en bas son récent bien-aimé ; alors tous ses dépendants qui s'efforçaient de le rejoindre au sommet de la colline, même en grimpant des mains et des genoux, le laissent glisser en bas, sans qu'un seul l'accompagne dans sa chute.

Le peintre. — C'est l'histoire ordinaire. Je pourrais vous montrer mille moralités peintes qui représentent ces coups rapides de la Fortune plus éloquemment que les paroles. Vous faites bien de montrer au Seigneur Timon que d'humbles yeux ont vu nombre de gens les pieds plus haut que leurs têtes.

Des trompettes sonnent. Entre TIMON *avec sa suite.* LE SERVITEUR *de* VENTIDIUS *converse avec lui.*

TIMON. — Il est emprisonné, dites-vous ?

LE SERVITEUR DE VENTIDIUS. — Oui, mon bon Seigneur : sa dette est de cinq talents ; ses ressources sont très-minces, ses créanciers très-pressants : il désire que Votre Honneur écrive à ceux qui l'ont fait enfermer ; si ce moyen lui manque, il n'a plus d'espoir.

TIMON. — Noble Ventidius ! Parbleu, se débarrasser d'un ami lorsqu'il a besoin de moi, n'est pas le fait d'un oiseau de mon plumage. Je le connais pour un Seigneur qui mérite bien d'être secouru, et il le sera : je payerai sa dette et je le délivrerai.

LE SERVITEUR DE VENTIDIUS. — Votre Seigneurie a conquis pour toujours sa reconnaissance.

TIMON. — Porte-lui mes compliments ; j'enverrai sa rançon, et dès qu'il sera en liberté, dis-lui de venir me voir : ce n'est pas assez de relever le faible, il faut encore le soutenir après. Porte-toi bien.

LE SERVITEUR DE VENTIDIUS. — Parfait bonheur à Votre Seigneurie ! (*Il sort.*)

Entre UN VIEIL ATHÉNIEN.

LE VIEIL ATHÉNIEN. — Seigneur Timon, écoute-moi parler.

TIMON. — Parle librement, bon père.

LE VIEIL ATHÉNIEN. — Tu as un serviteur nommé Lucilius.

TIMON. — Oui : qu'y a-t-il à son sujet ?

LE VIEIL ATHÉNIEN. — Très-noble Timon, fais appeler cet homme devant toi.

TIMON. — Est-il ou non de service ici ? Lucilius !

LUCILIUS *se détache des personnes de la suite.*

LUCILIUS. — Présent, au service de Votre Seigneurie.

LE VIEIL ATHÉNIEN. — Ce compère-ci, Seigneur Timon, cet homme à tes gages, fréquente de nuit ma maison. Je suis un homme qui, dès ses premiers jours, ai songé à ramasser du bien, et ma fortune mérite un héritier d'un rang supérieur à celui d'un homme qui donne des assiettes.

Timon. — Bien, et ensuite?

Le vieil Athénien. — Je n'ai qu'une fille unique, sans autre parent qui doive hériter de tout ce que j'ai acquis : la fille est belle, elle entre seulement dans l'âge où l'on peut se marier, et je n'ai épargné aucuns frais pour lui faire donner la meilleure éducation. Cet homme à tes gages recherche son amour : je t'en prie, noble Seigneur, joins-toi à moi pour lui interdire d'aspirer à elle ; j'ai moi-même parlé en vain.

Timon. — L'homme est honnête.

Le vieil Athénien. — Il continuera à l'être, Timon : son honnêteté porte sa récompense en elle-même ; il ne doit pas avoir ma fille pour cela.

Timon. — L'aime-t-elle?

Le vieil Athénien. — Elle est jeune et ouverte à la séduction : l'expérience de nos propres passions passées peut nous apprendre quelle légèreté il y a dans la jeunesse.

Timon, à *Lucilius*. — Aimez-vous la jeune fille?

Lucilius. — Oui, mon bon Seigneur, et elle accepte mon amour.

Le vieil Athénien. — Si elle se marie sans mon consentement, je prends tous les dieux à témoin que je choisirai mon héritier parmi les mendiants, et que je la déposséderai absolument (a).

Timon. — Quelle sera sa dot, si elle est mariée à un époux qui ait égale fortune?

Le vieil Athénien. — Trois talents pour le moment, dans l'avenir tout ce que je possède.

Timon. — Cet honnête homme m'a longtemps servi, je veux faire un léger sacrifice pour fonder sa fortune, car

---

(a) Dans tout ce passage Shakespeare s'est visiblement souvenu de la scène de début du *Songe d'une Nuit d'été*, où Egée vient se plaindre de Lysandre et d'Hermia devant Thésée en termes qui ne sont pas sans analogie avec les paroles du vieil Athénien.

c'est une obligation pour les hommes. Donne-lui ta fille : la dot que tu lui octroieras, je la balancerai, et je le ferai peser du même poids qu'elle.

Le vieil Athénien. — Très-noble Seigneur, donnez votre parole d'honneur comme gage de cette promesse, et elle est à lui.

Timon. — Voici ma main ; j'engage mon honneur pour ma promesse.

Lucilius. — Je remercie humblement Votre Seigneurie ; que jamais il ne m'arrive fortune ou bonheur que vous ne puissiez regarder comme vôtre ! (*Sortent Lucilius et le vieil Athénien.*)

Le poëte. — Accueillez mon travail, et longtemps vive Votre Seigneurie !

Timon. — Je vous remercie ; je suis à vous tout à l'heure : ne vous en allez pas. Qu'avez-vous là, mon ami ?

Le peintre. — Un morceau de peinture que je supplie Votre Seigneurie d'accepter.

Timon. — La peinture est la bienvenue. La peinture est presque l'homme naturel, car depuis que le déshonneur trafique avec l'âme de l'homme, l'homme est tout extérieur : ces figures peintes se présentent franchement au contraire pour ce qu'elles sont. J'aime votre ouvrage, et vous vous en apercevrez bien : veuillez m'attendre jusqu'à ce que nous reprenions cet entretien.

Le peintre. — Les dieux vous protégent !

Timon. — Bonne santé, Messieurs : donnez-moi votre main ; il faut absolument que nous dinions ensemble. — Monsieur, votre joyau a souffert de l'estimation.

Le joaillier. — Comment, Monseigneur ! il a été déprécié ?

Timon. — Simplement accablé de louanges jusqu'à la satiété. Si je vous le payais au prix où il a été évalué, il me ruinerait entièrement.

Le joaillier. — Monseigneur, il n'est fixé qu'au prix qu'en donneraient les marchands : mais vous le savez bien, les choses de même valeur, possédées par différents maîtres, sont évaluées d'après leurs possesseurs : croyez-moi, cher Seigneur, vous augmentez la valeur du joyau en le portant.

Timon. — Bien raillé.

Le marchand. — Non, mon bon Seigneur, il parle la langue ordinaire que tout le monde parle avec lui.

Timon. — Voyez celui qui vient ici : voulez-vous être grondés?

Entre APEMANTUS³.

Le joaillier. — Nous le supporterons, en compagnie de Votre Seigneurie.

Le marchand. — Il n'épargnera personne.

Timon. — Bonjour à toi, aimable Apemantus.

Apemantus. — Attends ton bonjour jusqu'à ce que je sois aimable; je te le rendrai quand tu seras le chien de Timon et que ces drôles seront honnêtes.

Timon. — Pourquoi les appelles-tu drôles? tu ne les connais pas.

Apemantus. — Ne sont-ils pas Athéniens?

Timon. — Oui.

Apemantus. — Alors je ne me repens pas du mot.

Le joaillier. — Vous me connaissez, Apemantus?

Apemantus. — Tu sais bien que oui, je t'ai appelé par ton nom.

Timon. — Tu es orgueilleux, Apemantus?

Apemantus. — De rien autant que de ne pas ressembler à Timon.

Timon. — Où vas-tu?

Apemantus. — Casser la tête à un honnête Athénien.

Timon. — C'est une action qui te mènera à la mort.

Apemantus. — C'est justice, si ne rien faire est puni de mort par la loi.

Timon. — Cette peinture, te plaît-elle, Apemantus?

Apemantus. — Elle me plaît surtout pour son innocence.

Timon. — N'a-t-il pas bien travaillé, celui qui l'a faite?

Apemantus. — Celui qui a fait le peintre a bien mieux

travaillé encore, et cependant il n'a fait qu'un triste ouvrage.

LE PEINTRE. — Vous êtes un chien.

APEMANTUS. — Ta mère est de ma génération ; qu'est-elle, si je suis un chien ?

TIMON. — Veux-tu dîner avec moi, Apemantus ?

APEMANTUS. — Non, je ne mange pas de Seigneurs.

TIMON. — Si tu faisais cela, tu irriterais les Dames.

APEMANTUS. — Oh ! elles mangent les Seigneurs ; c'est ce qui leur fait de gros ventres.

TIMON. — Voici un bon mot qu'on peut prendre pour une obscénité.

APEMANTUS. — Si tu le prends ainsi, prends-le pour ta peine.

TIMON. — Aimes-tu ce joyau, Apemantus ?

APEMANTUS. — Pas autant que la franchise qui ne coûte un liard à personne.

TIMON. — Combien penses-tu qu'il vaut ?

APEMANTUS. — Pas autant que la peine d'y penser. — Eh bien, comment va, poëte ?

LE POËTE. — Comment va, philosophe ?

APEMANTUS. — Tu mens.

LE POËTE. — N'es-tu pas un philosophe ?

APEMANTUS. — Oui.

LE POËTE. — Alors, je ne mens pas.

APEMANTUS. — N'es-tu pas un poëte ?

LE POËTE. — Oui.

APEMANTUS. — Alors, tu mens : relis ta dernière œuvre, où tu as *feint* Timon sous les traits d'un homme digne.

LE POËTE. — Il n'y a là aucune fiction ; c'est ce qu'il est.

APEMANTUS. — Oui, il est digne de toi, et digne de te payer pour ton labeur ; quiconque aime à être flatté est digne du flatteur. Cieux, que ne suis-je un Seigneur !

TIMON. — Que ferais-tu alors, Apemantus ?

APEMANTUS. — Ce qu'Apemantus fait pour l'heure, je haïrais un Seigneur de toute mon âme.

TIMON. — Tu te haïrais toi-même ?

APEMANTUS. — Oui.

TIMON. — Pourquoi?

APEMANTUS. — Pour ne pouvoir railler tout mon soûl un Seigneur[4]. — N'es-tu pas un marchand?

LE MARCHAND. — Oui, Apemantus.

APEMANTUS. — Que le trafic te ruine, si les Dieux ne te ruinent pas!

LE MARCHAND. — Si le trafic me ruine, ce seront les Dieux qui me ruineront.

APEMANTUS. — Le trafic est ton dieu; puisse donc ton dieu te confondre!

Une trompette sonne. Entre UN SERVITEUR.

TIMON. — Quelle est cette trompette?

LE SERVITEUR. — C'est Alcibiade et une vingtaine de cavaliers, tous de sa société.

TIMON. — Je vous en prie, allez les recevoir; conduisez-les vers nous. (*Sortent quelques gens de service.*) Il faut absolument que vous diniez avec moi. — Ne partez pas avant que je vous aie remerciés : quand le dîner sera fini, montrez-moi ce morceau. Je suis heureux de vous voir tous.

Entre ALCIBIADE *avec sa compagnie.*

TIMON. — Vous êtes le très-bienvenu! Seigneur. (*Ils se saluent.*)

APEMANTUS. — Là, là, nous y voilà! Que les rhumatismes contractent et dévorent vos souples articulations! Dire qu'il y a si peu d'affection parmi ces doucereux coquins, avec toute la courtoisie que voilà! La nature de l'homme a glissé dans celle du babouin et du singe.

ALCIBIADE. — Seigneur, vous m'avez épargné l'attente de mon plus ardent désir; je me repais de votre vue avec gloutonnerie.

TIMON. — Vous êtes le très-bienvenu, Seigneur. Avant de nous séparer, nous partagerons quelques bonnes heures entre différents plaisirs. Je vous en prie, entrons. (*Tous sortent, sauf Apemantus.*)

ACTE I, SCÈNE I.

Entrent DEUX SEIGNEURS.

PREMIER SEIGNEUR. — Quelle heure est-il, Apemantus?
APEMANTUS. — L'heure d'être honnête.
PREMIER SEIGNEUR. — Il est toujours cette heure-là.
APEMANTUS. — Tu n'en es que plus maudit, toi qui la manques sans cesse.
SECOND SEIGNEUR. — Tu te rends à la fête du Seigneur Timon?
APEMANTUS. — Oui, pour voir la viande gorger des drôles, et le vin échauffer des sots.
SECOND SEIGNEUR. — Adieu, adieu.
APEMANTUS. — Tu es un sot de me dire deux fois adieu.
SECOND SEIGNEUR. — Pourquoi, Apemantus?
APEMANTUS. — Tu aurais dû en garder un pour toi, car je n'ai l'intention de t'en adresser aucun.
SECOND SEIGNEUR. — Va te faire pendre!
APEMANTUS. — Non, je ne ferai rien sur ton commandement; adresse tes requêtes à ton ami.
SECOND SEIGNEUR. — Arrière, chien querelleur, ou je vais te chasser d'ici à coups de pied!
APEMANTUS. — Je vais fuir, comme un chien, les talons d'un âne. (*Il sort.*)
PREMIER SEIGNEUR. — Il est hostile à l'humanité. — Voyons, entrons-nous goûter de la générosité du Seigneur Timon? il dépasse en bonté le cœur de la bonté en personne.
SECOND SEIGNEUR. — Il fait pleuvoir ses générosités; Plutus, le dieu de l'or, n'est que son intendant: pas de mérite qu'il ne rémunère sept fois plus qu'il ne vaut; pas de cadeau qui ne rapporte à son auteur un cadeau qui excède toutes les mesures ordinaires.
PREMIER SEIGNEUR. — Il a bien l'âme la plus noble qui ait jamais gouverné homme.
SECOND SEIGNEUR. — Puisse-t-il vivre longtemps riche! Entrons-nous?
PREMIER SEIGNEUR. — Je vais vous tenir compagnie. (*Ils sortent.*)

SCÈNE II.

Athènes. — Une salle d'apparat dans la demeure de Timon.

Les hautbois jouent une musique animée. Un grand banquet est servi. FLAVIUS *et autres font le service; puis entrent* TIMON, ALCIBIADE, des Seigneurs, des Sénateurs, *et* VENTIDIUS. *Ensuite vient, se glissant derrière eux tous,* APEMANTUS, *en grondant.*

Ventidius. — Très-honoré Timon, il a plu aux Dieux de se souvenir de l'âge de mon père et de l'appeler à une longue paix. Il est parti heureux, et m'a laissé riche. Ainsi, comme me le commande la vertu de la reconnaissance qui m'oblige envers votre cœur généreux, je vous rends, doublés par mes remercîments et ma gratitude, ces talents qui me procurèrent la liberté [5].

Timon. — Oh! nullement, honnête Ventidius; vous jugez mal mon amitié. J'ai librement fait abandon de cette somme, et il n'est personne qui puisse dire qu'il donne véritablement, si on lui rend : si nos supérieurs jouent ce jeu-là, nous ne devons pas oser les imiter; ce sont de beaux défauts ceux qui ont pour principe la générosité.

Ventidius. — Noble cœur! (*Tous se tiennent cérémonieusement debout, regardant Timon.*)

Timon. — Parbleu, Messeigneurs, les cérémonies furent inventées à l'origine pour jeter un lustre sur les actions hypocrites, sur les menteuses bienvenues, sur la générosité peu décidée qui se repent avant de s'être montrée; mais là où il y a vraiment amitié, il n'est pas besoin de cérémonies. Voyons, asseyez-vous, je vous prie, vous êtes les bienvenus pour ma fortune, plus qu'elle ne m'est bienvenue à moi-même. (*Ils s'asseyent.*)

Premier Seigneur. — Monseigneur, nous avons toujours confessé cela.

Apemantus. — Oh, oh ! vous l'*avez confessé !* et l'avez-vous pendu aussi [6] ?

Timon. — Ah ! Apemantus ! — Vous êtes le bienvenu.

Apemantus. — Non, vous ne me donnerez pas la bienvenue : je suis venu pour que tu me fasses jeter hors des portes.

Timon. — Fi ! tu es un bourru ; vous avez contracté une humeur qui ne convient pas à un homme, et qui est fort à blâmer : on dit, Messeigneurs, *ira furor brevis est* [7], mais l'homme que voici là-bas est toujours en colère. Allez, qu'on lui donne une table pour lui seul ; car il n'aime pas la compagnie, et véritablement il n'est pas fait pour elle.

Apemantus. — Laisse-moi rester à tes risques et périls, Timon ; je suis venu pour observer, je t'en avertis.

Timon. — Je ne te prête pas attention ; tu es un Athénien, par conséquent sois le bienvenu : je voudrais n'avoir ici aucune autorité : je t'en prie, que mon dîner me procure ton silence.

Apemantus. — Je méprise ton dîner ; il m'étoufferait, car il me serait impossible de te flatter. Ô Dieux ! quelle masse de gens mangent Timon, et il ne s'en aperçoit pas ! Cela me fâche de voir tant de gens tremper leur pain dans le sang d'un seul homme ; et le comble de sa folie, c'est qu'il les applaudit pour cela. Je m'étonne que les hommes osent se confier aux hommes ; il me semble qu'ils devraient inviter leurs semblables à venir sans leurs couteaux [8] ; ce serait économie pour leur dîner, et sécurité pour leurs vies. Il y a de nombreux exemples de cela ; l'individu qui est assis le plus près de lui, qui rompt le pain avec lui, avec lequel il boit la moitié du même toast dans la même coupe, est l'homme qui sera le premier à le tuer : c'est chose prouvée. Si j'étais un gros personnage, je craindrais de boire à mes repas, de crainte qu'on ne surprît l'endroit périlleux par où on peut faire faire *couac* à la flûte de mon gosier : les hommes puissants devraient boire avec une armure au cou.

Timon. — En toute cordialité, Monseigneur, et que les santés aillent à la ronde !

Second Seigneur. — Faites-les refluer de ce côté, mon bon Seigneur.

Apemantus. — Refluer de ce côté! Voilà un brave compagnon! il observe bien sa marée. Timon, ces santés vous rendront malades, toi et ta fortune. Voilà qui est trop faible pour connaître le péché, l'honnête eau qui ne laissa jamais homme dans le bourbier : ce breuvage et ma nourriture vont de pair; il n'y a pas de discordance. Il y a trop d'orgueil dans les festins pour qu'on en rende grâces aux Dieux.

LES GRÂCES D'APEMANTUS.

Immortels Dieux, je ne demande pas de richesses;
Je ne prie pour personne que pour moi.
Faites que jamais je ne sois assez fou
Pour me fier à un homme, sur son serment ou son billet,
Ou à une catin, sur ses pleurs,
Ou à un chien quand il paraîtra dormir,
Ou à un gardien pour le salut de ma liberté,
Ou à mes amis, si j'avais besoin d'eux.
Amen. Allons, à l'ouvrage :
Les riches pèchent, et moi je mange des racines.
(Il boit et mange.)
Grand bien te fasse à ton bon cœur, Apemantus!

Timon. — Capitaine Alcibiade, votre cœur est tout à l'heure sur le champ de bataille.

Alcibiade. — Mon cœur est toujours à votre service, Monseigneur.

Timon. — Vous préféreriez un déjeuner avec des ennemis à un dîner avec des amis.

Alcibiade. — S'ils étaient tout frais saignants, Monseigneur, il n'y a pas de viande qui les vaille; je souhaiterais mon meilleur ami à pareille fête.

Apemantus. — Que je voudrais, en ce cas, que tous ces flatteurs fussent tes ennemis, afin que tu pusses les tuer, et m'inviter à en manger!

Premier Seigneur. — Monseigneur, si nous avions

ACTE I, SCÈNE II.

seulement le bonheur que vous voulussiez bien mettre une fois nos cœurs à l'épreuve, afin de nous donner l'occasion de vous montrer une partie de notre zèle, nous vous en aurions un gré éternel.

Timon. — Oh! sans doute, mes bons amis; mais les Dieux eux-mêmes ont pourvu à ce que j'eusse grand besoin de vous; car sans cela, comment seriez-vous mes amis? Pourquoi porteriez-vous ce titre entre des milliers d'autres hommes, si vous n'apparteniez pas de plus près à mon cœur? Je m'en suis plus dit sur vous à moi-même, que la modestie ne vous permet de vous en dire en votre faveur; voilà jusqu'à quel point je confirme vos protestations d'amitié. Ô Dieux, ai-je pensé, où serait la nécessité des amis si nous ne devions jamais avoir besoin d'eux? Ils seraient les créatures les plus inutiles du monde, si nous ne devions jamais les employer, et ils ressembleraient à de mélodieux instruments renfermés dans leurs étuis, qui garderaient leurs sons pour eux-mêmes. Vraiment, je me suis souvent souhaité plus pauvre, afin de me sentir plus près de vous. Nous sommes nés pour exercer la bienfaisance, et que pouvons-nous plus exactement et plus justement appeler nôtre que les richesses de nos amis? Oh! quel précieux bonheur cela est que d'en avoir un si grand nombre, unis comme des frères, et commandant aux fortunes les uns des autres. Oh! joie étouffée avant d'avoir pu naître! Mes yeux, je crois vraiment, ne peuvent retenir leurs larmes : pour excuser leur sottise, je bois à votre santé.

Apemantus. — Tu pleures pour les faire boire, Timon.

Second Seigneur. — La joie a été engendrée dans nos yeux de pareille façon, et en ce même instant, elle en a jailli comme un enfant.

Apemantus. — Ho, ho! je ris en pensant au bâtard qu'est cet enfant.

Troisième Seigneur. — Je vous le déclare, Monseigneur, vous m'avez beaucoup ému.

Apemantus. — *Beaucoup!* (*Une fanfare sonne.*)

Timon. — Que nous veut cette trompe?

Entre UN VALET.

TIMON. — Qu'y a-t-il?

LE VALET. — Sous votre bon plaisir, Monseigneur, il y a là certaines Dames qui désireraient beaucoup être admises.

TIMON. — Des Dames! que veulent-elles?

LE VALET. — Elles ont avec elles un courrier, Monseigneur, qui est chargé de les devancer pour annoncer leurs désirs.

TIMON. — Je vous en prie, faites-les entrer.

Entre CUPIDON.

CUPIDON. — Salut à toi, noble Timon; — et salut à tous ceux qui tâtent de ses bontés! — Les cinq meilleurs sens te reconnaissent pour leur patron, et viennent librement pour féliciter ton cœur généreux : l'ouïe, le goût, le toucher, l'odorat, se lèvent charmés de ta table; ils ne viennent à cette heure que pour donner une fête à tes yeux.

TIMON. — Ils sont tous les bienvenus ; qu'on leur fasse une affectueuse réception : musique, souhaitez-leur la bienvenue! (*Sort Cupidon.*)

PREMIER SEIGNEUR. — Vous voyez, Monseigneur, à quel point vous êtes aimé.

Musique. Rentre CUPIDON *accompagné d'une mascarade de* DAMES *vêtues en Amazones, avec des luths dans leurs mains, dansant et chantant.*

APEMANTUS. — Tudieu! quel déluge de vanité nous arrive de ce côté! Elles dansent, ce sont des femmes folles. La gloire de cette vie est une folie pareille, comme le prouve cette pompe-ci, alors qu'un peu d'huile et quelques racines suffisent à nos besoins. Nous nous faisons fous pour nous étourdir nous-mêmes, et nous prodiguons les flatteries pour boire à la santé des mêmes hommes, sur la vieillesse desquels nous cracherons le vin que nous avons bu, en poison de malice et d'envie. Quel est l'homme vivant qui n'est pas dépravé ou qui ne déprave pas? quel homme meurt sans porter à son tombeau la meurtrissure d'un coup de pied, don de son ami? Je craindrais pour mon compte que les mêmes gens qui dansent aujourd'hui devant moi, ne me foulassent un jour aux pieds : cela s'est vu ; les hommes ferment leurs portes en face d'un soleil couchant.

Les Seigneurs se lèvent de table avec force politesses pour Timon, et pour montrer leur amitié, chacun choisit une Amazone et danse ; ils font ainsi deux ou trois tours au son du hautbois, puis s'arrêtent.

Timon. — Vous avez porté beaucoup de grâce dans nos plaisirs, belles Dames, vous avez donné un bel ornement à notre fête, qui sans vous n'eût été ni aussi belle, ni aussi cordiale ; vous lui avez ajouté prix et éclat, et vous me laissez ravi d'avoir eu cette idée-là ; je vous en remercie.

Première Dame. — Monseigneur, vous nous jugez tout à fait au mieux.

Apemantus. — Oui, ma foi, car le pire en vous est sale et serait difficile à toucher, je m'en doute.

Timon. — Mesdames, il y a ici une collation insignifiante qui vous attend ; vous plairait-il d'y faire honneur?

Toutes les Dames *ensemble*. — Avec une entière reconnaissance, Monseigneur. (*Sortent Cupidon et les Dames.*)

Timon. — Flavius !

Flavius. — Monseigneur?

Timon. — Apporte-moi ici la petite cassette.

Flavius. — Oui, Monseigneur. (*A part.*) Encore des bijoux ! il n'y a pas moyen de le contrarier dans son humeur ; sans cela je lui parlerais ; oui, ma foi, je devrais lui parler. Lorsque tout sera dépensé, il voudrait bien alors avoir été contrarié. C'est dommage que la générosité n'ait pas des yeux par derrière, afin que cet homme ne fût jamais misérable à cause de son bon cœur. (*Il sort et revient avec la cassette.*)

Premier Seigneur. — Où sont nos gens?

Un valet. — Ici, Monseigneur, tous prêts.

Deuxième Seigneur. — Nos chevaux !

Timon. — Ô mes amis, j'ai un mot à vous dire. — Voyez, mon bon Seigneur, je dois vous conjurer de me faire assez d'honneur pour ennoblir ce joyau ; acceptez-le, et portez-le, mon cher Seigneur.

Premier Seigneur. — Vous m'avez déjà tellement comblé de vos dons.....

Tous. — Ainsi que nous tous...

Entre un valet.

Le valet. — Monseigneur, il y a ici plusieurs nobles du Sénat qui ont mis pied à terre et qui viennent vous visiter.

Timon. — Ils sont les très-bienvenus.

Flavius. — Je supplie Votre Honneur de me permettre de lui dire un mot ; cela vous intéresse de très-près.

Timon. — De près ! eh bien, alors, je t'écouterai une autre fois : je t'en prie, qu'on prenne des mesures pour les recevoir.

Flavius, *à part*. — Je sais à peine comment faire.

Entre un second valet.

Second valet. — Plaise à Votre Honneur, le Seigneur Lucius vous fait présenter, en don d'amitié, quatre chevaux blancs de lait, avec les harnais en argent.

Timon. — Je les accepte avec gratitude ; que ce présent soit dignement reconnu.

Entre un troisième valet.

Timon. — Eh bien, qu'y a-t-il ? quelles nouvelles ?

Troisième valet. — S'il vous plaît, Monseigneur, cet honorable gentilhomme, le Seigneur Lucullus, implore l'honneur de votre compagnie pour sa chasse de demain, et il a envoyé à Votre Honneur deux couples de lévriers.

Timon. — J'irai chasser avec lui ; que ses lévriers soient reçus, mais non sans un noble retour.

Flavius, *à part*. — A quoi tout cela aboutira-t-il ? Il nous ordonne de pourvoir à tout, il donne de riches cadeaux, et tout cela il faut le tirer d'un coffre vide. Il ne veut pas connaître l'état de sa bourse, ou me permettre de lui montrer combien son cœur est indigent, incapable qu'il est de réaliser ses désirs : ses promesses vont tellement au delà de sa fortune, que tout ce dont il parle, est dû; il doit pour chacun des ordres qu'il nous donne : et il est tellement généreux que maintenant il paye intérêt pour sa générosité; ses terres sont engagées sur leurs livres. Ah! que je voudrais être doucement déchargé de mon emploi, avant d'en être destitué par force! On est bien plus heureux de ne pas avoir d'amis à nourrir, que d'en avoir comme ceux-là qui sont pires même que des ennemis. Mon cœur saigne en moi pour mon maître. (*Il sort.*)

Timon. — Vous vous faites grande injustice, vous rabattez beaucoup trop de vos propres mérites. Acceptez, Monseigneur, cette bagatelle donnée par notre amitié.

Second Seigneur. — J'accepte ce présent avec une reconnaissance plus qu'ordinaire.

Troisième Seigneur. — Oh, c'est la générosité faite homme!

Timon. — Et maintenant, Monseigneur, je me rappelle que vous m'avez fait l'autre jour l'éloge d'un cheval bai que je montais : il est à vous puisque vous le trouviez beau.

Second Seigneur. — Oh! je vous en conjure, Monseigneur, pardonnez-moi d'avoir dit cela.

Timon. — Il vous faut me prendre au mot, Monseigneur; je sais que personne ne loue véritablement que ce qu'il aime : je pèse les sentiments de mes amis dans la balance des miens; je vous dis vrai. J'irai vous voir.

Tous les Seigneurs. — Oh, nul ne sera autant le bienvenu.

Timon. — Vos visites à tous en général, et à chacun en particulier, sont si chères à mon cœur, qu'elles ne sont pas récompensées par mes cadeaux; il me semble que je pourrais distribuer des royaumes à mes amis, sans parvenir à me lasser. Alcibiade, tu es un soldat, par conséquent à peine riche; te faire un présent est presque te faire la charité, car tous tes revenus sont chez les morts, et toutes tes terres tiennent sur la surface d'un champ de bataille.

ALCIBIADE. — Oui, une terre de mauvais rapport, Monseigneur.

PREMIER SEIGNEUR. — Nous vous sommes si affectueusement reconnaissants, Monseigneur....

TIMON. — Je ne le suis pas moins envers vous.

SECOND SEIGNEUR. — Si infiniment attachés....

TIMON. — Tous mes bons souhaits. — Des lumières, encore d'autres lumières!

PREMIER SEIGNEUR. — Que le plus parfait bonheur, que l'honneur, que les richesses restent avec vous, Seigneur Timon!

TIMON. — Tout au service de ses amis. (*Sortent Alcibiade, les Seigneurs, etc., etc.*)

APEMANTUS. — Quel brouhaha il y a ici! Que de simagrées révérencieuses et de trémoussements du cul! je doute que leurs révérences vaillent les sommes qu'elles leur rapportent. L'amitié est pleine de lie : il me semble que des cœurs faux ne devraient pas avoir des jambes solides. Et voilà comment d'honnêtes sots donnent leurs richesses en échange de politesses!

TIMON. — Maintenant, Apemantus, si tu n'étais pas maussade, je serais bon pour toi.

APEMANTUS. — Non, je ne veux rien : car si je me laissais aussi corrompre, il ne resterait personne pour te railler, et alors tu n'en pécherais que plus fort. Tu donnes depuis si longtemps, Timon, que je crains que tu ne te donnes toi-même sous peu sur papier : à quoi bon, ces fêtes, ces pompes, ces vaines gloires?

TIMON. — Allons, j'ai juré de ne plus vous prêter attention, dès que vous commenceriez à railler la société. Adieu, et revenez avec une meilleure musique. (*Il sort.*)

APEMANTUS. — Bon; tu n'entendras plus parler de moi maintenant, tu n'en entendras plus parler; je vais fermer sur toi les portes de ton salut. Oh! faut-il que les oreilles des hommes soient sourdes aux bons conseils, quand elles ne le sont pas à la flatterie! (*Il sort.*)

ACTE II.

SCÈNE PREMIÈRE.

ATHÈNES. — Un appartement dans la maison d'un sénateur.

Entre UN SÉNATEUR, *des papiers à la main.*

LE SÉNATEUR. — Et tout récemment cinq mille; — il en doit neuf mille à Varron et à Isidore; — outre ma somme précédente, ce qui fait vingt-cinq. Et toujours en veine de prodigalité furieuse ! Cela ne peut pas durer; cela ne durera pas. Si j'ai besoin d'or, je n'ai qu'à voler le chien d'un mendiant et à le donner à Timon, ce chien va me frapper de l'or : si j'ai envie de vendre mon cheval, et d'en acheter dix autres qui vaillent mieux, je n'ai qu'à donner mon cheval à Timon, à le lui donner sans lui rien demander, et immédiatement cette bête va me *pouliner* dix superbes chevaux : ce n'est pas un portier qui est à sa porte, mais plutôt un homme chargé de sourire et d'inviter à entrer tous ceux qui passent. Cela ne peut pas durer; la raison se refuse à croire que sa fortune soit solide. Holà, Caphis ! Caphis, dis-je !

Entre CAPHIS.

CAPHIS. — Me voici, Monsieur; quel est votre bon plaisir ?

LE SÉNATEUR. — Prenez votre manteau, et rendez-vous en toute hâte chez le Seigneur Timon; insistez auprès de lui pour qu'il me donne mon argent; ne vous laissez pas congédier par un léger refus, ni réduire au silence par un *recom-*

mandez-moi à votre maître, pendant qu'il joue avec son chapeau dans sa main droite, ainsi; — mais dites-lui, mon ami, que mes besoins sont criants, que je dois les satisfaire au moyen de ce qui m'appartient; ses échéances et ses dates sont passées, et la confiance que j'avais mise aux promesses qu'il n'a pas tenues, a fait grand tort à mon crédit. Je l'aime et je l'honore, mais je ne veux pas me casser les reins pour lui guérir le doigt : mes besoins sont pressants, et je ne puis y faire face avec de beaux mots qui me sont envoyés et jetés au nez, mais bien trouver des ressources immédiates. Partez, prenez un visage d'homme importun à l'excès, un visage de créancier; car, je le crains, lorsque chacune de ses plumes sera rendue à l'aile à laquelle elle appartient, ce Seigneur Timon, qui brille tout à l'heure comme un phénix, ne sera plus qu'un oison sans fourrure. Partez.

CAPHIS. — J'y vais, Seigneur.

LE SÉNATEUR. — Prenez les billets avec vous, et tenez compte des dates.

CAPHIS. — Oui, Seigneur.

LE SÉNATEUR. — Allez. (*Ils sortent.*)

SCÈNE II.

ATHÈNES. — Une salle dans la maison de TIMON.

Entre FLAVIUS, *plusieurs billets à la main.*

FLAVIUS. — Aucun souci, aucun temps d'arrêt! il est si insensé dans ses dépenses qu'il ne veut ni savoir comment il les continuera, ni arrêter ce déluge de prodigalités : il ne se rend aucun compte de la manière dont ses richesses s'envolent, et il ne prend aucun souci de ce qui doit arriver; jamais âme ne fut à la fois si déraisonnable et si bonne. Que faire? il n'écoutera que lorsqu'il sentira le coup : je vais lui parler rondement, dès qu'il sera revenu de la chasse. Fi, fi, fi, fi!

ACTE II, SCÈNE II.

Entrent CAPHIS *et* les serviteurs *d'*ISIDORE
et de VARRON.

Caphis. — Bonsoir, Varron : comment ! est-ce que vous venez pour de l'argent ?

Le serviteur de Varron. — N'est-ce pas aussi votre affaire ?

Caphis. — Oui ; et c'est la vôtre aussi, Isidore[1] ?

Le serviteur d'Isidore. — Oui.

Caphis. — Plaise à Dieu que nous soyons tous payés !

Le serviteur de Varron. — Je crains bien que cela ne soit pas.

Caphis. — Voici venir le Seigneur.

Entrent TIMON, ALCIBIADE, Seigneurs, *etc.*

Timon. — Dès que le dîner sera fini, nous retournerons à la chasse, mon Alcibiade[2]. — C'est moi que vous demandez ? que voulez-vous ?

Caphis. — Monseigneur, voici une note de certaines sommes dues....

Timon. — Des sommes dues ! d'où êtes-vous ?

Caphis. — D'ici, d'Athènes, Monseigneur.

Timon. — Allez trouver mon intendant.

Caphis. — Plaise à Votre Seigneurie, il m'a remis plusieurs fois ce mois-ci à des dates successives : mon maître se trouve forcé, par une nécessité urgente, de faire rentrer ses fonds, et il vous prie humblement d'ajouter à tous vos autres nobles mérites celui de faire droit à sa demande.

Timon. — Mon honnête ami, attends jusqu'à demain matin seulement, je te prie.

Caphis. — Mais, mon bon Seigneur....

Timon. — N'insiste pas, mon bon ami.

Le serviteur de Varron. — Je suis un des serviteurs de Varron, mon bon Seigneur....

Le serviteur d'Isidore. — Et moi je suis un de ceux d'Isidore ; il prie humblement que vous le remboursiez sans délai....

CAPHIS. — Si vous connaissiez, Monseigneur, les besoins de mon maître....

LE SERVITEUR DE VARRON. — L'échéance de cette somme, Monseigneur, est passée depuis six semaines et plus....

LE SERVITEUR D'ISIDORE. — Votre intendant me promène, Monseigneur, et je suis expressément envoyé pour parler à Votre Seigneurie en personne.

TIMON. — Laissez-moi respirer : je vous en prie, mes bons Seigneurs, passez devant ; je vous rejoins immédiatement. (*Sortent Alcibiade et les Seigneurs.*) (*A Flavius.*) Venez ici : comment se fait-il, je vous prie, que je sois assailli par des demandes criardes de payement de billets échus et de dettes longtemps différées, au détriment de mon honneur?

FLAVIUS. — Sauf votre bon plaisir, Messieurs, l'heure est très-inopportune pour parler de cette affaire : veuillez suspendre vos importunités jusqu'après le dîner, afin que je puisse faire comprendre à Sa Seigneurie pourquoi vous n'êtes pas payés.

TIMON. — Faites cela, mes amis. Voyez à les faire bien traiter. (*Il sort.*)

FLAVIUS. — Entrez, je vous prie. (*Il sort.*)

Entrent APEMANTUS *et* LE BOUFFON.

CAPHIS. — Restez, restez, voici venir le fou avec Apemantus ; divertissons-nous un instant avec eux.

LE SERVITEUR DE VARRON. — Pendu soit-il ! il va nous insulter.

LE SERVITEUR D'ISIDORE. — Peste de lui, le chien !

LE SERVITEUR DE VARRON. — Comment vas-tu, fou?

APEMANTUS. — Est-ce que tu dialogues avec ton ombre?

LE SERVITEUR DE VARRON. — Je ne te parle pas.

APEMANTUS. — Non, c'est à toi-même que tu parles. (*Au bouffon.*) Allons-nous-en.

LE SERVITEUR D'ISIDORE *au serviteur de Varron.* — Voilà que pour commencer il vous a déjà mis le fou sur le dos.

APEMANTUS. — Non, car je te vois sur tes jambes, tu n'es donc pas encore sur lui.

CAPHIS. — En ce cas, qui est le fou?

ACTE II, SCÈNE II.

APEMANTUS. — Le dernier qui fait cette question. Pauvres coquins! valets d'usuriers! entremetteurs entre l'or et le besoin!

TOUS LES SERVITEURS *ensemble*. — Que sommes-nous, Apemantus?

APEMANTUS. — Des ânes.

TOUS LES SERVITEURS *ensemble*. — Pourquoi?

APEMANTUS. — Parce que vous me demandez ce que vous êtes, et que vous ne vous connaissez pas vous-mêmes. Parle-leur, fou.

LE BOUFFON. — Comment allez-vous, Messieurs?

TOUS LES SERVITEURS *ensemble*. — Grand merci, mon bon fou. Comment se porte votre maîtresse?

LE BOUFFON. — Elle est en train de faire chauffer de l'eau afin d'échauder des poulets comme vous. Oh! que nous voudrions vous voir à Corinthe [3]!

APEMANTUS. — Bon! grand merci.

LE BOUFFON. — Voyez, voici venir le page de ma maîtresse.

Entre UN PAGE.

LE PAGE, *au bouffon*. — Ah, vous voilà, capitaine! que faites-vous dans cette sage compagnie? Comment vas-tu, Apemantus?

APEMANTUS. — Je voudrais avoir une verge dans ma bouche, afin de te donner une réponse qui te profitât.

LE PAGE. — Je t'en prie, Apemantus, lis-moi les adresses de ces lettres, je ne sais pas les distinguer.

APEMANTUS. — Tu ne sais pas lire?

LE PAGE. — Non.

APEMANTUS. — En ce cas, il se perdra peu de science, le jour où tu seras pendu. Cette lettre-ci est pour le Seigneur Timon, celle-là pour Alcibiade. Vas, tu es né bâtard et tu mourras maquereau.

LE PAGE. — Tu fus mis bas par une chienne, et tu mourras de faim, ce qui est la mort d'un chien. Ne me réponds pas, je me sauve. (*Sort le page.*)

APEMANTUS. — C'est absolument de la même façon que

tu te sauves de la vertu. Fou, je veux aller avec vous voir le Seigneur Timon.

Le bouffon. — Est-ce que vous me laisserez ici?

Apemantus. — Oui, si Timon reste au logis. — Vous trois, vous servez trois usuriers?

Tous les serviteurs *ensemble*. — Oui; plût au ciel que ce fussent eux qui nous servissent!

Apemantus. — Je le souhaiterais, ce serait quelque chose d'aussi drôle que de voir le bourreau servir le voleur.

Le bouffon. — Vous êtes trois valets d'usuriers?

Tous les serviteurs. — Oui, fou.

Le bouffon. — Je pense qu'il n'est pas d'usurier qui n'ait un fou pour son valet : ma maîtresse est une usurière, et je suis son fou. Lorsque les gens viennent emprunter à vos maîtres, ils arrivent tristes et s'en retournent gais; au contraire, ils entrent gais dans la demeure de ma maîtresse et s'en retournent tristes : quelle en est la raison?

Le serviteur de Varron. — Je puis vous en donner une.

Apemantus. — Fais cela alors, afin que nous puissions te tenir pour un putassier et un drôle, ce qui toutefois ne t'empêchera pas d'être estimé.

Le serviteur de Varron. — Qu'est-ce qu'un putassier, fou?

Le bouffon. — C'est un fou en beaux habits, et quelque chose qui te ressemble. C'est un esprit; quelquefois il apparaît sous la forme d'un Seigneur; quelquefois, sous celle d'un légiste; quelquefois sous celle d'un philosophe avec deux pierres de plus que sa pierre philosophale; très-souvent sous celle d'un chevalier, et généralement enfin, cet esprit se promène sous toutes les formes que peut revêtir l'homme de treize à quatre-vingts ans.

Le serviteur de Varron. — Tu n'es pas entièrement un fou.

Le bouffon. — Ni toi entièrement un sage; il te manque en esprit, juste autant que je possède en folie.

Apemantus. — Cette réponse serait digne d'Apemantus.

ACTE II, SCÈNE II.

Tous les serviteurs *ensemble*. — Rangeons-nous, rangeons-nous; voici venir le Seigneur Timon.

Apemantus. — Viens avec moi, fou, viens.

Le bouffon. — Je n'accompagne pas toujours un amant, un frère aîné, ou une femme; quelquefois, j'accompagne un philosophe. (*Sortent Apemantus et le bouffon.*)

Rentrent TIMON *et* FLAVIUS.

Flavius. — Je vous en prie, promenez-vous un instant, je vous appellerai tout à l'heure. (*Sortent les serviteurs.*)

Timon. — Vous me comblez d'étonnement : pourquoi avez-vous attendu jusqu'à ce jour pour m'exposer pleinement ma situation? j'aurais pu de la sorte proportionner mes dépenses à mes ressources.

Flavius. — Vous n'avez pas voulu m'écouter : plusieurs fois j'ai voulu vous expliquer les choses à vos heures de loisir.

Timon. — Allez : sans doute vous avez choisi les heures, où, étant mal disposé, je vous ai congédié, et vous aurez pris avantage de cette circonstance pour vous excuser.

Flavius. — Ô mon bon Seigneur! plusieurs fois je vous ai apporté mes comptes, je les ai placés sous vos yeux, et vous les avez rejetés en me disant que vous les trouviez dans mon honnêteté. Lorsque vous m'avez commandé de rendre des présents si magnifiques pour quelque bagatelle donnée en cadeau, j'ai hoché la tête et j'ai pleuré : oui, en dépit des lois mêmes du respect, je vous ai prié de tenir votre main plus étroitement close : bien souvent j'ai dû essuyer de votre part des réprimandes, et des réprimandes qui n'étaient pas légères, lorsque je me suis efforcé de vous montrer le reflux de votre fortune et l'énorme marée montante de vos dettes. Mon bien cher et aimé Seigneur, quoique vous consentiez à l'entendre maintenant, — trop tard, hélas! — sachez qu'à cette heure, il s'en faut de moitié que la somme entière de votre fortune puisse payer vos dettes présentes.

Timon. — Que toutes mes terres soient vendues.

Flavius. — Elles sont toutes engagées ; quelques-unes saisies sont allées aux mains des créanciers, et ce qui reste suffira à peine pour arrêter le cri des présentes dettes : l'avenir s'avance à grands pas ; comment ferons-nous face en attendant ? et finalement comment réglerons-nous nos comptes ?

Timon. — Mes terres s'étendaient jusqu'à Lacédémone.

Flavius. — Ô mon bon Seigneur, le monde n'est qu'un mot ; il serait tout entier à vous, que si vous le donniez en une seule phrase, il serait bien vite parti.

Timon. — Vous me dites vrai.

Flavius. — Si vous me soupçonnez de mauvaise économie ou de fraude, faites-moi citer devant les experts les plus rigoureux, et obligez-moi à rendre mes comptes. Les dieux me bénissent ! ils le savent, lorsque tous nos offices étaient encombrés de convives tapageurs, lorsque toutes nos caves pleuraient des flots de vin gaspillé dans l'ivresse, lorsque chaque salle était étincelante de lumières et retentissante de chants, je me suis appuyé bien souvent sur un de ces tonneaux prodigués, et j'ai laissé couler mes larmes.

Timon. — Assez, je t'en prie.

Flavius. — Cieux, ai-je dit, voyez la générosité de ce Seigneur ! que de bons morceaux prodigués, ont engloutis cette nuit des esclaves et des paysans ! Qui n'est pas l'homme de Timon ? qui ne met pas à la disposition du Seigneur Timon, son cœur, sa tête, son épée, sa force, ses ressources ? Le grand Timon, le noble, le digne, le royal Timon ! Ah, lorsque les richesses qui achètent ces louanges seront parties, le souffle d'air dont ces louanges sont faites s'éteindra aussi : ce que gagne la grasse chère, le jeûne le perd : une pluie d'un nuage d'hiver, et voilà toutes ces mouches à bas.

Timon. — Allons, ne me sermonne pas davantage : ma générosité n'a pas été de nature à accuser mon cœur ; j'ai donné follement, mais non ignoblement. Pourquoi pleures-tu ? Peux-tu manquer de foi au point de croire que je manquerai d'amis ? Rassure ton cœur : si je voulais mettre en perce les tonneaux de mes amitiés, et éprouver l'étoffe des cœurs en empruntant, je pourrais aussi facilement user des hommes et de leurs fortunes qu'il m'est facile de t'ordonner de parler.

Flavius. — Puisse cette conviction se trouver vraie pour votre bonheur !

Timon. — Et à considérer les choses d'une certaine manière, ces nécessités où je suis couronnent si bien mes vœux, que je les tiens pour une bénédiction ; car, grâces à elles, je pourrai éprouver mes amis, et vous allez voir combien vous vous trompez sur ma fortune. Je suis riche par mes amis. Quelqu'un, holà! Flaminius ! Servilius !

Entrent FLAMINIUS, SERVILIUS, *et autres serviteurs.*

Les serviteurs. — Monseigneur ? Monseigneur ?

Timon. — J'ai besoin de vous envoyer en divers endroits. Vous, allez chez le Seigneur Lucius ; — vous, chez le Seigneur Lucullus ; j'ai chassé avec Son Honneur aujourd'hui ; — vous, chez le Seigneur Sempronius ; recommandez-moi à leurs amitiés, et dites-leur que je suis fier de ce que les circonstances me fournissent une occasion de m'adresser à eux dans un besoin d'argent : demandez cinquante talents.

Flaminius. — Je ferai comme vous avez dit, Monseigneur.

Flavius. — Le Seigneur Lucius et Lucullus ? hum ! (*A part.*)

Timon, *à un autre serviteur.* — Vous, Monsieur, allez trouver les sénateurs ; j'ai mérité d'eux qu'ils m'écoutent en cette circonstance, même pour le plus grand bien de l'État ; demandez-leur de m'envoyer immédiatement mille talents.

Flavius. — J'ai eu la hardiesse — car je savais que c'était le moyen le plus court, — de leur présenter votre nom et votre seing ; mais ils ont secoué leurs têtes, et je ne suis pas revenu plus riche.

Timon. — Est-ce vrai ? est-ce possible ?

Flavius. — Ils répondent tous, d'une seule et même voix, que pour le moment ils sont à court, qu'ils manquent

d'argent, — qu'ils ne peuvent faire ce qu'ils voudraient;
— ils sont désolés; — ils savent que vous êtes honorable;
— mais cependant ils auraient désiré; — ils ne savent
que dire; — il y a eu quelque chose qui a mal marché;
— une noble nature peut éprouver un revers; — plût
aux Dieux que tout fût bien; — c'est dommage; — et là-
dessus, prétextant d'autres affaires importantes, après
m'avoir servi ces cruels morceaux de phrases accompagnés de sourires dédaigneux, soulevant à demi leurs
chapeaux et me saluant de petits signes froids, ils m'ont
laissé pétrifié et silencieux.

TIMON. — Ô Dieux, donnez-leur leur récompense! Je
t'en prie, mon homme, reprends ton air gai. Chez ces
vieux compères l'ingratitude est héréditaire; leur sang
est caillé, il est froid, il coule à peine : ils sont durs,
parce que cette chaleur qui porte à la tendresse manque
en eux; notre nature, à mesure qu'elle se rapproche
de la terre, se façonne pour son voyage, et devient sourde
et pesante. (*A un serviteur.*) Va chez Ventidius. — (*A
Flavius.*) Je t'en prie, ne sois pas triste, tu es honnête et
loyal; je parle sincèrement, aucun blâme ne doit re-
tomber sur toi. (*Au serviteur.*) Ventidius a dernièrement
enterré son père, et par suite de sa mort, il a hérité
d'une grande fortune : lorsqu'il était pauvre, emprisonné, et en disette d'amis, je le libérai moyennant cinq
talents : allez lui porter mes compliments, priez-le de
vouloir bien croire que la nécessité qui presse son ami est
urgente, puisqu'elle le force à lui rappeler ces cinq talents : (*à Flavius*) une fois ces talents en votre possession, donnez-les à ces gens auxquels ils sont dus maintenant. Ne dites, ni ne pensez jamais, que les amis de Timon laisseront périr sa fortune.

FLAVIUS. — Je voudrais ne pas le penser, car cette
pensée est l'ennemie de la générosité qui étant libérale
par nature croit que tous les autres le sont aussi.

(*Ils sortent.*)

ACTE III.

SCÈNE PREMIÈRE.

ATHÈNES. — Un appartement dans la demeure de LUCULLUS.

FLAMINIUS *attend*. *Entre* UN SERVITEUR.

LE SERVITEUR. — J'ai parlé à Monseigneur à votre sujet ; il descend vous trouver.
FLAMINIUS. — Je vous remercie, Monsieur.

Entre LUCULLUS.

LE SERVITEUR. — Voici Monseigneur.
LUCULLUS, *à part*. — Un des hommes du Seigneur Timon ! c'est un présent, je gage. Parbleu, cela touche droit ; j'avais rêvé cette nuit d'un bassin et d'une aiguière d'argent[1]. (*Haut*.) Flaminius, honnête Flaminius ! vous êtes très-particulièrement le bienvenu, Monsieur. — Portez-moi du vin. (*Sort le serviteur*.) Et comment va cet honorable, cet accompli, ce franc gentilhomme d'Athènes, ton très-généreux bon Seigneur et maître ?
FLAMINIUS. — Sa santé est bonne, Monsieur.
LUCULLUS. — Je suis heureux qu'il soit en bonne santé, Monsieur : et qu'as-tu là sous ton manteau, gentil Flaminius ?
FLAMINIUS. — Ma foi, rien qu'une boîte vide, Monsieur, que je viens supplier Votre Honneur de remplir pour rendre service à mon maître, qui ayant un grand et instant besoin de cinquante talents, les envoie demander à Votre Seigneurie, et ne doute nullement que vous lui prêterez votre présente assistance.

Lucullus. — La, la, la, la, *il ne doute nullement*, dit-il? Hélas! le bon Seigneur! c'est un noble gentilhomme qui n'a que le défaut de tenir une trop bonne maison. Mille et une fois j'ai dîné avec lui, et je lui ai dit cela, et je suis ensuite revenu souper avec lui, rien que pour l'empêcher de tant dépenser; mais il ne voulait écouter aucun conseil, ni recevoir aucun avis, malgré ma visite. Tout homme a son défaut, et la libéralité est le sien; je le lui ai dit, mais je n'ai jamais pu le corriger.

Rentre LE SERVITEUR *avec du vin.*

LE SERVITEUR. — Plaise à Votre Seigneurie, voici le vin.

Lucullus. — Flaminius, je t'ai toujours tenu pour avisé. A ta santé.

Flaminius. — Votre Seigneurie se plaît à dire cela.

Lucullus. — J'ai toujours remarqué en toi un esprit singulièrement alerte, — je ne te rends que stricte justice, — qui saisit ce qui est raisonnable, et qui profite fort bien de l'occasion, si l'occasion le favorise : ce sont de bonnes qualités. — Partez, vous, maraud. (*Sort le serviteur.*) Avance ici, honnête Flaminius. Ton maître est un magnifique gentilhomme; mais tu es avisé, et tu sais fort bien, malgré ta visite, que ce n'est pas un temps où l'on prête de l'argent, surtout par amitié pure, et sans garanties. Voici trois deniers pour toi; mon bon garçon, suppose que tu ne m'as pas vu, et dis que tu ne m'as pas rencontré. Porte-toi bien.

Flaminius. — Est-il possible que les hommes fassent volte-face à ce point, et sommes-nous les mêmes gens que nous étions tout à l'heure? Retourne, bassesse damnée, à qui t'adore! (*Il rejette l'argent.*)

Lucullus. — Ah! je vois maintenant que tu es un sot, et bien digne de ton maître. (*Il sort.*)

Flaminius. — Puissent ces pièces d'argent s'ajouter à celles qui te feront brûler! puisses-tu cuire dans la monnaie fondue, comme damnation [2], ami qui n'es pas un ami, mais une corruption d'ami! L'amitié a-t-elle à ce point un cœur de crème qu'il tourne en moins de deux nuits? Ô Dieu, je ressens la colère que ressentira mon maître! Ce goujat a dans le ventre de Sa Seigneurie, les dîners de mon maître; pourquoi lui profiteraient-ils et lui referaient-ils du sang, lorsque lui-même est devenu tout poison? Oh! puissent ces dîners ne lui engendrer rien d'autre que des maladies! et lorsqu'il sera malade à la mort, puisse la partie de son corps que mon maître a fournie, n'avoir aucune force pour chasser la maladie et n'en avoir que pour prolonger l'agonie!

(*Il sort.*)

SCÈNE II.

Athènes. — Une place publique.

Entrent LUCIUS *et* trois étrangers.

Lucius. — Qui ça? le Seigneur Timon? C'est mon très-bon ami et un honorable gentilhomme.

Premier étranger. — Nous le connaissons pour ce que vous nous dites, quoique nous lui soyons des étrangers; mais, je puis vous donner une nouvelle, Monseigneur, une nouvelle que je tiens de la rumeur générale : aujourd'hui les jours de bonheur de Timon sont finis et passés, et sa fortune s'échappe de ses mains.

Lucius. — Fi! non, ne croyez pas cela; il ne peut manquer d'argent.

Deuxième étranger. — En tout cas, Milord, croyez ceci, c'est qu'il n'y a pas longtemps, un de ses serviteurs est allé chez le Seigneur Lucullus pour lui emprunter un certain nombre de talents; il a même extrêmement insisté, et il a montré quel besoin on en avait, et cependant il a été refusé.

Lucius. — Comment!

Deuxième étranger. — Refusé, je vous dis, Monseigneur.

Lucius. — Quelle singulière histoire que celle-là! Eh bien, par tous les dieux, j'en suis honteux. Refuser cet homme d'honneur! celui qui a fait cela a montré, lui, peu d'honneur. Pour ma part, il faut bien que je l'avoue, j'ai reçu quelques petites marques d'amitié de sa part, telles que argent, joyaux, argenterie, et autres bagatelles du même genre, qui ne sont rien en comparaison des présents qu'a reçus Lucullus; cependant si, au lieu de s'adresser à lui, Timon avait envoyé chez moi, jamais je ne lui aurais refusé les talents dont il avait besoin.

Entre SERVILIUS.

SERVILIUS. — Ah! par le plus heureux hasard, voici Monseigneur; je me suis mis en nage pour trouver Son Honneur. — Mon honoré Seigneur....

LUCIUS. — Servilius! charmé de vous rencontrer, Monsieur. Adieu : — recommande-moi à ton honorable et vertueux Seigneur, mon très-parfait ami.

SERVILIUS. — Plaise à Votre Honneur, Monseigneur m'a envoyé....

LUCIUS. — Ha! qu'est-ce qu'il a envoyé? J'ai déjà tant d'obligations envers ce Seigneur; il est toujours à envoyer: dis-moi comment je pourrai jamais lui en montrer ma reconnaissance? Et qu'est-ce qu'il envoie aujourd'hui?

SERVILIUS. — Il vous envoie seulement pour l'heure l'occasion de lui être présentement utile, Monseigneur, en suppliant Votre Seigneurie de fournir à son besoin pressant la somme de talents dont voici le chiffre.

LUCIUS. — Je sais que Sa Seigneurie veut seulement rire avec moi; il ne peut pas être en peine pour cinquante-cinq fois cent talents (a).

SERVILIUS. — Mais en attendant, il a besoin de moins, Monseigneur. Si ses nécessités n'étaient pas si pressantes, je ne remplirais pas mon message avec la moitié autant d'insistance.

LUCIUS. — Parles-tu sérieusement, Servilius?

(a) Lucius veut évidemment dire par là que la fortune de Timon est si considérable que lui fallût-il un nombre indéfini de talents, il les trouverait bien facilement dans ses ressources.

ACTE III, SCÈNE II.

SERVILIUS. — Sur mon âme, je vous ai dit la vérité, Monsieur.

LUCIUS. — Quel absurde animal j'ai été de me dégarnir d'argent à un si bon moment et quand je pouvais me faire honneur! Comme cela se trouve mal, que j'aie fait hier des acquisitions d'où je tirerai peu de gloire, pour venir perdre ainsi une occasion de grand honneur! Servilius, j'en jure par tous les dieux, je ne suis pas capable de faire ce qu'il me demande; je n'en suis que plus bête, dis-je : j'allais envoyer chez le Seigneur Timon pour mes propres besoins, ces Messieurs en sont témoins; mais à présent, je ne voudrais pas avoir fait cela, pour toute la richesse d'Athènes. Portez à Sa Seigneurie mes compliments en abondance; j'espère que Son Honneur ne me jugera pas plus mal, parce que je n'ai pu lui rendre service, et dites-lui de ma part que je regarde comme une de mes plus grandes afflictions de ne pouvoir faire plaisir à un si honorable gentilhomme. Mon bon Servilius, voulez-vous m'être assez ami, pour lui rapporter mes propres paroles mêmes?

SERVILIUS. — Oui, Seigneur, je les lui rapporterai.

LUCIUS. — Je vous en garderai bonne reconnaissance, Servilius. (*Sort Servilius.*) C'est la vérité, Timon est bien ruiné, comme vous le disiez, et celui qui est une fois refusé aura peine à prospérer. (*Il sort.*)

PREMIER ÉTRANGER. — Remarquez-vous ce qui se passe, Hostilius?

SECOND ÉTRANGER. — Oui, trop bien.

PREMIER ÉTRANGER. — Eh bien, c'est le cœur même du monde, et l'âme de tout flatteur est faite de cette étoffe-là. Qui peut appeler son ami celui qui mange dans le même plat que lui? A ma connaissance, Timon a été le père de ce Seigneur, il a soutenu son crédit de sa bourse; il a soutenu son train de maison; c'est l'argent de Timon même qui a payé les gages de ses gens. Il ne boit jamais sans que l'argenterie de Timon lui touche la lèvre; et cependant (oh voyez quel monstre est l'homme lorsqu'il se présente sous la forme de l'ingratitude!) il lui refuse, étant donnée sa fortune, une somme que les hommes charitables donnent aux mendiants.

Troisième étranger. — La religion en gémit.

Premier étranger. — Pour ma part, je n'ai jamais de ma vie goûté de la fortune de Timon, et jamais aucune de ses libéralités n'est tombée sur moi pour me désigner au nombre de ses amis; cependant, je le déclare, en considération de son noble esprit, de son illustre vertu, et de sa conduite honorable, si dans ses besoins il s'était adressé à moi, j'aurais tenu ma fortune comme lui appartenant, et je lui en aurais envoyé la meilleure moitié, tant j'aime son cœur : mais je m'aperçois que les hommes doivent apprendre désormais à se dispenser de toute pitié, car l'intérêt trône au-dessus de la conscience. (*Ils sortent.*)

SCÈNE III.

Un appartement dans la demeure de Sempronius.

Entrent SEMPRONIUS *et* un serviteur *de* TIMON.

Sempronius. — Est-ce qu'il a besoin de m'importuner de cela ? — hum ! — et plus que tous les autres ? Il aurait dû s'adresser au Seigneur Lucius ou à Lucullus; Ventidius, qu'il a racheté de la prison, est riche aussi maintenant : tous ces hommes lui doivent leurs fortunes.

Le serviteur. — Monseigneur, ils ont tous été éprouvés, et reconnus pour vil métal; car ils l'ont tous refusé !

Sempronius. — Comment ! ils l'ont refusé ! Ventidius et Lucullus l'ont refusé, et il envoie chez moi ? Trois ! hum ! — Voilà qui montre en lui peu d'affection et de jugement. Est-ce que je suis fait pour être son dernier refuge ? Ses amis, comme des médecins, l'ont trois fois abandonné; dois-je entreprendre sa guérison ? Il m'a fait par là grande injure; je suis furieux contre lui qui aurait dû mieux savoir qui je suis : je ne peux pas comprendre comment il ne s'est pas adressé à moi tout d'abord, car en conscience, je fus le premier qui reçut jamais un présent de lui : a-t-il donc maintenant assez mauvaise opinion de moi pour croire que je suis le dernier qui doit s'en montrer reconnaissant ? Non, cela pourrait fournir aux autres un prétexte de risée, et je passerais pour un sot parmi les Seigneurs. J'aurais donné trois fois la somme pour qu'il s'adressât d'abord à moi, ne fût-ce que par souci de la réputation de mon caractère : j'aurais montré la plus grande ardeur à lui rendre service. Mais maintenant tu peux t'en retourner et joindre cette réponse à leurs lâches refus; qui ravale mon honneur, ne connaîtra pas mon argent. (*Il sort.*)

Servilius. — Excellent! Votre Seigneurie est un coquin sous masque d'homme vertueux. Le diable ne savait pas ce qu'il faisait, lorsqu'il créa l'homme politique; il se créa par là des obstacles à lui-même : et je crois qu'à la fin, les ruses de coquin de l'homme le feront paraître blanc comme neige. Quels soins se donne ce Seigneur pour se montrer ignoble; que de prétextes de vertus il prend pour être méchant! il ressemble à ces gens qui, sous le prétexte d'un zèle ardent et chaud, mettraient des royaumes en feu : sa politique amitié est juste de cette nature-là. C'était la meilleure espérance de mon maître; tous se sont enfuis maintenant, il ne reste plus que les Dieux. Maintenant ses amis sont morts, et ses portes qui, pendant tant d'années de prodigalités, ne connurent jamais les verrous, doivent à cette heure être employées à garder sûrement leur maître. Et voilà tout ce qu'en fin de compte, vous recueillez d'une conduite libérale; quiconque ne peut garder sa fortune doit garder la maison. (*Il sort.*)

SCÈNE IV.

Une salle dans la demeure de TIMON.

Entrent DEUX SERVITEURS *de* VARRON, *et* LE SERVITEUR *de* LUCIUS; *ils rencontrent* TITUS, HORTENSIUS, *et autres serviteurs des créanciers de* TIMON *qui attendent sa sortie.*

PREMIER SERVITEUR DE VARRON. — Bonne rencontre; bonjour, Titus et Hortensius.

TITUS. — Je vous en dis autant, aimable Varron.

HORTENSIUS. — Lucius! Comment! nous nous rencontrons ici?

LE SERVITEUR DE LUCIUS. — Oui, et je pense que la même affaire nous amène tous ici, car la mienne a rapport à de l'argent.

TITUS. — Telles sont aussi la leur et la nôtre.

Entre PHILOTUS.

LE SERVITEUR DE LUCIUS. — Et Monsieur Philotus aussi!

PHILOTUS. — Bonjour à tous à la fois.

LE SERVITEUR DE LUCIUS. — Bonjour, mon bon frère. Quelle heure pensez-vous qu'il soit?

PHILOTUS. — Bien près de neuf heures.

LE SERVITEUR DE LUCIUS. — Autant que cela?

PHILOTUS. — Est-ce qu'on n'a pas encore vu Monseigneur?

LE SERVITEUR DE LUCIUS. — Non, pas encore.

PHILOTUS. — Je m'en étonne; il avait coutume de briller dès sept heures.

LE SERVITEUR DE LUCIUS. — Oui, mais les jours sont devenus plus courts pour lui : vous devez faire attention que la course d'un prodigue ressemble à celle du soleil, mais qu'elle ne recommence pas comme la sienne. Je crains qu'il ne soit grand hiver dans la bourse du Seigneur Timon; je veux dire qu'on peut y enfoncer la main suffisamment à fond et n'y pas trouver grand'-chose.

Philotus. — J'ai la même crainte que vous.

Titus. — Je vais vous faire remarquer quelque chose d'étrange. Votre maître vous envoie chercher de l'argent.

Hortensius. — Oui, c'est ce qu'il fait.

Titus. — Et il porte à cette heure des joyaux donnés par Timon dont je viens toucher le prix.

Hortensius. — J'en ai bien regret.

Le serviteur de Lucius. — Remarquez combien cela semble étrange, que Timon ait à payer plus qu'il ne doit : c'est absolument comme si votre maître portait de riches joyaux dont il enverrait lui-même toucher le prix.

Hortensius. — Je suis assommé de ce message, les dieux m'en sont témoins : je sais que mon maître a contribué pour sa part à manger la richesse de Timon, et maintenant l'ingratitude fait paraître cela pire que le vol.

Premier serviteur de Varron. — Oui ; ma note est de trois mille écus : à combien se monte la vôtre ?

Le serviteur de Lucius. — La mienne est de cinq mille.

Premier serviteur de Varron. — C'est beaucoup, et il semblerait par cette somme que la confiance de votre maître excédait celle du mien ; car autrement, sa note eût égalé l'autre à coup sûr.

Entre FLAMINIUS.

Titus. — Un des hommes du Seigneur Timon.

Le serviteur de Lucius. — Flaminius ! un mot, Monsieur : dites-moi, je vous en prie, Monseigneur va-t-il sortir bientôt ?

Flaminius. — Non, vraiment, pas de sitôt.

Titus. — Nous attendons Sa Seigneurie ; je vous en prie, faites-le-lui savoir.

Flaminius. — Je n'ai pas besoin de l'informer de cela ; il sait bien que vous n'êtes que trop diligents. (*Il sort.*)

Entre FLAVIUS *le visage enveloppé d'un manteau.*

Le serviteur de Lucius. — Ah ! Est-ce que ce n'est

pas son intendant qui est ainsi enveloppé? il s'en va sous un nuage : appelez-le, appelez-le.

Titus. — Entendez-vous, Monsieur?

Second serviteur de Varron. — Avec votre permission, Monsieur....

Flavius. — Que me demandez-vous, mon ami?

Titus. — Nous attendons ici pour certaines sommes d'argent, Monsieur.

Flavius. — Parbleu, si l'argent était aussi certain que votre attente, il serait suffisamment sûr. Pourquoi n'avez-vous pas présenté vos créances et vos billets, lorsque vos hypocrites de maîtres mangeaient les repas de Monseigneur? alors ils avaient pour ses dettes sourires et caresses, et leurs gloutonnes mâchoires en avalaient l'intérêt. Vous ne vous faites que tort en m'agaçant ainsi; laissez-moi passer tranquillement : croyez-moi, mon maître et moi, nous avons fait une fin; je n'ai plus d'argent à compter, ni lui à dépenser.

Le serviteur de Lucius. — Oui, mais cette réponse ne servira pas.

Flavius. — Si elle ne peut pas servir, elle est moins basse que vous, car vous servez des coquins. (*Il sort.*)

Premier serviteur de Varron. — Oui-da! que nous marmotte là son excellence cassée aux gages?

Deuxième serviteur de Varron. — Peu importe ce qu'il marmotte; il est pauvre, et c'est une assez grande vengeance. Qui a le droit de parler plus librement que celui qui n'a pas de toit pour couvrir sa tête? ceux-là peuvent railler contre les grandes maisons.

Entre SERVILIUS.

Titus. — Oh! voici Servilius, nous allons avoir une réponse quelconque.

Servilius. — Si je pouvais obtenir de vous, Messieurs, de repasser à une autre heure, je vous serais fort obligé; car, croyez-le sur mon âme, Monseigneur est disposé singulièrement au mécontentement : son caractère aimable l'a abandonné; il est très-malade et garde sa chambre.

ACTE III, SCÈNE IV.

Le serviteur de Lucius. — Beaucoup gardent leurs chambres qui ne sont pas malades, et si sa santé est altérée à ce point, il me semble que c'est une raison pour payer promptement ses dettes, afin de s'en aller chez les dieux par une route sans obstacles.

Servilius. — Bons Dieux !

Titus. — Nous ne pouvons pas prendre cela pour une réponse, Monsieur.

Flaminius, *de l'intérieur*. — Servilius ! au secours ! — Monseigneur ! Monseigneur !

Entre TIMON *dans un transport de rage ;* FLAMINIUS *le suit.*

Timon. — Comment ! Est-ce que mes portes vont s'opposer à ce que je passe ? J'aurai toujours été libre, et ma maison sera maintenant un ennemi qui me retient captif, une prison ? Est-ce que la demeure où j'ai donné mes fêtes, va, comme tout le genre humain, me montrer un cœur de fer ?

Le serviteur de Lucius. — Avance maintenant, Titus.

Titus. — Monseigneur, voici mon billet.

Le serviteur de Lucius. — Voici le mien.

Hortensius. — Et le mien, Monseigneur.

Les deux serviteurs de Varron. — Et les nôtres, Monseigneur.

Philotus. — Tous nos billets.

Timon. — Servez-vous-en comme de massues pour m'assommer ; fendez-moi jusqu'à la ceinture.

Le serviteur de Lucius. — Hélas, Monseigneur !

Timon. — Divisez mon cœur en sommes d'argent.

Titus. — Voici ma note, cinquante talents.

Timon. — Demande-les à mon sang.

Le serviteur de Lucius. — Cinq mille écus, Monseigneur.

Timon. — Rembourse-toi avec cinq mille gouttes de sang. Quel est le chiffre de la vôtre ? et de la vôtre ?

Premier serviteur de Varron. — Monseigneur....

Deuxième serviteur de Varron. — Monseigneur....

Timon. — Déchirez-moi, prenez-moi, et que les Dieux tombent sur vous ! (*Il sort.*)

Hortensius. — Ma foi, je m'aperçois que nos maîtres peuvent porter le deuil de leur argent; on peut bien appeler ces dettes-ci désespérées, car c'est un fou qui les doit. (*Ils sortent.*)

Rentrent TIMON *et* FLAVIUS.

Timon. — Ils m'ont tout à fait mis hors d'haleine, les goujats. Des créanciers ! des diables.

Flavius. — Mon cher Seigneur....

Timon. — Mais si je faisais cela ?

Flavius. — Monseigneur....

Timon. — Je le ferai. Mon intendant !

Flavius. — Ici, Monseigneur.

Timon. — Si fidèle à l'appel? Va, convie une fois encore tous mes amis, Lucius, Lucullus et Sempronius, tous; je veux une fois encore traiter ces coquins.

Flavius. — Oh, Monseigneur, vous parlez ainsi dans l'égarement de votre âme : il ne vous reste pas même assez pour fournir aux frais d'un repas modeste.

Timon. — Ne t'inquiète pas de cela ; va, invite-les tous, je te l'ordonne; laisse affluer une fois encore le flot de ces coquins ; mon cuisinier et moi nous pourvoirons à tout. (*Ils sortent.*)

SCÈNE V.

Athènes. — La salle du Sénat.

Le Sénat *est en séance.*

Premier Sénateur. — Monseigneur, vous avez ma voix en cette occasion; c'est un délit criminel; il faut qu'il meure, car rien n'enhardit le mal comme la clémence.

Deuxième Sénateur. — C'est très-vrai; la loi le brisera

ACTE III, SCÈNE V.

Entre ALCIBIADE *avec sa suite.*

ALCIBIADE. — Je souhaite au Sénat, honneur, santé et compassion !

PREMIER SÉNATEUR. — Qu'y a-t-il, capitaine ?

ALCIBIADE. — Je viens en humble solliciteur devant vos vertus ; car la pitié est la vertu de la loi, et les tyrans seuls en usent cruellement. Il a plu aux circonstances et à la fortune de s'appesantir sur un de mes amis, qui, dans l'effervescence du sang, a sauté en plein dans la loi, abîme sans fond, pour ceux qui s'y laissent tomber par mégarde. Son accident mis à part, c'est un homme plein d'aimables vertus ; et (circonstance qui rachète sa faute) aucune lâcheté n'a souillé son action ; mais voyant sa réputation touchée à mort, il s'est placé en face de son ennemi avec une noble fureur et un beau courage : avant que sa colère eût éclaté d'ailleurs, il avait commencé par la contenir, et il avait parlé avec calme et modération, comme s'il avait simplement prouvé une thèse.

PREMIER SÉNATEUR. — Vous vous chargez de soutenir un paradoxe trop difficile, en vous efforçant de faire paraître belle une laide action : à voir les peines qu'a prises votre éloquence, on dirait qu'elle veut essayer de justifier le meurtre, et de classer au rang de la plus haute valeur l'humeur querelleuse qui n'est qu'une valeur bâtarde, venue au monde au moment même où naissaient les sectes et les factions : il est véritablement vaillant celui qui peut sagement supporter le pire qu'un homme peut dire de lui, qui peut regarder les torts commis à son égard comme des choses extérieures qui ne le touchent pas, et qu'il porte comme son manteau, avec indifférence ; celui qui ne permet jamais aux injures de gouverner son cœur au point de lui faire commettre un crime. Si les outrages sont des maux et nous poussent à tuer, quelle folie n'est-ce pas que de hasarder sa vie pour un mal !

ALCIBIADE. — Monseigneur....

Premier Sénateur. — Vous ne pouvez pas blanchir des crimes évidents ; la valeur ne consiste pas à se venger, mais à supporter l'injure.

Alcibiade. — Messeigneurs, en ce cas, soyez assez indulgents pour me pardonner, si je parle comme un capitaine. Pourquoi, nous sots d'hommes que nous sommes, nous exposons-nous dans les batailles, et n'endurons-nous pas toutes les menaces? pourquoi ne dormons-nous pas là-dessus, et ne laissons-nous pas l'ennemi nous couper la gorge sans répugnance? S'il y a une telle valeur dans la patience, que faisons-nous en campagne? Parbleu, si la patience doit emporter la palme, les femmes qui restent au logis sont plus vaillantes que nous, et l'âne est un plus grand général que le lion : si la sagesse consiste dans l'action de souffrir, le criminel chargé de fers est plus sage que le juge. Ô Messeigneurs, soyez aussi bons et compatissants que vous êtes puissants! Qui donc de sang-froid ne condamnera pas la précipitation? Tuer est, je l'accorde, le dernier excès du crime ; mais tuer pour sa défense personnelle, oh ! par la clémence ! cela est trop juste. La fureur est une impiété, mais quel homme n'a pas connu la fureur? pesez seulement son crime avec cette considération.

Second Sénateur. — Vous parlez en vain.

Alcibiade. — En vain! les services qu'il a rendus à Lacédémone et à Byzance devraient suffire pour racheter sa vie.

Premier Sénateur. — Qu'est-ce que cela veut dire?

Alcibiade. — Cela veut dire, parbleu, Messeigneurs, qu'il a rendu de bons services, et qu'il a tué en combat bon nombre de vos ennemis. Avec quelle valeur il s'est conduit dans le dernier combat! que de coups n'a-t-il pas portés?

Second Sénateur. — Il n'en a que trop porté, c'est un querelleur juré : il possède un défaut qui souvent le noie, et fait sa valeur prisonnière ; un défaut qui, n'eût-il pas d'ennemis, suffirait pour le vaincre : il est bien connu que dans cette fureur bestiale il commet des outrages et chérit les querelles; il nous est rapporté qu'il passe sa vie dans la crapule et que son ivrognerie est dangereuse.

PREMIER SÉNATEUR. — Il doit mourir.

ALCIBIADE. — C'est une dure destinée! il aurait pu mourir à la guerre. Messeigneurs, si ce n'est pour aucune de ses qualités, — quoique son bras droit fût capable de racheter sa faute de manière à lui permettre de ne devoir rien à personne, — pour vous toucher davantage, joignez mes services aux siens et faites-en un seul tout : comme je sais que vos âges respectables aiment la sécurité, je vous engagerai mes victoires, tout mon honneur enfin, pour sa conduite à venir. Si pour ce crime, il doit sa vie à la loi, eh bien! que la guerre reçoive sa vie avec son sang valeureux; car si la loi est inexorable, la guerre ne l'est pas moins.

PREMIER SÉNATEUR. — Nous sommes pour la loi, il mourra! n'insistez pas davantage, sous peine de notre déplaisir : frère ou ami, il condamne son propre sang à être répandu, celui qui verse le sang d'autrui.

ALCIBIADE. — En doit-il être ainsi? cela ne se peut pas. Messeigneurs, je vous en conjure, songez qui je suis.

SECOND SÉNATEUR. — Comment !

ALCIBIADE. — Rappelez-moi à vos souvenirs.

TROISIÈME SÉNATEUR. — Quoi !

ALCIBIADE. — Je ne puis croire autre chose, sinon que vos années ont oublié qui je suis; si ce n'était pas cela, il serait impossible que je fusse descendu à ce point de solliciter sans l'obtenir une telle grâce ordinaire : mes blessures crient vers vous.

PREMIER SÉNATEUR. — Affrontez-vous notre colère ? Elle s'exprime en quelques paroles, mais ses effets en sont illimités : nous te bannissons à perpétuité.

ALCIBIADE. — Vous me bannissez! bannissez votre radotage, bannissez l'usure qui couvre le Sénat d'ignominie.

PREMIER SÉNATEUR. — Si, après deux jours, Athènes te contient encore, attends-toi à notre plus sévère jugement; et quant à lui, pour ne pas prolonger notre colère, il sera exécuté sur-le-champ. (*Sortent les Sénateurs.*)

Alcibiade. — Eh bien, puissent les dieux vous faire venir assez vieux pour que vous n'ayez plus que les os, et que personne n'ose vous regarder! Je suis pis que fou : j'ai repoussé leurs ennemis, pendant qu'ils comptaient leur argent et qu'ils prêtaient leurs capitaux à gros intérêts; je n'y ai gagné d'autres richesses que de fortes blessures, et le tout pour cela? Est-ce là le baume que le Sénat usurier verse dans les blessures du capitaine? Le bannissement? cela n'est pas mauvais; je ne déteste pas d'être banni; frapper sur Athènes sera pour mon ressentiment et ma fureur une excellente revanche. Je vais relever l'enthousiasme de mes troupes mécontentes et gagner les cœurs. C'est honneur d'avoir à se mesurer avec de nombreux ennemis; les soldats doivent supporter les outrages aussi peu que les dieux. (*Il sort.*)

SCÈNE VI.

Athènes. — Une salle de banquet dans la demeure de Timon.

Musique. Des tables sont servies : les serviteurs sont à leurs postes. Entrent par diverses portes, divers Seigneurs.

Premier Seigneur. — Bien le bonjour, Seigneur.

Second Seigneur. — Je vous rends votre souhait. Je pense que cet honorable Seigneur a voulu seulement nous éprouver l'autre jour.

Premier Seigneur. — C'est précisément ce que je ruminais, lorsque nous nous sommes rencontrés : j'espère qu'il n'est pas aussi bas que le faisaient croire ses tentatives auprès de ses divers amis.

Second Seigneur. — Son nouveau festin prouve assez que cela ne peut être.

Premier Seigneur. — Je le pense aussi. Il m'a envoyé une invitation pressante, que de nombreuses circonstances urgentes m'engageaient à refuser; mais sa prière a été la plus forte, et j'ai dû absolument m'y rendre.

Deuxième Seigneur. — J'étais également retenu par des affaires importunes, mais il n'a pas voulu accepter mes excuses. Je suis désolé de m'être trouvé à court d'argent, lorsqu'il m'en a envoyé demander.

Premier Seigneur. — J'éprouve le même chagrin, car je comprends maintenant comment vont les choses.

Second Seigneur. — C'est le cas de tous ceux qui sont ici. Qu'est-ce qu'il demandait à vous emprunter?

Premier Seigneur. — Mille pièces.

Deuxième Seigneur. — Mille pièces!

Premier Seigneur. — Et à vous?

Troisième Seigneur. — Il m'a envoyé, Seigneur....
— Le voici qui vient.

Entrent TIMON *et autres personnes le suivant.*

Timon. — Tous mes compliments, à vous deux, Seigneurs : — et comment allez-vous?

Premier Seigneur. — Toujours fort bien, lorsque nous apprenons de bonnes nouvelles de Votre Seigneurie.

Deuxième Seigneur. — L'hirondelle n'est pas plus fidèle à l'été, que nous à Votre Seigneurie.

Timon, *à part.* — Et vous quittez l'hiver tout aussi volontiers que l'hirondelle : voilà bien les oiseaux d'été que sont les hommes. (*Haut.*) Messieurs, notre dîner ne compensera pas cette longue attente : faites faire en attendant à vos oreilles un dîner de musique, si elles peuvent s'accommoder de sons aussi criards que ceux de la trompette : nous allons nous mettre à table dans un instant.

Premier Seigneur. — J'espère que Votre Seigneurie ne m'en veut pas, pour vous avoir renvoyé un messager les mains vides?

Timon. — Ô Seigneur, que cela ne vous trouble pas.

Second Seigneur. — Mon noble Seigneur....

Timon. — Ah! mon bon ami! qu'y a-t-il?

Second Seigneur. — Mon très-honorable Seigneur, je

suis honteux à en être malade, de m'être trouvé nécessiteux au point où je l'étais, le jour où Votre Seigneurie a envoyé chez moi.

Timon. — Ne pensez-pas à cela, Seigneur.

Second Seigneur. — Si vous aviez envoyé deux heures auparavant seulement....

Timon. — Votre mémoire a mieux à faire qu'à s'encombrer de tels souvenirs. — Allons, qu'on serve tout à la fois. (*On apporte les plats.*)

Second Seigneur. — Tous plats couverts!

Premier Seigneur. — Chère royale, je vous le garantis!

Troisième Seigneur. — N'en doutez pas, si l'argent et la saison où nous sommes y suffisent.

Premier Seigneur. — Et votre santé? Quelles sont les nouvelles?

Troisième Seigneur. — Alcibiade est banni; saviez-vous cela?

Premier *et* second Seigneurs. — Alcibiade est banni!

Troisième Seigneur. — Oui, tenez cela pour certain.

Premier Seigneur. — Comment cela! comment cela!

Second Seigneur. — A quel propos, dites-moi?

Timon. — Mes dignes amis, voulez-vous vous approcher?

Troisième Seigneur. — Je vous en dirai plus long tout à l'heure. Voici un bien beau dîner qui s'apprête!

Second Seigneur. — C'est toujours le vieil homme.

Troisième Seigneur. — Y tiendra-t-il? y tiendra-t-il?

Second Seigneur. — Il tient, mais le temps dira si.... et voilà.

Troisième Seigneur. — Je comprends.

Timon. — Chacun à sa place, avec le même empressement que s'il courait aux lèvres de sa maîtresse : le repas sera le même pour tous les convives. N'imitons pas ces dîners de la ville, où on laisse refroidir les plats, pendant qu'on se dispute à qui doit revenir la première place : asseyez-vous, asseyez-vous. Les Dieux demandent que nous leur rendions grâces.

« Ô vous grands bienfaiteurs, répandez sur notre so-

ACTE III, SCÈNE VI.

ciété la vertu de la reconnaissance. Attirez-vous nos louanges pour vos dons : mais réservez-vous le pouvoir de donner encore, de crainte que vos divinités ne soient méprisées. Prêtez assez à chacun, pour que l'un n'ait pas besoin de prêter à l'autre ; car si vos divinités avaient besoin d'emprunter aux hommes, les hommes renieraient les Dieux. Faites que le festin soit plus aimé que l'homme qui le donne. Que toutes les fois que vingt personnes seront assemblées, il y ait deux dizaines de coquins ; que lorsque douze femmes seront assises ensemble à table, il y en ait une douzaine qui soient.... ce qu'elles sont. Pour vos dernières bénédictions, ô Dieux, accordez au Sénat d'Athènes et à la vulgaire lie de son peuple, à tous ensemble, le bienfait d'obtenir leur propre ruine, par le moyen de leurs propres vices. Quant à mes amis ici présents, comme ils ne me sont rien, ne les bénissez en rien ; c'est pourquoi ils ne sont les bienvenus en rien. » Découvrez les plats, chiens, et lapez. (*On découvre les plats et on les trouve remplis d'eau chaude.*)

Un convive. — Que veut dire Sa Seigneurie ?

Un autre convive. — Je ne sais pas.

Timon. — Puissiez-vous ne jamais voir de meilleur festin, bande d'amis des lèvres ! Fumée et eau tiède, voilà votre parfaite image. C'est le dernier banquet de Timon, qui tout couvert et doré de vos flatteries, s'en lave ainsi, et vous arrose le visage de vos infamies fumantes. (*Il leur jette l'eau au visage.*) Vivez méprisés, et longtemps, parasites détestés, doucereux, au perpétuel sourire, courtois agents de ruine, loups affables, ours polis, suivants de la fortune, amis de la cuisine, mouches de la prospérité, valets aux révérences serviles, vapeurs, jacquemards d'horloges ! Que les infinies variétés des maladies de l'homme et de la bête vous recouvrent d'ulcères de la tête aux pieds ! — Comment ! tu t'en vas, toi ? doucement, prends d'abord ta médecine, — et toi aussi, et toi encore. (*Il leur jette les plats à la tête et les chasse.*) Attendez, je vais vous prêter de l'argent, et non pas vous en emprunter. Comment ! vous voilà tous en fuite ! Que désormais il n'y ait pas de fête où un scélérat ne soit un convive bienvenu. Brûle, maison! engloutis-toi, Athènes! et que désormais soient haïs de Timon l'homme et toute l'humanité! (*Il sort.*)

Rentrent LES SEIGNEURS.

PREMIER SEIGNEUR. — Eh bien, Messeigneurs!

SECOND SEIGNEUR. — Pourriez-vous me dire comment s'appelle le genre de frénésie du Seigneur Timon?

TROISIÈME SEIGNEUR. — Peste soit d'elle! avez-vous vu mon chapeau?

QUATRIÈME SEIGNEUR. — J'ai perdu ma robe.

TROISIÈME SEIGNEUR. — Ce Seigneur n'est qu'un fou, et il n'est gouverné par rien d'autre que des lubies. Il m'a donné un joyau l'autre jour, et aujourd'hui il l'a fait sauter de mon chapeau : avez-vous vu mon joyau?

QUATRIÈME SEIGNEUR. — Avez-vous vu mon chapeau?

DEUXIÈME SEIGNEUR. — Le voici.

QUATRIÈME SEIGNEUR. Voici ma robe.

PREMIER SEIGNEUR. — Ne séjournons pas ici.

DEUXIÈME SEIGNEUR. — Le Seigneur Timon est fou.

TROISIÈME SEIGNEUR. — Je le sens à mes os.

QUATRIÈME SEIGNEUR. — Un jour il vous donne des diamants, le lendemain des pierres[3]. (*Ils sortent.*)

ACTE IV.

SCÈNE PREMIÈRE.

En dehors des murs d'ATHÈNES.

Entre TIMON.

Timon. — Je veux te regarder encore. Ô muraille, qui sers de ceinture à ces loups, enfonce-toi sous la terre et ne protége plus Athènes! Matrones, changez-vous en catins! Pères, trouvez vos enfants sans obéissance! Esclaves et paillasses, arrachez de leurs siéges les graves sénateurs aux rides vénérables, et gouvernez à leur place! Banqueroutiers, tenez bon, et plutôt que de payer vos dettes, tirez vos couteaux et coupez les gorges de vos prêteurs! Serviteurs de confiance, volez! vos graves maîtres sont des voleurs aux larges manches qui pillent avec l'autorité de la loi. Allez aux égouts publics, jeunes vierges! faites cela sous les yeux de vos parents! Servante, entre au lit de ton maître; ta maîtresse appartient au bordel! Enfant de seize ans, arrache à ton vieux podagre de père sa béquille rembourrée, et sers-t'en pour lui casser la tête! Piété, crainte, religion envers les Dieux, paix, justice, vérité, respect de la famille, repos des nuits, rapports de voisinage, instruction, mœurs, cultes, métiers, rangs, traditions, coutumes et lois, glissez dans vos anarchiques contraires, et que règne la confusion! Fléaux qui attaquez l'humanité, entassez vos contagions puissantes et infectantes sur Athènes, mûre pour vos pestes! Froide sciatique, estropie nos sénateurs, afin que leurs jambes boitent aussi fort que boitent leurs mœurs! Licence et paillardise, glissez-vous dans les âmes et dans les moelles de nos jeunes gens, afin qu'ils puissent lutter contre le flot de la vertu, et se noyer dans la débauche! Gales, ulcères, répandez-vous sur tous les seins athéniens, et qu'ils portent la moisson d'une lèpre générale! Haleine, infecte l'haleine, afin que leur société comme leur amitié ne soit que poison! Je n'emporterai rien de toi que la nudité, ville détestable! qu'elle tombe aussi sur toi, avec mille et mille malédictions! Timon s'en va dans les bois, où il trouvera la bête la plus sauvage plus tendre que le genre humain. Que les Dieux confondent, — ô Dieux bons, entendez-moi tous! — les Athéniens, et dans leur ville et hors de leur ville! et qu'ils accordent à Timon de voir croître de plus en plus sa haine envers le genre humain tout entier, grands et petits, à mesure qu'il avancera en âge! Amen. (*Il sort.*)

SCÈNE II.

ATHÈNES. — Un appartement dans la demeure de TIMON.

Entre FLAVIUS *avec deux ou trois* SERVITEURS.

PREMIER SERVITEUR. — Entendez-vous, Monsieur l'intendant, où est notre maître? sommes-nous ruinés? renvoyés? ne reste-t-il rien?

FLAVIUS. — Hélas, mes camarades, que vous dirai-je? Que les justes dieux prennent protection de moi, je suis aussi pauvre que vous.

PREMIER SERVITEUR. — Une telle maison brisée! un si noble maître déchu! Ruine complète! et pas un ami pour prendre sa fortune par le bras, et l'emmener avec lui!

DEUXIÈME SERVITEUR. — Ainsi que nous nous éloignons de notre compagnon, une fois qu'il a été mis dans la fosse, ainsi tous ses familiers se sont esquivés devant sa fortune ensevelie, en lui laissant leurs vœux menteurs, pareils à des bourses vidées : et lui-même, le pauvre être, mendiant sans asile, il marche seul, comme le mépris, avec sa maladie évitée de tous, la pauvreté. Voici quelques autres de nos camarades.

Entrent d'autres SERVITEURS.

FLAVIUS. — Tous instruments brisés d'une maison ruinée.

TROISIÈME SERVITEUR. — Nos cœurs portent encore la livrée de Timon, je le vois à vos visages ; nous sommes encore camarades, nous sommes serviteurs d'une douleur commune : fendue est notre barque, et nous, pauvres matelots, nous sommes là sur le pont qui s'enfonce à écouter les vagues menaçantes : nous devons tous aller, chacun de notre côté, dans cette mer du monde.

FLAVIUS. — Ô mes bons compagnons, je partagerai avec vous tous le reste de ma fortune. En quelque lieu que nous nous rencontrions, soyons encore compagnons : secouons nos têtes en ces occasions-là, et disons, comme si c'était pour sonner le glas de la fortune de notre maître, « nous avons vu des jours meilleurs. » Que chacun en prenne un peu. (*Il leur présente de l'argent.*) Voyons, avancez tous vos mains. Pas un mot de plus : en nous séparant pauvres comme nous voilà, nous nous séparons riches de notre douleur. (*Les serviteurs s'embrassent et s'en vont, chacun de son côté.*) Oh ! les terribles malheurs que la grandeur nous apporte ! Qui ne souhaiterait d'être exempt d'opulence, puisque les richesses peuvent conduire à la misère et au mépris ? Qui voudrait se laisser moquer ainsi par la gloire ? ou consentir à vivre dans un simple rêve d'amitié ? Qui voudrait ne posséder qu'en peintures, en peintures pareilles à ses effigies d'amis, sa pompe et tout ce dont la grandeur se compose ? Pauvre honnête Seigneur, jeté bas par son propre cœur, ruiné par sa bonté ! Rare et étrange nature que celle dont le pire péché est de trop faire le bien ! Qui pourrait oser désormais être la moitié aussi bon, puisque la libéralité qui fait les dieux, ruine toujours les hommes? Mon très-cher Seigneur, qui fus béni pour être maudit davantage, qui fus riche seulement pour être misérable, tes grandes richesses sont devenues tes principales afflictions. Hélas! bon Seigneur! il s'est sauvé en rage loin de ce lieu de séjour ingrat de monstrueux amis, et il n'a pas de ressources pour vivre, ni de moyens pour gagner sa vie. Je vais sortir et m'informer de ce qu'il est devenu : je servirai toujours de bon gré ses volontés; tant que j'aurai de l'or, je serai encore son intendant. (*Il sort.*)

SCÈNE III.

Les bois. — Devant la caverne de TIMON.

Entre TIMON.

TIMON. — Ô bienheureux soleil qui engendres la fécondité, pompe de la terre une humidité putride, et infecte l'air qui s'étend au-dessous de l'orbe de ta sœur! Prenez deux frères jumeaux, sortis d'un même ventre, à peine séparés par la procréation, la naissance et la résidence, et éprouvez-les par des fortunes diverses; le plus grand méprise le plus petit : le cœur humain que tous les fléaux assiégent, ne peut supporter une grande fortune, sans mépriser la nature. Elevez-moi ce mendiant, et abaissez-moi ce Seigneur; le sénateur aura à supporter un mépris héréditaire, le mendiant va jouir des honneurs de la naissance. C'est le fourrage qui engraisse le bétail, c'est l'absence de fourrage qui le maigrit. Qui oserait, qui oserait se lever dans toute la pureté native de son humanité, et dire, « cet homme est un flatteur? » S'il en est un qui l'est, ils le sont tous avec lui, car chacun des pas de l'homme riche est balayé par celui qui est au-dessous de lui : la tête savante fait la cour à l'imbécile doré : tout est oblique, rien n'est droit dans nos natures maudites, si ce n'est la scélératesse. En conséquence, que les hommes soient abhorrés dans leurs fêtes, leurs sociétés, leurs réunions! Oui, Timon méprise son semblable, oui il se méprise lui-même : que la destruction engloutisse le genre humain! — Terre, donne-moi des racines! (*Il creuse la terre.*) Que celui qui demande mieux que cela, imbibe son palais de ton plus actif poison! — Qu'y a-t-il là? de l'or? de l'or jaune, brillant, précieux? Non, ô Dieux! je ne suis pas un homme qui fais des prières inconséquentes : de simples racines, ô vous cieux très-purs! Beaucoup de cette chose que voilà, va faire du blanc le noir, du laid le beau, du faux le vrai, du bas le noble, du vieux le jeune, du lâche le vaillant. Ah Dieux! pourquoi cela? qu'est cette chose, ô Dieux! Cette chose! mais elle va vous suborner vos prêtres et vos serviteurs, et les éloigner de vous; elle va retirer l'oreiller sous la tête de l'homme le plus robuste [1] : ce jaune esclave va resserrer et dissoudre les religions, bénir les maudits, faire adorer la lèpre blanche, donner des places aux voleurs, et les faire asseoir parmi les sénateurs, avec titres, génuflexions et louanges : c'est lui qui fait se remarier la veuve moisie, et qui parfume et embaume comme un mois d'avril celle devant laquelle rendraient gorge l'hôpital et les ulcères en personne. Allons, fange damnée, putain commune à tout le genre humain, qui sèmes les dissensions parmi la multitude des nations, je vais te faire travailler selon ta nature. (*On entend une marche dans le lointain.*) Ah! un tambour? — Tu es bien en vie, mais cependant je vais t'enterrer : tu iras, robuste voleur, là où ne peuvent se tenir droits tes goutteux gardiens. Cependant, donne-moi quelques gages. (*Il garde un peu d'or.*)

Entrent ALCIBIADE *avec fifres et tambours, en appareil militaire;* PHRYNIA *et* TIMANDRA [2].

ALCIBIADE. — Qui es-tu, toi qui es ici? parle.

TIMON. — Une bête comme toi. Que le cancer ronge ton cœur pour m'avoir montré encore une fois le visage d'un homme!

ALCIBIADE. — Quel est ton nom? L'homme est-il donc

à ce point haïssable à tes yeux, à toi qui toi-même es un homme?

Timon. — Je suis *misanthropos* et je hais le genre humain. Pour ce qui est de toi, je souhaiterais que tu fusses un chien, afin de pouvoir t'aimer un peu.

Alcibiade. — Je te connais bien, mais je suis ignorant de ce qui a pu t'arriver.

Timon. — Je te connais aussi, et je ne désire pas te connaître plus que je ne te connais. Suis ton tambour; peins la terre de sang humain, fais-lui un blason de *gueules*, de *gueules* (a) : les canons de la religion, les lois civiles sont cruelles; à plus forte raison la guerre doit-elle l'être. Cette cruelle putain qui te suit, malgré ses yeux de chérubin, possède une force de destruction plus grande que ton épée.

Phrynia. — Puissent tes lèvres se pourrir!

Timon. — Je ne veux pas t'embrasser; par conséquent rends cette pourriture à tes lèvres.

Alcibiade. — Par quel événement le noble Timon a-t-il ainsi changé?

Timon. — J'ai changé comme change la lune, lorsque je n'ai plus eu de lumière à donner; mais alors je n'ai pu me renouveler comme la lune; il ne s'est pas trouvé de soleils auxquels je pusse emprunter.

Alcibiade. — Noble Timon, quelle marque d'amitié puis-je te donner?

Timon. — Aucune, si ce n'est de confirmer mon opinion.

Alcibiade. — En quoi cela consiste-t-il, Timon?

Timon. — Promets-moi amitié et ne m'en accorde aucune; si tu ne veux pas faire cette promesse, les dieux te confondent, car tu es un homme! si tu tiens promesse, qu'ils te confondent encore, car tu es un homme!

Alcibiade. — J'ai entendu certains bruits de tes misères.

Timon. — Tu les a vues, lorsque je possédais ma prospérité.

(a) Le terme héraldique pour la couleur rouge.

ALCIBIADE. — Je les vois maintenant; alors était un temps heureux.

TIMON. — Comme le temps présent est heureux pour toi, entouré comme te voilà par une paire de catins.

TIMANDRA. — Est-ce là le favori d'Athènes, que la voix universelle saluait avec tant d'estime?

TIMON. — Es-tu Timandra?

TIMANDRA. — Oui.

TIMON. — Continue à être une putain : ceux qui usent de toi, ne t'aiment point; donne-leur des maladies, et qu'ils te laissent leur vigueur. Fais bon usage de tes heures de libertinage; assaisonne-moi ces manants pour les bains et les fumigations, et réduis-moi les jeunes gens aux joues de rose, à la diète et aux étuves.

TIMANDRA. — Va te pendre, monstre!

ALCIBIADE. — Pardonne-lui, aimable Timandra; car ses malheurs ont noyé et perdu sa raison. — Je n'ai que peu d'or depuis ces derniers temps, brave Timon, et cette pénurie cause chaque jour des révoltes dans mon armée nécessiteuse: j'ai appris, et je m'en suis affligé, comment la maudite Athènes, sans considération pour ta noblesse, oubliant les grands services rendus par toi, alors que les nations voisines l'auraient foulée aux pieds, sans ton épée et ta fortune....

TIMON. — Je t'en prie, fais battre ton tambour, et décampe.

ALCIBIADE. — Je suis ton ami, et j'ai pitié de toi, cher Timon.

TIMON. — Comment as-tu pitié de celui que tu viens ennuyer? j'aimerais mieux être seul.

ALCIBIADE. — En ce cas, porte-toi bien : voici un peu d'or pour toi.

TIMON. — Garde-le, je ne puis le manger.

ALCIBIADE. — Lorsque j'aurai mis l'orgueilleuse Athènes en ruine....

TIMON. — Tu fais la guerre à Athènes?

ALCIBIADE. — Oui, Timon, et avec justice.

Timon. — Que les Dieux les ruinent tous sous ta conquête, et toi après, lorsque tu les auras conquis!

Alcibiade. — Pourquoi moi, Timon?

Timon. — Parce qu'en égorgeant des scélérats, tu naquis pour conquérir mon pays. Reprends ton or : marche.

— Voici de l'or, — marche; sois comme une peste planétaire, lorsque Jupiter lance dans l'air infecté ses poisons sur quelque cité chargée de vices : que pas un de ses habitants n'échappe à ton épée : n'aie pas compassion du vieillard honoré à cause de sa barbe blanche, c'est un usurier : frappe-moi l'hypocrite matrone : c'est son habit seul qui est honnête, elle-même n'est qu'une maquerelle : que la joue de la vierge n'adoucisse pas ton épée tranchante; car ces mamelles blanches comme lait qui tentent les yeux des hommes à travers la grille de son corsage, ne se sont pas inscrites sur le livre de la pitié, mais ont fait preuve d'horrible trahison : n'épargne pas l'enfant dont les sourires à fossettes arrachent aux sots leur compassion; crois que c'est un bâtard qu'un oracle obscur a désigné comme devant te couper la gorge, et hache-le sans remords : fais serment d'être sans pitié contre tout ce qui peut le mieux l'inspirer; revêts tes yeux et tes oreilles d'une armure si invulnérable que ni les cris des mères, des vierges et des enfants à la mamelle, ni la vue des prêtres saignants sous leurs saints vêtements, ne puissent la pénétrer. Voici de l'or pour payer tes soldats : fais une vaste confusion, et ta fureur une fois épuisée, sois confondu toi-même! Ne parle pas, pars.

Alcibiade. — As-tu encore de l'or? Je prendrai l'or que tu me donnes, mais non tous tes conseils.

Timon. — Que tu les prennes, ou que tu ne les prennes pas, la malédiction du ciel tombe sur toi!

Phrynia et Timandra. — Donne-nous de l'or, mon bon Timon : en as-tu encore?

Timon. — Assez pour faire abjurer son métier à une putain, et pour faire renoncer une maquerelle à faire des putains. Tendez vos tabliers, saligaudes : ce n'est pas à vous qu'on demande des serments, bien qu'il me soit

ACTE IV, SCÈNE III.

connu que vous êtes capables de jurer, de jurer épouvantablement, de manière à donner de terribles frissons et à agiter de tremblements célestes les dieux immortels qui vous entendent; — épargnez vos serments, je me fie à votre métier : continuez à être des putains; faites preuve de l'énergie de vraies putains avec celui dont la parole pieuse cherchera à vous convertir ; amorcez-le, enflammez-le ; que votre feu libertin l'emporte sur sa fumée, et ne désertez pas votre poste. Et après cela, puissent, pendant six mois de l'année, vos travaux être tout le contraire de ceux-là ; puissiez-vous donner pour toiture à vos pauvres crânes rasés, les dépouilles des morts, — peu importe que quelques-uns de ces morts aient été pendus. Portez ces dépouilles, trahissez par leur moyen, soyez putains à perpétuité : fardez-vous à ce point qu'un cheval puisse s'embourber sur votre face : la peste soit des rides, n'est-ce pas?

PHRYNIA *et* TIMANDRA. — Bon, encore de l'or : et puis, quoi encore? crois bien que nous ferons tout pour de l'or.

TIMON. — Semez la consomption dans les os vidés de moelle des hommes, paralysez leurs maigres jambes, et faites qu'ils n'aient plus la vigueur d'éperonner. Enrouez la voix de l'homme de loi, afin qu'il ne puisse jamais plus plaider pour de faux titres, ni crier ses subtilités sur un ton perçant : donnez la lèpre au prêtre qui tonne contre les passions de la chair, et ne croit pas à ce qu'il dit : faites tomber le nez, faites-le tomber jusqu'à la racine, le nez de celui qui, pour flairer la piste de son intérêt particulier, abandonne la trace de l'intérêt général ; coupez-lui tout pont de retraite à celui-là. Rendez chauves les ruffians à la tête bouclée, et que les fanfarons sortis sans blessures de la guerre soient blessés par vous. Empestez tout le monde : que votre activité détruise et dessèche la source de toute vigueur. Voici encore de l'or ; damnez les autres, et que cet or vous damne, vous, et que les fossés des grandes routes vous servent à tous de tombeaux !

PHRYNIA *et* TIMANDRA. — Encore des conseils avec d'autre or, généreux Timon.

Timon. — Commencez d'abord par vous prostituer un peu plus, par faire un peu plus de mal ; je vous ai donné des arrhes suffisantes.

Alcibiade. — Battez le tambour, et en route vers Athènes! Adieu, Timon : si mon entreprise tourne bien, je reviendrai te voir.

Timon. — Si mes espérances tournent bien, je ne te verrai jamais plus.

Alcibiade. — Je ne t'ai jamais fait de mal.

Timon. — Si, tu as bien parlé de moi.

Alcibiade. — Appelles-tu cela faire du mal?

Timon. — Les hommes l'éprouvent chaque jour. Va-t'en, et emmène tes chiennes avec toi.

Alcibiade. — Nous ne faisons que l'irriter. Battez, tambours! (*Le tambour bat. Sortent Alcibiade, Phrynia et Timandra.*)

Timon. — Dire qu'un être malade de l'ingratitude de l'homme peut encore avoir faim! (*Il creuse la terre.*) Mère commune, toi dont le ventre sans mesure et le vaste sein engendrent et nourrissent tous les êtres[3], toi qui de la même pâte dont tu as pétri ton enfant orgueilleux, l'homme arrogant, engendres le noir crapaud et l'aspic bleu, le lézard doré et le venimeux serpent aveugle, ainsi que toutes les créatures abhorrées qui naissent sous le ciel onduleux où brillent les feux vivifiants d'Hypérion, donne à celui qui hait tous tes fils humains une pauvre racine de ton sein généreux! Cicatrise ton ventre fertile et facile à concevoir, afin qu'il ne produise plus l'homme ingrat! mais prodigue les tigres, les dragons, les loups et les ours, enfante de nouveaux monstres que ta surface n'aie jamais encore présentés à la voûte marbrée qui recouvre le monde. — Oh, voilà une racine : — mes plus vifs remercîments! Taris tes sucs dans ces vignes et ces champs labourés, d'où l'homme ingrat tire ces breuvages capiteux et ces mets savoureux dont il souille la pureté de son âme au point de la priver de toute décence! — Encore un homme? oh! quelle peste! quelle peste!

ACTE IV, SCENE III.

Entre APEMANTUS [4].

APEMANTUS. — On m'a enseigné où tu étais : les gens prétendent que tu affectes mes manières, que tu te comportes à ma façon.

TIMON. — C'est tout simplement alors, parce que tu n'as pas de chiens que je puisse imiter : que la consomption tombe sur toi !

APEMANTUS. — Cette disposition n'est en toi que le résultat d'une nature infectée ; c'est une pauvre mélancolie sans virilité qui est sortie du changement de fortune. Pourquoi cette bêche ? ce séjour ? ce costume qui est presque d'un esclave ? ces regards chagrins ? Tes flatteurs, eux, continuent à porter de la soie, à boire du vin, à dormir dans de bons lits, caressent leurs belles aux parfums pernicieux, et ont oublié que Timon exista jamais. Ne déshonore pas ces bois en affectant la malice d'un satirique. Sois un flatteur à cette heure, et cherche à prospérer par les choses même qui t'ont ruiné : courbe ton genou, et permets au souffle de celui que tu voudras cajoler, de faire tomber ton chapeau : loue ses actes les plus vicieux, et appelle-les excellents : c'est ce qu'on faisait à ton égard : tu prêtais tes oreilles — semblable en cela à ces garçons de taverne qui souhaitent la bienvenue aux mauvaises gens, — aux drôles et à tous chalands : il est trop juste que tu deviennes canaille à ton tour ; si tu redevenais riche, les canailles auraient ta fortune. Ne prends pas ma ressemblance.

TIMON. — Si je te ressemblais, je me détruirais moi-même.

APEMANTUS. — Tu t'es détruit en te ressemblant, toi qui fus si longtemps un fou, et qui maintenant es un sot. Comment ! penses-tu donc que le vent glacé, ton bruyant valet de chambre, fera chauffer ta chemise ? Crois-tu que ces arbres moussus, plus vieux que les aigles, vont te suivre aux talons, et disparaître lorsque tu leur feras signe ? Penses-tu que le froid ruisseau, tout candi dans sa glace, préparera ta tisane du matin pour guérir ton indigestion de la veille ? Appelle les créatures dont les corps nus vivent soumis à l'inclémence du ciel rigoureux, dont les troncs inabrités, exposés au conflit des éléments, suivent la nature seule, et ordonne-leur de te flatter ; oh ! tu trouveras alors....

TIMON. — Un sot dans ta personne : pars.

APEMANTUS. — Je t'aime plus à cette heure que je ne t'aimai jamais.

TIMON. — Je te hais beaucoup plus, moi.

APEMANTUS. — Pourquoi?

TIMON. — Tu flattes la misère.

APEMANTUS. — Je ne te flatte pas, mais je te dis que tu es un misérable.

TIMON. — Pourquoi viens-tu me chercher?

APEMANTUS. — Pour te vexer.

TIMON. — Cet office est toujours celui d'un scélérat ou d'un sot. Est-ce qu'il te plaît?

APEMANTUS. — Oui.

TIMON. — Comment ! tu es un drôle aussi?

APEMANTUS. — Si tu avais adopté cette âpre et froide manière de vivre pour châtier ton orgueil, ce serait bien ; mais tu l'as adoptée par contrainte ; tu redeviendrais un courtisan, si tu n'étais plus un mendiant. La misère volontaire a le pas sur l'opulence inquiète, elle lui est supérieure ; l'une est toujours en voie d'augmentation, elle n'est jamais complète ; l'autre a son plein désir : la plus haute condition sans contentement, est plus malheureuse et misérable que la plus basse condition avec le contentement. Tu devrais désirer de mourir, puisque tu es misérable.

TIMON. — Non pas sur ton conseil, à toi qui es encore plus misérable. Tu es un esclave que le tendre bras de la Fortune n'étreignit jamais de ses faveurs, tu es né chien. Si comme nous, depuis tes premiers langes, tu avais traversé l'une après l'autre toutes ces diverses voluptés que ce petit monde accorde à ceux qui peuvent librement commander aux goujats passifs qu'il contient, tu te serais plongé dans une débauche perpétuelle, tu aurais fait fondre ta jeunesse dans des couches luxurieuses

ACTE IV, SCÈNE III.

sans nombre, tu n'aurais jamais appris les froids préceptes du respect, mais tu aurais suivi la proie sucrée placée devant toi. Mais moi j'avais le monde entier pour confiseur ; j'avais à volonté les bouches, les langues, les yeux, les cœurs des hommes, en plus grande quantité que je ne pouvais en employer ; ils s'attachaient à moi, innombrables comme les feuilles sur le chêne, et cependant, sous un seul souffle d'hiver, ils sont tombés de leurs rameaux, et m'ont laissé nu, exposé à toute tempête qui souffle ; — ce m'est un certain fardeau de supporter cela, moi qui n'avais jamais connu que ce qu'il y a de meilleur en ce monde : mais toi, tu es né dans la souffrance, et le temps n'a fait que t'y endurcir. Pourquoi haïrais-tu les hommes? ils ne te flattèrent jamais : que leur as-tu donné? Si tu veux maudire quelqu'un, il faut maudire ton père, ce pauvre chiffon, qui, dans quelque heure de morose caprice, couvrit de son étoffe quelque mendiante, et te façonna, toi, pauvre coquin par hérédité. Hors d'ici! va-t'en! si tu n'étais pas né le pire des hommes, tu serais un coquin et un flatteur.

APEMANTUS. — Est-ce que tu es encore orgueilleux ?

TIMON. — Oui, de n'être pas toi.

APEMANTUS. — Et moi de n'avoir pas été prodigue.

TIMON. — Et moi d'en être un encore : si toutes les richesses que je possède étaient contenues en ta personne, je te donnerais permission d'aller te pendre. Pars d'ici. — (*Il mange une racine.*) Oh! pourquoi la vie d'Athènes n'est-elle pas tout entière dans cette racine! je la mangerais ainsi.

APEMANTUS. — Tiens, je veux améliorer ton repas, (*Il lui offre quelque chose.*)

TIMON. — Améliore d'abord ma compagnie : retire-toi.

APEMANTUS. — De cette façon j'améliorerai la mienne propre en me passant de la tienne.

TIMON. — Elle sera mal remise à neuf ainsi, elle ne sera que rapiécée ; à tout le moins je voudrais qu'il en fût de la sorte.

APEMANTUS. — Que voudrais-tu faire porter à Athènes ?

TIMON. — Toi, dans un tourbillon. Dis-leur, si cela te convient, que j'ai de l'or : regarde, j'en ai en effet.

APEMANTUS. — L'or ne peut te servir ici.

TIMON. — Il n'en vaut que mieux et n'en est que plus loyal, car il dort ici et n'achète aucun méfait.

APEMANTUS. — Où couches-tu, les nuits, Timon?

TIMON. — Sous ce qui est au-dessus de moi. Où manges-tu, le jour, Apemantus?

APEMANTUS. — Là où mon ventre trouve sa pâture, ou plutôt là où je la mange.

TIMON. — Ah! si le poison était obéissant et connaissait ma pensée!

APEMANTUS. — Où l'enverrais-tu?

TIMON. — Assaisonner tes mets.

APEMANTUS. — Tu n'as jamais connu la partie moyenne de la vie humaine, mais seulement ses deux extrémités : lorsque tu étais plongé dans tes dorures et tes parfums, on se moquait de toi pour ton trop de raffinement; dans tes haillons maintenant, tu ne connais plus aucun raffinement, et tu es méprisé pour le contraire de ce que tu étais. Voici une nèfle pour toi, mange-la.

TIMON. — Je ne mange pas ce que je déteste.

APEMANTUS. — Tu détestes une nèfle?

TIMON. — Oui, puisqu'elle te ressemble.

APEMANTUS. — Si tu avais détesté plutôt les humains qui sont pareils aux nèfles, tu t'aimerais davantage maintenant (a). Quel prodigue as-tu jamais connu qu'on ait aimé après qu'il avait perdu ses ressources?

TIMON. — Qui as-tu jamais vu qu'on ait aimé sans les ressources dont tu parles?

APEMANTUS. — Moi.

TIMON. — Je te comprends; tu avais quelques ressources pour entretenir un chien.

APEMANTUS. — Quelles choses dans le monde pourrais-tu comparer aux flatteurs avec le plus d'exactitude?

(a) Ici il y a un jeu de mots intraduisibles sur la ressemblance des mots *medlar*, nèfle, et *meddler*, personne qui fait l'empressée auprès de quelqu'un, faiseur d'embarras, intrigant.

ACTE IV, SCÈNE III.

TIMON. — Les femmes sont ce qui s'en rapproche le plus ; mais les hommes, les hommes sont les flatteurs eux-mêmes. Que ferais-tu du monde, Apemantus, s'il se trouvait en ton pouvoir?

APEMANTUS. — Je le donnerais aux bêtes pour être débarrassé des hommes.

TIMON. — Voudrais-tu t'engloutir toi-même dans la déchéance des hommes, et rester une bête avec les bêtes?

APEMANTUS. — Oui, Timon.

TIMON. — Ambition bestiale que les dieux te permettent d'atteindre! Si tu étais le lion, le renard te tromperait; si tu étais l'agneau, le renard te mangerait; si tu étais le renard, le lion te soupçonnerait, lorsque par aventure tu serais accusé par l'âne : si tu étais l'âne, ta stupidité te serait un tourment, et tu vivrais simplement pour servir de déjeuner au loup : si tu étais le loup, ta voracité t'affligerait, et souvent tu hasarderais ta vie pour ton dîner : si tu étais la licorne, l'orgueil et la colère te mèneraient à ta ruine et te rendraient la conquête de ta propre fureur [5]; si tu étais un ours, tu serais tué par le cheval; si tu étais un cheval, tu serais saisi par le léopard; si tu étais le léopard, tu serais cousin germain du roi, et les taches de ta fourrure, en témoignant de ta parenté, porteraient accusation contre ta vie : toute ta sécurité serait l'éloignement, et ta seule défense, l'absence. Quelle bête pourrais-tu être, qui ne fût pas soumise à une bête? et quelle bête n'es-tu pas déjà en ne voyant pas ce que tu perdrais à cette transformation?

APEMANTUS. — Si ta conversation pouvait jamais me plaire, tu aurais réussi maintenant : la république d'Athènes est devenue une forêt de bêtes.

TIMON. — Comment l'âne a-t-il fait pour briser la muraille, puisque te voilà hors de la ville?

APEMANTUS. — Voici venir un peintre et un poëte : que la peste de la compagnie tombe sur toi! j'aurais peur de l'attraper, aussi vais-je m'en aller : lorsque je n'aurai rien de mieux à faire, je reviendrai te voir.

TIMON. — Lorsqu'il n'y aura que toi de vivant au

monde, tu seras le bienvenu. J'aimerais mieux être un chien de mendiant qu'Apemantus.

APEMANTUS. — Tu es le superlatif de tous les sots vivants.

TIMON. — Que n'es-tu assez propre pour que je puisse cracher sur toi !

APEMANTUS. — Peste de toi, qui ne vaux pas même une malédiction !

TIMON. — Tous les scélérats comparés à toi sont immaculés !

APEMANTUS. — Il n'y a pas d'autre lèpre que tes paroles !

TIMON. — Lorsque je te nomme. — Je te battrais, si cela ne devait pas m'infecter les mains.

APEMANTUS. — Je voudrais que mes paroles pussent les faire tomber de pourriture !

TIMON. — Arrière, rejeton d'un chien galeux ! la colère me tue en pensant que tu peux vivre : je m'évanouis de te voir.

APEMANTUS. — Puisses-tu crever !

TIMON. — Arrière, ennuyeux coquin ! je suis désolé de perdre une pierre en te la jetant. (*Il lui jette une pierre.*)

APEMANTUS. — Bête !

TIMON. — Esclave !

APEMANTUS. — Crapaud !

TIMON. — Coquin, coquin, coquin ! (*Apemantus fait retraite comme s'il partait.*) Je suis malade de ce monde hypocrite, et je n'en veux aimer que les choses absolument nécessaires à mes besoins que me présente sa surface. Eh bien, Timon, en ce cas, prépare immédiatement ton tombeau : va dormir en un lieu où l'écume légère de la mer puisse battre chaque jour la pierre de ton sépulcre : fais ton épitaphe, et fais-la de telle sorte que ta personne morte adresse une perpétuelle raillerie aux existences des autres. (*Il regarde l'or.*) Ô toi, doux tueur de rois, aimable agent de divorce entre le fils et le père ! brillant agent de souillure du plus pur lit de l'Hymen ! Mars vaillant ! galant toujours jeune, frais, aimé et délicat, dont l'éclat fond la neige sacrée qui repose sur le sein de Diane ! Dieu visible qui soudes ensemble les choses de nature absolument contraire, et les forces à s'embrasser! qui sais parler toutes les langues pour tous les desseins! ô toi, pierre de touche des cœurs! pense que l'homme ton esclave se révolte, et par la vertu qui t'est propre, fais naître entre eux des querelles qui les détruisent, afin que les bêtes puissent avoir l'empire du monde!

APEMANTUS. — Plaise au ciel qu'il en soit ainsi! mais pas avant ma mort. Je dirai que tu as de l'or; tu verras bientôt les gens venir à toi en foule.

TIMON. — En foule!

APEMANTUS. — Oui.

TIMON. — Montre-moi le dos, je te prie.

APEMANTUS. — Vis, et aime ta misère!

TIMON. — Vis longtemps ainsi, et meurs ainsi! (*Sort Apemantus.*) J'en suis quitte. — Encore d'autres êtres qui ressemblent à des hommes? — Mange, Timon, et abhorre-les. (*Il se dirige vers sa caverne.*)

Entrent DES VOLEURS.

PREMIER VOLEUR. — D'où peut-il avoir tiré cet or? C'est quelque pauvre bribe, quelque maigre débris du reste de sa fortune : c'est le manque d'or pur et simple et l'abandon de ses amis qui l'ont poussé à cette mélancolie.

SECOND VOLEUR. — Le bruit court qu'il possède un trésor énorme.

TROISIÈME VOLEUR. — Faisons une tentative sur lui; s'il n'a pas souci de cet or, il nous le livrera aisément; mais s'il le garde par avarice, comment nous en emparerons-nous?

SECOND VOLEUR. — C'est vrai; car il ne le porte pas sur lui, il est caché.

PREMIER VOLEUR. — N'est-ce pas lui?

LES VOLEURS, *ensemble*. — Où ça?

SECOND VOLEUR. — C'est bien son signalement.

TROISIÈME VOLEUR. — C'est lui, je le connais.

LES VOLEURS, *ensemble*. — Dieu te protége, Timon!

TIMON, *s'avançant*. — Eh bien, voleurs?

Les voleurs, *ensemble*. — Des soldats, non pas des voleurs.

Timon. — Les deux ensemble, et de plus des fils de femmes.

Les voleurs, *ensemble*. — Nous ne sommes pas des voleurs, mais des hommes qui sont dans un grand besoin.

Timon. — Votre plus grand besoin doit consister surtout à manquer de nourriture. Pourquoi ce besoin? Voyez, la terre a des racines; à un mille à la ronde coulent cent ruisseaux; les chênes portent des glands, les bruyères des graines rouges; la généreuse ménagère Nature met le couvert pour vous sur chaque buisson. Besoin! quel besoin avez-vous?

Premier voleur. — Nous ne pouvons pas vivre d'herbe, de mûres, et d'eau, comme les bêtes, les oiseaux et les poissons.

Timon. — Et vous ne pouvez pas vivre davantage en mangeant les bêtes elles-mêmes, les oiseaux et les poissons; il faut que vous mangiez des hommes. Cependant je vous rends grâces de ce que vous êtes des voleurs de profession, de ce que vous n'appartenez pas à des métiers plus respectables; car il y a un vol sans bornes dans les professions avouables. Coquins de voleurs, voici de l'or. Allez, sucez le sang subtil de la grappe, jusqu'à ce que la fièvre ardente de l'ivresse amène dans votre sang le froid de la mort, et échappez ainsi à la potence : ne vous fiez pas au médecin; ses antidotes sont des poisons, et il tue plus que vous ne dérobez : prenez à la fois la bourse et la vie, pratiquez la scélératesse, puisque vous en faites profession, comme de bons ouvriers. Je vais vous légitimer par des exemples la profession de voleur : le soleil est un voleur, et par sa puissante force d'attraction vole la vaste mer; la lune est une fieffée voleuse qui filoute son pâle feu au soleil; la mer est une voleuse, elle dont le flot liquide absorbe les larmes qu'elle force la lune à répandre; la terre est une voleuse qui se nourrit et engendre par un mélange composé des excréments de l'univers entier: tout objet est un voleur : les lois, votre frein et votre fouet, par le pouvoir brutal qui est en elles, sont un brigandage sans contrainte ⁶. Allez ! et ne vous aimez pas les uns les autres ! volez-vous les uns les autres ! — voici encore de l'or : — coupez les gorges ; tous ceux que vous rencontrez sont des voleurs : allez à Athènes, défoncez les boutiques ; vous n'y pouvez rien voler sans que ce soient des voleurs qui le perdent : que ce que je vous donne ne vous empêche pas de voler tout autant, et que l'or soit votre ruine d'une manière ou d'une autre ! Amen ! (*Il se retire dans sa caverne.*)

Troisième voleur. — Il m'a presque dégouté de ma profession, en me conseillant de la pratiquer.

Premier voleur. — C'est par malice contre l'humanité qu'il nous conseille ainsi, et non pour que nous prospérions dans notre métier.

Second voleur. — Je le croirai comme on croit un ennemi, et j'abandonnerai mon métier.

Premier voleur. — Attendons d'abord que la paix soit rétablie à Athènes : il n'y a pas de temps si misérable où un homme ne puisse être honnête. (*Ils sortent.*)

Entre FLAVIUS.

Flavius. — Ô Dieux ! cet homme méprisé et en haillons qui est là-bas, est-ce Monseigneur ? Il n'est que ruine et décadence ! Ô monument et exemple, fait pour étonner à jamais, des bonnes actions mal placées ! Quelle déchéance d'honneur a produit cette ruine désespérée ! Quels êtres plus vils est-il sur terre que des amis qui peuvent conduire les plus nobles âmes à de si basses fins ? Comme l'invitation adressée à l'homme d'aimer ses ennemis est bien en harmonie avec les mœurs de ce temps-ci ! qu'il me soit accordé de toujours aimer et caresser ceux qui voudraient me faire du mal, plutôt que ceux qui m'en font ! Son œil s'est arrêté sur moi : je vais lui présenter l'expression de mon honnête chagrin, et lui offrir de le servir ma vie entière comme mon Seigneur. — Mon très-cher maître !

TIMON *sort de sa caverne.*

Timon. — Arrière, qui es-tu?

Flavius. — M'avez-vous oublié, Seigneur?

Timon. — Pourquoi me demandes-tu cela? J'ai oublié tous les hommes; donc si tu m'accordes que tu es un homme, je t'ai oublié.

Flavius. — Je suis un pauvre et honnête serviteur de Votre Seigneurie.

Timon. — En ce cas, je ne te connais pas : je n'ai jamais eu un seul honnête homme auprès de ma personne, moi; tous ceux que j'entretenais étaient des drôles qui avaient office de servir des festins à des scélérats.

Flavius. — Les Dieux m'en sont témoins, jamais un pauvre intendant ne versa des larmes de douleur plus sincères sur la ruine de son maître, que ne l'ont fait mes yeux sur la vôtre.

Timon. — Comment! tu pleures? approche plus près alors : je t'aime parce que tu es une femme, et que tu te sépares des hommes au cœur de pierre, dont les yeux ne donnent jamais leurs larmes que sous la contrainte de la luxure et du rire. La pitié dort aujourd'hui : temps étrange, où l'on pleure de ce qui fait rire, non de ce qui fait pleurer!

Flavius. — Je vous conjure de me reconnaître, mon bon Seigneur, de croire à ma douleur, et tant que la pauvre fortune que voici durera, de me regarder toujours comme votre intendant.

Timon. — Avais-je donc un intendant si fidèle, si juste, et maintenant si compatissant? Voilà qui change presque en douceur mon caractère farouche. Laisse-moi contempler ton visage. — Assurément cet homme naquit de la femme. Oubliez le jugement précipité que j'avais porté d'une manière absolue et sans exception, ô Dieux perpétuellement calmes! je proclame qu'il est un honnête homme, — ne vous méprenez pas, — il n'en est qu'un; pas davantage, je vous prie, — et cet homme est un intendant. Comme j'aurais bien volontiers maudit tout le

ACTE IV, SCÈNE III.

genre humain! et tu t'es racheté toi-même : mais tous les autres, toi seul excepté, je les lapide de mes malédictions. Il me semble que tu es à cette heure plus honnête que sage, car en m'accablant et en me trahissant, tu aurais pu plus vite trouver un nouveau service; il y en a tant qui arrivent à de seconds maîtres en marchant sur le corps du premier. Mais dis-moi la vérité (car je douterai toujours, quelque certitude que j'aie), ta tendresse n'est-elle pas ruse et convoitise? n'est ce pas une tendresse usuraire, pareille à celle de ces gens riches qui envoient des cadeaux, attendant en retour vingt pour un?

FLAVIUS. — Non, mon très-digne maître, vous dont le cœur a donné place trop tard au doute et au soupçon, hélas! C'est à l'époque où vous donniez des fêtes que vous auriez dû craindre les temps menteurs : le soupçon vient toujours lorsque la fortune est au plus bas. Les sentiments que je vous montre, le ciel le sait, viennent simplement d'affection, de zèle et de fidélité pour votre âme incomparable, de souci pour les besoins de votre existence; et croyez-moi, mon très-honoré Seigneur, quelque bien qui soit à ma portée ou que j'espère, je le donnerais pour la réalisation de ce seul vœu, c'est que vous eussiez assez de puissance et de richesse pour me récompenser en vous enrichissant vous-même.

TIMON. — Regarde, il en est comme tu dis! Ô toi, unique honnête homme, tiens, prends; les dieux, par l'entremise de ma misère, t'ont envoyé un trésor. Va, vis riche et heureux, mais à cette condition que tu te tiendras à distance des hommes; hais-les tous, maudis-les tous, ne montre de charité pour aucun; avant de soulager le mendiant, laisse sa chair affamée tomber de ses os; donne aux chiens, ce que tu refuseras aux hommes : laisse les prisons les engloutir, les dettes les réduire à néant : que les hommes soient comme des bois flétris, et que les maladies sucent leur sang menteur! Là-dessus, adieu, et prospère.

FLAVIUS. — Oh! laissez-moi rester et vous consoler, mon maître.

TIMON. — Si tu hais les malédictions, ne reste pas : fuis pendant que tu es heureux et libre : puisses-tu ne jamais voir d'homme, et ne te fais plus voir à moi. (*Sort Flavius. Timon se retire dans sa caverne.*)

ACTE V.

SCÈNE PREMIÈRE.

Devant la caverne de TIMON.

Entrent LE POËTE *et* LE PEINTRE; TIMON *les épie de sa caverne.*

LE PEINTRE. — Si je connais bien les lieux, l'endroit où il habite ne doit pas être éloigné.

LE POËTE. — Que doit-on penser de lui? Doit-on tenir pour vraie la rumeur qu'il a tant d'or?

LE PEINTRE. — Pour certaine. Alcibiade rapporte le fait; Phrynia et Timandra ont reçu de lui de l'or : il a également enrichi de pauvres soldats maraudeurs d'une grande quantité d'argent, et on dit qu'il a donné à son intendant une forte somme.

LE POËTE. — Alors cette ruine n'a été qu'un moyen de mettre à l'épreuve ses amis.

LE PEINTRE. — Rien d'autre; vous le verrez tenir encore la palme dans Athènes et briller parmi les plus grands. Par conséquent, il n'est pas mal que nous lui présentions nos hommages d'amitié dans cette détresse supposée; cela nous fera honneur, et très-probablement conduira nos désirs au but qu'ils poursuivent, si le bruit qui court de sa fortune est exact et vrai.

ACTE V, SCÈNE I.

Le poëte. — Qu'avez-vous à lui présenter maintenant?

Le peintre. — Rien que ma visite pour l'heure; seulement je lui promettrai un excellent morceau.

Le poëte. — Je le servirai de la même façon, en lui parlant d'un ouvrage projeté à son intention.

Le peintre. — C'est ce qu'il y a de mieux. Promettre est tout à fait du meilleur ton; cela tient l'attente les yeux ouverts, tandis qu'une promesse exécutée laisse sans émotion aucune celui envers qui on l'exécute, et sauf dans les rangs du simple et franc peuple, faire ce que l'on dit est tout à fait passé de mode. Promettre est tout ce qu'il y a de plus élégant et sentant le mieux les airs de la cour : exécuter ses promesses, c'est faire une manière de testament qui prouve un jugement bien malade chez celui qui est capable de telle chose.

Timon, *à part*. — Excellent artisan! tu ne pourrais pas peindre un homme aussi mauvais que toi-même.

Le poëte. — Je pense à la chose que je lui dirai avoir projetée pour lui : cela doit être une personnification de lui-même, une satire contre la douceur de la prospérité, avec une énumération des flatteries sans nombre qui escortent la jeunesse et l'opulence.

Timon, *à part*. — Veux-tu donc absolument faire figure de scélérat dans ton propre ouvrage? Veux-tu fouetter tes propres vices sur les personnes des autres hommes? Fais cela, j'ai de l'or pour toi.

Le poëte. — Voyons, cherchons-le : nous péchons contre notre propre fortune, lorsque, pouvant rencontrer un profit, nous arrivons trop tard.

Le peintre. — C'est vrai; tant qu'il fait jour, trouve ce dont tu as besoin à sa lumière franche et gratuitement donnée, et n'attends pas la nuit aux voiles de ténèbres. Allons.

Timon, *à part*. — Je vais aller vous joindre au tournant. — Quel dieu que cet or pour être adoré dans un temple plus vil que l'étable où mangent les cochons! C'est toi qui équipes la barque, et qui fends la vague écumante ; c'est toi qui confères à un esclave admiration et respect ! Louanges à toi ! et que les saints qui n'obéissent qu'à toi seul soient pour toujours couronnés d'une auréole de pestes ! Je les rencontre fort à propos. (*Il sort de sa caverne.*)

Le poëte. — Salut, digne Timon !

Le peintre. — Notre récent noble maître !

Timon. — Ai-je donc vécu pour voir deux hommes honnêtes ?

Le poëte. — Seigneur, ayant souvent goûté de vos largesses, j'ai appris que vous vous étiez retiré par suite de l'abandon de vos amis, dont les natures ingrates, -- ô les âmes abhorrées ! — ce ne serait pas assez pour leur punition de tous les fouets du ciel..... — Comment ! vous, dont la noblesse pareille à un astre avait donné vie et influence à leurs personnes entières !... Cela me laisse confondu, et je ne puis trouver de mots assez vastes pour exprimer la monstrueuse énormité de cette ingratitude.

Timon. — Laissez-les aller tout nus, pour que les hommes puissent mieux les voir : vous qui êtes honnêtes, en étant ce que vous êtes, vous les faites mieux voir et connaître.

Le peintre. — Lui et moi, nous avons travaillé sous la grande averse de vos dons, et nous avons été pénétrés de ses douceurs.

Timon. — Oui, vous êtes d'honnêtes gens.

Le peintre. — Nous sommes venus ici pour vous offrir nos services.

Timon. — Très-honnêtes hommes ! comment pourrai-je vous récompenser ? Pouvez-vous manger des racines, et boire de l'eau froide ? non.

Tous deux, *ensemble*. — Ce que nous pourrons faire pour vous rendre service, nous le ferons.

Timon. — Vous êtes d'honnêtes gens : vous avez entendu dire que j'ai de l'or ; je suis sûr que vous l'avez entendu dire : déclarez la vérité ; vous êtes d'honnêtes gens.

Le peintre. — C'est ce qu'on dit en effet, mon noble

ACTE V, SCÈNE I.

Seigneur; mais ce n'est pas pour cela que nous venons mon ami et moi.

Timon. — Braves et honnêtes gens ! — Tu es le meilleur faiseur de contrefaçons d'Athènes ; tu en es le plus habile en vérité ; tes contrefaçons ont toute l'apparence de la vie.

Le peintre. — Là, là, Monseigneur.

Timon. — Il en est comme je dis, Monsieur. — Quant à tes fictions à toi, ton vers se déploie avec tant de beauté et d'élégance, que tu es dans ton art tout à fait le rival de la nature. Mais, malgré tout cela, mes amis aux honnêtes penchants, il faut absolument que je vous dise que vous avez un petit défaut : oh ! il n'est pas bien monstrueux, et je ne désire pas que vous vous donniez non plus beaucoup de peines pour le corriger.

Tous deux *ensemble*. — Nous conjurons Votre Honneur de nous le faire connaître.

Timon. — Vous le prendrez mal.

Tous deux *ensemble*. — Nous le prendrons avec la plus grande reconnaissance, Monseigneur.

Timon. — Vraiment, c'est bien sûr ?

Tous deux *ensemble*. — N'en doutez pas, noble Seigneur.

Timon. — Eh bien, chacun de vous deux se confie à un drôle qui vous trompe outrageusement.

Tous deux *ensemble*. — Est-ce vrai, Monseigneur ?

Timon. — Oui, et vous entendez ses flagorneries, et vous voyez sa dissimulation, vous connaissez ses ruses grossières, vous l'aimez, vous le nourrissez, vous le gardez dans votre cœur : cependant soyez bien assurés que c'est un scélérat accompli.

Le peintre. — Je ne connais personne de ce genre, Monseigneur.

Le poëte. — Ni moi.

Timon. — Voyez-vous, je vous aime bien ; je vous donnerai de l'or, mais bannissez-moi ces coquins de votre compagnie : pendez-les, ou poignardez-les ; noyez-les dans un égout, détruisez-les d'une manière quelconque, et puis revenez me trouver, je vous donnerai de l'or en abondance.

Tous deux *ensemble*. — Nommez-les, Monseigneur, faites-nous-les connaître.

Timon. — Vous de ce côté, et vous de celui-là, vous êtes tous deux de pair : chacun pris à part, seul et isolé, a cependant un archi-scélérat pour lui tenir compagnie. Si là où tu es, tu ne veux pas que deux coquins s'y trouvent, ne t'approche pas de lui. (*Au peintre.*) — Si tu ne veux pas résider là où se trouve un coquin, alors abandonne-le. (*Au poëte.*) — Hors d'ici! filez! voici de l'or, vous êtes venus pour avoir de l'or, esclaves : vous avez travaillé pour moi, voici votre payement : hors d'ici! Vous, vous êtes un alchimiste, faites de l'or avec cela : filez, gredins de chiens! (*Il les chasse à coups de bâton et puis se retire dans sa caverne* [1].)

SCÈNE II.

Devant la caverne de Timon.

Entrent FLAVIUS *et* deux sénateurs.

Flavius. — C'est en vain que vous essayeriez de parler à Timon; car il s'est tellement refoulé sur lui-même, que sauf lui seul, aucun être portant figure d'homme ne lui est sympathique.

Premier sénateur. — Amène-nous à sa caverne : nous avons promis aux Athéniens, et nous nous sommes chargés de parler à Timon.

Second sénateur. — Les hommes ne sont pas toujours les mêmes à tous les moments de leur vie : ce furent les circonstances et les chagrins qui le jetèrent dans ces dispositions ; le temps, lui offrant d'une main plus amie la fortune de ses jours d'autrefois, peut refaire le premier homme. Amène-nous vers lui; peu importe ce qui arrivera.

Flavius. — Voici sa caverne. — La paix et le contentement soient ici! Seigneur Timon! Seigneur Timon! sortez, et venez parler à des amis : les Athéniens vous envoient complimenter par deux membres de leur très-vénérable sénat : parlez-leur, noble Timon!

ACTE V, SCÈNE II.

TIMON *sort de sa caverne.*

Timon. — Ô toi soleil, dont l'office est de réchauffer, brûle! — Parle, et sois pendu! Que chaque parole de vérité te vaille une tumeur, et que chaque parole de mensonge cautérise ta langue jusqu'à la racine et la consume en même temps qu'elle s'en échappera!

Premier sénateur. — Digne Timon....

Timon. — Aussi peu digne de gens tels que vous, que vous de Timon.

Second sénateur. — Les sénateurs d'Athènes te font complimenter, Timon.

Timon. — Je les remercie, et je leur enverrais la peste en retour, si je pouvais l'attraper à leur intention.

Premier sénateur. — Oh! oublie ce dont nous ressentons à ton sujet un grand chagrin. Les sénateurs, d'un mouvement unanime d'amitié, t'invitent à revenir à Athènes; ils ont pensé à des dignités toutes particulières, qui ne peuvent être portées et remplies par personne mieux que par toi qu'elles attendent.

Second sénateur. — On avoue que l'ingratitude envers toi a été trop générale, trop grossière, et le corps social qui rarement revient sur ses actions, sentant en lui-même l'absence de l'aide de Timon, a le sentiment du propre danger qu'il court en refusant son aide à Timon. Les citoyens nous envoient te porter l'aveu de leur contrition et en même temps une compensation assez riche pour peser d'un plus grand poids que leur offense; oui, ils t'envoient de si abondants trésors d'affection et de richesse, que ces trésors effaceront les torts qu'ils ont eus, et inscriront en toi le témoignage de leur amour éternel en caractères impérissables.

Timon. — Vos paroles m'enveloppent d'un sortilége, elles m'amènent vraiment jusqu'au bord des larmes: prêtez-moi un cœur de fou et des yeux de femme, et je pleurerai sur ces consolations, digne sénateur.

Premier sénateur. — Qu'il te plaise en ce cas de revenir avec nous, et de prendre le commandement militaire de notre Athènes — ton Athènes et la nôtre; — tu seras reçu avec reconnaissance, investi d'un pouvoir absolu, et tu joindras l'autorité à la gloire : nous aurons bientôt alors repoussé les sauvages attaques d'Alcibiade, qui comme un sanglier furieux déracine la paix de sa patrie.

Second sénateur. — Et brandit son épée menaçante contre les murs d'Athènes.

Premier sénateur. — Par conséquent, Timon....

Timon. — Bon, Monsieur, je veux bien; Monsieur, j'y consens, et dans les termes que voici : — si Alcibiade tue mes compatriotes, qu'on fasse connaître à Alcibiade que Timon ne s'en soucie pas. Mais s'il saccage la belle Athènes, s'il prend nos respectables vieillards par leurs barbes, s'il livre nos vierges pures à la souillure de la guerre outrageante, bestiale, effrénée, qu'il sache — et rapportez-lui que c'est Timon qui le déclare — que par pitié pour nos vieillards et nos jeunes gens, je ne puis m'empêcher de lui dire.... que je ne m'en soucie point, et que je le laisse libre de prendre la chose au pire : pour vous, n'ayez souci de leurs glaives tant que vous aurez des gorges à leur opposer : pour ce qui est de moi, il n'y a pas dans ce camp rebelle un petit couteau que je ne préfère à la gorge la plus respectable d'Athènes. Là-dessus je vous laisse à la protection des dieux bienfaisants, comme des voleurs à la protection de leurs geôliers.

Flavius. — Ne restez pas, tout est vain.

Timon. — Parbleu, j'étais en train d'écrire mon épitaphe; on la verra demain; la longue maladie de ma santé et de ma vie commence maintenant à s'amender, et le néant me conduit vers toutes choses. Allez, continuez à vivre : qu'Alcibiade soit votre peste, soyez la sienne, et puissiez-vous vivre longtemps ainsi !

Premier sénateur. — Nous parlons en vain.

Timon. — Mais cependant j'aime mon pays, et je ne suis pas homme à me réjouir du commun naufrage, comme le bruit public le déclare.

Premier sénateur. — C'est bien parlé.

ACTE V, SCÈNE II.

Timon. — Recommandez-moi à mes affectionnés compatriotes....

Premier sénateur. — Voilà des paroles qui décorent vos lèvres en en sortant.

Second sénateur. — Et qui entrent dans nos oreilles comme de grands triomphateurs entrent par des portes retentissantes d'acclamations.

Timon. — Recommandez-moi à eux, et dites-leur qu'afin de guérir leurs chagrins, leurs craintes des coups ennemis, leurs souffrances physiques, leurs revers de fortune, leurs blessures d'amour, et telles autres de ces douleurs possibles que le fragile vaisseau de la nature transporte dans le voyage incertain de la vie, je veux bien leur montrer quelque tendresse; je veux leur apprendre le moyen de prévenir la colère du sauvage Alcibiade.

Premier sénateur. — J'aime beaucoup cela; il revient à de meilleurs sentiments.

Timon. — J'ai un arbre qui croît ici dans mon enclos, que mes propres nécessités m'engagent à couper, et que j'abattrai bientôt : dites à mes amis, dites à Athènes, que depuis le plus grand jusqu'au plus petit, dans tous les rangs possibles, celui qui voudra mettre un terme à ses afflictions, n'a qu'à venir ici avant que mon arbre ait senti la hache, et à se pendre. — Je vous en prie, portez-leur mes félicitations.

Flavius. — Ne le troublez pas davantage : vous ne l'arracherez pas à ces dispositions.

Timon. — Ne revenez pas me trouver une seconde fois : mais dites à Athènes que Timon a construit sa demeure éternelle sur la plage baignée des flots salés; la lame turbulente la couvrira, une fois chaque jour, de son eau écumante : venez-y, et que la pierre de mon tombeau soit votre oracle. Lèvres, cessez de laisser passer des mots amers, et que les paroles s'arrêtent : ce qui est mauvais, que la peste et l'infection y remédient! Les seuls ouvrages des hommes sont leurs tombeaux, et leur seul gain est la mort! Soleil, cache tes rayons! Timon a terminé son règne. (*Il se retire dans sa caverne.*)

Premier sénateur. — Sa haine est devenue imséparablement associée à sa nature.

Second sénateur. — Notre espoir en lui est mort ; retournons-nous-en, et accrochons-nous aux autres moyens qui peuvent nous rester dans notre urgent péril.

Premier sénateur. — Cela requiert toute promptitude.
(*Ils sortent.*)

SCÈNE III.

Les murs d'Athènes.

Entrent DEUX SÉNATEURS *et* UN MESSAGER.

Premier sénateur. — Ce que tu nous découvres est pénible ; ses troupes sont-elles aussi nombreuses que tu le rapportes ?

Le messager. — Je vous ai dit le chiffre le plus bas. En outre, sa rapidité nous promet qu'il sera bientôt sous nos murs.

Second sénateur. — Nous courons de grands dangers, s'ils ne ramènent pas Timon.

Le messager. — J'ai rencontré un courrier, un de mes anciens amis ; bien que nous soyons dans des camps opposés, notre vieille affection a eu assez d'empire sur nous pour nous faire nous arrêter à parler ensemble comme des amis ; cet homme se rendait à cheval du camp d'Alcibiade à la caverne de Timon avec des lettres qui sollicitaient sa participation à la guerre contre votre ville, guerre entreprise en partie à cause de lui.

Premier sénateur. — Voici venir nos frères.

Entrent LES SÉNATEURS *revenant de leur visite à Timon.*

Troisième sénateur. — Ne parlez pas de Timon, n'attendez rien de lui. On entend le tambour des ennemis, et leur terrible pas de charge remplit l'air de poussière. Rentrons, et préparons-nous ; je crains bien que nous ne soyons les proies prises au piége, et nos ennemis la trappe.
(*Ils sortent.*)

SCÈNE IV.

Les bois. — La caverne de TIMON. On aperçoit une tombe.

Entre UN SOLDAT *cherchant Timon.*

LE SOLDAT. — D'après tous les renseignements qu'on m'a donnés, ce doit être l'endroit. Y a-t-il quelqu'un ici? parlez, ho! Pas de réponse? Qu'est-ce-là? (*Il aperçoit le tombeau.*) Timon est mort! Qui donc a pu prendre sa mesure! quelque bête aura élevé cela; ici il ne vit pas d'hommes[2]. Il est mort, à coup sûr, et voici son tombeau : je ne puis lire ce qui est sur cette tombe; mais je vais en prendre l'empreinte avec de la cire : notre capitaine est habile à lire toutes les écritures; c'est un vieil interprète, quoiqu'il soit jeune d'années : en ce moment il nous fait poser le siége devant l'orgueilleuse Athènes dont il a donné la chute pour but à son ambition. (*Il sort.*)

SCÈNE V.

Devant les murs d'ATHÈNES.

Les trompettes sonnent. Entrent ALCIBIADE *et ses forces.*

ALCIBIADE. — Annoncez à cette ville lâche et lascive notre terrible arrivée. (*On sonne un pourparler.*)

Entrent des SÉNATEURS *sur les remparts.*

ALCIBIADE. — Vous avez vécu jusqu'à ce jour, remplissant les heures de toutes sortes d'actes arbitraires, faisant de votre volonté la mesure de la justice; jusqu'à ce jour, moi-même, et ceux qui dorment sous l'ombre de votre pouvoir, nous avons dû nous croiser les bras avec résignation et prodiguer en vain les soupirs de notre douleur : maintenant l'heure est venue où nos reins pliés se redressant dans leur force crient d'eux-mêmes : « c'est assez! » Maintenant la victime hors d'haleine de l'injustice va s'asseoir et respirer sur vos grands siéges aisés ; et l'insolence poussive va perdre le souffle sous l'impression de la crainte et par le fait d'une fuite précipitée.

Premier sénateur. — Noble jeune homme, alors que tes premiers griefs étaient purement imaginaires, avant que tu eusses la force pour toi, et que nous eussions sujet de craindre, nous avons envoyé vers toi, pour verser le baume sur ta colère, et effacer notre ingratitude par les protestations d'une amitié plus grande qu'elle.

Second sénateur. — De la même manière nous avons essayé, par humble message et promesses de dignités, de reconquérir Timon le métamorphosé à l'affection de notre cité : nous ne fûmes pas tous ingrats, et nous ne méritons pas de succomber tous sans distinction sous une ruine générale.

Premier sénateur. — Ces murailles qui nous défendent ne furent pas élevées par les mains de ceux qui vous ont infligé cette offense, et ces hommes ne sont pas d'une telle importance qu'il faille que ces hautes tours, ces monuments de victoire, ces écoles, tombent pour des fautes qu'ils ont commises seuls.

Second sénateur. — Ceux qui furent les auteurs de votre exil, n'existent plus d'ailleurs ; la honte d'avoir à ce point manqué de sagesse a brisé leurs cœurs. Entre dans notre cité, bannières déployées, noble Seigneur : prends par la décimation, prends par un impôt de mort, le dixième de nos citoyens condamnés par le destin, si ta vengeance a faim de cette satisfaction que la nature abhorre, et que ceux qui se sont tachés, meurent par le hasard des dés marqués de taches.

Premier sénateur. — Tous n'ont pas offensé ; il n'est pas juste de se venger sur ceux qui vivent de ceux qui ne sont plus : on n'hérite pas des crimes comme des terres. Ainsi, mon cher compatriote, fais entrer tes troupes, mais laisse ta colère en dehors des murs : épargne cette Athènes qui fut ton berceau, et tes parents, qui dans l'emportement aveugle de ta colère, peuvent périr avec tes offenseurs : approche du troupeau à la manière du berger, trie ceux qui sont infectés, mais ne tue pas tout pêle-mêle.

Second sénateur. — Ce que tu désires, tu le conquerras plutôt avec ton sourire que tu ne l'arracheras avec ton épée.

Premier sénateur. — Frappe seulement du pied nos portes fortifiées, et elles s'ouvriront ; envoie seulement ton noble cœur devant toi pour dire que tu entreras en ami.

Second sénateur. — Jette ton gant, ou tout autre gage de ton honneur pour nous donner l'assurance que tu te serviras de cette victoire pour te faire justice, et non pour notre ruine, et toutes tes troupes resteront logées dans notre ville, jusqu'à ce que nous ayons pleinement exaucé tes désirs.

Alcibiade. — Eh bien, voici mon gant; descendez, et ouvrez vos portes que je n'attaquerai pas : ceux des ennemis de Timon et des miens propres que vous désignerez vous-mêmes à ma justice tomberont seuls : et pour bannir encore de vos cœurs toute crainte sur mes intentions, je vous donne noblement l'assurance que pas un homme ne franchira son casernement, ou ne sautera par-dessus le cours régulier de la justice dans l'enceinte de votre cité, sans avoir à en rendre raison selon toute la rigueur de vos lois pénales.

Les deux sénateurs. — C'est très-noblement parlé.

Alcibiade. — Descendez, et tenez votre parole. (*Les sénateurs descendent et ouvrent les portes.*)

Entre un soldat.

Le soldat. — Mon noble général, Timon est mort; il est enterré au bord même de la mer : sur la tombe est gravée cette inscription que j'ai prise avec de la cire; cette molle empreinte servira d'interprète en place de ma pauvre ignorance.

Alcibiade, *lisant.* — « Ici est étendu un cadavre misérable veuf d'une âme misérable. Ne cherchez pas mon nom : la peste vous consume, vous tous, misérables esclaves ! Ici je dors, moi Timon, qui vivant détestai tous les hommes : passe et maudis tout ton soûl; mais passe, et ne t'attarde pas ici. » Ces paroles expriment bien ton dernier caractère. Bien que tu abhorrasses les démonstrations de notre douleur humaine, que tu méprisasses le flux que le chagrin fait jaillir de notre cerveau, et ces misérables gouttelettes des larmes que laisse tomber une nature indigente, cependant une riche imagination t'inspira la pensée de faire pleurer à jamais le vaste Neptune sur ton humble tombeau, pour des fautes pardonnées. Le noble Timon est mort : nous nous occuperons mieux de sa mémoire plus tard. Introduisez-moi dans votre ville; mon épée y représentera la branche d'olivier : je ferai que la guerre engendrera la paix, que la paix soutiendra la guerre, et que l'une et l'autre se serviront mutuellement de médecins. Que nos tambours battent. (*Ils sortent.*)

COMMENTAIRE.

ACTE I.

1. Voici la nouvelle du vieux Paynter d'où Shakespeare a tiré selon toute probabilité le sujet de Timon d'Athènes, bien qu'ayant beaucoup lu la traduction de Plutarque par North, il n'ignorât pas les détails qui sont donnés par cet auteur dans sa vie de *Marc Antoine*, et qu'il semble avoir eu connaissance du dialogue de Lucien.

VINGT-HUITIÈME NOUVELLE.

De l'étrange et bestiale nature de Timon d'Athènes, ennemi du genre humain, avec sa mort, son ensevelissement et son épitaphe.

« Toutes les bêtes de ce monde s'associent à d'autres bêtes de leur espèce, Timon d'Athènes seul excepté, de la nature étrange duquel Plutarque s'étonne dans la vie de Marc Antoine. Platon et Aristophane font des récits de sa merveilleuse nature, parce qu'il était homme par la forme seulement, et que par l'âme il était un suprême ennemi du genre humain qu'il confessait franchement haïr, et abhorrer entièrement. Il habitait seul une petite cabane dans la campagne, non loin d'Athènes, séparé de tous voisins et de toute compagnie; il n'allait jamais à la ville, ou à tout autre endroit habité, sauf quand il y était contraint; il ne pouvait supporter la compagnie et la conversation de personne, on ne le vit jamais aller dans la maison de personne, et il ne voulait pas souffrir qu'on vînt le voir. Il y avait en ce même temps dans Athènes un autre homme de même genre et de même nature, différent comme lui des penchants naturels de l'homme, et qui logeait comme lui au milieu des champs. Un jour qu'ils étaient à dîner tous deux ensemble, Apemantus lui dit : « O Timon, quelle plaisante fête cela est, et quelle joyeuse compagnie nous formons, nous deux étant seuls. — Certes, répondit Timon, ce serait un joyeux banquet en vérité, s'il n'y avait ici personne que moi-même. » Il montrait par cette repartie combien il était vraiment une bête, et qu'il ne pouvait souffrir aucun homme, puisqu'il n'était pas capable de supporter la compagnie de quelqu'un de même caractère que lui. Et si par hasard il lui arrivait de venir à Athènes, c'était seulement pour parler avec Alcibiade, qui était alors un excellent général de cette ville : beaucoup s'étonnaient du fait ; aussi Apemantus lui demanda-t-il un jour pourquoi il ne parlait à personne, sauf à Alcibiade : « Je lui parle quelquefois, répondit Timon, parce que je sais qu'à son occasion les Athéniens éprouveront grand trouble et grand dommage ; » lesquelles paroles il adressa plusieurs fois à Alcibiade lui-même. Il avait un jardin, adjoignant à sa maison, dans les champs ; il s'y trouvait un figuier, auquel d'habitude les gens désespérés allaient se pendre : il eut l'idée de bâtir une maison à la place où il s'élevait, et se vit par conséquent forcé de le couper ; à cette occasion, il se rendit à Athènes, et sur la place du marché il assembla tout le peuple autour de lui, disant qu'il avait des nouvelles à lui dire ; lorsque le peuple vit qu'il allait faire un discours, lui qui ne parlait à personne d'habitude, il s'étonna, et les citoyens coururent de tous les quartiers de la ville pour l'entendre : alors il leur dit qu'il avait dessein d'abattre son figuier pour bâtir une maison à l'endroit où il s'élevait. « C'est pourquoi, dit-il, s'il est dans toute cette compagnie quelque personne disposée à se pendre, qu'elle arrive à temps, avant que le figuier soit abattu. » Ayant ainsi exprimé au peuple les sentiments charitables qu'il avait à son égard, il retourna à son logement, où il vécut un certain temps après, sans changer sa nature ; et comme cette nature n'avait pas changé pendant sa vie, il voulut que sa mort y fût de tout point conforme ; et de même qu'il avait mené une vie de bête et de rustre, il demanda que ses funérailles fussent à l'avenant : par ses dernières volontés, il ordonna qu'on l'enterrât au bord de la mer, afin que les vagues et les flots battissent et tourmentassent son corps mort, et si cela était possible, au fond même de la mer ; et il fit une épitaphe où étaient décrits les caractères de sa vie de brute. Plutarque rapporte aussi qu'il en fut fait une autre par Calimachus, très-semblable à celle que Timon fit lui-même. « Mes jours d'esclave misérable sont expirés et passés ; mon corps mort est enterré ici profondément dans la terre : si tu veux connaître mon nom recouvert par les vagues turbulentes de la mer montante, que les Dieux te confondent. » (PAYNTER, *Palais du plaisir*, tome I.)

Ce bon Paynter n'a fait autre chose dans cette très-médiocre nouvelle que développer les détails donnés sur Timon par Plutarque à l'occasion de la fantaisie qu'eut Antoine, un jour de misanthropie, de se faire bâtir une maison près de l'île de Pharos, dans la mer même, sur des chaussées et levées qu'il fit démolir. Nous ne répéterons pas ces détails qui feraient double emploi avec la nouvelle de Paynter. Disons seulement que Timon vécut à l'époque de la guerre du Péloponèse, qu'il fut enterré à Hales, et que Shakespeare a pris textuellement au *Plutarque* de North l'épitaphe qui résume si bien le caractère de son misanthrope.

2. Allusion à la coutume romaine qui consistait à écrire avec un stylet sur des tablettes de cire. Dans une note de son édition, M. Staunton

nous apprend que cette coutume s'était conservée en Angleterre jusqu'à la fin du quatorzième siècle.

3. Avons-nous besoin d'avertir le lecteur qu'Apemantus est un philosophe appartenant à la secte des cyniques fondée par Antisthènes et illustrée par Diogène ?

4. La pointe d'Apemantus est médiocre; aussi a-t-on soupçonné une altération dans ce passage. M. Staunton a notamment insinué que le verbe *to bay*, aboyer, pourrait être substitué au verbe *to be*, être : *That I had not a angry wit to bay a lord*, au lieu de *to be a lord*.

5. La somme prêtée si obligeamment par Timon à Ventidius n'était pas médiocre, car si nous calculons bien, ces cinq talents devaient monter à une somme d'environ trente mille francs de notre monnaie.

6. Allusion à une locution proverbiale du temps de Shakespeare : « Confesse, et sois pendu. »

7. *Ira furor brevis est*, la colère est une brève fureur.

8. Il était d'usage au temps de notre auteur que chaque convive apportât son couteau qu'il aiguisait contre une pierre placée derrière la porte. Une de ces pierres à aiguiser se voit au musée de Parkinson. (RITSON.)

ACTE II.

1. La nature humaine innove bien peu, quoi qu'on en dise de nos jours, et il y a longues années que l'homme a fait même tous les calembours jusqu'au dernier dont la fertilité de son esprit est capable. Cette habitude qu'ont les valets de se désigner entre eux par les noms de leurs maîtres pouvait passer pour moderne; Shakespeare nous montre ici qu'elle est ancienne comme les rues.

2. A l'époque de Shakespeare, on avait coutume de chasser après comme avant dîner. Dans le *Récit des fêtes de Kenilworth* de Laneham, nous lisons que la reine Élisabeth, pendant qu'elle y séjournait, chassait toujours aux heures de l'après-midi. « Lundi, il fit chaud, aussi Sa Majesté garda-t-elle le logis jusqu'à *cinq heures* du soir, heure où il lui plut de sortir pour la chasse, etc., etc. » (REED.)

3. Corinthe, ville particulièrement dévouée au culte de Vénus, était célèbre par ses mauvaises mœurs. Les courtisanes de Corinthe étaient renommées.

ACTE III.

1. Le bassin et l'aiguière étaient autrefois des objets d'importance, vu la coutume où l'on était de donner *à laver* aux convives avant et après les repas. La vanité de l'hôte étant intéressée à cette exhibition, ces objets étaient en argent massif, et souvent richement ciselés.

2. Dans le *Calendrier du berger* de Spenser se trouve une description

du supplice des avares en enfer, d'où probablement Flaminius aura tiré son vœu énergique.

3. L'idée première de cette scène a peut-être été empruntée au vieux drame édité par M. Dyce; seulement dans la scène du vieux drame, ce n'est point de l'eau chaude que Timon sert à ses convives et qu'il leur jette au visage, mais des pierres peintes comme des artichauts.

ACTE IV.

1. Autrefois on enlevait l'oreiller sous la tête des mourants, dans la singulière pensée que leur fin en était plus aisée. Une aimable idée de demi-assassinat devait, selon toute probabilité, se mêler fréquemment à cette superstition; on faisait semblant d'y croire plus qu'on n'y croyait évidemment, mais cette hypocrisie était une manière de servir sournoisement l'impatience qu'un héritier ressentait de voir un respectable agonisant lui faire attendre quelques heures de trop son héritage. Les charmants instincts de l'honnête nature humaine étant donnés, il est évident que cette pratique rentrait dans la catégorie des égards que les sauvages ont pour leurs pères qu'ils tuent lorsqu'ils sont vieux, afin de leur épargner les souffrances de l'âge.

2. Shakespeare ayant à nommer une courtisane grecque se sera probablement souvenu de cette célèbre Phryné qui gagna l'indulgence de ses juges sensibles à la beauté plastique comme des juges grecs qu'ils étaient, en leur découvrant son sein. Timandra est le nom de la dernière maîtresse d'Alcibiade : c'est au sortir de ses bras qu'il fut tué par suite des ordres donnés par Lysandre. Timandra, courtisane phrygienne, fut en outre, dit-on, la mère de la célèbre Laïs de Corinthe.

3. Warburton conjecture que cette image est empruntée aux anciennes statues de la Diane éphésienne *Multimammia*, mère de toutes les choses, emblème de la nature.

4. L'idée première de cette scène se rencontre dans le dialogue de Lucien, ce qui permet de croire que d'une manière ou d'une autre, Shakespeare a eu connaissance de l'œuvre du satirique.

5. La licorne, prétendaient les anciens naturalistes, était l'ennemie-née du lion qui la redoutait beaucoup. Aussi pour l'éviter et s'en défaire, employait-il l'ingénieux stratagème que voici. Dès qu'il la voyait venir, il allait se tapir contre un arbre; pleine d'ardeur et de fureur la licorne se précipitait sur l'arbre dans lequel elle enfonçait sa corne qu'elle ne pouvait plus en retirer ensuite; alors le lion sautait sur elle, et la tuait.

6. Steevens cite quelques lignes d'une vieille pièce nommée *Albumazar* où Shakespeare a pu prendre l'idée de ce passage, et M. Staunton cite de son côté une épigramme datant de 1590, *sur les voleurs*, qui renferme exactement tout le développement de la pensée de Shakespeare.

ACTE V.

1. L'idée première de cette scène nous paraît encore empruntée au *Timon* de Lucien.

2. Les modernes éditeurs ont transformé ces paroles du soldat, et en ont fait l'épitaphe de Timon. Mais outre que ces paroles, dans le texte anglais qui est fort obscur, font une très-mauvaise épitaphe, quelque sens qu'on leur donne, comment le soldat peut-il lire cette prétendue épitaphe, puisqu'au vers suivant il déclare qu'il ne sait pas lire? Nous avouons que nous partageons, contre la plupart des éditeurs, l'opinion de Warburton et que nous acceptons la correction qu'il a donnée de ce passage. L'opinion de M. Staunton, qui veut que les deux vers soient une sorte d'indication manuscrite laissée par Timon pour désigner son tombeau et son épitaphe, est fort ingénieuse, mais n'est guère satisfaisante; car si le soldat ne peut pas lire, ainsi qu'il l'avoue, l'épitaphe de Timon, comment lirait-il davantage cette indication?

TROÏLUS ET CRESSIDA

IMPRIMÉ POUR LA PREMIÈRE FOIS EN 1609. — DATE DE LA REPRÉSENTATION INCONNUE.

AVERTISSEMENT.

La première édition de cette parodie héroïque, de cette tragi-comédie admirable qui mérite de figurer au premier rang parmi les chefs-d'œuvre de Shakespeare, tous les pédants jurés et assermentés dussent-ils la maintenir au dernier, ainsi qu'ils ont essayé de le faire jusqu'à présent, est de 1609. La date de la représentation est restée inconnue ; cependant comme le registre de la librairie mentionne une pièce du même nom, sous la date du 7 février 1602-1603, Malone a cru pouvoir avancer que cette mention se rapportait à la pièce de Shakespeare. D'un autre côté, le *Journal* du directeur de théâtre, Henslowe, fait connaître qu'en avril 1599, les auteurs Thomas Decker et Chettle étaient occupés à composer un *Troïlus et Cressida*, pour lequel drame ils avaient reçu certains à-comptes. La pièce de Decker et de Chettle étant absolument perdue, il est impossible de savoir si la pièce mentionnée dans le registre de la librairie sous la date de 1602 est la leur ou celle de Shakespeare.

Cette édition de 1609 contient une préface de l'éditeur qui est des plus curieuses et des plus originales ; elle prouve que dans tous les temps, heureusement pour les grands poëtes et les grands esprits de toute sorte, il s'est trouvé quelque véritable connaisseur né, quelque amateur dirigé par un instinct inné du beau et sachant le reconnaître à première vue, quelque dilettante éclairé sentant par l'âme les grandes choses, selon l'expression des Italiens. Évidemment ce spirituel éditeur qui reconnut d'emblée le mérite d'une pièce comme *Troïlus et Cressida*, laquelle demande pour être justement jugée et comprise une liberté d'esprit peu commune, était de la race de cet illustre anonyme qui chez nous, à la première représentation des *Précieuses ridicules*, alors que tout le parterre hésitait, reconnut soudain la vraie muse comique ressuscitée après tant de siècles, et s'écria : « Courage, Molière, voilà la bonne comédie! » Un soir que le jeune Mozart devait jouer devant l'empereur François Ier, il oublia le respect de l'étiquette jusqu'à demander avec la vivacité nerveuse qui lui était propre : « Monsieur*** (un simple virtuose de l'orchestre impérial) est-il ici? s'il n'y est pas, qu'on le fasse appeler; lui, il s'y connaît. » Après cette préface, il me semble aussi qu'à la première représentation de chacune de ses œuvres nouvelles, Shakespeare devait demander si cet admirateur qui s'y connaissait si bien était dans la salle. Nous traduisons cette préface d'après l'édition de M. Staunton[1].

Un écrivain qui ne le fut jamais à l'éternel lecteur.

Lecteur éternel, voici une nouvelle pièce, qui ne fut jamais traînée sur le théâtre, jamais claquée par les paumes du vulgaire, et qui cependant emporte et de beaucoup la paume du talent comique; car elle est la fille d'un cerveau qui n'entreprit jamais sans succès une œuvre comique. Ah si ces noms futiles de comédies étaient échangés contre les noms d'œuvres *utiles*, ou de scènes pour les *scènes* où l'on plaide (*or of plays for pleas*), vous verriez tous ces grands censeurs qui maintenant taxent de telles œuvres du nom de futilités, accourir en foule rien que pour faire honneur à leur gravité, spécialement

---

1. M. François-Victor Hugo est, croyons-nous, le premier en France qui ait fait connaître ce curieux document.

AVERTISSEMENT.

aux comédies de cet auteur, lesquelles sont construites si conformément à la vie, qu'elles servent de commentaires les plus certains à toutes les actions de nos existences, et montrent une telle dextérité et une telle puissance d'esprit que les plus grands ennemis des pièces de théâtre aiment les comédies de cet auteur. Quant à ces mondains obtus et épais qui n'ont jamais été capables du moindre trait comique, tous ceux d'entre eux qui sont venus à la représentation de cette pièce sur le bruit qu'on en faisait, y ont trouvé tout l'esprit qu'ils n'avaient jamais trouvé en eux-mêmes, et sont partis mieux munis qu'ils n'étaient venus, se sentant en eux un tranchant d'esprit qu'ils n'auraient jamais cru pouvoir aiguiser avec le peu de cervelle qu'ils possèdent. Il y a dans ces comédies tant de sel et si savoureux, qu'on dirait au plaisir si vif qu'elles donnent, qu'elles sortirent de cette mer d'où naquit Vénus. Entre toutes ces comédies, il n'en est aucune d'aussi spirituelle que celle-ci. Si j'en avais le temps, j'en ferais un commentaire, quoique je sache fort bien qu'elle n'en a pas besoin ; — non point pour vous prouver que vous en avez pour vos quelques sous, mais pour vous montrer les beautés que je sais y être contenues, tout indigne que je suis. Elle mérite un tel travail, tout autant que la meilleure comédie de Plaute ou de Térence. Et croyez bien ceci, lorsque l'auteur ne sera plus, et que ses comédies ne seront plus dans le commerce, vous vous les disputerez, et vous établirez pour elles une nouvelle inquisition anglaise. Acceptez ces paroles comme avertissement, et n'allez pas au détriment de votre plaisir et de votre jugement refuser cette œuvre, ou la moins estimer, parce qu'elle n'a pas été souillée par les vapeurs épaisses de l'haleine de la multitude, mais remerciez la fortune de ce qu'aujourd'hui elle dirige sa course de votre côté. Si la volonté de ses grands possesseurs avait été écoutée, je crois que vous auriez plutôt prié pour l'avoir que vous n'auriez été prié pour l'accepter. Et là-dessus, je laisse tous ceux qui ne la goûteront pas aux prières que réclame la santé de leur esprit. VALE.

On ne peut louer plus ingénieusement et avec une prescience plus nette de la gloire future d'un grand génie. Il semble résulter des dernières lignes de cette préface, que la pièce n'avait jamais été jouée lorsqu'elle fut publiée, qu'elle était la propriété de quelques grands personnages pour lesquels elle fut expressément composée, ou bien que si elle avait été jouée, elle l'avait été seulement sur quelque aristocratique théâtre de société, ou peut-être devant la cour elle-même.

L'origine de cette histoire de Troïlus et Cressida est fort incertaine. Il ne faut point la chercher dans l'*Iliade*, où Troïlus ne joue aucun rôle, et où il est mentionné une seule fois pour son amour des chevaux, amour fort naturel à un jeune prince, mais qualité insuffisante pour lui constituer une individualité. Quant à Cressida, elle sort bien directement de l'*Iliade*, car elle n'est autre que cette Chryséis dont l'enlèvement est le point de départ du grand poëme d'Homère. C'est Chryséis, fille de Chrysès, prêtre d'Apollon, et non pas Briséis, captive et maîtresse d'Achille, comme l'ont cru quelques commentateurs qui ont confondu en un seul deux personnages et deux actions bien distincts dans le poëme, et d'autant plus faciles à distinguer qu'ils sont plus rapprochés. Au début de l'*Iliade*, Chrysès vient réclamer sa fille qui est tombée en partage à Agamemnon, après une sortie victorieuse des Grecs. Agamemnon refuse la rançon, et Apollon, pour venger son prêtre, fait pleuvoir les traits de la peste sur l'armée grecque. Alors Achille propose qu'un devin soit consulté pour connaître la raison de la colère du dieu ; Calchas déclare que la peste ne cessera que lorsque Chryséis aura été rendue à son père. Fureur d'Agamemnon qui ne peut cependant résister, et qui renvoie par Ulysse Chryséis à Chrysès. Pour se venger de l'inspiration d'Achille, ce roi des rois a recours à l'arbitraire, et dépêche deux guerriers sous sa tente pour lui enlever sa captive et sa maîtresse Briséis. C'est au tour d'Achille d'entrer en fureur, et l'on sait que cette fureur est le sujet de l'*Iliade*.

Ce n'est donc point dans l'*Iliade* qu'il faut chercher l'origine de cette histoire si populaire au moyen âge, et qui a eu l'honneur d'occuper trois hommes de génie, Boccace, Chaucer et Shakespeare. Chacun de ces trois grands poëtes a pris l'histoire à une source bien différente; mais aucune de ces sources n'est la source originale. Shakespeare l'a puisée dans Chaucer d'abord, puis dans un vieux poëte nommé Lydgate et dans un vieux prosateur nommé Caxton, l'un auteur d'un poëme sur *la Destruction de Troie*, l'autre auteur d'une histoire fabuleuse portant le même titre. Quant à Chaucer, il indique parmi ses auteurs Homère, Darès le Phrygien et Dictys de Crète, plus un certain Lollius, dont les meilleurs commentateurs n'ont jamais pu découvrir l'existence, et qui probablement est un être de raison comme l'Alcofribas Nasier de Rabelais, ou le Cid Hamet Ben Engeli de Cervantès. En réalité Chaucer n'a rien emprunté à aucun de ces auteurs, et c'est de Boccace seulement qu'il a tiré son très-ingénieux poëme. Et Boccace à son tour où l'avait-il prise? Il a mis à son poëme une belle préface, toute pleine d'éloquente philosophie amoureuse, à demi grivoise, à demi platonicienne, selon son habitude; mais cette préface ne nous apprend rien sur l'origine de cette histoire. Boccace savait fort bien qu'Homère n'était pour rien dans l'affaire; il a trouvé cette histoire courant le monde, acceptée par le peuple qui l'avait jugée amusante; il a jugé comme le peuple, et sans s'inquiéter d'où elle venait, il a revêtu des atours les plus ornés de sa poésie cette fille à l'origine inconnue. Maintenant faut-il faire honneur de l'invention de cette histoire à un vieux trouvère normand, Benoist de Saint-Maur, déniché par deux friands d'érudition, MM. d'Héricault et Moland. Soit; alors c'est encore à nous, qui avons eu l'honneur de créer ou de donner forme au moyen âge à toutes les traditions merveilleuses qui ont été la poésie de l'Europe moderne, que revient l'invention de cette fable charmante, où se laisse lire toute la grâce légèrement immorale et toute la science ingénieuse des passions qui distinguent particulièrement les poëmes du cycle de la Table ronde. Notre patriotisme accepte volontiers que ce bijou délicat ait été ouvré par une imagination française; mais quel qu'il soit, le trouvère qui le composa devait préférer les lays d'amour aux chansons de geste, et les auditoires féminins aux auditoires de chevaliers.

Comment l'étrange idée de cette fable a-t-elle surgi dans l'esprit du poëte qui l'inventa, puisqu'elle ne repose, en dépit des noms grecs et troyens de ses personnages, sur aucune indication sérieuse. Ah si nous osions conjecturer, comme nous révélerions ici quelques-uns des mystères les plus singuliers de la rêverie! Un beau jour, un trouvère, à l'imagination facilement émue, se répète rêveusement le pêle-mêle de noms et d'exploits que des traditions altérées, des confusions ignorantes, des livres apocryphes ont porté jusqu'à lui. Priam avait cinquante fils, Hector, Pâris, Déiphobe, Hélénus, Troïlus.... Sa rêverie s'arrête sur ce dernier nom. Troïlus: que sait-on de lui? rien. Or une des tendances les plus invincibles de l'imagination est précisément de vouloir savoir quelque chose de ceux dont on ne peut rien savoir. Et puis une sorte de justice poétique s'empare de vous: pourquoi celui-là a-t-il été moins bien traité que les autres? Lui aussi sans doute il eut son roman. Comme ce personnage n'est qu'un nom absolument orphelin de toute gloire, l'imagination est d'autant plus à l'aise avec lui qu'il ne représente aucun souvenir embarrassant. Alors elle bâtit autour de ce nom le plus joli roman du monde, absolument comme ces jeunes filles qui effeuillent des marguerites pour savoir si elles sont aimées de l'amoureux qui n'existe que dans leurs rêves, ou comme les enfants prêtent des sentiments à leurs poupées. L'âme gracieusement enfantine du poëte cherche une maîtresse à ce cher Troïlus. Il faut que ce soit une Troyenne; mais toutes les héroïnes troyennes sont célèbres, Andromaque, Hélène, Cassandre, Polyxène. Heureusement Chryséis n'a pas de roman non plus; un nom répondra donc à un nom, Cressida à Troïlus, et voilà une nouvelle histoire poétique née, et qui n'a plus qu'à courir un peu le monde, comme nous tous, pour trouver ses épisodes. Notre roman se forme à mesure que nous vivons ; il en est ainsi de tout germe d'invention aussi faible qu'il soit, et voilà comment Troïlus et Cressida qui n'ont aucune histoire dans aucun poëte de l'antiquité se sont trouvés un beau jour en posséder une. Ajoutez la poésie qui naît de la confusion de l'ignorance, confusion dont on aurait tort de dire du mal, puisque c'est une force incontestable de création. Si les souvenirs du poëte avaient été moins confus, s'il eût mieux possédé son histoire de la guerre de Troie, il aurait su que Chrysès était le père de Cressida, et non pas Calchas, lequel ne fut pas un devin troyen, mais un devin grec ; mais alors adieu à l'histoire qui nous a valu deux charmants poëmes et un drame admirable. La belle avance que l'érudition du poëte aurait été pour nous, puisqu'elle aurait à jamais empêché cette histoire de naître de rien. Ah vive à jamais l'ignorance chez les hommes nés avec le génie de la rêverie, et dans les époques où domine la féconde naïveté !

Nous croirions volontiers que cette histoire fut d'origine française, et cela pour une raison que personne n'a jamais donnée, c'est que c'est elle qui visiblement a doté notre langue de deux expressions dont l'étymologie ne doit pas être cherchée ailleurs : *pendard* et *grisette*. Comme Harpagon, Lovelace, Tartufe, etc., Pandare et Cressida ont eu la gloire de cesser d'être des noms individuels pour devenir deux noms collectifs, deux substantifs génériques. Ce mot de *pendard*, qui compose l'injure habituelle des Gérontes de Molière, a changé d'orthographe avec le temps, lorsque sa signification première fut oubliée, et que le personnage dont il était le nom eut perdu sa célébrité. Alors, il parut signifier vaurien bon à pendre ou quelque chose d'approchant, la consonnance et la tournure de ce nom de Pandare rappelant sans effort la pendaison et la potence. Mais il est évident qu'à l'origine il fut appliqué tout autrement. Voyait-on un jeune homme trop complaisant pour ses amis, un valet trop zélé pour les petites passions de son jeune maître, un individu d'une charité trop excessive pour les plaisirs d'autrui : ah *pandare!* lui disait-on. Le mot de *grisette* n'est également que l'altération du nom de Cressida, *Griseida* en italien. On l'employa comme substantif générique pour désigner toute fille légère et inconstante en amour. Or comme les caractères du genre de celui de Cressida se rencontrent surtout dans les classes qui obéissent aux mouvements instinctifs de la nature, et qui lorsque les sens leur parlent, les écoutent docilement sans argumenter avec eux selon les formes de la délicate morale chevaleresque, il s'ensuivit que cette qualification s'adressa plus fréquemment aux filles du peuple qu'aux filles de toute autre condition, et que par suite elle finit par s'identifier complétement avec cette catégorie de personnes, et par devenir leur nom collectif. Faut-il faire honneur de la popularité acquise par ces deux mots au succès qu'auraient obtenus parmi nos ancêtres les poëmes de Boccace et de Chaucer? Cela est plus que douteux, car ce succès fut nécessairement fort limité. En tout cas, si cela était, il serait assez singulier que ces noms eussent eu la fortune d'enrichir notre langue, tandis que la langue italienne et la langue anglaise ne les ont pas retenus. Je crois donc que pour toutes sortes de raisons, les personnages de Troïlus et de Cressida durent être des connaissances familières à nos ancêtres du moyen âge.

Mais que cette histoire ait été populaire ou non parmi nous, la première production éclatante qu'elle ait enfantée appartient à l'Italie. Le poëme que Boccace lui a consacré s'appelle de ce nom un peu pédantesque, *Il Filostrato*, c'est-à-dire le jeune homme abattu par l'amour, la victime d'amour. Dans ce poëme que nous sommes heureux d'avoir eu l'occasion de lire, Boccace se montre comme poëte ce qu'il fut comme prosateur, le véritable promoteur de la renaissance italienne. Nous savions qu'il avait été le grammairien savant de la nouvelle langue italienne ; le *Filostrato* nous le présente comme le véritable chef d'orchestre de cette nouvelle musique poétique de l'Italie qui atteindra la perfection de ses formes avec Ange Politien, et acquerra sa complète liberté avec le grand Arioste. La strophe employée par Boccace est cette octave qui convient si merveilleusement au poëme lyrico-épique de longue haleine tel que l'Italie le réalisa, l'octave qui coupe le long récit par de petits temps de repos, et permet au lecteur de respirer après chaque pas du poëte. Le langage de ce poëme est tout nouveau et ne rappelle en rien la grâce mystique et la pénétrante tendresse des *trecentisti* et des *quatrocentisti*, et jamais en le lisant on ne devinerait si on ne le savait que son auteur fût contemporain de Pétrarque : c'est l'Italie de la Renaissance dans toute sa galanterie sensuelle, sa libre façon de penser sur les choses du cœur, son scepticisme qui penche toujours un peu en faveur des faiblesses de la chair. Le début en est ravissant, et rappelle celui de la *Fiammetta*. Assurément si vous avez lu ce dernier livre où Boccace a déposé tout ce qu'il eut jamais de vraie tendresse, tout ce que les faveurs de la sœur de Jeanne de Naples mirent en son âme d'allégresse et d'heureuse lumière, vous n'avez pas oublié ces premières pages, où le jeune homme aperçoit pour la première fois la *Fiammetta* (la petite flamme) à une fête publique. C'est aussi à une fête publique que Troïlus aperçoit pour la première fois Cressida, et il lui dit aussi à sa manière ces mots si simples de l'amant de la *Fiammetta* appuyé contre une colonne ; mots simples, mais qui remuent le cœur comme la plus douce musique : « *O Donna, tu sola sei la beatitudine nostra.* » Le poëme abonde en beaux épisodes : la première nuit d'amour de Troïle et Cressida est décrite à l'italienne, sans vergogne, longuement, avec complaisance, d'une plume chaude comme les transports des amants, et intarissable comme leur tendresse. La lettre que Troïlus adresse à Cressida après son départ pour le camp des Grecs et lorsqu'il soupçonne déjà sa perfidie, est un chef-d'œuvre de douleur passionnée qui peut se placer sans désavantage à côté de la fameuse lettre où Dona Julia adresse ses adieux à Don Juan dans le poëme de Lord Byron : grand éloge certes, car cette lettre de Dona Julia est faite pour inspirer l'admiration jusqu'à la fin de toute poésie. Il ne nous est même pas prouvé que Byron qui avait beaucoup lu la vieille littérature italienne (comme en témoignent *Beppo*, *Don Juan*, *Morgante maggiore*, etc.) n'ait pas eu présente à l'esprit la lettre de Troïlus, lorsqu'il écrivit la fin de son immortel premier chant. Cependant malgré ces beautés sérieuses, le poëme de Boccace ne se lit pas sans fatigue, et il faut un effort pour aller jusqu'au bout. L'action est trop simple pour un si long poëme, et cette succession de grands airs de *ténor* et de *prima donna* qui le remplit tout entier, finit par le faire paraître fastidieux et vide. En un mot, le *Filostrato* a précisément le défaut qui se fait remarquer dans le roman de la *Fiammetta* ; c'est qu'aussi il fut écrit dans le même but, pour être lu par les mêmes yeux, et dédié à la Fiammetta elle-même. Un fait à noter, c'est le caractère que Boccace a donné au personnage si important de Pandare. Dans son poëme, Pandare n'est pas un vieux parent entremetteur, bas, cupide, complaisant, comme dans Chaucer et Shakespeare ; c'est un tout jeune homme, un camarade de Troïlus, un jeune Florentin ou Napolitain, de belle humeur, d'esprit pratique en matière de sentiment, qui des serments sait ce qu'en vaut l'aune ; cousin de Cressida, il trouverait souverainement injuste que son ami Troïlus fût malheureux par elle, lorsqu'il est si facile de faire autrement. Il y a une absence complète de sens moral et de délicatesse d'honneur à la manière des nations chevaleresques chez le jeune Pandaro de Boccace ; mais il n'y a aucune bassesse.

Tout autre il se montre dans Chaucer. Là il est bien vraiment un entremetteur émérite. Comme il se démène dans ce poëme! que de ruses il invente! quelle prudence profonde il déploie! Il va, vient, porte les lettres, arrange les entrevues, avec une constance admirable. Il a des inventions qui feraient honneur à tout politique : c'est ainsi que pour faciliter les entrevues et les libres conversations, et en même temps pour imposer silence et respect aux méchantes langues de Troie, il manœuvre si bien qu'il fait déclarer officiellement Troïlus chevalier et champion de Cressida par son père Priam et ses frères Hector et Déiphobe. Après ce coup de maître, les méchantes langues n'ont qu'à se tenir bridées; certes nul ne soufflera mot, car on sent trop bien de quoi il retourne. Mais le chef-d'œuvre du Pandarus de Chaucer, c'est la manière dont il livre Cressida à Troïlus. Cet épisode est le principal du poëme de Chaucer et mérite toute admiration. Pandare invite un jour sa nièce Cressida à souper chez lui. Cressida se méfie; Troïlus est-il dans Troie? Non, Troïlus est absent, à la chasse, en expédition. Cressida rassurée se décide à aller souper chez son oncle; mais par mesure de prudence elle amène avec elle toutes ses femmes, ce qui d'abord ne fait point l'affaire de Pandarus. Pendant le souper un orage éclate, et une pluie torrentielle se met à tomber. Il ne faut pas songer à se retirer par une nuit pareille, Cressida couchera chez son oncle. Elle est à peine couchée depuis quelques instants, que Pandarus se fait ouvrir sa porte, pour l'avertir que Troïlus mouillé jusqu'aux os s'est introduit dans la maison par la cheminée, après un voyage exécuté sur les toits sous la pluie battante. La raison de cette visite, c'est que Troïlus soupçonne, dit Pandare, la fidélité de Cressida; il croit que les faveurs qu'elle lui refuse, elle les prodigue à un certain chevalier troyen, et c'est pour s'en assurer qu'il a exécuté cette périlleuse promenade entre ciel et terre. — Que faire? dit Cressida. Donnez-lui cette bague bleue, couleur de fidélité, il sera rassuré. — Mais Pandarus presse, sollicite une entrevue; on n'apaise pas à si bon marché un homme qui par jalousie vient de faire un tel exploit; il faut absolument que Cressida en personne rassure Troïlus. Cressida consent, et Troïlus arrive, en proie à une double fièvre, celle de l'amour, et celle qui résulte du bain qu'il vient de prendre. Ses dents claquent, il s'évanouit. Alors on lui frotte les mains, les tempes pour le faire revenir à lui ; une fois ressuscité il faut le réchauffer, et Cressida seule possède ce pouvoir que l'amour l'invite à employer, que la charité lui ordonne d'employer. En dehors de cet épisode très-long et magistralement développé. il n'y a rien à noter que la fraîche teinte chevaleresque que Chaucer a répandue sur tout son poëme et qui fait un contraste très-marqué avec le ton si chaud du poëme italien.

C'est à Chaucer que Shakespeare a pris l'histoire de Troïlus et Cressida : mais Chaucer n'est pas la seule source illustre où il a puisé. Les aventures si simples des deux jeunes amants, il l'a bien senti, ne suffisaient pas à faire un drame, car elles n'ont suffi ni à Boccace ni à Chaucer pour faire un poëme d'un intérêt soutenu. Il a donc pris simplement ces aventures pour centre de son drame, pour noyau d'attraction pour ainsi dire, susceptible de se grossir de tous les épisodes qu'il lui plairait d'y ajouter. Autour de Troïlus et Cressida, il a groupé tous les héros Troyens et Grecs dans diverses actions dramatiques : c'est donc Homère encore plus que Chaucer qui est la source de son drame. On a mis en doute qu'il eût jamais lu Homère, comme on a mis en doute qu'il connût Rabelais; or il avait lu Homère encore plus certainement qu'il connaissait Rabelais (a). On a donné la peinture peu homérique qu'il a faite du héros de l'*Iliade* comme preuve de cette ignorance ; c'est cette peinture même qui révèle qu'il

(a) Comment n'aurait-il pas connu Homère, son contemporain Georges Chapman l'ayant traduit en beaux vers anglais!

l'avait lue. A la vérité l'épiderme des personnages est aussi peu homérique que possible ; mais comme leur structure morale, leur charpente anatomique intérieure, les opérations physiologiques de leurs tempéraments ont été intelligemment comprises, expliquées, montrées ! La façon de parler, les manières, les plaisanteries de ses personnages appartiennent à des chevaliers anglais du moyen âge ; mais les mobiles d'action qu'il leur assigne, les manœuvres d'âme qu'il leur prête, sont réellement ceux des héros correspondants d'Homère. Ulysse, Ajax, Nestor, Agamemnon, Thersite, ont bien exactement les caractères avec lesquels Homère nous les montre. Ces personnages sont ressemblants à ceux d'Homère, non pas extérieurement, mais intrinsèquement, non pas *ex vultu et formâ*, mais *intùs et sub cute*.

A la vérité, cette ressemblance intrinsèque étant constatée, il faut bien avouer que toute la pièce porte un caractère de parodie. Cette parodie cependant est-elle bien irrespectueuse, et va-t-elle beaucoup au delà du sans-façon avec lequel Arioste a traité la chevalerie ? Non, elle reste plutôt en deçà, et vous savez pourtant, vous qui avez lu le divin Italien, combien cette parodie est légère, combien Arioste sent la noblesse des sentiments qu'il persifle, persiflage si musical qu'il vaut un cantique. Il en est ainsi de Shakespeare. Malgré tout, oui, il y a parodie, et c'est précisément en cela que consistent l'intérêt et la portée de l'œuvre. Ici nous avons en présence les deux pôles de toute littérature jusqu'à ce jour, les deux représentants les plus absolus des deux formes que l'esprit de poésie a revêtues dans le monde, Homère et Shakespeare. C'est la muse classique et vénérée depuis des siècles doucement raillée par la muse romantique encore sans nom ; c'est la civilisation morale de l'Europe chrétienne jugeant l'antique héroïsme païen sous sa forme la plus pure, et le trouvant quelque peu étroit, simple et naïf. Je ne puis m'empêcher de croire en effet que

Shakespeare, ce microcosme poétique des longs siècles du moyen âge, ce résumé vivant de mille années de cette vie chevaleresque et chrétienne si merveilleusement compliquée, si romanesquement enchevêtrée, si pleine de folles aventures, de miracles d'audace, de traditions de tout genre, fut peu propre à goûter Homère. Nous avons connu mieux que ces passions et ces sentiments, pouvait-il dire, et disait-il probablement; notre mémoire est plus riche que celle de Nestor, nos gentilshommes ont accompli des voyages plus aventureux que ceux d'Ulysse, nos chevaliers ont exécuté des exploits plus prodigieux que ceux d'Achille. Oui, tel fut probablement le sentiment de Shakespeare sur Homère, le seul rival sérieux qu'il ait dans le vaste champ de l'art, et là est l'intérêt de *Troïlus et Cressida*.

Encore une observation épisodique, qui prouvera la délicatesse prodigieuse de l'âme de Shakespeare. Achille est, on le sait, le héros de l'*Iliade*. Considéré comme un des types de l'humanité, c'est une des plus grandes figures de la poésie. Dans ses deux poëmes, en effet, Homère a eu la gloire de créer les deux types éternels des deux civilisations différentes qui se partageront le monde jusqu'à la fin des temps; Ulysse, voilà le type de la civilisation pacifique, mercantile, politique, fondée sur l'intérêt; Achille, voilà le type de la civilisation aristocratique, militaire, fondée sur la force; la force et l'intérêt, les deux uniques mobiles de l'humanité, depuis les temps fabuleux où Thémis remonta au ciel pour n'en plus redescendre jamais. Mais considéré comme individu, comme héros, Achille est odieux au delà de toute expression, et nous sommes vraiment reconnaissant à Shakespeare d'avoir donné voix au sentiment qu'il nous a toujours fait éprouver. Il le représente comme un lâche meurtrier, qui tue Hector tombé dans un guet-apens et laissé sans défense. Hector, au contraire, est pour lui le vrai héros de l'*Iliade*, comme il le sera toujours pour toute âme bien née. Que risque le bouillant Achille, je vous prie? Sa mère est une déesse, ses armes ont été forgées par Vulcain, son corps trempé dans le Styx est invulnérable aux blessures. Mais Hector n'est qu'un homme; sa mère est la pauvre Hécube, celle qui tout à l'heure aboiera de douleur comme une chienne; son père est le vieux Priam qui tout à l'heure viendra tendre les mains en suppliant, devant cette brute cruelle, si facilement intrépide; ses armes sont mauvaises; son âme noble et son grand cœur le trahissent à chaque instant, car lui qui est plus réellement vaillant qu'Achille, il est aussi tendre qu'Andromaque. Rien ne prouve mieux le sens moral délicat et la belle âme de Shakespeare que sa sympathie pour Hector.

Un dernier mot. *Troïlus et Cressida* est peut-être celle de toutes les pièces de Shakespeare qui compte le moins d'admirateurs fervents. Mais il en est qui, non contents de ne pas admirer, vont jusqu'à dénigrer; à ceux-là je me contenterai de dire qu'il leur manque un sens. Ils ont peut-être d'excellentes raisons pour ne pas goûter cette pièce; cependant s'il en était parmi eux quelques-uns qui se prétendissent admirateurs du *Roland furieux*, ou du *Don Quichotte*, je les arrête tout court, et je leur dis : Vous affichez un goût qui n'est pas le vôtre, et vous préconisez des œuvres dont le sentiment vous est inconnu et interdit, car je défie que celui-là qui n'apprécie pas *Troïlus et Cressida*, prenne jamais un plaisir sérieux et profond à l'*Orlando* et au *Don Quichotte*.

PERSONNAGES DU DRAME.

PRIAM, roi de Troie.
HECTOR,
TROÏLUS,
PARIS, } ses fils.
DELPHOBUS,
HÉLÉNUS,
MARGARELON, fils naturel de PRIAM.
ÉNÉE,
ANTÉNOR, } chefs troyens.
CALCHAS, prêtre troyen qui prend parti avec les Grecs.
PANDARUS, oncle de CRESSIDA.
AGAMEMNON, général des Grecs.
MÉNÉLAS, son frère.
ACHILLE,
ULYSSE,
NESTOR,
AJAX, } chefs grecs.
DIOMÈDE,
PATROCLE,
THERSITE, Grec difforme et grossier.
ALEXANDRE, serviteur de CRESSIDA.
Un serviteur de TROÏLUS.
Un serviteur de PARIS.
Un serviteur de DIOMÈDE.

HÉLÈNE, femme de MÉNÉLAS.
ANDROMAQUE, femme d'HECTOR.
CASSANDRE, fille de PRIAM, prophétesse.
CRESSIDA, fille de CALCHAS.

Soldats grecs et troyens, comparses, etc.

Scène. — Troie, et le camp grec devant Troie.

TROÏLUS ET CRESSIDA.

PROLOGUE.

C'est à Troie qu'est la scène. Des îles de la Grèce, les princes orgueilleux, leur sang noble s'étant échauffé de courroux, ont envoyé au port d'Athènes leurs vaisseaux, chargés des ministres et des instruments d'une guerre cruelle : soixante-neuf princes, porteurs de petites couronnes royales, ont de la baie Athénienne fait voile pour la Phrygie. Ils ont formé le vœu de saccager Troie ; entre les solides remparts de cette ville, Hélène, femme de Ménélas, dort avec son ravisseur le voluptueux Pâris ; de là la querelle. Ils arrivent à Ténédos, et les barques profondes pesamment chargées y dégorgent leur cargaison belliqueuse : et maintenant sur les plaines Dardaniennes les Grecs tout frais et encore non éprouvés plantent leurs pavillons de guerre. La ville de Priam entre ses six portes, Dardan et Tymbria, Helias, Chetas, Troias et Antenorides[1], toutes armées de gâches massives et de verrous étroitement tirés, enferment les fils de Troie. Maintenant l'attente, chatouillant à la fois des deux côtés les esprits saisis de la fièvre de l'impatience, dispose Troyens et Grecs à tout remettre au hasard. Je viens ici, Prologue en armure[2], — non par suite de l'assurance que m'inspire la plume de l'auteur ou le débit de l'acteur, mais parce que ce costume est assorti à notre sujet, — afin de vous dire, aimables spectateurs, que notre pièce sautant par-dessus le début et les préludes de ces querelles, commence juste au milieu, et part de là pour ramasser sur sa route tous les événements qui peuvent se disposer en drame. Louez ou blâmez, faites selon votre bon plaisir; notre drame peut avoir bonne ou mauvaise fortune; après tout, c'est là la chance de la guerre.

ACTE I.

SCÈNE PREMIÈRE.

Troie. — Devant le palais de Priam

Entrent TROÏLUS *armé, et* PANDARUS.

Troïlus. — Mandez ici mon varlet; je veux me désarmer encore : pourquoi irais-je me battre en dehors des murs de Troie, moi qui trouve ici, au dedans de moi, un si cruel combat? Que ceux des Troyens qui sont maîtres de leur cœur, aillent au champ de bataille; pour Troïlus, hélas! il n'est pas maître du sien.

Pandarus. — Est-ce que la chose est absolument sans remède?

Troïlus. — Les Grecs sont forts, et ils ajoutent l'habileté à leur force, la cruauté à leur habileté, et la vaillance à leur cruauté; mais moi je suis plus faible qu'une larme de femme, plus mou que le sommeil, plus facile à tromper que l'ignorance, moins brave que la vierge pendant la nuit, moins habile que l'enfance sans expérience.

Pandarus. — C'est bon, je vous en ai dit assez là-dessus : pour ma part, je ne veux plus m'en mêler, ni pousser l'affaire plus loin. Celui qui veut tirer un gâteau de la farine doit nécessairement attendre la mouture.

ACTE I, SCÈNE I.

Troïlus. — N'ai-je pas attendu?

Pandarus. — Oui, la mouture; mais il vous faut attendre le blutage.

Troïlus. — N'ai-je pas attendu?

Pandarus. — Oui, le blutage; mais il vous faut attendre l'action du levain.

Troïlus. — J'ai encore attendu.

Pandarus. — Oui, l'action du levain; mais dans le mot *ensuite* sont encore compris le pétrissage, la façon du gâteau, le chauffage du four et la cuisson; il vous faut même laisser encore refroidir le gâteau, ou vous courriez risque de vous brûler les lèvres.

Troïlus. — La patience elle-même, toute déesse qu'elle est, supporte la souffrance moins docilement que moi. Je m'assieds à la table royale de Priam, et lorsque la belle Cressida revient à ma pensée.... *Lorsqu'elle revient à ma pensée!* Que dis-je là, traître que je suis! quand donc en est-elle absente?

Pandarus. — Ma foi, hier soir elle était en beauté plus que je ne l'ai jamais vue, plus que je n'y ai jamais vu aucune femme.

Troïlus. — Qu'est-ce que je vous disais donc?... Eh bien, lorsqu'elle se présente à ma pensée, mon cœur, comme fendu par les soupirs qui le gonflent, est près de se briser en deux; alors de peur que mon père ou Hector ne me surprennent, pareil au soleil quand il luit sur un orage, j'ensevelis ce soupir sous le pli d'un sourire; mais le chagrin qui se dérobe sous une feinte gaieté est pareil à cette joie que la destinée change soudainement en tristesse.

Pandarus. — N'était que ses cheveux sont un peu plus noirs que ceux d'Hélène, allez, il n'y aurait pas plus de comparaison entre les deux femmes..., mais pour ce qui me regarde, elle est ma parente, et je ne voudrais pas, comme on dit, la faire valoir. Cependant j'aurais voulu que quelqu'un l'eût entendue causer hier comme je l'ai entendue. Je ne voudrais pas déprécier l'esprit de votre sœur Cassandre; mais....

Troïlus. — O Pandarus! je t'en conjure, Pandarus, lorsque je te dis que mes espérances sont là noyées, ne me réponds pas en me montrant à combien de brasses de profondeur elles sont plongées. Je te dis que je suis fou par amour pour Cressida : tu me réponds, elle est belle ; tu verses dans l'ulcère ouvert de mon cœur, ses yeux, sa chevelure, son visage, sa démarche, sa voix; dans tes paroles, tu agites devant moi sa main, sa main auprès de laquelle, me dis-tu, toutes les choses blanches sont de l'encre écrivant la confession de leur infériorité, dont la douce étreinte fait paraître rude le duvet du cygne, et dure comme la paume du laboureur l'âme même du tact! Voilà ce que tu me dis, et tu me dis la vérité, tout comme moi lorsque je te dis que je l'aime ; mais en parlant ainsi, au lieu d'huile et de baume, tu places dans chacune des blessures que l'amour m'a faites, le couteau qui les ouvrit.

Pandarus. — Je ne dis que la vérité.

Troïlus. — Tu ne la dis pas même toute.

Pandarus. — Ma foi, je ne veux pas me mêler de cela. Qu'elle soit comme elle voudra ; si elle est belle, tant mieux pour elle, et si elle ne l'est pas, qu'elle y remédie comme elle voudra.

Troïlus. — Mon bon Pandarus, que veux-tu dire, Pandarus?

Pandarus. — J'ai reçu mes peines pour récompense de mon travail; mal jugé d'elle, et mal jugé de vous : j'ai fait et refait entre vous deux l'office d'entremetteur, mais j'ai reçu de médiocres remercîments pour mes peines.

Troïlus. — Comment, tu es en colère, Pandarus? et contre moi encore?

Pandarus. — Comme elle est ma parente, elle n'est pas aussi belle qu'Hélène : si elle n'était pas ma parente, elle serait aussi belle le vendredi qu'Hélène est belle le dimanche [3]. Mais qu'est-ce que cela me fait? peu m'importe; quand bien même elle serait une négresse, cela m'est bien égal.

Troïlus. — Est-ce que je te dis qu'elle n'est pas belle?

Pandarus. — Peu m'importe que vous le disiez ou non. Elle est une sotte de rester ici puisque son père est parti; qu'elle aille parmi les Grecs; et c'est là ce que je lui dirai la première fois que je la verrai : pour ma part, je ne veux plus être mêlé à cette affaire, ni m'en occuper davantage.

Troïlus. — Pandarus....

Pandarus. — Non, ma foi.

Troïlus. — Mon bon Pandarus....

Pandarus. — Je vous en prie, ne m'en parlez plus; je laisserai la chose comme elle était quand je l'ai prise, et voilà tout. (*Sort Pandarus. Alarme.*)

Troïlus. — Paix, disgracieuses clameurs! paix, bruits barbares! Sots des deux côtés! Oh oui, il faut qu'Hélène soit bien belle pour que vous la peigniez ainsi chaque jour de votre sang. Je ne puis combattre pour une telle cause; c'est un sujet trop maigre pour mon épée. Mais Pandarus.... O Dieux, comme vous m'éprouvez! Je ne puis arriver à Cressida que par Pandarus, et il est aussi rebelle à se laisser persuader de la persuader, qu'elle est entêtée dans son chaste refus d'écouter toute sollicitation. Dis-moi, Apollon, par l'amour de ta Daphné, dis-moi quelle personne est Cressida, quelle personne est Pandarus, quelle personne je suis moi-même. Son lit est l'Inde; là elle repose, perle qu'elle est : quant à l'espace compris entre notre Ilion[4] et l'endroit où elle réside, appelons-le la mer sauvage et mouvante; nous, nous sommes le marchand, et ce flotteur de Pandarus est notre douteuse espérance, notre moyen de transport et notre barque.

Alarme. Entre ÉNÉE.

Énée. — Eh bien! qu'est-ce à dire, prince Troïlus? pourquoi n'êtes-vous pas au combat?

Troïlus. — Parce que je n'y suis pas : cette réponse de femme convient à la circonstance, car c'est se conduire comme une femme que de n'y être pas. Quelles nouvelles du champ de bataille aujourd'hui, Énée?

Énée. — Que Pâris est revenu au logis, et blessé.

Troïlus. — Par qui, Énée?

Énée. — Par Ménélas, Troïlus.

Troïlus. — Que Pâris saigne : ce n'est qu'une cicatrice pour un affront; Pâris est blessé par la corne de Ménélas. (*Alarme.*)

Énée. — Écoutez un peu la belle fête qui se donne aujourd'hui hors de la ville.

Troïlus. — Elle serait plus belle en ville, si *je pouvais* était la même chose que *je puis*. Mais allons là-bas à la fête; vous dirigiez-vous de ce côté-là?

Énée. — Avec toute la diligence possible.

Troïlus. — En ce cas, partons, nous irons ensemble. (*Ils sortent.*)

SCÈNE II.

Troie. — Une rue.

Entrent CRESSIDA *et* ALEXANDRE.

Cressida. — Quelles sont les personnes qui viennent de passer?

Alexandre. — La reine Hécube et Hélène.

Cressida. — Et où vont-elles?

Alexandre. — Là-bas à la tour orientale, dont le sommet domine souverainement toute la vallée, afin de voir le combat. Hector, dont la patience est inaltérable comme une vertu, était cependant agité aujourd'hui : il a grondé Andromaque, il a frappé son armurier; et avant que le soleil fût levé, absolument comme si la guerre était un travail de laboureur, il s'est harnaché lestement, et s'est rendu au champ de bataille, où chaque fleur, comme une prophétesse, pleurait en prévoyance de ce qu'allait amener le courroux d'Hector.

Cressida. — Quelle était la cause de sa colère?

Alexandre. — Le bruit qui court est celui-ci : il y a parmi les Grecs un Seigneur de sang troyen, qui est neveu d'Hector; on l'appelle Ajax.

ACTE 1, SCÈNE II.

Cressida. — Bon; eh bien, que fait-il?

Alexandre. — On dit que c'est un homme tout à fait *per se*, et qui marche tout seul.

Cressida. — C'est ce que font tous les hommes, à moins qu'ils ne soient ivres, malades, ou qu'ils n'aient pas de jambes.

Alexandre. — Cet homme, Madame, a volé à diverses bêtes leurs traits caractéristiques; il est vaillant comme le lion, grognon comme l'ours, lent comme l'éléphant; c'est un homme en qui la nature a entassé une telle variété d'humeurs, que sa valeur est broyée en folie et que sa folie est assaisonnée de prudence : il n'est pas un homme ayant une vertu dont il ne possède un atome; il n'y a pas un homme ayant une folie, dont il n'ait une teinte légère. Il est mélancolique sans cause et gai contre tout bon sens : il a les articulations de toutes choses; mais toute chose est en lui si désarticulée, que c'est un Briarée paralytique, ayant cent bras sans en avoir l'usage, ou un Argus aveugle, tout yeux et pas de vue[5].

Cressida. — Mais comment cet homme qui m'arrache un sourire, a-t-il pu arracher sa colère à Hector?

Alexandre. — On dit qu'il s'est hier mesuré dans la bataille avec Hector et qu'il l'a renversé; honteux et confus de cette aventure, Hector n'a depuis ni mangé, ni dormi.

Cressida. — Qui vient ici?

Alexandre. — Madame, c'est votre oncle Pandarus.

Entre PANDARUS.

Cressida. — Hector est un vaillant homme.

Alexandre. — Autant qu'homme au monde, Madame.

Pandarus. — Qu'est-ce qu'on dit? qu'est-ce qu'on dit?

Cressida. — Bonjour, oncle Pandarus.

Pandarus. — Bonjour, nièce Cressida : de quoi parliez-vous? Bonjour, Alexandre. Comment allez-vous, ma nièce? quand étiez-vous à Ilion?

Cressida. — Ce matin, mon oncle.

Pandarus. — De quoi parliez-vous, lorsque je suis

venu? Hector était-il déjà armé et parti, lorsque vous êtes allée à Ilion? Hélène n'était pas levée, n'est-ce pas?

Cressida. — Hector était parti, mais Hélène n'était pas levée.

Pandarus. — C'est bien cela : Hector était debout de bonne heure.

Cressida. — C'est de lui que nous parlions et de sa colère.

Pandarus. — Était-il en colère?

Cressida. — C'est ce qu'il me dit, lui que voilà.

Pandarus. — C'est la vérité, il était en colère; j'en sais aussi la cause; il en mettra aujourd'hui par terre, je puis leur dire cela : et il y a aussi Troïlus qui ne restera pas bien loin en arrière de lui; qu'ils prennent garde à Troïlus, je puis leur dire aussi cela.

Cressida. — Comment, est-ce que Troïlus est aussi en colère?

Pandarus. — Qui, Troïlus? Troïlus est le plus vaillant des deux.

Cressida. — O Jupiter! il n'y a pas de comparaison.

Pandarus. — Comment! pas de comparaison entre Hector et Troïlus? Reconnaissez-vous un homme quand vous en voyez un?

Cressida. — Certes, si je l'ai vu et connu auparavant.

Pandarus. — Eh bien alors, je dis que Troïlus est Troïlus.

Cressida. — En ce cas, vous dites comme moi; car je suis sûre qu'il n'est pas Hector.

Pandarus. — Non, ni qu'Hector n'est pas Troïlus à certains égards.

Cressida. — C'est la vérité pour l'un et l'autre; Troïlus est lui-même.

Pandarus. — Lui-même! Hélas, pauvre Troïlus, je voudrais bien qu'il le fût....

Cressida. — Et c'est ce qu'il est.

Pandarus. — Me fallût-il pour cela aller pieds nus jusqu'à l'Inde.

Cressida. — Il n'est pas Hector.

ACTE I, SCÈNE II.

PANDARUS. — Lui-même! non, il n'est pas lui-même, — plût au ciel qu'il fût lui-même! Bon, les Dieux sont au-dessus de nous; le temps sourira peut-être, ou bien il mettra fin à tout. Allons, Troïlus, allons, je voudrais que mon cœur fût dans son corps à elle! Non, Hector ne vaut pas mieux que Troïlus.

CRESSIDA. — Excusez-moi.

PANDARUS. — Il est son aîné.

CRESSIDA. — Pardonnez-moi, pardonnez-moi.

PANDARUS. — L'autre n'a pas encore son âge; vous me parlerez tout autrement quand l'autre aura son âge. Ce n'est pas de cette année-ci qu'Hector aura son esprit.

CRESSIDA. — S'il a le sien, il n'en aura pas besoin.

PANDARUS. — Ni ses qualités.

CRESSIDA. — Peu importe.

PANDARUS. — Ni sa beauté.

CRESSIDA. — Elle ne lui servirait guère, la sienne est supérieure.

PANDARUS. — Vous n'avez pas de jugement, nièce: Hélène elle-même jurait l'autre jour que Troïlus pour un brun, — car il est brun, je dois l'avouer, — pas brun précisément....

CRESSIDA. — Non, mais brun cependant.

PANDARUS. — En bonne foi, pour dire la vérité, il est brun et il n'est pas brun.

CRESSIDA. — Pour dire la vérité, cela est vrai et n'est pas vrai.

PANDARUS. — Elle a vanté son teint qu'elle a déclaré supérieur à celui de Pâris.

CRESSIDA. — Mais Pâris possède assez de couleurs.

PANDARUS. — Troïlus aussi.

CRESSIDA. — Alors Troïlus en a trop : si elle l'a mis au-dessus de Pâris, alors son teint est plus rubicond que le sien; puisque Pâris possède assez de couleurs, si Troïlus en a davantage, la louange d'Hélène est trop éclatante pour un beau teint. J'aimerais autant que la langue d'or d'Hélène eût vanté Troïlus comme ayant un nez de cuivre.

Pandarus. — Je vous jure que je crois qu'Hélène l'aime mieux que Paris.

Cressida. — Alors c'est une Grecque capricieuse, ma foi⁶.

Pandarus. — Vrai, je suis sûr qu'elle l'aime mieux. Elle vint l'autre jour à lui, près de l'embrasure de la fenêtre,... et vous savez qu'il n'a pas plus de trois ou quatre poils au menton.

Cressida. — En vérité l'arithmétique d'un garçon de taverne suffirait à faire bien vite sur ce point le total de son compte.

Pandarus. — Parbleu, il est très-jeune : et cependant, à trois livres près, il peut soulever autant que son frère Hector.

Cressida. — Un si jeune homme être déjà un si vieux *leveur!*

Pandarus. — Mais pour vous prouver qu'Hélène l'aime, elle l'aborde et vous met sa blanche main au trou de son menton....

Cressida. — Bonté de Junon, comment a-t-il le menton troué?

Pandarus. — Parbleu, vous savez bien qu'il a des fossettes : je crois que son sourire lui va mieux qu'à aucun homme dans toute la Phrygie.

Cressida. — Oh! il sourit vaillamment.

Pandarus. — N'est-ce pas?

Cressida. — Oh oui, comme un nuage en automne.

Pandarus. — Fort bien, allez donc : ... mais pour vous prouver qu'Hélène aime Troïlus....

Cressida. — Troïlus acceptera l'*épreuve*, si vous pouvez lui prouver cela.

Pandarus. — Troïlus! Parbleu, il ne l'estime pas plus que je n'estime un œuf couvé.

Cressida. — Si vous aimiez un œuf couvé autant que vous aimez une cervelle vide, vous mangeriez les petits dans la coque⁷.

Pandarus. — Je ne puis m'empêcher de rire, en songeant à la manière dont elle lui chatouilla le menton;

vraiment, elle a une main étonnamment blanche, il faut bien que je le confesse.

CRESSIDA. — Sans avoir besoin pour cela d'être mis à la torture.

PANDARUS. — Et voilà qu'elle s'avise de lui découvrir un poil blanc au menton.

CRESSIDA. — Hélas, pauvre menton! il y a bien des verrues qui sont plus riches.

PANDARUS. — Mais on a ri!... La reine Hécube riait tant, que ses yeux en laissaient tomber....

CRESSIDA. — Des pierres meulières.

PANDARUS. — Et Cassandre riait....

CRESSIDA. — Mais il y avait au moins un feu plus modéré sous la marmite de ses yeux, n'est-ce pas? Est-ce que ses yeux ont aussi débordé?

PANDARUS. — Et Hector riait.....

CRESSIDA. — A quel propos tous ces rires?

PANDARUS. — Parbleu, à propos du poil blanc qu'Hélène avait découvert au menton de Troïlus.

CRESSIDA. — Si ce poil avait été vert, j'aurais pu rire aussi.

PANDARUS. — Ils ne riaient pas autant du poil que de la jolie réponse qu'il a faite.

CRESSIDA. — Quelle est cette réponse?

PANDARUS. — Elle avait dit : « Il n'y a que cinquante et un poils à votre menton, et il y en a un de blanc. »

CRESSIDA. — C'est là son allégation?

PANDARUS. — Parfaitement, n'alléguez pas le contraire. « Cinquante et un poils, a-t-il dit, et il y en a un de blanc; ce poil blanc est mon père, et tous les autres sont ses fils. — Jupiter! a-t-elle dit, et lequel de ces poils est Pâris, mon mari? — Celui dont la pointe est en forme de corne, a-t-il répondu, arrachez-le et donnez-le-lui. » Mais on a ri là-dessus! et Hélène a tellement rougi, et Pâris s'est tellement fâché, et tous les autres ont tellement ri, que cela passait toute mesure.

CRESSIDA. — Eh bien, en ce cas, laissez cela reposer maintenant, car cela a marché assez longtemps.

Pandarus. — Bon, ma nièce, je vous ai dit hier une certaine chose; pensez-y.

Cressida. — C'est ce que je fais.

Pandarus. — Je vous jure que c'est vrai ; il va pleurer à votre occasion, comme s'il était né en avril.

Cressida. — Et je grandirai par le fait de ses larmes, comme une ortie avant mai. (*On sonne une retraite.*)

Pandarus. — Écoutez! Ils reviennent du champ de bataille : nous tenons-nous ici, pour les voir retourner à Ilion? faisons cela, ma bonne nièce, ma charmante nièce Cressida.

Cressida. — Qu'il en soit selon votre désir.

Pandarus. — Ici, ici, voilà une excellente place; de là nous pouvons les voir à merveille : je vous les nommerai tous par leurs noms à mesure qu'ils passeront ; mais remarquez Troïlus plus que tous les autres.

Cressida. — Ne parlez pas si haut.

ÉNÉE *traverse le théâtre.*

Pandarus. — Celui-ci est Énée; n'est-il pas un bel homme? C'est une des fleurs de Troie, je vous le déclare : mais, remarquez bien Troïlus; vous allez le voir tout à l'heure.

ANTÉNOR *traverse le théâtre.*

Cressida. — Quel est celui-là?

Pandarus. — C'est Anténor; il a l'esprit très-avisé, je vous le déclare; c'est un homme assez remarquable : il possède un des meilleurs jugements qu'il y ait à Troie, et il est bien de sa personne. Quand viendra donc Troïlus? Je vais vous montrer Troïlus tout à l'heure; s'il m'aperçoit vous verrez qu'il me saluera d'un petit signe de tête.

Cressida. — Il vous saluera d'un signe de tête?

Pandarus. — Vous verrez.

Cressida. — Alors, il salue tout autrement ceux qui sont possesseurs d'une tête [8].

HECTOR *traverse le théâtre.*

PANDARUS. — Celui-là est Hector, celui-là, celui-là, remarquez bien, c'est celui-là ; voilà un gaillard ! Va ton chemin, Hector ! Voilà un vaillant homme, nièce ! O brave Hector ! Voyez quels regards il lance ! voilà un maintien ! n'est-ce pas un vaillant homme ?

CRESSIDA. — Oh oui, un vaillant homme !

PANDARUS. — N'est-ce pas ? Cela fait du bien au cœur de le voir. Voyez que de bosses il y a sur son casque ! Regardez là-bas, voyez-vous bien ? regardez ici ! ce n'est pas pour rire ; ce sont bien de bonnes bosses, les redresse qui voudra comme on dit : en voilà des bosses !

CRESSIDA. — Est-ce qu'elles ont été faites par des épées ?

PANDARUS. — Par des épées ! par n'importe quoi, il n'en a souci : quand le diable viendrait le trouver, cela lui serait égal. Cils de Dieu ! cela fait du bien au cœur de le voir. Voici là-bas venir Pâris ; voici là-bas venir Pâris : regardez là-bas, nièce ; n'est-ce pas un joli homme aussi, dites-moi ?

PÂRIS *traverse le théâtre.*

PANDARUS. — Parbleu, voilà qu'il va bien ! Qui disait qu'il avait été blessé aujourd'hui ? Il n'est pas blessé ; parbleu, cela va faire du bien au cœur d'Hélène, eh ! eh ! Si je pouvais voir Troïlus maintenant ! Vous allez voir Troïlus tout à l'heure.

HÉLÉNUS *traverse le théâtre.*

CRESSIDA. — Quel est celui-là ?

PANDARUS. — C'est Hélénus : — je me demande où est Troïlus : — c'est Hélénus ; — je pense qu'il n'est pas allé au combat d'aujourd'hui : — c'est Hélénus.

CRESSIDA. — Hélénus est-il bon guerrier, oncle ?

PANDARUS. — Hélénus ! non : — oui, il peut se battre passablement bien : — je me demande où est Troïlus ! Écoutez ! n'entendez-vous pas le peuple crier, *Troïlus ?* — Hélénus est un prêtre.

CRESSIDA. — Quel est ce gaillard qui vient là-bas la tête basse?

TROÏLUS *traverse le théâtre.*

PANDARUS. — Où ça? là-bas? c'est Deiphobus. — C'est Troïlus! Voilà un homme, nièce! — Hem! — Brave Troïlus! le prince de la chevalerie!

CRESSIDA. — Paix, par pudeur, paix!

PANDARUS. — Remarquez-le, observez-le. O brave Troïlus! Regardez-le bien, nièce; voyez comme son épée est ensanglantée, comme son heaume est plus bosselé que celui d'Hector; et quels regards il lance, et quelle démarche il a! O admirable jeune homme! il n'a pas encore ses vingt-trois ans. Va ton chemin, Troïlus, va ton chemin! Si j'avais pour sœur une Grâce, ou pour fille une déesse, il aurait le choix. O homme admirable! Pâris? Pâris est de la boue en comparaison de lui; et je vous garantis que pour changer, Hélène donnerait de l'argent par-dessus le marché [9].

CRESSIDA. — En voici d'autres.

DES TROUPES *traversent le théâtre.*

PANDARUS. — Des ânes, des sots, des balourds! Paille et son, son et paille! du potage après dîner! Je pourrais vivre et mourir en regardant Troïlus. Ne regardez plus, ne regardez plus; les aigles sont passés; corneilles et grues, tous ceux-là, grues et corneilles! J'aimerais mieux être Troïlus qu'Agamemnon et tous les Grecs ensemble.

CRESSIDA. — Il y a parmi les Grecs Achille, un homme plus vaillant que Troïlus.

PANDARUS. — Achille! un charretier, un portefaix, un véritable chameau.

CRESSIDA. — Bon, bon.

PANDARUS. — *Bon, bon!* Parbleu, avez-vous quelque intelligence? avez-vous des yeux? savez-vous ce qu'est un homme? Est-ce que la naissance, la beauté, les belles formes, l'élégance du langage, la virilité, l'instruction, la noblesse, la vertu, la jeunesse, la libéralité, et autres choses semblables ne sont pas les épices et le sel qui *assaisonnent* un homme?

CRESSIDA. — Oui, un homme en hachis, pour être cuit sans datte dans un pâté, car alors la *date* de l'homme *n'est pas de saison*.

PANDARUS. — Vous êtes une drôle de femme! on ne sait pas sur quelle garde vous vous tenez.

CRESSIDA. — Sur la garde de mon derrière pour défendre mon devant; sur la garde de mon esprit pour défendre mes ruses; sur la garde de ma discrétion pour défendre mon honnêteté; sur la garde de mon masque pour défendre ma beauté; sur votre garde pour défendre toutes ces choses : c'est sur toutes ces gardes que j'établis ma défense, avec mille précautions à la fois.

PANDARUS. — Nommez une de ces précautions.

CRESSIDA. — Parbleu, je me précautionnerai contre vous pour la chose que vous me demandez, et c'est une de mes meilleures précautions : si je ne puis réussir à garder ce que je ne voudrais pas voir atteindre, je puis prendre mes précautions pour vous dire comment j'ai reçu le coup; à moins que ledit coup ne gonfle à ne pouvoir le cacher, et alors il ne vaut plus la peine de prendre des précautions.

PANDARUS. — Vous êtes une personne avisée, vous!

Entre LE PAGE *de* TROÏLUS.

LE PAGE. — Monsieur, mon maître voudrait vous parler immédiatement.

PANDARUS. — Où ça?

LE PAGE. — A votre propre maison; c'est là qu'il se désarme.

PANDARUS. — Cher enfant, dis-lui que j'y vais. (*Sort le page.*) J'ai peur qu'il ne soit blessé. Portez-vous bien, ma bonne nièce.

CRESSIDA. — Adieu, mon oncle.

PANDARUS. — Je vous *reprends* tout à l'heure, ma nièce.

CRESSIDA. — Pour me porter, mon oncle [10]?

Pandarus. — Oui, un cadeau de la part de Troïlus. (*Il sort.*)

Cressida. — Par ce cadeau, vous êtes un maquereau. — Paroles, vœux, dons, larmes, le sacrifice de l'amour au complet, il l'offre pour le service d'un autre : mais je vois mille fois plus à louer dans Troïlus que ne m'en dit le miroir de Pandarus, et cependant je me tiens à distance. Les femmes sont des anges tant qu'on leur fait la cour ; une fois obtenues, les choses perdent leur prix : l'âme du plaisir est dans la poursuite. La femme aimée ne sait rien, si elle ne sait pas que les hommes estiment la chose qu'ils n'ont pas obtenue plus qu'elle ne vaut : elle est encore à naître la femme qui a trouvé autant de douceurs dans l'amour triomphant que dans l'amour suppliant : c'est de l'expérience de l'amour que je déduis cette maxime : « celui qui a obtenu est un maître, celui qui n'a pas obtenu est un suppliant ; » aussi quoique mon cœur se sente heureux de lui porter un fidèle amour, mes yeux n'en laisseront rien paraître. (*Ils sortent.*)

SCÈNE III.

Le camp des Grecs. — Devant la tente d'Agamemnon.

Fanfares. Entrent AGAMEMNON, NESTOR, ULYSSE, MÉNÉLAS, *et autres.*

Agamemnon. — Princes, quel chagrin jaunit donc ainsi vos joues ? Les vastes promesses que fait l'espérance dans toutes les entreprises commencées sur la terre ne se réalisent jamais dans toute leur ampleur : échecs et désastres naissent dans les veines des actions les plus hautes, comme par le conflit des sèves qui se rencontrent, des nœuds se forment qui estropient le pin robuste, et pliant ses fibres, de droite qu'était sa croissance la rendent tortueuse et excentrique. Ce ne doit pas être non plus pour nous matière à étonnement, si malgré nos calculs, les murs de Troie sont encore debout après sept ans de siége, puisque dans toutes les actions antérieures dont le souvenir nous a été transmis, il ne s'en est pas trouvé une que l'exécution n'ait mutilée et déformée, qui ait répondu au but qu'on se proposait, et qui se soit présentée avec cette figure que l'imagination lui avait dessinée d'avance et sous laquelle elle la voyait. Pourquoi donc, vous princes, considérez-vous notre ouvrage avec des regards si consternés, et appelez-vous hontes ce qui n'est que les épreuves prolongées du grand Jupiter pour découvrir chez les hommes la constance persistante? Ce ne sont pas les faveurs de la fortune qui permettent de reconnaître la beauté du métal de cette vertu, car, éprouvés par cette pierre de touche, le vaillant et le lâche, le sage et le fou, l'habile et l'ignorant, le cruel et le doux, semblent de même pâte et de même trempe : mais lorsque soufflent le vent et la tempête de sa colère, alors la déesse chargée d'établir les différences, armée d'un van large et puissant, crible tous les hommes ensemble, chasse tout ce qui est léger, et ce qui a poids et matière reste seulement riche de sa vertu, et sans mélange.

Nestor. — Tes dernières paroles, grand Agamemnon, Nestor s'en emparera pour les développer, avec tout le respect qui est dû à ton trône divin. Les duretés de la fortune sont la véritable épreuve des hommes : lorsque la mer est calme, combien d'humbles petits bateaux osent naviguer sur son sein patient, et faire route avec les navires de plus large volume ! Mais que le brutal Borée vienne à faire mettre en colère la noble Thétis, et voyez alors comme la barque aux flancs robustes ouvre son chemin à travers les montagnes liquides, bondissant entre les deux étendues humides comme le cheval de Persée. Et la barque présomptueuse aux flancs faiblement construits, qui rivalisait tout à l'heure avec la grandeur, où est-elle maintenant? ou bien elle a fui vers le port, ou bien Neptune n'en a fait qu'une bouchée. C'est ainsi que dans les tempêtes de la fortune, l'apparence de la valeur et la réalité de la valeur se séparent : car sous l'éclat et les rayons de la fortune, le troupeau éprouve plus d'ennui par les mouches que par le tigre; mais lorsque le vent irrésistible fait courber les troncs des chênes noueux, et que les mouches s'enfuient à l'ombre, oh! alors l'être courageux, comme réveillé par la colère des éléments, sympathise avec cette colère, et gronde la fortune grondeuse avec une voix montée à son diapason.

Ulysse. — Agamemnon, grand chef, os et nerfs de la Grèce, cœur de nos forces, âme et esprit unique en qui les âmes et les volontés de tous devraient se renfermer, écoute ce que va dire Ulysse. Malgré les applaudissements et les approbations que je donne à vos deux discours, — au tien, à toi très-puissant, pour ta situation et ton autorité, et au tien, à toi très-respectable, pour ta longue existence, — discours qui vous mériteraient, à toi Agamemnon, que le tien fût gravé profondément dans le bronze de la main même de la Grèce; et à toi, vénérable Nestor, d'être figuré dans une statue d'argent, enchaînant toutes les oreilles des Grecs à ta parole pleine d'expérience par un lien d'air aussi puissant que l'axe sur lequel tourne le ciel, — malgré ces applaudissements et cette approbation, qu'il vous plaise à tous les deux, au puissant et au sage, d'écouter parler Ulysse.

Agamemnon. — Parle, prince d'Ithaque; nous sommes encore plus sûrs, quand tu ouvres tes lèvres, que ce n'est pas pour en laisser sortir des paroles inutiles, sans importance et sans poids, que nous sommes sûrs de ne pas entendre de la musique, des paroles spirituelles et des oracles, lorsque le hargneux Thersite ouvre ses mâchoires de dogue.

Ulysse. — Troie, encore sur sa base, serait à terre, et l'épée du grand Hector serait veuve de son maître, n'eussent été les choses que je vais dire. Les droits propres au commandement n'ont pas été observés : voyez, autant de tentes grecques se dressent légères sur cette plaine, autant de factions légères s'y abritent. Lorsque celle du général n'est pas semblable à la ruche qui doit servir de point de réunion à tous les butineurs, quel miel peut-on espérer? Quand la distinction des rangs est masquée, le plus indigne peut paraître noble sous le masque. Les cieux eux-mêmes, les planètes, et ce globe terrestre, observent, dans un ordre invariable, les lois du rang, de la priorité, de la distance, de la position, du mouvement, de la relation, des saisons, de la forme, des fonctions et de la régularité; et c'est pourquoi cette glorieuse planète, le soleil, trône parmi les autres au sein de sa sphère avec une noble éminence; aussi son œil salutaire corrige-t-il les mauvais regards des planètes funestes, et pareil à un roi qui ordonne, commande-t-il sans obstacle aux bons et aux mauvais astres. Mais lorsque les planètes errent en désordre, dans un pêle-mêle funeste [11], quels fléaux et quels prodiges alors! quelle anarchie! quelles colères de la mer! quels tremblements de la terre! quelles commotions des vents! Phénomènes terribles, changements, horreurs, bouleversent et brisent, fendent et déracinent complétement de leur position fixe, l'unité et le calme habituel des États! Oh, une entreprise est bien malade lorsqu'est ébranlée la hiérarchie, échelle de tous les grands desseins! Par quel autre moyen que la hiérarchie, les sociétés, l'autorité dans les écoles, l'association dans les cités, le commerce paisible entre des rivages séparés, les droits de primogéniture et de naissance, les prérogatives de l'âge, de la couronne, du sceptre, du laurier, pourraient-ils dûment exister? Supprimez la hiérarchie, désaccordez cette seule corde, et écoutez la cacophonie qui s'ensuit! Toutes les choses vont se rencontrer pour se combattre : les eaux contenues élèveraient leurs seins plus haut que leurs rivages et feraient un vaste marais de tout ce globe solide : la violence deviendrait maîtresse de la faiblesse, et le fils brutal frapperait son père à mort : la force serait le droit, ou plutôt le droit et le tort dont la querelle éternelle est contenue par l'interposition de la justice qui établit sa résidence entre eux, perdraient leurs noms, et ainsi ferait aussi la justice. Alors toutes choses se concentreraient dans la puissance, la puissance à son tour se concentrerait dans la volonté, la volonté dans l'appétit, et l'appétit, loup universel, doublement secondé par la volonté et la puissance, ferait nécessairement sa proie de l'univers entier, jusqu'à ce qu'il se dévorât lui-même à la fin. Grand Agamemnon, lorsque la hiérarchie est étouffée, voilà le chaos qui suit son étouffement. Ce qui caractérise ce mépris de la hiérarchie c'est de reculer toujours d'un pas alors qu'il se propose de monter toujours d'un échelon. Le général est dédaigné par celui qui est d'un grade au-dessous de lui; celui-là par le suivant; ce troisième par celui qui lui succède : si bien que chaque grade, suivant l'exemple du premier que son supérieur importune, est en proie à la fièvre envieuse d'une pâle et lâche émulation : c'est cette fièvre qui maintient Troie debout, et non pas ses propres muscles. Pour conclure un discours trop long, Troie résiste non par sa force, mais par notre faiblesse.

Nestor. — Ulysse vient très-sagement d'indiquer la fièvre dont est malade notre armée entière.

Agamemnon. — La nature de la maladie, une fois trouvée, quel est le remède, Ulysse?

Ulysse. — Le grand Achille, que l'opinion couronne comme le nerf et le bras droit de notre armée, ayant les oreilles remplies du bruit de sa renommée, devient enflé de son mérite, et reste dans sa tente à se moquer de nos desseins : auprès de lui, Patrocle, couché sur un lit de paresse, se répand tout le long du jour en plaisanteries indécentes, et il s'amuse à nous contrefaire par une pantomime ridicule et bouffonne qu'il appelle imitation, le calomniateur. Quelquefois, grand Agamemnon, c'est ton autorité suprême qu'il représente, et pareil à un comédien fanfaron dont tout le talent est dans le jarret, et qui croit faire merveille en établissant un dialogue entre son pied et le bois du tréteau qu'il frappe, il représente ta grandeur par quelque mimique pitoyable et sans vérité aucune : lorsqu'il parle, on dirait le bruit d'un carillon qu'on raccommode, et c'est en termes si exagérés, que si ses paroles tombaient de la bouche du rugissant Typhon, elles paraîtraient des hyperboles. Devant cette farce misérable, le robuste Achille, qui se dandine sur son lit de repos, laisse de sa profonde poitrine échapper un bruyant applaudissement sous forme de rire ; il crie : « Excellent ! c'est justement Agamemnon ! Maintenant, joue-moi Nestor ; fais *hem !* et caresse ta barbe, comme c'est son habitude lorsqu'il se dispose à entamer quelque discours. » Aussitôt fait que dit, et l'imitation se rapproche du modèle, à peu près comme les deux bouts de deux lignes parallèles, ou Vulcain de sa femme : cependant le Dieu Achille crie encore : « Excellent ! c'est tout à fait Nestor ! Maintenant, Patrocle, représente-le-moi s'armant pour aller repousser une attaque de nuit. » Alors les faiblesses de l'âge deviennent nécessairement un sujet de gaieté ; il tousse et crache, et d'une main tremblottante essaye d'agrafer son gorgeron sans y parvenir, et, à ce spectacle, Messire Valeur se meurt de rire ; il crie : « Oh ! assez, Patrocle, ou bien donne-moi des côtes d'acier, car je vais rompre les miennes à force de rire ! » C'est de cette manière que nos talents, nos dons, nos caractères, nos personnes physiques, nos qualités publiques ou privées, nos exploits, nos plans, nos ordres, nos mesures de prudence, nos harangues pour exciter au combat, nos discours pour demander trêve, nos succès et nos revers, ce qui est et ce qui n'est pas, servent de matière à ces deux hommes pour faire des paradoxes.

Nestor. — Et beaucoup sont corrompus par l'imitation de ces deux hommes, que l'opinion, — ainsi que le dit Ulysse, — couronne d'une voix souveraine. Ajax est devenu volontaire ; il porte sa tête aussi haut, aussi libre de rênes, que le puissant Achille : comme lui, il reste sous sa tente, fait des festins séditieux, raille notre état de guerre avec l'audace d'un oracle, et excite Thersite, un manant dont le cœur enfiellé frappe des calomnies comme une fabrique de monnaie, à nous mettre dans ses comparaisons aussi bas que la fange, à affaiblir et à discréditer nos entreprises, de quelques extrêmes périls que nous soyons environnés.

Ulysse. — Ils blâment notre politique et l'appellent

couardise; ils ne comptent la sagesse pour rien dans la guerre, ne font aucun cas de la prévoyance et n'estiment absolument que les actes du poignet : les qualités paisibles et morales qui décident du nombre d'hommes qui devra combattre, quand l'occasion devient pressante ; qui se rendent compte, par le travail de l'observation, de la force de l'ennemi; bah ! tout cela ne vaut pas pour eux la puissance d'un seul doigt : ils appellent cela œuvre de lit, paperasserie de géographe, guerre de cabinet, si bien qu'ils placent le bélier qui bat les murailles, pour la force de ses coups et la puissance de son poids, avant celui dont la main créa la machine, ou ceux qui, grâces à la supériorité de leur intelligence, sont capables d'en guider les mouvements par la raison.

Nestor. — Qu'on admette pareille chose, et le cheval d'Achille vaudra bien des fils de Thétis. (*Fanfare*.)

Agamemnon. — Quelle est cette trompette? voyez un peu, Ménélas.

Ménélas. — C'est une trompette de Troie.

Entre ÉNÉE.

Agamemnon. — Que venez-vous faire devant notre tente?

Énée. — Cette tente est-elle celle du grand Agamemnon, je vous prie?

Agamemnon. — Sa tente même.

Énée. — Est-il permis à quelqu'un qui est héraut et prince de faire entendre à son oreille royale un message honorable?

Agamemnon. — Il peut parler avec une sécurité plus forte que n'est fort le bras d'Achille devant tous les chefs grecs qui, d'une voix unanime, appellent Agamemnon leur chef et leur général.

Énée. — Loyale permission et large sécurité. Mais comment quelqu'un qui est étranger pourra-t-il reconnaître ses regards très-souverains de ceux des autres mortels?

Agamemnon. — Comment?

Énée. — Oui, je le demande, afin que je puisse

éveiller en moi le respect, et avertir mes joues d'avoir à se revêtir d'une rougeur modeste comme l'aurore lorsqu'elle regarde pudiquement le jeune Phébus. Où est ce Dieu en exercice, ce guide des hommes? Quel est le haut et puissant Agamemnon?

AGAMEMNON. — Ce Troyen nous méprise, ou bien ces gens de Troie sont de cérémonieux courtisans.

ÉNÉE. — Des courtisans aussi francs que bienveillants; hors des armes, ce sont des anges qui saluent; telle est leur réputation dans la paix : mais lorsqu'ils veulent paraître en soldats, ils ont à leur service de la bile, de bons bras, des membres robustes et de solides épées, et grâces à Jupiter, on ne trouve nulle part plus de courage. Mais paix, Énée, paix, Troyen; pose ton doigt sur tes lèvres! La louange affaiblit elle-même sa valeur, lorsque c'est la personne louée qui la rapporte elle-même; mais celle que l'ennemi donne à contre-cœur est celle que la renommée aime à publier; cette louange-là seule est pure et de haut prix.

AGAMEMNON. — Messire, qui êtes de Troie, vous vous appelez Énée?

ÉNÉE. — Oui, Grec, c'est mon nom.

AGAMEMNON. — Quelle affaire vous amène, je vous prie?

ÉNÉE. — Pardon, Messire; ce message est pour les oreilles d'Agamemnon.

AGAMEMNON. — Il ne donne aucune audience particulière à ce qui vient de Troie.

ÉNÉE. — Je ne viens pas non plus de Troie pour lui chuchoter à l'oreille, moi qui apporte une trompette pour la réveiller : je viens pour disposer son esprit à l'attention nécessaire, et pour parler, cela fait.

AGAMEMNON. — Parle aussi librement que souffle le vent : ce n'est pas l'heure où Agamemnon sommeille : tu sauras, Troyen, qu'il est éveillé; c'est lui-même qui te le dit.

ÉNÉE. — Allons, trompette, sonne haut, fais pénétrer ta voix de bronze dans toutes ces tentes endormies, et fais connaître à tout Grec de cœur les propositions qui

Troie veut loyalement exprimer tout haut. (*La trompette sonne.*) Grand Agamemnon, nous avons ici dans Troie un prince nommé Hector, — Priam est son père, — qui, trouvant qu'il se rouille dans l'ennui de cette longue trêve, m'a ordonné de prendre une trompette et de venir porter cette proposition. Rois, princes, Seigneurs! s'il est parmi les plus beaux de la Grèce quelqu'un qui tient son honneur en plus haute estime que son repos, qui cherche la gloire plus qu'il ne craint le péril, qui connaît sa valeur et n'a jamais connu sa crainte, qui aime sa maîtresse plus qu'il ne le lui déclare en posant des baisers indolents sur les lèvres qu'il aime, et qui ose confesser sa beauté et son mérite à d'autres bras (*a*) que ceux de sa belle, à celui-là ce défi! Hector, en présence des Grecs et des Troyens, se charge de prouver, — et fera de son mieux pour cela, — qu'il possède une Dame plus sage, plus belle, plus fidèle, que Grec n'en serra jamais dans ses bras. Demain, il fera retentir sa trompette à égale distance de vos tentes et des murs de Troie, pour réveiller celui des Grecs qui est sincère en amour : s'il s'en présente quelqu'un, Hector l'honorera du combat; s'il ne s'en présente aucun, il dira dans Troie, à son retour, que les Dames grecques sont brûlées du soleil, et que pas une ne vaut le bris d'une lance. J'ai dit.

AGAMEMNON. — Cela sera dit à nos amoureux, Seigneur Énée. S'il ne s'en trouve aucun qui montre d'âme pour cette affaire, c'est que nous aurons laissé tous nos amoureux dans notre patrie : mais nous sommes soldats, et puisse-t-il prouver qu'il n'est qu'un simple poltron, le soldat qui n'a pas été, ne se propose pas d'être, ou n'est pas amoureux! S'il en est un qui le soit, ou qui l'ait été, ou qui se propose de l'être, que celui-là réponde à Hector; s'il n'en est aucun, je suis son homme.

NESTOR. — Parlez-lui de Nestor, qui était homme fait, lorsque le grand-père d'Hector était à la mamelle : il est vieux maintenant; mais s'il ne se trouve pas dans

---

(*a*) Il y a là un calembour intraduisible roulant sur le mot *arms* qui signifie armes et bras.

notre armée grecque un seul homme qui ait une étincelle
de feu pour soutenir son amour, dites-lui de ma part que
je cacherai ma barbe d'argent sous une visière d'or, que
je revêtirai ce bras desséché de mon brassard, et, qu'allant
à sa rencontre, je lui soutiendrai que ma Dame était
plus belle que sa grand'mère, et aussi chaste que femme
puisse être chaste : avec les trois gouttes de sang qui me
restent, je prouverai la vérité de mes paroles à sa jeunesse au sang abondant.

Énée. — Les cieux défendent qu'il se rencontre une
telle disette de jeunes gens!

Ulysse. — *Amen!*

Agamemnon. — Mon beau Seigneur Énée, laissez-moi
vous toucher la main ; je vais vous conduire à notre pa-
villon, Messire. Achille recevra avis de ce message, ainsi
que chaque Seigneur de Grèce, tente après tente. Vous
festoierez vous-même avec nous avant de partir, et vous
recevrez la bienvenue d'un noble ennemi. (*Tous se retirent, sauf Ulysse et Nestor.*)

Ulysse. — Nestor!

Nestor. — Que dit Ulysse?

Ulysse. — Il vient de m'éclore une pensée dans le
cerveau : tenez-moi lieu du temps pour lui donner forme.

Nestor. — Quelle est cette pensée ?

Ulysse. — La voici. Les coins épais fendent les durs
nœuds : la graine d'orgueil qui est arrivée à ce point de
croissance et de maturité chez le hargneux Achille doit,
ou bien être fauchée maintenant, ou bien se répandant
elle engendrera une moisson de désordres de son espèce
qui nous étouffera tous.

Nestor. — Bon, et puis?

Ulysse. — Ce défi que le vaillant Hector envoie, bien
qu'il s'adresse à tous indistinctement, s'adresse en réalité
au seul Achille.

Nestor. — Ce but est aussi évident que l'est un corps
visible, bien que sa masse soit formée d'atomes invi-
sibles ; et n'en doutez pas, lorsque le défi sera connu,
Achille, son cerveau fût-il aussi stérile que les sables de la

Libye, — et cependant Apollon sait s'il est sec, — découvrira avec une remarquable rapidité de jugement, oui il découvrira avec célérité, que c'est lui que vise le projet d'Hector.

Ulysse. — Et pensez-vous que cette découverte le réveille assez pour le porter à répondre?

Nestor. — Oui, cela est très-nécessaire: quel autre qu'Achille pourrait enlever à Hector l'honneur de ce défi? Quoique ce soit un combat pour rire, cependant une grande importance s'attache à cette épreuve : car par là les Troyens vont goûter notre meilleure réputation avec leur plus fin palais; et croyez-moi, Ulysse, on tirera de ce combat singulier des présomptions mal fondées concernant notre valeur. Car le succès, bien que tout individuel, sera pris, en bien ou en mal, comme un échantillon de ce que nous sommes, et de tels index, bien qu'ils soient petits relativement à la grandeur des volumes qui les suivent, laissent voir en miniature la forme gigantesque de la masse des choses à venir. On supposera que l'antagoniste d'Hector sort de notre choix, et ce choix étant un acte mutuel de toutes nos âmes réunies, on supposera que c'est le mérite qui a fait cette élection, et que nous avons tiré de nous-mêmes un homme qui est le pur élixir de toutes nos vertus que nous avons fait bouillir ensemble pour ainsi dire : si ce champion ne réussit pas, quel encouragement va tirer de son échec le parti vainqueur, quel affermissement dans la bonne opinion qu'il croira devoir tenir à son propre égard! Une fois formée, les membres ne sont plus que les instruments d'une telle opinion, et agissent sous son impulsion, avec la même obéissance que les épées et les arcs obéissent aux membres.

Ulysse. — Pardonnez à mon opinion, mais c'est pour cela qu'il ne convient pas qu'Achille soit l'antagoniste d'Hector. Imitons les marchands; montrons nos plus mauvaises denrées, dans l'espérance que peut-être on les achètera; si cela ne réussit pas, le lustre des meilleures brillera d'autant plus que nous aurons d'abord montré les pires. Ne permettez pas qu'Hector et Achille se combattent, car dans cette affaire, notre honneur et notre honte à la fois ont à leurs talons deux singuliers poursuivants.

Nestor. — Je ne les vois pas avec mes vieux yeux; quels sont-ils?

Ulysse. — Cette gloire que notre Achille remporterait sur Hector, s'il n'était pas orgueilleux, nous la partagerions tous avec lui; mais il est déjà trop insolent, et il vaudrait mieux pour nous, nous griller au soleil de l'Afrique qu'aux flammes orgueilleuses et au feu du mépris de ses yeux, s'il sort triomphant d'Hector : si au contraire il était vaincu, nous écraserions la meilleure opinion de nous-mêmes sous l'humiliation de notre plus vaillant homme. Non, faisons une loterie, et arrangeons les choses de façon que le sort désigne le stupide Ajax pour combattre avec Hector : accordons-lui parmi nous la réputation d'être notre plus vaillant homme, car cela donnera une leçon de modestie au grand Myrmidon [12] qui est infatué par les louanges bruyantes, et lui fera baisser son panache qu'il agite plus orgueilleusement qu'Iris ne déploie son écharpe bleue. Si ce stupide Ajax sans cervelle s'en tire, nous le couvrirons d'éloges; s'il échoue, nous pouvons toujours nous abriter derrière cette opinion que nous avons mieux que lui. Mais, qu'il triomphe ou qu'il échoue, notre projet sera réalisé et atteindra toujours ce but : le choix d'Ajax abat le panache d'Achille.

Nestor. — Ulysse, je commence maintenant à goûter ton avis, et je veux le faire apprécier sur-le-champ à Agamemnon; allons le trouver de ce pas. Deux dogues se dompteront ainsi l'un l'autre; l'orgueil seul est l'os par lequel on peut exciter des mâtins de cette espèce.

(Ils sortent.)

ACTE II.

SCÈNE PREMIÈRE.

Une autre partie du camp des GRECS.

Entrent AJAX *et* THERSITE.

AJAX. — Thersite!

THERSITE. — Si Agamemnon avait des boutons, s'il en avait partout et plein le corps, *généralement?*...

AJAX. — Thersite!

THERSITE. — Et si ces boutons venaient à donner? — Supposons cela; — ne pourrait-on pas dire que le *général* donne alors? Ne montrerait-il pas qu'il a du fonds, un fonds d'ulcères?

AJAX. — Chien!

THERSITE. — Alors il sortirait quelque chose de lui; pour le moment, je n'y vois rien.

AJAX. — Fils de louve, tu ne peux donc pas entendre? Eh bien, sens, en ce cas. (*Il le frappe.*)

THERSITE. — La peste de la Grèce[1] tombe sur toi, Seigneur métis à l'esprit de bœuf!

AJAX. — Parle donc, levain aigri, parle donc : je vais te rendre poli à force de te rosser.

THERSITE. — Il me serait plus facile de te donner de l'esprit et de la moralité à force de te railler : mais je crois bien que ton cheval apprendrait plutôt un discours par cœur que tu n'apprendrais une prière sans livre. Tu es capable de frapper, n'est-ce pas? La peste rouge soit de tes plaisanteries de roussin!

ACTE II, SCÈNE I.

Ajax. — Champignon vénéneux ! apprends-moi quelle est cette proclamation.

Thersite. — Est-ce que tu crois que je suis insensible pour me frapper ainsi ?

Ajax. — La proclamation !

Thersite. — Elle proclame que tu es un sot, je crois.

Ajax. — Tais-toi, porc-épic, tais-toi ; les doigts me démangent.

Thersite. — Je voudrais que tu eusses des démangeaisons de la tête aux pieds, et que je fusse chargé de te gratter ; je ferais de toi le galeux le plus repoussant de la Grèce. Lorsque tu sors pour quelque incursion, tu es aussi lent à frapper qu'un autre.

Ajax. — La proclamation ! te dis-je.

Thersite. — Tu es à chaque minute à grogner et à railler contre Achille ; mais tu es aussi dévoré d'envie devant sa grandeur que Cerbère devant la beauté de Proserpine ; aussi aboies-tu après lui.

Ajax. — Commère Thersite !

Thersite. — Tu devrais le battre, lui.

Ajax. — Espèce de tourteau !

Thersite. — Il te casserait en morceaux avec son poing, comme un matelot casse un biscuit.

Ajax. — Chien, fils de putain ! (*Il le bat.*)

Thersite. — Frappe, frappe !

Ajax. — Escabeau de sorcière[2] !

Thersite. — Oui, marche, marche, Seigneur à l'esprit bouilli ! Tu n'as pas plus de cervelle que je n'en ai au coude ; un ânon pourrait te servir de maître. Misérable âne vaillant ! Tu n'es bon qu'à mettre des Troyens en marmelade, mais parmi les gens de quelque esprit, tu es vendu et acheté comme un esclave de Barbarie. Si tu prends l'habitude de me battre, je ferai le compte de ta personne à commencer par les talons, et je te dirai combien tu vaux pouce par pouce, être sans entrailles !

Ajax. — Chien !

Thersite. — Seigneur scorbutique !

Ajax. — Mâtin ! (*Il le bat.*)

THERSITE. — Idiot de Mars ! frappe, brutalité ! frappe, chameau ! frappe, frappe !

Entrent ACHILLE *et* PATROCLE.

ACHILLE. — Eh bien, Ajax, qu'est-ce là ? pourquoi vous conduisez-vous ainsi ? Qu'y a-t-il, Thersite ? de quoi s'agit-il, mon ami ?

THERSITE. — Vous le voyez bien là ; le voyez-vous ?

ACHILLE. — Oui, de quoi s'agit-il ?

THERSITE. — Voyons, regardez-le.

ACHILLE. — C'est ce que je fais ; qu'y a-t-il ?

THERSITE. — Oui, mais regardez-le bien.

ACHILLE. — *Bien !* et parbleu, c'est ce que je fais.

THERSITE. — Et cependant vous ne le regardez pas bien, car pour qui que vous le preniez, c'est Ajax.

ACHILLE. — Je sais cela, imbécile.

THERSITE. — Oui, mais cet imbécile ne se connaît pas lui-même.

AJAX. — C'est pour cela que je te bats.

THERSITE. — Là, là, là, quel pauvre *minimum* d'esprit il montre ! ses plaisanteries évasives ont des oreilles suffisamment longues. J'ai turlupiné sa cervelle plus qu'il n'a rossé mes os : je puis acheter neuf moineaux pour un sou, et sa *pia mater*[3] ne vaut pas la neuvième partie d'un moineau. Achille, ce Seigneur Ajax qui porte son esprit dans sa panse, et sa panse dans sa tête, je vais vous apprendre ce que je dis de lui.

ACHILLE. — Qu'en dis-tu ?

THERSITE. — Je dis que cet Ajax.... (*Ajax se dispose à le frapper ; Achille s'interpose.*)

ACHILLE. — Voyons, mon bon Ajax.

THERSITE. — N'a pas autant d'esprit....

ACHILLE. — Voyons, je dois vous retenir.

THERSITE. — Qu'il en faudrait pour boucher le trou de l'aiguille de cette Hélène pour laquelle il vient combattre.

ACHILLE. — Paix, imbécile !

THERSITE. — Je voudrais bien avoir la paix et le repos,

ACTE II, SCÈNE I.

mais l'imbécile que voilà ne le veut pas : le voilà, c'est lui, regardez-le bien.

AJAX. — Oh, maudit chien ! je te....

ACHILLE. — Allez-vous mettre votre esprit aux prises avec celui d'un fou ?

THERSITE. — Non, je vous en réponds ; car un fou l'humilierait.

PATROCLE. — De bonnes paroles, Thersite.

ACHILLE. — Quel est l'objet de la querelle ?

AJAX. — J'ordonnais à ce vil hibou d'aller m'apprendre quelle était la teneur de la proclamation, et là-dessus il m'insulte.

THERSITE. — Je ne suis pas ton domestique.

AJAX. — C'est bon, continue, continue.

THERSITE. — Je sers ici volontairement.

ACHILLE. — Votre dernier service ici était pourtant fort obligatoire, il n'était pas volontaire ; car personne ne se laisse battre volontiers : Ajax était ici le volontaire, vous, vous étiez comme contraint par la *presse*.

THERSITE. — Ah ! c'est comme cela ! Une grande partie de votre esprit, à vous aussi, gît dans vos muscles, ou bien il y a des menteurs au monde. Hector remportera vraiment une grande victoire, s'il fend la cervelle d'un de vous deux : il vaudrait autant pour lui casser une noix pourrie sans amande.

ACHILLE. — Comment ! vous m'insultez aussi, Thersite ?

THERSITE. — Ulysse et le vieux Nestor (dont l'esprit était moisi avant que vos grands-pères eussent des ongles à leurs orteils) vous attellent comme des bœufs accouplés et vous font labourer cette guerre.

ACHILLE. — Comment ! comment !

THERSITE. — Oui, ma foi, c'est la vérité : hue, Achille ! hue, Ajax ! hue !

AJAX. — Je vous couperai la langue.

THERSITE. — Peu importe ; je parlerai autant que toi après cela.

PATROCLE. — Assez, Thersite, silence !

Thersite. — Est-ce que je dois garder le silence lorsque le chien couchant d'Achille me l'ordonne, eh?

Achille. — Attrapez, Patrocle.

Thersite. — Je veux vous voir pendus comme des lourdauds, avant de remettre jamais les pieds sous vos tentes; j'élirai domicile là où il y a de l'esprit en train, et je laisserai la faction des sots. (*Il sort.*)

Patrocle. — Bon débarras.

Achille. — Parbleu, Messire, voici ce qui est proclamé à travers notre armée entière : demain matin, à la cinquième heure du soleil, entre nos tentes et Troie, Hector avec une trompette viendra défier tout chevalier en armes ayant du cœur, et osant soutenir.... je ne sais quoi; — une sornette. Adieu.

Ajax. — Adieu. Qui lui répondra?

Achille. — Je ne sais, cela est remis à la décision du sort; autrement, il trouverait son homme.

Ajax. — Oh! c'est vous que vous voulez désigner? — Je vais aller en apprendre plus long. (*Ils sortent.*)

SCÈNE II.

Troie. — Un appartement dans le palais de Priam.

Entrent PRIAM, HECTOR, TROÏLUS, PÂRIS *et* HÉLÉNUS.

Priam. — Après une telle dépense de temps, d'existences et de discours, voici ce qu'une fois encore, Nestor me fait dire de la part des Grecs : « Rendez Hélène, et tous les dommages que nous avons soufferts en honneur, perte de temps, fatigues, dépenses, blessures, amis, et enfin tout ce que le cormoran à la chaude digestion de cette guerre nous a dévoré de plus précieux, sera mis en oubli. » Hector, qu'en dites-vous?

Hector. — Quoiqu'il n'y ait pas d'homme qui craigne moins les Grecs que moi, quant à ce qui me touche particulièrement, cependant, redouté Priam, il n'y a pas de

Dame qui ait des entrailles plus délicates, qui soit plus susceptible d'être émue par le sentiment de la crainte, plus prête à crier « Qui sait ce qui va suivre, » qu'Hector. Le danger de la paix est la sécurité, une sécurité trop confiante; mais un doute prudent est appelé le fanal du sage, la sonde qui cherche jusqu'au fond de ce qu'on peut craindre de pire. Qu'Hélène parte; depuis que la première épée fut tirée pour cette querelle, parmi les milliers de guerriers qui ont été décimés, chacun de ces décimés nous était aussi cher qu'Hélène, — j'entends parmi ceux de notre camp : si donc nous avons perdu tant de fois le dixième des nôtres pour garder une personne qui ne nous appartient pas, et qui, nous appartînt-elle et eût-elle la valeur d'un de ces dixièmes, ne nous est d'aucune utilité, pour quelle raison sérieuse refuserions-nous de la rendre ?

Troïlus. — Fi ! fi ! mon frère ! pesez-vous l'honneur et la dignité d'un roi aussi grand que notre redouté père dans la balance des intérêts vulgaires ? Voulez-vous compter avec des jetons les dimensions hors de pair de son pouvoir immense, et prendre la mesure d'une taille aussi énorme avec des toises et des pouces aussi petits que des craintes et des raisons ? Fi donc, au nom de Dieu !

Hélénus. — Il n'est pas étonnant que vous vous emportiez si âprement contre les raisons, vous en êtes si absolument dénué. Faudrait-il donc que notre père dirigeât le timon de ses grandes affaires, sans le secours de raisons, parce que le discours par lequel vous le lui conseillez n'en contient aucune ?

Troïlus. — Vous êtes pour les visions et les rêves, frère prêtre ; vous doublez vos gants avec des raisons. Voici vos raisons : vous savez qu'un ennemi est un être qui a l'intention de vous faire du mal; vous savez qu'une épée qu'on emploie est dangereuse, et la raison fuit tout objet qui peut faire du mal : quoi d'étonnant alors, si Hélénus prend à ses talons les ailes de la raison, et fuit comme Mercure grondé par Jupiter, ou comme une planète hors de sa sphère, lorsqu'il aperçoit un Grec et son épée? Parbleu, si nous parlons de raison, fermons nos portes, et dormons : le courage et l'honneur auraient des cœurs de lièvres, s'ils engraissaient leurs pensées avec cette seule pâtée de la raison : la raison et la prudence font des foies blancs et abattent la vaillance

Hector. — Frère, elle ne vaut pas ce qu'elle nous coûte à garder.

Troïlus. — Quel objet a d'autre valeur que celle qu'on lui donne?

Hector. — Mais la valeur d'un objet ne dépend pas d'une appréciation individuelle ; il tire son mérite et son importance autant de son prix intrinsèque que de l'estimation de l'appréciateur : faire l'office religieux plus grand que le Dieu, c'est folle idolâtrie ; et la passion délire, quand elle attribue les qualités dont elle est fanatique à un objet qui est sans ombre de ce mérite aimé.

Troïlus. — Je prends aujourd'hui une femme, et mon choix est dirigé par mon inclination ; mon inclination a été enflammée par mes yeux et mes oreilles, pilotes habituels entre les dangereux rivages qui séparent la passion du jugement : comment pourrai-je repousser la femme que j'aurai choisie, même si mon jugement vient à désapprouver son choix? Il n'y a pas de moyen de se retirer de ce choix et de rester en même temps ferme dans l'honneur. Nous ne renvoyons pas ses étoffes au marchand, lorsque nous les avons salies ; nous ne jetons pas davantage, dans un panier de rebut, les viandes qui restent après un repas, sous prétexte que nous sommes repus. Vous jugeâtes convenable que Pâris tirât quelque vengeance des Grecs : le souffle de votre entier consentement enfla ses voiles ; les vents et les vagues, antiques ennemis en lutte, firent une trêve et le servirent également : il aborda aux ports désirés, et en échange d'une vieille tante que les Grecs retenaient captive [1], il amena une reine grecque, dont la jeunesse et la fraîcheur font paraître Apollon ridé et l'Aurore surannée. Pourquoi la gardons-nous? parce que les Grecs gardent notre tante. Vaut-elle la peine d'être gardée? certes, car c'est une perle, dont le prix a fait lancer plus de mille vaisseaux en mer, et changé des rois couronnés en marchands. Si vous confessez que l'expédition de Pâris fut sage, — et vous y êtes bien forcés, car tous vous criâtes : « Pars, pars ! » — si vous confessez qu'il rapporta dans la patrie une noble prise, — et vous y êtes bien forcés, car tous vous avez alors battu des mains, et crié : « Inestimable ! » — pourquoi donc aujourd'hui condamnez-vous le résultat de votre propre sagesse, et faisant ce que ne fit jamais l'opulence, déappréciez-vous ce que vous estimiez un bien plus riche que la mer et la terre! O vol très-vil, puisque nous avons volé ce que nous craignons de garder! O voleurs indignes de la chose ainsi volée, puisqu'après avoir fait aux Grecs cet affront dans leur propre pays, nous avons peur de conserver l'objet volé dans notre ville natale !

CASSANDRE, *de l'extérieur*. — Pleurez, Troyens, pleurez !
PRIAM. — Quel est ce bruit? quel cri est-ce là ?
TROÏLUS. — C'est la folle, notre sœur, je reconnais sa voix.
CASSANDRE, *de l'extérieur*. — Pleurez, Troyens !
HECTOR. — C'est Cassandre.

Entre CASSANDRE *en délire*.

CASSANDRE. — Pleurez, Troyens, pleurez! Donnez-moi dix mille yeux, et je les remplirai de larmes prophétiques !
HECTOR. — Paix, ma sœur, paix !
CASSANDRE. — Vierges et adolescents, hommes faits et vieillards ridés, douce enfance qui ne peux rien que pleurer, ajoutez à mes clameurs ! Payons d'avance une partie de la masse de gémissements que nous demandera l'avenir. Pleurez, Troyens, pleurez ! habituez vos yeux aux larmes ! Troie n'existera pas, Ilion ne restera pas debout: notre frère Pâris est la torche qui nous brûle tous[5]. Pleurez, Troyens, pleurez ! Hélène et le malheur ne sont qu'un ! Pleurez, pleurez ! Qu'Hélène parte, sinon Troie brûlera.
(*Elle sort.*)

Hector. — Eh bien, jeune Troïlus, est-ce que ces accents de haute divination que laisse échapper notre sœur, n'éveillent pas en vous quelques velléités de remords? ou bien votre sang est-il si follement ardent, que nul discours de la raison, que nulle crainte d'une mauvaise issue dans une mauvaise cause, ne sont capables de le calmer?

Troïlus. — Vraiment, frère Hector, nous ne pouvons pas décider que tel acte est juste, parce que le résultat lui donne telle forme plutôt que telle autre, ni laisser abattre le courage de nos âmes, parce que Cassandre est folle. Les transports de son cerveau malade ne peuvent pas dénaturer l'excellence d'une cause que nos honneurs à tous se sont engagés à démontrer juste. Pour ma part, je n'y suis pas plus intéressé que les autres fils de Priam : mais Jupiter défende qu'il soit rien fait parmi nous qui puisse donner la plus petite répugnance à conserver ce que nous possédons et à combattre pour sa possession!

Pâris. — Autrement le monde pourrait taxer de légèreté mon entreprise aussi bien que vos conseils : mais j'en atteste les Dieux, ce fut votre entier consentement qui donna des ailes à ma passion, et fit taire toutes les craintes que soulevait une entreprise si périlleuse. En effet, hélas! que peuvent mes simples bras? Quel pouvoir de défense y avait-il dans la valeur d'un seul homme pour soutenir le choc et l'inimitié de ceux que cette querelle devait soulever? Cependant, je le déclare, eussé-je été seul à soutenir ces difficultés, si ma puissance avait égalé ma volonté, jamais Pâris n'aurait rétracté ce qu'il a fait, et n'aurait fléchi dans sa résolution.

Priam. — Pâris, vous parlez comme un homme hébété par vos douces voluptés : vous continuez à avoir le miel, mais ceux-ci ont l'absinthe; être vaillant dans votre cas, n'est pas une louange du tout.

Pâris. — Sire, je ne cherche pas seulement les plaisirs qu'une telle beauté peut apporter avec elle; je voudrais encore effacer la tache de son heureux enlèvement, par l'honneur de la garder. Quelle trahison ne serait-ce pas envers la reine enlevée, quelle disgrâce pour vos gloires, quelle honte pour moi, si on allait maintenant céder sa possession aux conditions dictées par une vile contrainte! Se peut-il qu'une intention aussi déshonorante que celle-là ait pu prendre racine, un seul jour, dans vos seins généreux? Il n'est pas dans notre parti d'homme si peu vaillant qui n'ait un cœur pour oser et une épée pour frapper, lorsqu'il s'agit de défendre Hélène; il n'en est aucun de si noble qui croie sa vie mal employée ou sa mort déshonorée, s'il s'agit d'Hélène : je conclus donc que nous pouvons bien combattre pour celle dont, nous le savons, le vaste monde ne contient pas l'égale.

Hector. — Pâris et Troïlus, vous avez tous deux bien parlé; vous avez raisonné sur l'affaire et la cause en discussion.... fort superficiellement, et tout à fait selon le caractère des jeunes gens qu'Aristote jugeait incapables de comprendre la philosophie morale[6] : les raisons que vous alléguez sont plus capables de mener aux passions ardentes d'un sang en délire, que de conduire à un libre et ferme choix entre le vrai et le faux ; car le plaisir et la vengeance ont des oreilles plus sourdes que des aspics à la voix de toute décision loyale. La nature exige qu'on rende son dû à chaque légitime propriétaire : eh bien, est-il, dans l'humanité entière, objet qui soit dû plus obligatoirement à quelqu'un, qu'une femme à son mari? Si cette loi de la nature est corrompue par la passion; si de grandes âmes, par une indulgence partiale pour leurs désirs aveugles, lui résistent; il est cependant dans toute nation bien ordonnée une loi écrite chargée de courber les appétits effrénés qui sont trop désobéissants et réfractaires. Si donc, Hélène est la femme du roi de Sparte, comme il est connu qu'elle l'est, ces lois morales de la nature et des nations proclament tout haut qu'elle doit être rendue à son mari : persister à commettre le mal n'affaiblit pas le mal, mais ne sert qu'à le rendre beaucoup plus grave. Telle est l'opinion d'Hector sur la vérité de cette question en elle-même : néanmoins, mes vaillants frères, j'incline avec vous dans la résolution de continuer à garder Hélène; car c'est une cause qui n'intéresse pas médiocrement nos honneurs à tous en général et à chacun en particulier.

Troïlus. — Parbleu, ici vous avez touché l'âme même de notre situation : si notre gloire n'était pas plus intéressée dans cette affaire que la satisfaction de nos chaudes passions, je ne souhaiterais pas qu'il fût dépensé pour sa défense une goutte de sang troyen de plus. Mais, noble Hector, elle est un prétexte d'honneur et de renom, un éperon pour les actes vaillants et magnanimes, l'éperon d'un courage qui dans le présent peut nous permettre de battre nos ennemis, et dans l'avenir sera la source d'une renommée qui pourra nous immortaliser; car je suppose que le brave Hector ne voudrait pas, pour le revenu du monde entier, perdre un aussi riche avantage que celui des promesses de gloire qui brillent comme un sourire au front de cette lutte.

Hector. — Je me range à votre avis, vaillant rejeton du grand Priam. Je viens d'envoyer aux nobles stupides et factieux de la Grèce un défi tapageur qui va faire faire un soubresaut à leurs âmes endormies : on m'a dit que leur grand général sommeillait, tandis que la discorde se glissait dans son armée; je présume que ce défi le réveillera. (*Ils sortent.*)

SCÈNE III.

Le camp grec. — Devant la tente d'Achille.

Entre THERSITE.

Thersite. — Eh bien, qu'est-ce à dire, Thersite? quoi! te voilà perdu dans le labyrinthe de ta fureur! L'éléphant Ajax l'emportera-t-il ainsi? il me bat, et je le raille : oh! la belle satisfaction! Plût au ciel qu'il en fût autrement; que je pusse le battre pendant qu'il me raillerait. Mordieu! j'apprendrai à évoquer et à conjurer des diables, mais mes exécrations envieuses auront un résultat. Et puis, il y a là Achille, — un rare officier du génie. Si les murs

de Troie ne tombent que lorsque ces deux-là les auront
minés, les murs resteront debout jusqu'à ce qu'ils tombent
d'eux-mêmes. O toi, grand lance-tonnerre de l'Olympe,
puisses-tu oublier que tu es Jupiter, le roi des dieux, et
toi, Mercure, puisses-tu perdre la ruse serpentine de ton
caducée [7], si vous ne leur enlevez pas le petit, petit,
moins que petit esprit qu'ils possèdent ! L'ignorance
aux courtes armes sait elle-même que leur esprit est en
si minime quantité qu'ils seraient incapables de délivrer
une mouche prise dans les toiles d'une araignée, sans
tirer leurs épées massives et couper d'abord la toile.
Après cela, vengeance sur tout le camp, ou plutôt la vérole
sur tout le camp ! car il me semble que c'est la malédiction convenable contre ceux qui font la guerre pour une
jupe. J'ai dit mes prières, que le diable en vie dise, *Amen*.
Holà, ho ! Seigneur Achille.

Entre PATROCLE.

PATROCLE. — Qui est là ? Thersite ! Mon bon Thersite,
entre et raille.

THERSITE. — Si par hasard j'avais pensé à une pièce
d'or fausse, mes prières de tout à l'heure ne t'auraient
pas *faussé* malédiction ; mais peu importe, reste toi-
même avec toi-même ! Les malédictions ordinaires de
l'humanité, la sottise et l'ignorance, puisses-tu les posséder en revenu considérable ! puissent le ciel te préserver d'un conseiller et la discipline n'approcher jamais
de toi ! Que ton sang te serve de guide jusqu'à ta mort !
alors, si celle qui t'ensevelira dit que tu es un beau
cadavre, je le jure et le rejure, c'est qu'elle n'aura jamais plié que des lépreux. *Amen.* Où est Achille ?

PATROCLE. — Comment, est-ce que tu es dévot ? étais-tu
en prières ?

THERSITE. — Oui, que les cieux m'entendent !

Entre ACHILLE.

ACHILLE. — Qui est là ?
PATROCLE. — Thersite, Monseigneur.

ACHILLE. — Où çà, où çà? Te voilà donc! Eh bien mon dessert, mon fromage, mon digestif, pourquoi ne t'es-tu pas servi à ma table depuis tant de repas? Voyons, qu'est-ce qu'Agamemnon?

THERSITE. — Ton commandant, Achille : — maintenant dis-moi, Patrocle, qu'est-ce qu'Achille?

PATROCLE. — Ton Seigneur, Thersite; et toi, dis-moi, qui es-tu toi-même?

THERSITE. — Ton *connaisseur*, Patrocle; et maintenant, dis-moi, Patrocle, qui es-tu?

PATROCLE. — Tu peux bien dire ce que tu connais.

ACHILLE. — Oh! dis, dis.

THERSITE. — Je m'en vais déduire toute la série : Agamemnon commande Achille; Achille est mon Seigneur; je suis le *connaisseur* de Patrocle; et Patrocle est un sot.

PATROCLE. — Canaille!

THERSITE. — Paix, sot! je n'ai pas fini.

ACHILLE. — C'est un homme privilégié. — Continue, Thersite.

THERSITE. — Agamemnon est un sot, Achille est un sot, Thersite est un sot, et comme je le disais, Patrocle est un sot.

ACHILLE. — Explique cela, voyons.

THERSITE. — Agamemnon est un sot de chercher à commander Achille; Achille est un sot de se laisser commander par Agamemnon; Thersite est un sot de servir un tel sot; et Patrocle est un sot positif.

PATROCLE. — Pourquoi suis-je un sot?

THERSITE. — Adresse cette demande à ton créateur. Il me suffit que tu le sois. Regardez donc, qui vient ici?

ACHILLE. — Patrocle, je ne veux parler à personne. — Rentre avec moi Thersite. (*Il sort.*)

THERSITE. — Voilà ce qui peut s'appeler une duperie, une jonglerie et une canaillerie, cette guerre! et dire que tout le prétexte en est une putain et un cocu; jolie querelle pour mettre aux prises des partis rivaux et saigner à mort. Le *serpigo* sur un pareil prétexte! et puissent la guerre et la paillardise les anéantir tous! (*Il sort.*)

ACTE II, SCÈNE III.

Entrent AGAMEMNON, ULYSSE, DIOMÈDE, NESTOR *et* AJAX.

AGAMEMNON. — Où est Achille ?

PATROCLE. — Dans sa tente; mais mal disposé, Monseigneur.

AGAMEMNON. — Qu'il sache que nous sommes ici. Il a maltraité nos messagers, et nous mettons de côté nos prérogatives pour le visiter. Qu'on le lui dise, afin qu'il n'aille pas s'imaginer que nous n'osons pas faire valoir les droits de notre autorité, et que nous oublions qui nous sommes.

PATROCLE. — Je le lui dirai. (*Il sort.*)

ULYSSE. — Nous l'avons aperçu à l'entrée de sa tente : il n'est pas malade.

AJAX. — Pardon, il a la maladie du lion, il est malade d'un cœur orgueilleux ; vous pouvez appeler cette maladie mélancolie, si vous voulez juger l'homme avec indulgence ; mais sur ma tête, c'est orgueil. Et pourquoi cela, pourquoi ? qu'il nous en montre une raison. Un mot, Monseigneur. (*Il prend Agamemnon à part.*)

NESTOR. — Qu'est-ce qui pousse ainsi Ajax à aboyer contre Achille ?

ULYSSE. — Achille lui a soutiré son bouffon.

NESTOR. — Qui ça, Thersite ?

ULYSSE. — Lui-même.

NESTOR. — Alors Ajax va manquer de matière, maintenant qu'il a perdu son texte.

ULYSSE. — Non, vous voyez qu'il fait son texte de celui qui lui a pris son texte, Achille.

NESTOR. — Tout n'en va que mieux ; leur division est plus selon nos désirs que ne l'était leur union : mais c'était vraiment une solide union que celle qu'un fou a pu dissoudre.

ULYSSE. — La folie peut aisément délier l'amitié que la sagesse n'unit pas. Voici venir Patrocle.

NESTOR. — Mais pas le moindre Achille avec lui.

ULYSSE. — L'éléphant a des articulations, mais non

pour la courtoisie; il a des jambes pour la nécessité, non pour les révérences[8].

Rentre PATROCLE.

Patrocle. — Achille m'ordonne de vous dire qu'il est très-désolé, si c'est pour autre chose que pour votre amusement et votre plaisir que Votre Grandeur et cette noble compagnie se sont décidés à venir le demander; il espère que vous n'avez pas voulu faire autre chose qu'une promenade d'après-dîner pour votre santé et les besoins de votre digestion.

Agamemnon. — Écoutez un peu, Patrocle; — nous savons trop bien ce que veulent dire ces réponses-là; mais ses faux fuyants, quoique si légèrement ailés de mépris, ne peuvent pas échapper à notre compréhension. Il a de grands dons, et nous avons beaucoup de raisons de les lui reconnaître; cependant toutes ses vertus, pour lesquelles il n'a pas de son côté des égards vertueux, commencent à perdre leur lustre à nos yeux, et risquent, ma foi, de se pourrir sans qu'on y goûte, comme un beau fruit dans un plat malsain. Allez, et informez-le que nous venions pour lui parler, et vous ne pécherez pas, si vous dites que nous jugeons que son orgueil est trop haut et son honnêteté trop petite; dites-lui qu'il est plus grand dans l'estime présomptueuse qu'il a de lui-même que dans le jugement des autres; que de meilleurs que lui prennent ici note des airs sauvages qu'il se donne, qu'ils veulent bien laisser reposer la force sacrée de leur autorité, et tolérer, tout en l'observant, son humeur de prédominance; oui, ils veulent bien faire attention à ses petites lunes, à ses mouvements de flux et de reflux, tout comme si le développement et le cours de cette entreprise dépendaient de sa marée. Allez, dites-lui cela, et ajoutez que s'il se met à si haut prix, nous ne voulons pas de lui, mais que nous le laisserons comme une machine qu'on ne peut porter, subir l'arrêt de cette opinion, qu'il faut ici de l'action, qu'un tel homme ne peut être utile à la guerre, et que nous donnons la préférence

ACTE II, SCÈNE III.

à un nain qui se remue sur un géant qui dort : dites-lui cela.

PATROCLE. — Je le lui dirai, et je vous rapporte sa réponse immédiatement. (*Il sort.*)

AGAMEMNON. — Nous ne pouvons pas nous contenter d'un porte-voix; nous sommes venus pour lui parler à lui-même. Ulysse, entrez, vous. (*Sort Ulysse.*)

AJAX. — Qu'est-il plus qu'un autre?

AGAMEMNON. — Il ne peut pas être plus qu'il ne croit être.

AJAX. — Vaut-il tant que cela? ne pensez-vous pas qu'il se croit un homme supérieur à moi?

AGAMEMNON. — Incontestablement.

AJAX. — Est-ce que vous souscrivez à sa pensée et que vous dites qu'il m'est supérieur?

AGAMEMNON. — Non, noble Ajax, vous êtes aussi robuste, aussi vaillant, aussi sage, vous n'êtes pas moins noble, vous êtes beaucoup plus doux, et tout autrement traitable.

AJAX. — Pourquoi un homme serait-il orgueilleux? Comment l'orgueil vous vient-il? Je ne sais pas ce que c'est que l'orgueil, moi!

AGAMEMNON. — Votre esprit n'en est que plus lucide, Ajax, et vos vertus n'en sont que plus belles. Celui qui est orgueilleux se dévore lui-même: l'orgueil est son propre miroir, sa propre trompette, sa propre chronique; quand on se loue autrement que par ses actions, les louanges dévorent les actions.

AJAX. — Je hais un homme orgueilleux comme je hais l'engendrement des crapauds.

NESTOR, *à part*. — Cependant il s'aime lui-même : n'est-ce pas étrange?

Rentre ULYSSE.

ULYSSE. — Achille n'ira pas aujourd'hui au combat.

AGAMEMNON. — Quelle excuse donne-t-il?

ULYSSE. — Il ne s'embarrasse d'en donner aucune, mais il suit le courant de ses dispositions, sans souci ni respect pour personne, et obéit à son caprice particulier et à sa vaniteuse estime de lui-même.

AGAMEMNON. — Pourquoi donc ne consentirait-il pas, sur notre courtoise requête, à sortir de sa tente et à prendre l'air avec nous?

ULYSSE. — Il donne de l'importance à des choses grosses comme rien, par cela seul qu'on les lui demande : il est tellement possédé de l'idée de sa grandeur, qu'il se parle à lui-même avec un orgueil qui cherche querelle à ses propres paroles : son mérite imaginaire entretient dans son sang une vanité si ardente et si gonflée, que ce royal Achille bouillonnant de rage met aux prises son intelligence et sa passion, et dans ce combat se démolit lui-même. Que vous dirai-je? il est infecté d'orgueil, à ce point, que les symptômes de mort crient[9] : « Il n'y a point de remède. »

AGAMEMNON. — Qu'Ajax aille le trouver. — Mon cher Seigneur, allez le saluer dans sa tente : on dit qu'il a pour vous de l'affection; à votre requête, il consentira à se relâcher un peu de son égoïsme.

ULYSSE. — O Agamemnon, ne faites pas cela! nous devons bénir au contraire tous les pas que fait Ajax, quand ils l'éloignent d'Achille. Ce Seigneur orgueilleux, qui arrose son arrogance avec sa propre graisse, et qui ne permet à aucune affaire d'occuper sa pensée, à l'exception de ce qu'il se forge et de ce qu'il rumine en lui-même, sera-t-il honoré par l'homme que nous idolâtrons plus que lui? Non, ce trois fois illustre et vaillant Seigneur ne compromettra pas ainsi ses palmes noblement acquises, et autant qu'il dépendra de ma volonté, n'abaissera pas son mérite, qui a des titres aussi considérables que ceux d'Achille, en allant trouver ce même Achille : ce serait barder de lard son orgueil déjà si gras, ou ajouter des charbons au signe du Cancer[10] quand il brûle pour fêter le grand Hypérion. Un tel Seigneur aller le trouver! que Jupiter le défende et qu'il dise par son tonnerre: « Achille, c'est à toi d'aller le trouver! »

NESTOR, *à part*. — Oh! voilà qui est bien; il le chatouille à l'endroit sensible.

DIOMÈDE, *à part*. — Oh! comme son silence boit cette louange!

AJAX. — Si je vais le trouver, je lui casse la figure avec mon poing armé.

AGAMEMNON. — Oh non, vous n'irez pas.

AJAX. — Et s'il fait l'orgueilleux avec moi, j'étrillerai son orgueil : laissez-moi aller le trouver.

ULYSSE. — Non, pour tous les biens que nous avons engagés dans cette lutte!

AJAX. — Un chétif garçon insolent!

Nestor, *à part*. — Comme il se décrit bien lui-même!

AJAX. — Est-ce qu'il ne peut pas être sociable?

ULYSSE, *à part*. — Le corbeau gourmande la couleur noire.

AJAX. — Je le purgerai de ses humeurs.

AGAMEMNON, *à part*. — Celui qui devrait être le patient veut être le médecin.

AJAX. — Si tout le monde pensait comme moi....

ULYSSE, *à part*. — L'esprit passerait de mode.

AJAX. — Il ne se comporterait pas ainsi, ou il mangerait des épées auparavant : l'orgueil remportera-t-il la victoire?

NESTOR, *à part*. — S'il la remportait, vous en remporteriez la moitié.

ULYSSE, *à part*. — Il en aurait dix parts pour lui.

AJAX. — Je le pétrirai comme pâte, je le rendrai souple.

NESTOR, *à part*. — Il n'est pas encore assez chaud : bourrez-le de louanges : versez, versez; son ambition est sèche.

ULYSSE, *à Agamemnon*. — Monseigneur, vous prenez trop à cœur ce petit déplaisir.

NESTOR. — Notre noble général, ne faites pas cela.

DIOMÈDE. — Il faut prendre vos dispositions pour combattre en vous passant d'Achille.

ULYSSE. — Le nommer lui fait mal, on le voit. Il y a ici un homme.... mais je parle devant lui; je me tairai.

Nestor. — Pourquoi vous tairiez-vous? il n'est pas jaloux, comme l'est Achille.

Ulysse. — Que le monde entier sache qu'il est tout aussi vaillant.

Ajax. — Un chien fils de putain qui ose ainsi nous tenir la dragée haute ! Oh, que n'est-il Troyen !

Nestor. — Quel vice à cette heure ce serait chez Ajax....

Ulysse. — S'il devenait orgueilleux....

Diomède. — Ou ambitieux de louanges,...

Ulysse. — Oui, ou d'humeur hargneuse....

Diomède. — Ou sauvage, ou plein de lui-même !

Ulysse. — Remercie le ciel, Seigneur, d'être d'un heureux caractère ; bénis celui qui t'engendra, celle qui te donna le sein : loué soit ton précepteur, et que tes dons naturels soient estimés trois fois plus précieux que toute science au monde : mais quant à celui qui enseigna ton bras à combattre, que Mars, divisant l'éternité en deux, lui en donne la moitié, et pour ce qui est de ta vigueur, que Milon le porteur de taureaux cède sa réputation au musculeux Ajax [11]. Je ne louerai pas ta sagesse, qui comme une borne, une palissade, un rivage, enserre et maintient l'effusion de tes vastes qualités : voici Nestor, instruit par les longues années ; il est, il doit, il ne peut être que sage ; — mais pardonnez-moi, père Nestor, si votre âge était aussi vert que celui d'Ajax, et si à cette verdeur des années vous joigniez comme lui l'équilibre des facultés, vous n'auriez pas sur lui la prééminence ; il faudrait vous contenter d'être Ajax.

Ajax. — Vous appellerai-je père ?

Nestor. — Oui, mon bon fils [12].

Diomède. — Laissez-vous gouverner par lui, Seigneur Ajax.

Ulysse. — Il n'y a pas à nous attarder ici ; le cerf Achille garde le fourré. Qu'il plaise à notre grand général de réunir tout son état de guerre ; de nouveaux rois sont arrivés à Troie : demain, il nous faudra tenir ferme avec toutes nos troupes. Mais voici un Seigneur.... bon, viennent s'ils le veulent, des chevaliers de l'Est et de l'Ouest, et qu'ils trient la fleur d'entre eux, Ajax luttera avec le plus vaillant.

AGAMEMNON. — Allons au conseil. Laissons Achille dormir : les barques légères fendent les ondes, bien que les gros vaisseaux aient plus de tirant. (*Ils sortent.*)

ACTE III.

SCÈNE PREMIÈRE.

TROIE. — Un appartement dans le palais de PRIAM.

Entrent PANDARUS *et* UN VALET.

PANDARUS. — Un mot, l'ami, je vous prie : n'êtes-vous pas un suivant du jeune Seigneur Pâris?

LE VALET. — Oui, Messire, quand il marche devant moi.

PANDARUS. — Ne dépendez-vous pas de lui, veux-je dire?

LE VALET. — Messire, je dépends du Seigneur.

PANDARUS. — Vous dépendez d'un noble gentilhomme ; je ne puis me retenir de le louer.

LE VALET. — Le Seigneur en soit loué!

PANDARUS. — Vous me connaissez, n'est-ce pas?

LE VALET. — Ma foi, Messire, bien superficiellement.

PANDARUS. — Connaissez-moi mieux, mon ami, je suis le Seigneur Pandarus.

LE VALET. — J'espère connaître Votre Honneur en mieux.

PANDARUS. — Je le désire.

LE VALET. — Vous êtes dans l'état de grâce.

PANDARUS. — *Grâce!* non pas, mon ami ; mes titres

sont *Honneur* et *Seigneurie*. (*Musique à l'extérieur.*) Quelle est cette musique ?

LE VALET. — Je le sais *en partie* seulement, Messire; c'est une musique en parties.

PANDARUS. — Connaissez-vous les musiciens ?

LE VALET. — *Entièrement*, Messire.

PANDARUS. — Pour qui jouent-ils ?

LE VALET. — Pour ceux qui les écoutent, Messire.

PANDARUS. — Au plaisir de qui, mon ami ?

LE VALET. — Au mien, Messire, et à celui des gens qui aiment la musique.

PANDARUS. — A l'ordre de qui, veux-je dire, mon ami ?

LE VALET. — A qui donnerai-je des ordres, Messire ?

PANDARUS. — Mon ami, nous ne nous comprenons pas l'un l'autre; je suis trop poli et tu es trop retors. A la requête de qui jouent ces hommes ?

LE VALET. — Vous y voilà enfin, Messire : parbleu, Messire, à la requête de Pâris, mon Seigneur, qui est ici en personne ; et avec lui, la Vénus mortelle, élixir de la beauté, âme invisible de l'amour....

PANDARUS. — Qui, ma nièce Cressida ?

LE VALET. — Non, Messire, Hélène; ne pouviez-vous pas la reconnaître aux attributs que je nommais ?

PANDARUS. — Il semblerait, en ce cas, mon ami, que tu n'as pas vu Madame Cressida. Je viens pour parler à Pâris de la part du prince Troïlus; je vais lui donner un assaut de compliments, car mon affaire bout.

LE VALET. — Une affaire qui bout ! voilà une phrase à l'étuvée, ma foi !

Entrent PÂRIS *et* HÉLÈNE *avec leur suite.*

PANDARUS. — Beau temps à vous, Monseigneur, et à toute cette belle compagnie ! Que de beaux désirs, en toute belle mesure, vous guident bellement! particulièrement vous, belle reine ! que de belles pensées soient votre bel oreiller !

HÉLÈNE. — Cher Seigneur, vous êtes plein de belles paroles.

PANDARUS. — C'est votre beau plaisir qui dit cela,

aimable reine. Beau prince, voici de belle musique interrompue [1].

Pâris. — C'est vous qui l'avez interrompue, cousin : sur ma vie, vous la rétablirez; vous la raccorderez avec quelque pièce de votre façon. Nell (*a*), il est plein d'harmonie.

Pandarus. — Véritablement non, Madame.

Hélène. — O Messire....

Pandarus. — Rauque, en vérité; en bonne vérité, très-rauque.

Pâris. — Bien dit, Monseigneur! parbleu, c'est par mesures détachées que vous énoncez cette affirmation.

Pandarus. — J'ai quelques affaires avec Monseigneur, chère reine. Monseigneur, voulez-vous m'accorder une minute?

Hélène. — Oh! mais cela ne nous fera pas perdre de vue notre demande : nous vous entendrons chanter, certainement.

Pandarus. — Bon, charmante reine, vous plaisantez avec moi. Mais parbleu, voici ce qui en est, Monseigneur; mon cher Seigneur et ami très-estimé, votre frère Troïlus....

Hélène. — Monseigneur Pandarus, Seigneur doux comme miel....

Pandarus. — Allez, charmante reine, allez : — Troïlus se recommande très-affectueusement à vous....

Hélène. — Vous ne nous tricherez pas de notre mélodie attendue; si vous faites cela, que notre mélancolie retombe sur votre tête!

Pandarus. — Douce reine, douce reine; c'est une douce reine, en vérité....

Hélène. — Et rendre triste une douce Dame est une aigre offense.

Pandarus. — Non, cela ne vous fera pas obtenir ce que vous demandez, cela ne vous le fera pas obtenir, véritablement, là! Parbleu, je n'ai souci de telles paroles; non, non. — Monseigneur, il désire que vous présentiez ses excuses au roi, s'il l'appelle à souper.

(*a*) *Nell*, diminutif d'Hélène.

Hélène. — Monseigneur Pandarus....

Pandarus. — Que dit mon aimable reine? ma très, très-aimable reine?

Pâris. — Quel exploit a-t-il en vue? Où soupe-t-il ce soir?

Hélène. — Oui, mais Monseigneur....

Pandarus. — Que dit mon aimable reine? — Mon cousin se fâcherait contre vous. Vous ne devez pas savoir où il soupe.

Pâris. — J'engagerais ma vie que c'est avec ma gaie² Cressida.

Pandarus. — Non, non, il n'y a rien de pareil; vous vous trompez bien, allez : votre gaie Demoiselle est malade.

Pâris. — Bien, je dois faire des excuses.

Pandarus. — Oui, mon bon Seigneur. Pourquoi diriez-vous Cressida? non, votre pauvre gaie Demoiselle est malade.

Pâris. — Je devine.

Pandarus. — Vous devinez! que devinez-vous? — Allons, donnez-moi un instrument. Maintenant, aimable reine....

Hélène. — Vraiment, voilà qui est très-gentil de votre part.

Pandarus. — Ma nièce est horriblement amoureuse d'une chose que vous possédez, aimable reine.

Hélène. — Elle l'aura, Monseigneur, pourvu que ce ne soit pas Monseigneur Pâris.

Pandarus. — Lui? non, elle ne veut pas du tout de lui; elle et lui font deux.

Hélène. — Mais s'ils se rapprochaient après s'être tenus à distance, ils pourraient bien faire un troisième.

Pandarus. — Allons, allons, je ne veux plus entendre parler de cela. Je vais maintenant vous chanter une chanson.

Hélène. — Oui, oui, je t'en prie. Sur ma foi, mon aimable Seigneur, tu as un beau front.

Pandarus. — Oui, dites, dites; vous en avez permission.

Hélène. — Que ton chant soit un chant d'amour :

ACTE III, SCÈNE I. 175

cet amour nous ruinera tous. Ô Cupidon, Cupidon, Cupidon !

PANDARUS. — D'amour ! oui, ce sera un chant d'amour, ma foi.

PÂRIS. — Oui, c'est cela ; l'amour, l'amour, rien que l'amour.

PANDARUS. — Et véritablement c'est par ce mot qu'il commence. (*Il chante.*)

L'amour, l'amour, rien que l'amour, toujours plus d'amour !
    Car, ô l'arc de l'amour
    Atteint chevreuil et biche.
    La flèche perce à fond,
    Ce n'est pas qu'elle blesse,
Mais elle chatouille toujours la plaie.

Les amants crient ô ! ô ! ils meurent !
Cependant cette blessure qui semblait tuer,
Change les ô ! ô ! en ha ! ha ! hé !
    Ainsi en mourant l'amour vit encore :
Ô ! ô ! un moment, mais ensuite ha ! ha ! ah !
Ô ! ô ! en gémissant se fond dans des ha ! ha ! ha !
    Hourra !

HÉLÈNE. — Voilà de l'amour, ma foi, jusqu'au bout du nez.

PÂRIS. — Il ne mange rien que des colombes, l'amour ; et cela engendre un sang chaud, et le sang chaud engendre les chaudes pensées, et les chaudes pensées engendrent les chaudes actions, et les chaudes actions c'est l'amour.

PANDARUS. — Est-ce là la génération de l'amour ? Un sang chaud, de chaudes pensées, et de chaudes actions ? Parbleu ce sont des vipères, est-ce que l'amour est une génération de vipères ? Aimable Seigneur, quels guerriers sont au champ de bataille, aujourd'hui ?

PÂRIS. — Hector, Déiphobus, Hélénus, Antenor, et toute la fleur des guerrriers de Troie. Je me serais volontiers armé aujourd'hui ; mais ma Nell n'a pas voulu me le permettre. Comment se fait-il que mon frère Troïlus n'y soit pas allé ?

HÉLÈNE. — Quelque chose fait faire la moue à ses lèvres ; — vous savez tout, Seigneur Pandarus ?

PANDARUS. — Moi ! non, reine douce comme miel. Je grille d'apprendre quelle a été leur fortune d'aujourd'hui. — Vous vous rappellerez les excuses de votre frère ?

PÂRIS. — Jusqu'à un iota.

PANDARUS. — Adieu, aimable reine.

HÉLÈNE. — Recommandez-moi à votre nièce.

PANDARUS. — Je n'y manquerai pas, douce reine. (*Il sort.*) — (*On sonne une retraite.*)

PÂRIS. — Ils sont revenus du champ de bataille : rendons-nous dans la salle de Priam pour féliciter les guerriers. Ma douce Hélène, il faut que je vous fasse la cour pour que vous aidiez notre Hector à se désarmer ; les crochets solides de son armure, touchés par vos doigts blancs faisant office d'enchanteurs, vous obéiront plus volontiers qu'ils n'obéissent au tranchant de l'acier ou à la force des muscles grecs : vous ferez plus que tous les rois des îles, — vous désarmerez le grand Hector.

HÉLÈNE. — Nous serons très-fière d'être sa servante, Pâris ; certes, l'hommage que nous lui rendrons ainsi, nous donnera plus de droits à la palme de la beauté que nous n'en avons ; un tel honneur est fait pour nous élever au-dessus de notre mérite.

PÂRIS. — Chérie, je t'aime au delà de toute imagination ! (*Ils sortent.*)

SCÈNE II.

TROIE. — Le jardin de PANDARUS.

Entrent en se rencontrant PANDARUS *et* LE PAGE *de* TROÏLUS.

PANDARUS. — Eh bien, où est ton maître ? chez ma nièce Cressida ?

ACTE III, SCÈNE II.

LE PAGE. — Non, Messire; il vous attend pour que vous l'y conduisiez.

PANDARUS. — Oh, le voici qui vient.

Entre TROÏLUS.

PANDARUS. — Eh bien, eh bien, où en sommes-nous?

TROÏLUS. — Maraud, va-t'en faire un tour de promenade. (*Sort le page.*)

PANDARUS. — Avez-vous vu ma nièce?

TROÏLUS. — Non, Pandarus : je suis à rôder devant sa porte, comme une âme nouvellement débarquée sur les rives du Styx attendant pour la traversée. Oh! sois mon Caron, et transporte-moi bien vite dans ces Champs-Élysées où je pourrai m'étendre sur les couches de lis destinées au bienheureux qui les a méritées! Ô mon gentil Pandarus, arrache aux épaules de Cupidon ses ailes coloriées, et fuyons ensemble vers Cressida!

PANDARUS. — Promenez-vous ici dans le jardin, je vais vous l'amener tout de suite. (*Il sort.*)

TROÏLUS. — J'ai le vertige; l'attente me fait tourner sur moi-même. Le plaisir imaginaire est si doux qu'il enchante mes sens : que sera-ce donc lorsque le palais humecté goûtera en réalité le nectar trois fois raffiné de l'amour? Ce sera la mort, je le crains; un évanouissement destructeur; ou quelque joie trop pénétrante, trop subtilement puissante pour la capacité de mes sens grossiers, joie qui, à force de douceur, se changera en âpreté : je crains beaucoup ce résultat, et je crains en outre de perdre le sentiment particulier de chacune de mes joies, comme il arrive dans une bataille, lorsque nous chargeons en masse l'ennemi fuyant.

Rentre PANDARUS.

PANDARUS. — Elle s'apprête, elle va venir tout de suite; il vous faut à cette heure avoir toute votre présence d'esprit. Elle rougit de telle sorte, et elle respire avec tant de peine, qu'on dirait qu'elle est effrayée par un revenant : je vais aller la chercher. C'est la plus gentille petite coquine.... Elle palpite si fort, qu'on dirait un moineau qu'on vient de prendre. (*Il sort.*)

Troïlus. — C'est juste le même trouble auquel je suis en proie : mon cœur bat plus vite que le pouls d'un fiévreux, et toutes mes facultés perdent leur empire sur elles-mêmes, pareilles à des vassaux qui rencontrent à l'improviste l'œil de la majesté.

Rentre PANDARUS *avec* CRESSIDA.

Pandarus. — Voyons, voyons, qu'avez-vous besoin de rougir ? la timidité est une enfant. Eh bien, la voici ; jurez-lui à elle, à cette heure, les serments que vous me juriez à moi. — Eh bien, vous voilà repartie ? il faudra donc vous tenir sans cesse de l'œil pour vous apprivoiser, eh ! Voyons, avancez, avancez ; si vous reculez, nous allons être obligé de vous atteler aux brancards. — Pourquoi ne lui parlez-vous pas, vous ? — Voyons, tirez ce rideau et montrez-nous votre portrait. Hélas ! c'est le jour qui fait cela ; comme vous avez peur d'offenser la lumière du jour ! s'il était nuit, vous vous embrasseriez plus vite. Allons, allons, poussez, et baisez maîtresse[3]. Eh bien, qu'est-ce que c'est maintenant ! Un baiser à bail perpétuel ! Bâtis ici, charpentier, l'air y est doux. Parbleu, vous vous direz tout ce que vous avez sur le cœur avant que je vous sépare. Le faucon et le tiercelet se valent, j'en jurerais par tous les canards de la rivière : allez, allez.

Troïlus. — Vous m'avez complétement privé de la parole, Madame.

Pandarus. — Les paroles ne payent pas de dettes, donnez-lui des actions : mais elle finira par vous priver de vos actes aussi, si elle met votre activité en question. Comment ! on se becquète encore ? Nous y voilà : « *En foi de quoi les parties mutuellement....* » Rentrez, rentrez, je vais vous préparer du feu. (*Il sort.*)

Cressida. — Voulez-vous rentrer, Monseigneur ?

Troïlus. — O Cressida, que de fois je me suis souhaité où je suis !

ACTE III, SCÈNE II.

Cressida. — Souhaité, Monseigneur? — Les dieux accordent!... ô Monseigneur!

Troïlus. — Qu'est-ce qu'ils doivent accorder? qu'est-ce qui cause ce gentil cri d'appréhension? Quel limon trop indiscret ma douce Dame aperçoit-elle dans la fontaine de notre amour?

Cressida. — J'y aperçois plus de limon que d'eau, si mes craintes ont des yeux.

Troïlus. — Les craintes font des diables des chérubins; elles ne voient jamais bien.

Cressida. — La crainte aveugle, qu'une raison clairvoyante guide, pose le pied plus sûrement que ne fait la raison aveugle qui trébuche parce qu'elle n'a pas de crainte : craindre le pire souvent guérit le pire.

Troïlus. — Oh! que ma Dame n'appréhende aucune crainte; on ne voit aucun monstre dans la comédie de Cupidon.

Cressida. — Ni rien de monstrueux non plus?

Troïlus. — Rien, si ce n'est nos entreprises, comme lorsque nous jurons de pleurer des mers, de vivre dans le feu, de manger des rochers, d'apprivoiser des tigres, croyant qu'il est encore plus difficile à notre maîtresse d'inventer assez de tâches pour nous les imposer, qu'il ne nous est difficile d'accomplir n'importe laquelle de ces tâches. La vraie monstruosité de l'amour, Madame, c'est que la volonté est infinie et que le pouvoir d'exécution a des barrières, c'est que le désir est sans bornes et que l'action est esclave des limites.

Cressida. — On dit que tous les amants jurent d'accomplir plus d'exploits qu'ils ne peuvent en exécuter, et que malgré cela ils laissent inerte une faculté d'action qu'ils ne montrent jamais; ils ont ainsi la prétention d'avoir lus de perfections que dix hommes réunis, et ils font oins de choses que la dixième partie d'un seul. Ceux ui ont la voix de lions et la puissance d'action de ièvres, ne sont-ils pas des monstres?

Troïlus. — Est-il de tels hommes? s'il en est, nous 'en sommes pas : louez-moi sur l'expérience que vous ferez de moi; jugez-moi sur les preuves que je vous donnerai. Notre tête restera nue, jusqu'à ce que le mérite la couronne : nulle perfection à venir ne recevra par avance sa louange dans le présent : nous ne donnerons pas de nom au mérite avant qu'il soit né, et une fois né, il ne portera qu'un titre modeste. Peu de paroles conviennent à une ferme fidélité : Troïlus sera tel pour Cressida, que ce que l'envie pourra inventer de pire, sera de se moquer de sa fidélité, et que tout ce que la vérité pourra dire de plus vrai, ne le sera pas plus que Troïlus.

Cressida. — Voulez-vous entrer, Monseigneur?

Rentre PANDARUS.

Pandarus. — Comment! nous rougissons encore? Est-ce que vous n'avez pas bientôt fini de parler?

Cressida. — Bien, mon oncle, quelque folie que je commette, je vous la dédie.

Pandarus. — Je vous remercie; si Monseigneur vous fait un enfant, vous me le donnerez. Soyez fidèle à Monseigneur : s'il déserte, grondez-moi.

Troïlus. — Vous connaissez maintenant vos otages; la parole de votre oncle et ma ferme fidélité.

Pandarus. — Certes, et j'engagerai encore ma parole pour elle : les filles de notre maison sont longues à se laisser gagner, mais une fois gagnées, elles sont constantes : ce sont des chardons, je vous en préviens; là où on les jette, elles s'accrochent.

Cressida. — Voici maintenant que la hardiesse me vient et me donne du cœur : prince Troïlus, je vous ai aimé nuit et jour, depuis bien des tristes mois.

Troïlus. — Pourquoi donc alors ma Cressida a-t-elle été si dure à vaincre?

Cressida. — Dure à paraître vaincue : mais je fu vaincue, Monseigneur, dès le premier regard que.... par donnez-moi; — si j'en avoue si long, vous ferez le tyran Je vous aime maintenant, mais jusqu'à ce jour je ne vou aimais pas tellement qu'il me fût impossible de reste maîtresse de mon amour : — mais non, sur ma foi, j mens; mes pensées étaient devenues comme des enfants qui ont pris la bride sur le cou et qui sont désormais trop volontaires pour leurs mères. — Voyez, quelles folles nous sommes! Pourquoi donc ai-je babillé? qui sera sincère envers nous, si nous sommes aussi indiscrètes envers nous-mêmes? — Mais quoique je vous aimasse bien, je ne vous fis pas d'avances; et cependant, sur ma bonne foi, je regrettai de ne pas être un homme, ou bien que nous, femmes, nous n'eussions pas, comme les hommes, le privilége de parler les premières. Chéri, ordonne-moi de retenir ma langue, car dans cet enivrement, je vais assurément dire des choses dont je me repentirai. Voyez, voyez, votre silence, rusé dans son mutisme, arrache à ma faiblesse l'âme même de mes secrets : fermez ma bouche.

TROÏLUS. — C'est ce que je vais faire, quoiqu'il en sorte une douce musique.

PANDARUS. — C'est gentil, ma foi.

CRESSIDA. — Monseigneur, je vous en conjure, pardonnez-moi; ce n'était pas mon dessein de mendier ainsi un baiser : je suis honteuse; ô cieux! qu'ai-je fait? Pour aujourd'hui, je vais prendre congé, Monseigneur.

TROÏLUS. — Votre congé, douce Cressida!

PANDARUS. — *Congé!* Si vous prenez congé avant demain matin....

CRESSIDA. — Je vous en prie, permettez-le-moi.

TROÏLUS. — Qu'est-ce qui vous offense, Madame?

CRESSIDA. — Seigneur, ma propre compagnie.

TROÏLUS. — Vous ne pouvez vous éviter vous-même.

CRESSIDA. — Laissez-moi partir, j'essayerai. J'ai une sorte de tendre *moi* qui réside avec vous, mais j'ai aussi un méchant *moi* qui voudrait s'abandonner, pour être la folle d'un autre. Je voudrais être partie : — où est mon esprit? je ne sais plus ce que je dis.

TROÏLUS. — Ils savent bien ce qu'ils disent ceux qui parlent aussi sagement que vous.

CRESSIDA. — Peut-être, Monseigneur, vous parais-je avoir montré plus d'habileté que d'amour, et ne vous avoir fait si rondement ma confession entière que pour amorcer votre inclination : mais si vous pensez ainsi, c'est que vous êtes trop sage, ce qui équivaut à dire que vous n'aimez pas; car être sage et aimer à la fois excède le pouvoir de l'homme; les Dieux seuls possèdent ce privilége.

Troïlus. — Oh, que je voudrais croire qu'il est possible à une femme, — comme si cela se peut, je veux le croire de vous, — d'entretenir éternellement la lampe et les flammes de son amour, de conserver sa constance toujours intègre, toujours jeune, de la faire survivre à la beauté extérieure par le pouvoir d'une âme qui se renouvellerait plus vite que le sang ne s'épuise! Oh! si je pouvais être pénétré seulement de cette persuasion que ma sincérité et ma fidélité envers vous rencontreront même poids et même mesure dans un amour passé au van d'une pureté semblable! Oh! comme je me sentirais haut, alors! mais hélas! je suis aussi sincère que la simplicité de la vérité, et plus simple que l'enfance de la vérité.

Cressida. — Sur ce point, je puis entrer en lutte avec vous.

Troïlus. — O le vertueux combat, lorsque le noble et le noble luttent à qui sera le plus noble! Les vrais amants, dans le temps à venir, jureront de leur fidélité sur le nom de Troïlus : lorsque leurs vers, pleins de protestations, de serments, d'hyperboles, manqueront de comparaisons après avoir épuisé toutes celles que suggère le mot fidélité, telles que « fidèle comme l'acier, comme la végétation à la lune[4], comme le soleil au jour, comme la tourterelle à son compagnon, comme le fer au diamant, comme la terre à son centre, » après toutes ces comparaisons de fidélité, on citera le modèle parfait de la fidélité, et « fidèle comme Troïlus » couronnera le vers et en sanctifiera les mètres poétiques.

Cressida. — Puissiez-vous être prophète! et moi si je me montre fausse, si je m'écarte d'un cheveu de la ligne de la fidélité, lorsque le temps sera vieux et se sera oublié lui-même, lorsque gouttes d'eau après gouttes d'eau auront rongé les pierres de Troie, lorsque l'aveugle oubli aura dévoré des cités, et que de puissants États, sans épitaphes qui les rappellent, seront enfermés dans le néant de la poussière, que ma mémoire, transmise de fausseté en fausseté, reste encore parmi les filles fausses en amour, pour accuser mon manque de foi ! Lorsqu'on aura dit « fausse comme l'air, comme l'eau, le vent ou le sable, comme le renard envers l'agneau, comme le loup envers le veau de la vache, comme le léopard envers le chevreuil, ou la marâtre envers son beau-fils, » qu'on dise pour exprimer le cœur même de la fausseté : « fausse comme Cressida. »

PANDARUS. — Allons, voilà une affaire faite : scellez-la, scellez-la ; je serai témoin. Je tiens votre main de ce côté, et de celui-là, celle de ma nièce. Si jamais vous vous montrez infidèles l'un à l'autre, puisque j'ai pris de telles peines pour vous réunir, que tous les malheureux entremetteurs soient jusqu'à la fin du monde appelés de mon nom, qu'on les appelle tous des Pandares. Que tous les hommes constants soient donc des Troïlus, toutes les femmes fausses des Cressidas, et tous les entremetteurs des Pandares ! dites, *Amen!*

TROÏLUS. — *Amen.*

CRESSIDA. — *Amen.*

PANDARUS. — *Amen.* Là-dessus je vais vous montrer une chambre et un lit, et comme ce lit ne pourra pas parler de vos gentils combats, pressez-le-moi à mort : en route ! — Que Cupidon accorde ici à toutes les filles qui ont la langue nouée, une chambre, un lit et un Pandare pour préparer leur affaire ! (*Ils sortent.*)

SCÈNE III.

Le camp grec.

Entrent AGAMEMNON, ULYSSE, DIOMÈDE, NESTOR, AJAX, MÉNÉLAS *et* CALCHAS.

CALCHAS. — Maintenant, princes, l'heure est venue, où je puis vous réclamer tout haut la récompense du service que je vous ai rendu. Considérez, que par suite de la prescience que j'ai des choses, j'ai abandonné Troie à Jupiter, laissé mes biens, encouru le nom de traître; que j'ai quitté des avantages certains et réels pour m'exposer à une fortune douteuse, que je me suis séparé de tout ce que le temps, l'habitude, la coutume, la condition avaient rendu le plus cher et le plus familier à ma nature, et que pour vous rendre service, je suis ici comme nouveau venu dans le monde, étranger et sans connaissances : je vous conjure de m'accorder aujourd'hui une petite récompense, ne fût-ce que comme avant-goût des choses nombreuses dont j'ai promesse, et qui, me dites-vous, m'attendent dans l'avenir.

AGAMEMNON. — Que voudrais-tu de nous, Troyen? fais ta demande.

CALCHAS. — Vous avez un prisonnier troyen, nommé Anténor, qui a été pris hier : Troie le tient en grand prix. Vous avez souvent (et aussi souvent je vous en ai remercié) désiré que ma Cressida fût échangée contre quelqu'un de considérable, proposition que Troie a toujours refusée : mais cet Anténor tient tellement la clef de leurs affaires, que toutes leurs négociations vont aller de travers, s'ils n'ont plus sa direction, et ils seraient presque capables de vous donner en échange un prince du sang, un fils de Priam : renvoyez-le, grands princes, et il rachètera ma fille, dont la présence payera tous les services que je vous ai rendus, et toutes les fatigues que je me suis imposées volontairement.

AGAMEMNON. — Que Diomède le conduise, et nous ramène Cressida ; Calchas obtiendra ce qu'il nous demande. Mon bon Diomède, équipez-vous convenablement pour cet échange : demandez en outre si Hector veut accepter pour demain la réponse à son défi : Ajax est prêt.

DIOMÈDE. — Je me charge du message ; c'est un fardeau que je suis fier de porter. (*Sortent Diomède et Calchas.*)

ACHILLE et PATROCLE *paraissent devant leur tente.*

ULYSSE. — Achille se montre à l'entrée de sa tente : qu'il plaise à notre général de passer froidement devant lui, comme s'il était oublié ; et vous tous, princes, paraissez indifférents à son égard et ne lui portez aucune attention : je viendrai le dernier. Il est probable qu'il me demandera pourquoi ces regards désapprobateurs sont dirigés sur lui : s'il le fait, j'ai en réserve un remède ironique pour agir entre votre froideur et son orgueil, qu'il aura certainement bonne envie d'avaler : cela pourra faire bien : l'orgueil n'a d'autre miroir pour se regarder que l'orgueil ; car les humbles génuflexions entretiennent l'arrogance et sont le salaire de l'orgueilleux.

AGAMEMNON. — Nous exécuterons votre dessein, et nous allons prendre un air de froideur en passant devant lui ; que chaque Seigneur fasse ainsi ; ne le complimentez pas, ou mieux encore regardez-le dédaigneusement, ce qui l'irritera plus que de ne pas le regarder. Je vais ouvrir la marche.

ACHILLE. — Qu'est-ce ? Est-ce que le général vient me parler ? Vous connaissez ma décision ; je ne veux plus combattre contre Troie.

AGAMEMNON, *à Nestor*. — Que dit Achille ? Est-ce qu'il nous voudrait quelque chose ?

NESTOR. — Est-ce que vous voulez quelque chose au général, Monseigneur ?

ACHILLE. — Non.

NESTOR. — Rien, Monseigneur.

AGAMEMNON. — Tant mieux. (*Sortent Agamemnon et Nestor.*)

ACHILLE. — Bonjour, bonjour.

MÉNÉLAS. — Vous allez bien? vous allez bien? (*Il sort.*)

ACHILLE. — Comment! Est-ce que le cocu me méprise?

AJAX. — Eh bien, comment va, Patrocle?

ACHILLE. — Bonjour, Ajax.

AJAX. — Eh?

ACHILLE. — Bonjour.

AJAX. — Oui, bonjour pour aujourd'hui, et pour demain aussi. (*Il sort.*)

ACHILLE. — Qu'est-ce qui prend à ces gaillards-là? Est-ce qu'ils ne connaissent pas Achille?

PATROCLE. — Ils passent dédaigneusement, eux qui avaient coutume d'envoyer leurs sourires féliciter Achille avant leurs personnes, et de venir vers lui aussi humblement que lorsqu'ils se glissent devant les saints autels.

ACHILLE. — Eh quoi, serais-je devenu pauvre tout récemment? Cela est bien connu, une fois que la grandeur est abandonnée de la fortune, elle est bientôt abandonnée des hommes aussi : l'homme ruiné lit sa condition dans les yeux des autres, aussi vite qu'il sent lui-même sa chute : car les hommes, comme des papillons, ne montrent leurs ailes riches de pollen que l'été, et il n'est pas un homme qui reçoive quelque honneur simplement parce qu'il est homme; mais il est honoré pour les honneurs qu'il possède, tels que places, richesses, faveurs, biens dus à l'accident aussi souvent qu'au mérite : quand ces honneurs glissants viennent à tomber, l'affection aussi glissante qu'eux qui leur demandait appui, tombe en même temps, les uns entraînant l'autre, et ils meurent dans la même chute. Mais il n'en est pas ainsi de moi : nous sommes amis, moi et la Fortune; je jouis complétement de toutes les choses que je possédais, sauf des bons regards de ces gens qui, sans doute, découvrent en moi quelque chose qui ne vaut pas la contemplation admirative qu'ils avaient coutume de m'accorder.

ACTE III, SCÈNE III.

Voici Ulysse : je vais interrompre sa lecture. Eh bien, Ulysse !

Ulysse. — Quoi, puissant fils de Thétis ?

Achille. — Que lisez-vous ?

Ulysse. — Un étrange individu m'écrit ici, que l'homme, quelque précieux que soient ses dons, quelque vastes que soient ses biens, extérieurs ou moraux, ne peut être certain d'avoir ce qu'il a, ni sentir qu'il le possède, autrement que par reflet ; comme, par exemple, lorsque ses vertus, jetant leur lumière sur les autres hommes, les échauffent, et qu'ils renvoient cette chaleur à celui de qui elle émane.

Achille. — Cela n'est pas étrange, Ulysse. La beauté que nous portons sur le visage, celui qui la porte ne la connaît pas, mais il apprend son existence par les yeux des autres : l'œil, ce sens si purement spirituel, ne se voit pas davantage, puisqu'il ne peut sortir de lui-même ; mais lorsque les yeux de deux hommes se rencontrent, ils se saluent mutuellement dans leur miroir réciproque ; car la vue ne se voit pas elle-même avant d'avoir voyagé, et ce faisant rencontré un miroir où elle peut se connaître. Cela n'est pas étrange du tout.

Ulysse. — Je n'ai pas d'objections contre la proposition, — elle est bien connue, — mais contre les conséquences qu'en tire mon auteur, qui établit expressément par ses raisonnements, que nul homme n'est le maître de quoi que ce soit (quoiqu'il puisse extérieurement et moralement posséder beaucoup), jusqu'à ce qu'il ait fait part de ses richesses aux autres : il ne les connaît même pas réellement par lui-même, avant de les avoir vues sous la forme des applaudissements qu'elles arrachent à ceux qui y participent, applaudissements qui sont semblables à la voûte qui répercute la voix, ou à une porte d'acier qui, opposée au soleil, lui renvoie son image et sa chaleur. Cela m'avait jeté dans de très-grandes rêveries, et j'en ai fait immédiatement l'application à Ajax qui est vraiment ignoré. Cieux ! quel homme cela est ! un vrai cheval, qui possède ce qu'il ne se connaît pas. O nature, que de choses il existe, qui sont estimées très-abjectes, et dont l'emploi est très-précieux! que de choses en revanche sont estimées précieuses qui sont pauvres en valeur! Nous allons voir demain Ajax couvert de gloire pour une action dont un pur hasard l'a chargé. O cieux! que ne font pas certains hommes et que d'autres ne laissent-ils pas faire! Comme certains hommes savent se faufiler dans la salle au parquet glissant de la Fortune, tandis que d'autres jouent les idiots sous ses yeux! Comme certains se nourrissent de l'orgueil d'autrui, tandis que l'orgueilleux reste à jeûner avec son caprice! Voyez un peu ces Seigneurs grecs! ils commencent déjà, parbleu, à taper sur l'épaule de ce lourdaud d'Ajax, comme si son pied était déjà sur la poitrine du brave Hector et si la grande Troie était remplie de clameurs.

ACHILLE. — Je le crois : car ils ont passé devant moi, comme les avares passent devant les mendiants, et aucun d'eux ne m'a donné ni un regard, ni une bonne parole. Eh quoi! est-ce que mes exploits sont oubliés?

ULYSSE. — Le temps, Monseigneur, porte sur son dos un bissac, où il jette les aumônes destinées à l'oubli, monstre gonflé d'ingratitudes dans des proportions énormes : ces rogatons sont les belles actions passées, qui sont dévorées aussi rapidement qu'elles sont accomplies, et oubliées aussitôt qu'achevées : la persévérance, mon cher Seigneur, garde l'honneur brillant : avoir fini, c'est être pendu, hors de mode, comme une cotte d'armes rouillée, dans un trophée dérisoire. Prenez le chemin présent, car l'honneur voyage dans un sentier si étroit qu'on n'y passe qu'un de front : cela fait, gardez bien le chemin, car l'émulation a mille fils qui vont vous poursuivre l'un après l'autre; si vous cédez ce chemin, ou si vous rangeant de côté vous cessez de tenir le milieu de la route, ils vont tous se précipiter, comme un flot qui a trouvé issue, et vous laisseront en arrière; ou bien encore, comme un vaillant cheval tombé au premier rang, vous resterez étendu, servant de pavé à une abjecte arrière-garde, qui vous piétinera et sautera par-dessus vous : ceux qui agissent dans le présent, vous dépasseront donc nécessairement, bien que leurs actions soient moindres que vos actions passées ; car le temps est comme un hôte selon la mode, qui donne à son convive au départ une légère poignée de main, et s'avance les bras étendus, comme s'il voulait s'envoler, pour embrasser le nouveau venu : la bienvenue sourit toujours, et l'adieu part en soupirant. Oh ! que la vertu ne cherche jamais une rémunération pour les choses passées ; car la beauté, l'esprit, la haute naissance, la vigueur du corps, les services méritoires, l'amour, l'amitié, la charité, sont tous sujets à l'envie et aux calomnies du temps. Un même caractère fait parents tous les hommes, et ce caractère, c'est que d'un consentement unanime, ils louent les frivolités nouvellement nées, quoiqu'elles aient été formées et forgées par les choses passées, et ils donnent à la poussière tant soit peu dorée plus d'éloges qu'à l'or recouvert de poussière. L'œil présent loue l'objet présent : ne t'étonne donc pas, homme grand et parfait, si tous les Grecs commencent à adorer Ajax, puisque les choses en mouvement attirent l'œil plutôt que les choses immobiles. Le cri général se portait naguère sur toi, et il pourrait s'y porter encore, et il s'y porterait, si tu ne t'enterrais pas vivant, et si tu n'enfermais pas ta réputation sous ta tente, toi dont les glorieux exploits, piquant les dieux d'émulation, les firent descendre récemment sur ces champs de bataille et poussèrent le puissant Mars à la sédition.

Achille. — J'ai de fortes raisons pour garder cette retraite.

Ulysse. — Mais il y en a de plus fortes et de plus héroïques contre votre retraite. Il est connu, Achille, que vous êtes amoureux d'une des filles de Priam.

Achille. — Ah ! cela est connu !

Ulysse. — Est-ce bien étonnant ? La prévoyance qui a l'œil sans cesse ouvert, connaît presque chaque grain de l'or de Plutus, trouve le fond des profondeurs insondables, pénètre les âmes, et presque à l'instar des dieux dévoile les pensées dans leurs berceaux muets. Il y a dans l'âme d'un état un mystère dont jamais on n'a osé faire la description, et dont l'opération est plus divinatrice que ne le peuvent exprimer la parole et la plume; tout le commerce que vous avez eu avec Troie, nous est aussi parfaitement connu qu'il l'est de vous. Monseigneur : il conviendrait mieux à Achille de renverser Hector que Polyxène[5]. Mais comme le jeune Pyrrhus[6] aujourd'hui dans sa patrie sera chagrin, lorsque la trompette de la renommée sonnera cette nouvelle dans nos îles, et que toutes les filles de la Grèce chanteront en dansant : « La sœur du grand Hector vainquit Achille; mais notre grand Ajax a bravement battu Hector. » Adieu, Monseigneur, je vous parle comme un ami; le fou patine sur la glace que vous devriez briser. (*Il sort.*)

Patrocle. — C'est dans ce même sens que je vous ai parlé, Achille : une femme impudente et passée à l'état de virago n'est pas plus détestable qu'un homme efféminé en temps d'action. Le blâme de votre inaction retombe sur moi; on suppose que c'est mon peu de goût pour la guerre, et votre grande amitié pour moi, qui vous retiennent ainsi : cher ami, réveillez-vous, et ce faible et frivole Cupidon débarrassera votre cou de son étreinte amoureuse, et vous le chasserez en l'air comme un lion secoue de sa crinière une goutte de rosée.

Achille. — Ajax combattra-t-il avec Hector?

Patrocle. — Oui, et peut-être il recevra beaucoup d'honneur de ce combat.

Achille. — Je vois que ma réputation est en jeu; ma gloire est habilement assassinée.

Patrocle. — Oh, prenez garde, alors; les blessures que les hommes se font à eux-mêmes guérissent mal : omettre de faire ce qui est nécessaire, c'est signer en blanc une commission au danger, et le danger comme une maladie nous pénètre subtilement, même alors que nous sommes assis paresseusement au soleil.

Achille. — Va, appelle ici Thersite, mon cher Patrocle; je vais envoyer le fou à Ajax, et le faire prier d'inviter les seigneurs troyens à venir après le combat nous voir ici sans armes : j'ai une envie de femme, un appétit qui me rend malade de voir le grand Hector dans son costume de paix, de parler avec lui, et de contempler son visage tout à mon aise. — Ah, voici une peine d'épargnée !

Entre THERSITE.

Thersite. — Une merveille !

Achille. — Quelle est-elle ?

Thersite. — Ajax va et vient dans la campagne en demandant où on pourrait le trouver.

Achille. — Comment ça ?

Thersite. — Il doit se battre demain en combat singulier avec Hector, et il est si fier prophétiquement de la bastonnade héroïque qu'il recevra, qu'il délire tout haut sans rien dire.

Achille. — Comment cela se peut-il ?

Thersite. — Il est là à se promener de long en large comme un paon : une enjambée, puis une pause : il rumine comme une hôtesse qui n'a d'autre arithmétique que celle de son cerveau pour établir ses comptes, et il mord sa lèvre avec un air de profond politique comme s'il voulait dire : il y aurait de l'esprit dans cette tête, s'il pouvait en sortir ; et il y en a, mais il y reste aussi froid que le feu dans un caillou, lequel ne se montrera que si on frappe le caillou. L'homme est perdu pour toujours ; car si Hector ne lui casse pas le cou dans le combat, il se le cassera lui-même par vaine gloire. Il ne me reconnaît pas : je lui ai dit : « Bonjour, Ajax, » et il m'a répondu : « Merci, Agamemnon. » Que pensez-vous de cet homme qui me prend pour le général ? Il est devenu un véritable poisson de terre, un être sans nom, un monstre. Peste soit de la vanité ! Un homme peut la porter des deux côtés comme une casaque de cuir.

Achille. — Il faut que tu me serves d'ambassadeur auprès de lui, Thersite.

Thersite. — Qui, moi ? parbleu, il ne répondra à personne; il fait profession de ne pas répondre; parler est bon pour des mendiants; il porte sa langue au bout de ses bras. Je vais vous le contrefaire; que Patrocle m'adresse des questions, et vous allez voir la représentation du personnage d'Ajax.

ACHILLE. — Fais cela, Patrocle : dis-lui : « Je désire humblement que le vaillant Ajax invite le très-valeureux Hector à venir désarmé dans ma tente, et qu'il lui procure un sauf-conduit du magnanime, du très-illustre, et du six ou sept fois honoré capitaine général de l'armée grecque, Agamemnon, etc. » Fais cela.

PATROCLE. — Jupiter bénisse le grand Ajax!

THERSITE. — Hum!

PATROCLE. — Je viens de la part du noble Achille....

THERSITE. — Ah!

PATROCLE. — Qui désire très-humblement que vous invitiez Hector à venir sous sa tente....

THERSITE. — Hum!

PATROCLE. — Et que vous vous procuriez un sauf-conduit d'Agamemnon.

THERSITE. — Agamemnon?

PATROCLE. — Oui, Monseigneur.

THERSITE. — Ah!

PATROCLE. — Que répondez-vous à cela?

THERSITE. — Que je souhaite de tout mon cœur que Dieu soit avec vous.

PATROCLE. — Votre réponse, Monseigneur?

THERSITE. — Si demain il fait beau, à onze heures ce sera une chose faite de manière ou d'autre; quoi qu'il arrive, il m'achètera cher avant de m'avoir.

PATROCLE. — Votre réponse, Monseigneur?

THERSITE. — Je vous dis portez-vous bien, de tout mon cœur.

ACHILLE. — Mais il n'est pas dans ce ton-là, n'est-ce pas?

THERSITE. — Non, mais il est hors de toute espèce de ton, comme je vous le dis. Quelle musique sortira de lui, lorsqu'Hector lui aura cassé la tête, je n'en sais rien ; mais je suis sûr qu'il n'en sortira aucune, à moins que ce violonneux d'Apollon ne prenne ses nerfs pour en faire des cordes.

Achille. — Allons, tu vas lui porter immédiatement une lettre.

Thersite. — Faites-m'en porter une seconde pour son cheval ; car des deux, c'est la créature la plus raisonnable.

Achille. — Mon esprit est trouble comme une fontaine qu'on vient d'agiter ; et moi-même je n'en vois pas le fond. (*Sortent Achille et Patrocle.*)

Thersite. — Je voudrais que la fontaine de votre esprit fût redevenue claire, afin d'y faire boire un âne ! J'aimerais mieux être une tique sur un mouton qu'un tel vaillant ignorant. (*Il sort.*)

ACTE IV.

SCÈNE PREMIÈRE.

Troie. — Une rue.

Entrent d'un côté ÉNÉE *et* un serviteur *avec une torche ; de l'autre,* PÂRIS, DÉIPHOBUS, ANTÉNOR, DIOMÈDE, *et autres avec des torches.*

Pâris. — Attention, eh ! qui va là ?

Déiphobus. — C'est le seigneur Énée.

Énée. — Est-ce le prince en personne ? Si j'avais une aussi bonne occasion que la vôtre de rester couché, prince Pâris, il n'y aurait qu'une affaire venant du ciel qui pourrait voler ma camarade de lit de ma compagnie.

Diomède. — C'est aussi mon opinion. — Bonjour, Seigneur Énée.

Pâris. — C'est un vaillant Grec, Énée, donnez-lui la main : j'invoque le souvenir de votre propre récit, alors que vous nous avez raconté comment Diomède, pendant toute une semaine, vous avait poursuivi, jour après jour, sur le champ de bataille.

Énée. — Bonne santé, vaillant Seigneur, pendant tout le temps que durera l'aimable trêve ; mais quand je vous rencontrerai sous les armes, défi aussi implacable que le cœur puisse le ressentir ou le courage le tenir.

Diomède. — Diomède accepte l'un et l'autre. Nos courroux sont maintenant au calme ; bonne santé, pendant tout ce temps-là : mais lorsque la lutte recommençant, une occasion se présentera, par Jupiter, je donnerai la chasse à ta vie avec toute ma force, ma persévérance et ma ruse.

Énée. — Et tu donneras la chasse à un lion qui fuira, la face retournée de ton côté. En toute humaine sympathie, sois à Troie le bienvenu ! oui, par la vie d'Anchise, tu es le bienvenu ! Par la main de Vénus, je jure qu'il n'est pas d'homme vivant qui puisse aimer avec autant d'affection l'homme qu'il se propose de tuer !

Diomède. — Nous sympathisons : Jupiter, fais qu'Énée vive le temps de mille voyages complets du soleil, si la destinée ne veut pas que sa mort soit une gloire pour mon épée ! mais pour la satisfaction de mon honneur jaloux, permets qu'il meure, une blessure à chaque membre, et cela dès demain !

Énée. — Nous nous connaissons bien l'un l'autre.

Diomède. — Oui, et nous avons soif de nous connaître en pire.

Pâris. — Voilà bien le plus hostilement courtois accueil, la plus noblement haineuse amitié, dont j'aie jamais entendu parler[1]. Quelle affaire vous tient levé si matin, Seigneur ?

Énée. — On m'a envoyé chercher de la part du roi ; mais pourquoi, je ne le sais pas.

Pâris. — Son message vous rencontre en chemin : c'était pour vous charger de conduire ce Grec à la maison de Calchas, et une fois là, de lui remettre la belle Cressida en échange d'Anténor qui nous est rendu. Veuillez faire route avec nous, ou s'il vous plaît mieux, passez devant pour nous y précéder : je soupçonne fort, ou plutôt prenez mon soupçon pour une manière de certitude, que mon frère Troïlus y couche cette nuit ; réveillez-le, avertissez-le de notre arrivée, en l'informant de toutes les circonstances qui l'expliquent : je crains que nous ne soyons les très-mal venus.

Énée. — Cela, je vous en réponds ; Troïlus aimerait mieux voir Troie emportée en Grèce que Cressida emportée de Troie.

Pâris. — Il n'y a pas moyen de faire autrement ; les fâcheuses circonstances du moment l'exigent. Allez devant, Seigneur ; nous vous suivons.

Énée. — Bonjour à tous. (*Il sort avec son valet.*)

Pâris. — Et dites-moi, noble Diomède, oui, dites-moi la vérité en toute franchise, et en toute bonne et sincère amitié ; dans votre opinion, quel est de moi ou de Ménélas celui qui mérite le mieux la belle Hélène ?

Diomède. — Tous deux également : il mérite bien de l'avoir, lui qui sans tenir compte de sa souillure, la poursuit à travers un enfer de souffrances et un monde d'ennuis ; et vous méritez bien de la garder, vous qui sans vous dégoûter du parfum de son déshonneur, la défendez au prix énorme de tant de richesses et d'amis. Lui, comme un cocu pleurnicheur, boirait la vase et la lie d'un vulgaire tonneau éventé ; vous, comme un libertin, vous vous trouvez heureux d'avoir des héritiers sortis des reins d'une catin : vos deux mérites sont égaux ; l'un ne pèse pas plus que l'autre ; d'un côté comme de l'autre, le poids d'une même catin tient la balance en équilibre.

Pâris. — Vous êtes trop amer pour votre compatriote.

Diomède. — C'est elle qui est amère pour sa patrie : écoutez-moi, Pâris ; une vie grecque a péri pour chacune des gouttes du sang menteur de ses veines de catin ; pour chaque once de sa charogne souillée, un Troyen a été massacré : depuis qu'elle a pu parler, sa bouche n'a pas donné naissance à autant de bonnes paroles, qu'il a été tué pour elle de Grecs et de Troyens.

Paris. — Beau Diomède, vous agissez comme les acheteurs, vous dépréciez la chose que vous désirez acquérir ; mais nous, nous montrons sa valeur par notre silence ; nous ne louerons pas ce que nous n'avons pas l'intention de vendre. Notre chemin est par ici. (*Ils sortent.*)

SCÈNE II.

Troie. — La cour de la maison de Pandarus.

Entrent TROÏLUS *et* CRESSIDA.

Troïlus. — Chérie, ne vous dérangez pas : la matinée est froide.

Cressida. — Alors, mon doux Seigneur, je vais faire descendre mon oncle ; il ouvrira les portes.

Troïlus. — Ne le dérange pas ; au lit, au lit : que le sommeil tue ces jolis yeux, et enchaîne tes sens dans une aussi douce captivité que celle dont il enveloppe les enfants vides de toute pensée !

Cressida. — Adieu, alors.

Troïlus. — Voyons, je t'en prie, au lit.

Cressida. — Êtes-vous las de moi ?

Troïlus. — O Cressida, n'était que le jour bruyant réveillé par l'alouette a fait lever les corneilles médisantes, et que la nuit mère des rêves ne peut plus cacher nos joies, je ne me séparerais pas de toi.

Cressida. — La nuit a été trop courte.

Troïlus. — Maudite soit la sorcière ! elle traîne aussi ennuyeusement que l'enfer auprès des créatures venimeuses, mais elle fuit les embrassements des amoureux avec des ailes plus rapides que la pensée. Vous allez prendre froid, et vous me maudirez.

CRESSIDA. — Je t'en prie, attends un peu; vous autres hommes, vous ne voulez jamais attendre. O sotte Cressida! j'aurais dû encore tenir bon, et alors vous auriez bien été forcé d'attendre. Écoutez! voici quelqu'un.

PANDARUS, *du dehors.* — Comment! toutes les portes sont ouvertes ici?

TROÏLUS. — C'est votre oncle.

CRESSIDA. — Peste de lui! Maintenant il va se mettre à railler : je vais avoir une vie....

Entre PANDARUS.

PANDARUS. — Eh bien, eh bien! comment vont les pucelages? Ah! vous voilà, Mademoiselle! où est ma nièce Cressida?

CRESSIDA. — Allez vous faire pendre, vilain railleur d'oncle! vous me poussez à faire la chose, et puis vous me raillez par-dessus le marché.

PANDARUS. — Je vous ai poussée à faire quoi? à faire quoi? — qu'elle dise quoi? Qu'est-ce que je vous ai poussée à faire?

CRESSIDA. — Voyons, voyons, allez vous promener! vous ne voulez jamais être bon, ni laisser les autres en paix.

PANDARUS. — Ha! ha! Hélas, la pauvre petite! hélas, la pauvre sainte n'y touche[2]! Tu n'as pas dormi cette nuit? est-ce qu'il n'a pas voulu te laisser dormir le méchant? que le loup-garou l'emporte[3]! (*On frappe à la porte.*)

CRESSIDA. — Ne vous l'avais-je pas dit? je voudrais qu'on l'assommât! — Qui est là à la porte? allez donc voir, mon bon oncle. — Monseigneur, rentrez dans ma chambre. Vous souriez et vous vous moquez de moi comme si je pensais à mal.

TROÏLUS. — Ha! ha!

CRESSIDA. — Eh bien, vous vous trompez, je ne pense à rien de pareil. (*On frappe de nouveau.*) Avec quel entrain ils frappent! Je vous en prie, rentrez; je ne vou-

drais pas pour la moitié de Troie qu'on vous vît ici.
(*Sortent Troïlus et Cressida.*)

Pandarus, *allant vers la porte.* — Qui est ici? Qu'y a-t-il? Est-ce que vous voulez enfoncer la porte? Qu'y a-t-il? de quoi s'agit-il?

Entre ÉNÉE.

Énée. — Bonjour, Seigneur, bonjour.

Pandarus. — Qui est là? Monseigneur Énée! Sur ma foi, je ne vous reconnaissais pas : quelles nouvelles apportez-vous si matin?

Énée. — Est-ce que le prince Troïlus n'est pas ici?

Pandarus. — Ici? que ferait-il ici?

Énée. — Voyons, il est ici, Monseigneur; ne le niez pas : il lui importe beaucoup que je lui parle.

Pandarus. — Il est ici, dites-vous? c'est plus que je n'en sais, je vous le jure : pour mon compte, je suis rentré tard. Que ferait-il ici?

Énée. — Lui? rien du tout, parbleu! Voyons, voyons, vous allez lui faire du tort sans vous en douter : vous voulez lui être si fidèle, que vous allez lui être infidèle : ignorez qu'il est ici, mais allez le chercher; allez.

Au moment où PANDARUS *va sortir, rentre*
TROÏLUS.

Troïlus. — Eh bien, qu'y a-t-il? De quoi s'agit-il?

Énée. — Monseigneur, j'ai à peine le loisir de vous saluer, tellement mon affaire est pressée : il y a ici tout proche votre frère Pâris, Déiphobus, le Grec Diomède, et notre Anténor, qui nous a été rendu; et en échange de ce dernier, il faut qu'avant le premier sacrifice, d'ici à une heure, nous ayons remis entre les mains de Diomède Madame Cressida.

Troïlus. — La chose est-elle décidée?

Énée. — Décidée par Priam et le grand conseil de Troie; ils sont tout proche, et viennent pour exécuter cette décision.

Troïlus. — Comme mes succès me raillent! Je vais

ACTE IV, SCÈNE II.

aller à leur rencontre : mais, Monseigneur Énée, il est entendu que nous nous sommes rencontrés par hasard; vous ne m'avez pas trouvé ici.

ÉNÉE. — C'est bon, c'est bon, Monseigneur; la nature ne garde pas ses secrets avec plus de discrétion que moi les miens. (*Sortent Troïlus et Énée.*)

PANDARUS. — Est-ce possible? Pas plus tôt gagnée que perdue! Le diable emporte Anténor! Le jeune prince en deviendra fou. La peste soit d'Anténor! Je voudrais qu'ils lui eussent tordu le cou!

Rentre CRESSIDA.

CRESSIDA. — Eh bien, de quoi s'agit-il? Qui était ici?

PANDARUS. — Ah! ah!

CRESSIDA. — Pourquoi soupirez-vous si profondément? Où est allé Monseigneur? Qu'y a-t-il? dites-le-moi, mon bon oncle.

PANDARUS. — Je voudrais être enfoncé sous terre de toute ma hauteur!

CRESSIDA. — Ah Dieux! qu'y a-t-il donc?

PANDARUS. — Rentre, je t'en prie : plût au ciel que tu ne fusses jamais née! je savais que tu serais sa mort. Ah, le pauvre gentilhomme! Peste soit d'Anténor!

CRESSIDA. — Mon bon oncle, je vous en conjure, je vous en supplie à genoux, qu'y a-t-il?

PANDARUS. — Il faut que tu partes, fillette, il faut que tu partes : tu es échangée contre Anténor : tu dois retourner vers ton père et te séparer de Troïlus : cela sera sa mort; cela sera son poison; il ne pourra le supporter.

CRESSIDA. — O Dieux immortels! Je ne partirai pas.

PANDARUS. — Il le faut!

CRESSIDA. — Je ne partirai pas, mon oncle : j'ai oublié mon père; je ne connais plus aucun des liens du sang; ni parenté, ni affection, ni sang, ni âme au monde ne me sont aussi proches que le doux Troïlus. O vous, Dieux du ciel! faites du nom de Cressida la couronne même de la fausseté, si jamais elle abandonne Troïlus!

Temps, force, mort, faites subir à ce corps tous les outrages que vous voudrez ; mais la solide base, le fondement de mon amour, est comme le centre de la terre qui attire vers lui toutes choses. Je vais rentrer et pleurer....

Pandarus. — Va, va.

Cressida. — Arracher ma brillante chevelure, égratigner mon visage vanté, enrouer de sanglots ma voix limpide, et briser mon cœur à force de crier Troïlus ! Je ne veux pas partir de Troie ! (*Ils sortent.*)

SCÈNE III.

Troie. — Une rue devant la maison de Pandarus.

Entrent PÂRIS, TROÏLUS, ÉNÉE, DÉIPHOBUS, ANTÉNOR *et* DIOMÈDE.

Pâris. — Il est grand jour, et l'heure fixée pour la remettre aux mains de ce Grec vaillant s'approche rapidement : mon bon frère Troïlus, informez la Dame de ce qu'elle doit faire, et décidez-la à consentir promptement.

Troïlus. — Avancez vers sa maison ; je vais l'amener au Grec sans retard, et quand je la remettrai entre ses mains, imagine que ses mains sont un autel, et que ton frère Troïlus est un prêtre qui dépose sur elles l'offrande de son propre cœur. (*Il sort.*)

Pâris. — Je sais ce que c'est que d'aimer, et je voudrais pouvoir t'aider, aussi bien que je sais te plaindre ! Vous plairait-il de marcher en avant, Messeigneurs ? (*Ils sortent*

SCÈNE IV.

Troie. — Un appartement dans la demeure de Pandarus.

Entrent PANDARUS *et* CRESSIDA

Pandarus. — Sois modérée, sois modérée.

Cressida. — Pourquoi me parlez-vous de modération? La douleur que je ressens est extrême, complète; c'est le dernier mot de la douleur, et elle me violente aussi fortement que l'amour qui la cause : comment pourrais-je la modérer? Si je pouvais modérer mon amour, verser de l'eau dessus pour l'affaiblir et le refroidir, je pourrais donner à ma douleur la même atténuation; mais mon amour n'admet pas de tels remèdes affaiblissants, et pas davantage ma douleur, quand il s'agit d'une perte si chère.

Pandarus. — Le voici, le voici, le voici qui vient.

Entre TROÏLUS.

Pandarus. — O charmants tourtereaux !

Cressida, *embrassant Troïlus*. — O Troïlus ! Troïlus !

Pandarus. — Le joli couple que voilà ! Je veux vous embrasser aussi. *O cœur*, comme dit si bien la chanson :

> Oh cœur ! ô triste cœur !
> Pourquoi soupires-tu sans t'arrêter ?

A quoi il répond :

> Parce que tu ne peux soulager ta blessure,
> Ni par les soins de l'amitié, ni par les paroles.

Il n'y eut jamais chanson plus vraie. Ne faisons jamais fi de rien, car nous pouvons vivre assez pour avoir besoin d'une telle chanson; nous le voyons, nous le voyons. Eh bien, mes agneaux?

Troïlus. — Cressida, je t'aime avec une ardeur si pure, que les Dieux immortels, furieux de ma passion dont le zèle est plus chaud que les prières que de froides lèvres envoient vers leurs divinités, t'arrachent à moi.

CRESSIDA. — Est-ce que les Dieux ont de l'envie?

PANDARUS. — Oui, oui, oui, oui ; ce cas-ci est trop évident.

CRESSIDA. — Et est-il vrai que je dois quitter Troie?

TROÏLUS. — Trop odieusement vrai.

CRESSIDA. — Quoi! et quitter Troïlus aussi?

TROÏLUS. — Troie et Troïlus.

CRESSIDA. — Est-ce possible?

TROÏLUS. — Et cela tout de suite ; car la méchanceté du hasard nous refuse le temps des adieux, nous frustre brutalement de tout délai, prive grossièrement nos lèvres de tout baiser, empêche par la contrainte nos étroits embrassements, étouffe nos tendres vœux dans le berceau même de notre souffle où ils s'engendrent : nous qui nous sommes achetés mutuellement au prix de tant de milliers de soupirs, il nous faut nous vendre misérablement au prix d'un seul exhalé à la hâte. Aujourd'hui le temps injurieux, avec la précipitation d'un voleur, entasse son riche larcin, pêle-mêle, et sans savoir ce qu'il fait ; il rassemble en un seul adieu sommaire autant d'adieux qu'il y a d'étoiles au ciel, adieux dont chacun avait son battement de cœur distinct et ses baisers propres, et il nous réduit à un seul maigre baiser gâté par le sel de nos larmes.

ÉNÉE, *de l'extérieur*. — Monseigneur, la Dame est-elle prête?

TROÏLUS. — Écoutez! on vous appelle : certains disent que l'esprit crie ainsi *venez!* à celui qui doit mourir subitement. — Priez-les de prendre patience ; elle va venir tout à l'heure.

PANDARUS. — Où sont mes larmes? de la pluie pour abattre ce vent, ou mon cœur va être déraciné! (*Il sort.*)

CRESSIDA. — Je dois donc aller chez les Grecs?

TROÏLUS. — Il le faut absolument.

CRESSIDA. — Une Cressida douloureuse parmi les Grecs joyeux! Quand nous reverrons-nous?

ACTE IV, SCÈNE IV.

Troïlus. — Écoute-moi, mon amour : sois seulement fidèle de cœur....

Cressida. — Moi, fidèle! eh bien! quelle méchante supposition est-ce là?

Troïlus. — Voyons, c'est avec tendresse que nous devons nous faire nos recommandations, car voici l'heure de notre séparation : quand je te dis *sois fidèle*, ce n'est pas que je redoute que tu ne le sois pas ; car je jetterais mon gant à la mort elle-même, comme garantie que ton cœur est sans tache : mon *sois fidèle* n'avait d'autre but que d'amener cette promesse-ci : sois fidèle, et j'irai te voir.

Cressida. — Oh! Monseigneur, vous vous exposerez à des dangers aussi infinis que menaçants! mais je serai fidèle.

Troïlus. — Et moi, je ferai amitié avec le danger. Porte cette manche.

Cressida. — Et vous ce gant. Quand vous verrai-je?

Troïlus. — Je corromprai les sentinelles grecques pour te rendre visite de nuit : mais encore une fois, sois fidèle.

Cressida. — O cieux! encore ce *sois fidèle!*

Troïlus. — Ecoutez la raison pour laquelle je parle ainsi, bien-aimée; les jeunes Grecs sont pleins de qualités; ils sont portés à l'amour, beaux de formes, riches en dons naturels, ils excellent dans tous les arts et tous les exercices. Hélas! une sorte de jalousie divine que je vous conjure de tenir pour un péché vertueux, me fait craindre pour vous les tentations de la nouveauté et de leurs charmes personnels.

Cressida. — O cieux! vous ne m'aimez pas.

Troïlus. — Que je meure comme un scélérat, si cela est vrai! Quand je dis cela, c'est bien moins votre fidélité que je mets en question que mon mérite : je ne sais pas chanter, ni danser la volte, ni dire des douceurs, ni jouer à des jeux subtils, aimables talents dans lesquels les Grecs sont très-versés et très-habiles : mais, je puis vous le dire, dans chacune de ces grâces rampe un diable invisible et au langage muet, qui tente très-habilement : ne soyez pas tentée.

Cressida. — Croyez-vous que j'en sois capable?

Troïlus. — Non, mais on peut faire ce qu'on ne veut pas, et nous sommes parfois des diables envers nous-mêmes, lorsque présumant trop de leur puissance soumise au changement, nous tentons la fragilité de nos instincts.

Énée, *de l'extérieur.* — Mais, mon bon Seigneur.

Troïlus. — Allons, un baiser, et séparons-nous.

Pâris, *de l'extérieur.* — Frère Troïlus!

Troïlus. — Mon bon frère, venez ici, et amenez avec vous Énée et le Grec.

Cressida. — Monseigneur, serez-vous fidèle?

Troïlus. — Qui, moi? hélas! la fidélité est mon vice, mon défaut : tandis que d'autres pêchent avec la ruse une grande renommée, moi, avec une grande sincérité je n'attrape qu'une simple notoriété; tandis que d'autres dorent par l'astuce leurs couronnes de cuivre, moi je porte la mienne toute nue, franchement et simplement. Ne suspectez pas ma sincérité : la devise de mon caractère est *simple et franc;* voilà toute ma nature jusqu'au bout.

Entrent ÉNÉE, PÂRIS, ANTÉNOR, DÉIPHOBUS *et* DIOMÈDE.

Troïlus. — Sois le bienvenu, Messire Diomède. Voici la Dame que nous devons vous remettre en échange d'Anténor : aux portes de la ville, je la confierai à tes mains, Seigneur, et tout en faisant route, je vais te renseigner sur elle. Traite-la bien, et sur mon âme, beau Grec, si jamais tu te trouves à la merci de mon épée, tu n'auras qu'à nommer Cressida, et ta vie sera aussi sûre que celle de Priam est sûre dans Ilion.

Diomède. — Belle Madame Cressida, qu'il vous plaise d'épargner les remerciments que ce prince attend : la lumière de vos yeux, le ciel de votre visage réclament éloquemment les plus respectueux égards · vous serez la maîtresse de Diomède et vous lui commanderez pleinement.

Troïlus. — Grec, ce n'est pas me traiter avec courtoisie que de faire honte par les louanges que tu lui donnes au zèle des recommandations que je t'adresse en sa faveur : je te le dis, Seigneur Grec, elle est autant au-dessus de tes louanges, que tu es peu digne d'être nommé son serviteur. Je t'enjoins de la bien traiter, ne fût-ce qu'à cause de l'ordre que je te donne ; car si tu ne le fais pas, par le redoutable Pluton, je te couperai la gorge, quand bien même tu aurais pour te défendre le gigantesque Achille.

Diomède. — Oh! pas d'emportement, prince Troïlus : veuillez m'accorder, au nom de ma condition et de mon ambassade, le privilége du franc parler: lorsque je serai sorti d'ici, j'agirai à ma volonté, et sachez bien, Seigneur, que je ne ferai rien par ordre : elle aura les égards qui sont dus à son mérite ; mais si vous me dites : « Qu'il en soit ainsi, » je vous répondrai en tout courage et en tout honneur, — non.

Troïlus. — Allons, marchons vers la porte. Je te le déclare, Diomède, ta bravade te forcera plus d'une fois à cacher ta tête. — Madame, donnez-moi la main, et tout en marchant, confions-nous mutuellement l'un à l'autre ce que nous avons à nous dire. (*Sortent Troïlus, Cressida et Diomède. Bruit de trompette à l'extérieur.*)

Pâris. — Écoutez ! c'est la trompette d'Hector.

Énée. — A quoi avons-nous passé cette matinée ! Le prince va me croire négligent et oublieux, moi qui lui avais promis d'être sur le champ du combat avant lui.

Pâris. — C'est la faute de Troïlus : vite, vite, allons rejoindre Hector au lieu du combat.

Déiphobus. — Apprêtons-nous en toute hâte.

Énée. — Oui, préparons-nous avec l'allègre vivacité d'un fiancé à bien vite rejoindre Hector : la gloire de notre Troie dépend aujourd'hui de son noble courage et de sa seule chevalerie. (*Ils sortent.*)

SCÈNE V.

Le camp grec. — Une arène de combat est préparée.

Entrent AJAX, *en armes*, AGAMEMNON, ACHILLE, PATROCLE, MÉNÉLAS, ULYSSE, NESTOR, *et autres*.

AGAMEMNON. — Te voilà frais et dispos au rendez-vous où ton courage bouillant t'a fait devancer l'heure. Redoutable Ajax, que ta trompette lance vers Troie un bruyant appel, afin que l'air tressaillant pénètre les oreilles de l'illustre combattant, et l'entraîne ici.

AJAX. — Trompette, voici ma bourse. Allons, crève tes poumons et fais éclater ton tuyau d'airain. Souffle, coquin, jusqu'à ce que tes joues prennent la forme d'une sphère et battent en volume l'enflure de l'Aquilon bouffi; voyons, dilate ta poitrine, et que tes yeux jettent le sang : tu souffles pour Hector. (*La trompette sonne.*)

ULYSSE. — Aucune trompette ne répond.

ACHILLE. — Il est encore de très-bonne heure.

AGAMEMNON. — N'est-ce pas Diomède qui vient là-bas avec la fille de Calchas?

ULYSSE. — C'est lui, je le reconnais à sa façon de marcher : il va se dressant sur la pointe des pieds : les aspirations de son âme le soulèvent ainsi de terre.

Entre DIOMÈDE *avec* CRESSIDA.

AGAMEMNON. — Est-ce là Madame Cressida

DIOMÈDE. — Elle-même.

AGAMEMNON. — Vous êtes la très-bien venue parmi les Grecs, aimable Dame.

NESTOR. — Notre général vous salue par un baiser.

ULYSSE. — Cependant sa politesse n'est qu'individuelle : il serait mieux qu'elle fût embrassée *en général*.

NESTOR. — C'est un conseil très-courtois : je vais commencer. Voilà pour Nestor.

ACHILLE. — Je vais chasser cette glace de Nestor de vos lèvres, belle Dame. Achille vous souhaite la bienvenue.

MÉNÉLAS. — J'avais de bonnes raisons pour donner des baisers autrefois.

PATROCLE. — Mais vous n'en avez pas pour en donner maintenant, car survint Pâris dont le brusque succès vous sépara vous et vos raisons, — comme cela. (*Il embrasse Cressida.*)

ULYSSE. — O maudite aventure, sujet de toutes nos misères ! elle est cause que nous perdons nos têtes pour dorer ses cornes.

PATROCLE. — Le premier baiser était celui de Ménélas; voici le mien : Patrocle vous embrasse.

MÉNÉLAS. — Ah bien, voilà qui est joli !

PATROCLE. — Pâris et moi nous embrassons toujours pour lui.

MÉNÉLAS. — Je veux avoir mon baiser, Messire. Madame, avec votre permission.

CRESSIDA. — Quand vous embrassez, recevez-vous ou donnez-vous ?

MÉNÉLAS. — Je prends et je donne.

CRESSIDA. — Je veux faire un marché avantageux : le baiser que vous prenez vaut mieux que celui que vous donnez ; donc pas de baiser.

MÉNÉLAS. — Je vous en rendrai en quantité ; je vous en donnerai trois pour un.

CRESSIDA. — Vous êtes un homme impair ; donnez-en un nombre pair ou n'en donnez aucun.

MÉNÉLAS. — Un homme impair, Madame ! tout homme est impair (*a*).

CRESSIDA. — Non, Pâris ne l'est pas, car vous savez que votre compte avec lui n'est pas réglé, et que lui est au pair avec vous.

MÉNÉLAS. — Vous visez mon front.

CRESSIDA. — Non, je vous jure.

(*a*) *Impair*, puisqu'il ne fait que le nombre *un*.

Ulysse. — Vos ongles contre ses cornes! les armes ne seraient pas égales entre vous. Aimable Dame, puis-je solliciter de vous un baiser?

Cressida. — Vous pouvez.

Ulysse. — Je le désire.

Cressida. — Eh bien, demandez-le alors.

Ulysse. — Eh bien alors, au nom de Vénus, donnez-moi un baiser le jour où Hélène sera redevenue vierge et l'épouse de Ménélas.

Cressida. — Je suis votre débitrice, réclamez votre dû quand le jour viendra.

Ulysse. — Mon jour est jamais, et votre baiser est pour ce jour-là.

Diomède. — Madame, un mot. — Je vais vous conduire à votre père. (*Il sort avec Cressida.*)

Nestor. — Une femme d'un vif esprit.

Ulysse. — Fi, fi d'elle! Il y a un langage dans son œil, dans sa joue, dans sa lèvre, il n'est pas jusqu'à son pied qui ne parle; son âme capricieuse jaillit de toutes les articulations et de tous les membres de son corps. Oh! ces escarmoucheuses, si déliées de la langue, qui vous donnent l'accolade avant qu'on la demande, et qui ouvrent toutes grandes les tablettes de leurs pensées à tout lecteur qui peut les émoustiller, vous pouvez hardiment les tenir comme autant de proies lascives de l'occasion favorable et de vraies filles du métier. (*Une trompette sonne.*)

Tous. — La trompette du Troyen!

Agamemnon. — Voici venir la bande.

Entrent HECTOR, *armé*, ÉNÉE, TROÏLUS, *et autres* Troyens *avec des gens de leurs suites*.

Énée. — Salut à vous tous, chefs de la Grèce! Que proposez-vous de faire pour celui qui remportera la victoire? Votre intention est-elle que le vainqueur soit proclamé? Voulez-vous que les chevaliers poussent le combat à toute outrance, ou bien devront-ils s'arrêter sur un appel ou un ordre des juges? Hector me charge de vous poser ces questions.

ACTE IV, SCÈNE V.

AGAMEMNON. — Comment Hector désire-t-il que les choses se passent?

ÉNÉE. — Cela lui est égal; il obéira aux conditions qui seront faites.

ACHILLE. — Voilà qui est agir comme Hector, mais agir trop franchement, avec tant soit peu d'orgueil et pas mal de mépris pour le chevalier ennemi.

ÉNÉE. — Si vous n'êtes pas Achille, Messire, quel est votre nom?

ACHILLE. — Personne, si je ne suis pas Achille.

ÉNÉE. — Par conséquent, vous êtes Achille : mais quoi qu'il en soit, sachez bien ceci : le courage et l'orgueil atteignent chez Hector les extrémités du grand et du petit; l'un est presque infini comme l'univers, l'autre est vide comme le néant. Sondez-le bien, et vous verrez que ce qui paraît orgueil chez lui est courtoisie. Cet Ajax est sorti à moitié du sang d'Hector, et par affection pour lui, la moitié d'Hector est restée à son logis; une moitié d'Hector, avec une moitié de main et une moitié de cœur, est venue pour rencontrer le chevalier métis, moitié Troyen et moitié Grec.

ACHILLE. — C'est un combat de femmelettes alors? Oh! je vous vois venir.

Rentre DIOMÈDE.

AGAMEMNON. — Voici Messire Diomède. Allez, gentil chevalier, tenez-vous près de notre Ajax : l'ordre du combat sera tel que vous l'établirez d'accord avec le Seigneur Énée, soit un combat à outrance, soit une simple passe : la parenté des combattants arrête à demi leur lutte avant même qu'ils en soient venus aux coups. *(Ajax et Hector entrent dans l'arène.)*

ULYSSE. — Ils sont déjà en présence.

AGAMEMNON. — Quel est ce Troyen qui a l'air si triste?

ULYSSE. — Le plus jeune fils de Priam, un véritable chevalier; il n'est pas encore mûr, et cependant il est hors de pair; sûr dans sa parole, éloquent par ses actes et modeste de langue; difficile à courroucer, mais une fois courroucé difficile à calmer : ouvert et libéral de cœur et de main, car il donne ce qu'il a et laisse voir ce qu'il pense ; cependant il ne donne pas sans que son jugement guide sa générosité, et il n'honore pas de la parole une pensée imparfaite : il est vaillant comme Hector, mais plus dangereux ; car dans le feu même de son courroux, Hector cède à de tendres sentiments ; mais lui, dans la chaleur de l'action, il est plus vindicatif que l'amour jaloux : on l'appelle Troïlus, et sur lui on bâtit une seconde espérance, aussi solidement assise que la confiance qu'inspire Hector. C'est le jugement que porte de lui Énée qui connaît le jeune homme, et qui, en conversation amicale, me l'a décrit ainsi dans la grande Ilion. (*Signal du combat. Ajax et Hector entrent en lutte.*)

AGAMEMNON. — Les voici aux prises.

NESTOR. — Allons, Ajax, fais solide contenance !

TROÏLUS. — Hector, tu sommeilles ; réveille-toi !

AGAMEMNON. — Ses coups sont bien portés : hardi, Ajax !

DIOMÈDE. — Il faut vous arrêter. (*Les trompettes se taisent.*)

ÉNÉE. — Princes, assez, je vous prie.

AJAX. — Je ne suis pas encore échauffé ; recommençons le combat.

DIOMÈDE. — Comme il plaira à Hector.

HECTOR. — Eh bien alors, j'en resterai là. Puissant Seigneur, tu es le fils de la sœur de mon père, et le cousin germain des enfants du grand Priam : les devoirs du sang interdisent entre nous une rivalité meurtrière. Si le mélange des sangs grec et troyen était tel en toi, que tu pusses dire : « Cette main est toute grecque, et celle-ci est troyenne ; les muscles de cette jambe sont tous grecs, les muscles de cette autre sont tous troyens ; le sang de ma mère coule sous ma joue droite, celui de mon père est enfermé sous ma joue gauche, » alors par Jupiter aux puissances multiples, tu n'emporterais pas un membre grec où mon épée n'eût laissé la marque de notre querelle envenimée ! Mais les justes Dieux interdisent que mon

ACTE IV, SCÈNE V.

épée meurtrière fasse couler une seule goutte du sang que tu tiens de ta mère, ma tante vénérée! Laisse-moi t'embrasser, Ajax : par le dieu du tonnerre, tu as de robustes bras, et voilà comment Hector veut que ces bras l'étreignent : tout honneur à toi, cousin !

AJAX. — Je te remercie, Hector : tu es un homme trop noble et trop généreux : j'étais venu pour te tuer, cousin, et pour emporter d'ici un grand surcroît de gloire acquis par ta mort.

HECTOR. — Néoptolème lui-même [5], tout extraordinaire qu'il est, Néoptolème sur le bruyant cimier duquel la renommée se perche, pour crier *c'est lui*, de ses bravos les plus bruyants, ne pourrait se donner la promesse d'ajouter à sa gloire par un honneur ravi à Hector.

ÉNÉE. — On attend ici des deux côtés votre décision sur ce que vous voulez faire.

HECTOR. — Nous allons répondre; la conclusion est un embrassement. Ajax, adieu.

AJAX. — Si mes prières pouvaient obtenir un succès comme j'ai rarement l'occasion d'en avoir, je désirerais que mon illustre cousin visitât nos tentes grecques.

DIOMÈDE. — C'est le désir d'Agamemnon, et le grand Achille aspire à voir le vaillant Hector sans ses armes.

HECTOR. — Énée, dis à mon frère Troïlus de venir auprès de moi : annonce cette affectueuse entrevue à nos spectateurs troyens, et prie-les de s'en retourner au logis. — Donne-moi ta main, mon cousin : je vais aller dîner avec toi et rendre visite à vos chevaliers.

AJAX. — Le grand Agamemnon s'avance pour nous accueillir.

HECTOR. — Nomme-moi l'un après l'autre les plus nobles d'entre eux; mais quant à Achille, mes regards investigateurs le devineront à sa large et majestueuse carure.

AGAMEMNON. — Noble guerrier! reçois la bienvenue autant que peut te la souhaiter un homme qui voudrait fort être délivré d'un ennemi tel que toi; mais ce n'est pas à souhaiter une bienvenue : comprends-nous plus clairement, ce qui est passé et ce qui est à venir, nous le jetons avec les choses de rebut dans le détritus informe de l'oubli, et ce sont la bonne foi et la franchise, pures de toute mauvaise arrière-pensée, qui, en ce moment présent, avec la divine sincérité du cœur s'adressant au cœur même, te disent : sois le bienvenu, grand Hector!

Hector. — Je te remercie, très-royal Agamemnon.

Agamemnon, *à Troïlus.* — Vous n'êtes pas le moins bienvenu, Seigneur de Troie, qui êtes si bien renommé.

Ménélas. — Permettez-moi de compléter l'accueil princier de mon frère; vous êtes les bienvenus ici, couple de frères guerriers.

Hector. — A qui devons-nous répondre?

Énée. — Au noble Ménélas.

Hector. — Ah, c'est vous, Monseigneur? merci, par le gantelet de Mars! Ne vous moquez pas de moi, si je me sers d'un juron inaccoutumé; votre *quondam* femme jure encore par le gant de Vénus : elle se porte bien, mais elle ne m'a pas chargé de vous porter ses compliments.

Ménélas. — Ne la nommez pas en ce moment, Messire : c'est un sujet de douleurs mortelles.

Hector. — Oh! pardon, je vous ai offensé.

Nestor. — Brave Troyen, je t'ai vu souvent, tenant la place de la destinée, t'ouvrir un chemin sanglant à travers les rangs de la jeunesse grecque. Je t'ai vu, ardent comme Persée, éperonner ton coursier phrygien, et dédaigneux d'achever plus d'un triomphe et d'arracher la soumission à ceux que tu avais vaincus, laisser la pointe en l'air ton épée relevée au lieu de la faire tomber sur ceux qui étaient à terre, si bien que j'ai dit alors à ceux qui étaient près de moi : « Voyez donc, là-bas, Jupiter, qui accorde à son gré la vie! » Je t'ai vu t'arrêter pour reprendre haleine, comme un lutteur olympien, alors qu'un cercle de Grecs faisait barrière de toute parts autour de toi ; voici ce que j'ai vu; mais ce que j n'avais pas vu encore, c'était ton visage, toujours masqué par l'acier. J'ai connu ton grand-père[6], et j'ai autrefois combattu avec lui : c'était un bon soldat, mais par l grand Mars, notre chef à tous, il ne te fut jamais comparable ! Permets à un vieillard de t'embrasser, et sois le bienvenu sous nos tentes, noble guerrier.

ÉNÉE. — C'est le vieux Nestor.

HECTOR. — Laisse-moi t'embrasser, bonne vieille chronique qui si longtemps as marché la main dans la main avec le temps : très-respectable Nestor, je suis heureux de te donner l'accolade.

NESTOR. — Plût au ciel que mes bras pussent lutter de vigueur avec les tiens, aussi bien qu'ils luttent de courtoisie !

HECTOR. — Je le voudrais de tout mon cœur.

NESTOR. — Ah! si cela se pouvait, par cette barbe blanche, je combattrais avec toi dès demain ! Bon, sois le bienvenu, le bienvenu ! J'ai vu un temps....

ULYSSE. — Je me demande comment la ville, là-bas, peut rester debout, alors que nous avons ici, près de nous, sa base et sa colonne.

HECTOR. — Je connais parfaitement votre physionomie, Seigneur Ulysse. Ah, Messire, il est mort bien des Grecs et des Troyens, depuis le jour où je vous ai vus pour la première fois dans Ilion, vous et Diomède, lors de votre ambassade grecque.

ULYSSE. — Messire, je vous ai prédit alors ce qui s'ensuivrait : ma prophétie n'en est encore qu'à la moitié de sa route; car ces murailles là-bas qui défendent si impertinemment votre ville, et ces tours dont les sommets fanfarons vont baiser les nuages, devront baiser leurs propres pieds.

HECTOR. — Je ne dois pas vous croire : murs et tours sont encore debout, et je crois sans manquer à la modestie que la chute de chaque pierre phrygienne coûtera une goutte de sang grec : la fin couronne tout, et ce vieil arbitre commun de l'univers, le temps, décidera un jour de la chose.

ULYSSE. — Aussi lui laissons-nous ce soin-là. Soyez le bienvenu, très-noble et très-vaillant Hector : après le général, je demande à être le premier qui ait l'honneur de vous recevoir et de vous traiter sous ma tente.

ACHILLE. — Mais moi je te supplanterai, toi, Seigneur Ulysse ! Hector, j'ai maintenant repu mes yeux de ta personne; je t'ai lu avec une attentive inspection, Hector, et je t'ai appris par cœur, membre par membre.

HECTOR. — Est-ce Achille ?

ACHILLE. — Je suis Achille.

HECTOR. — Aie la complaisance de te tenir droit, je t'en prie : laisse-moi te regarder.

ACHILLE. — Regarde-moi tout ton soûl.

HECTOR. — C'est bien, j'ai déjà fini.

ACHILLE. — Tu vas trop vite; moi, je vais pour la seconde fois t'examiner, membre par membre, comme si je voulais t'acheter.

HECTOR. — Oh ! tu me lis comme un livre d'exercices chevaleresques, mais il y a en moi plus de choses que tu n'en comprends. Pourquoi me foudroies-tu ainsi de ton œil ?

ACHILLE. — Cieux, dites-moi, dans quelle partie de son corps le tuerai-je ? Sera-ce là, ou là, ou là, afin que je puisse donner un nom à la blessure, et que je fasse bien connaître la brèche par où s'enfuira l'âme du grand Hector : répondez-moi, ô cieux !

HECTOR. — Cela discréditerait les Dieux saints, homme orgueilleux, de répondre à une telle question : tiens-toi debout derechef : penses-tu cueillir ma vie si aisément, que tu puisses conjecturer avec précision l'endroit par où tu me frapperas à mort ?

ACHILLE. — Oui, je le déclare.

HECTOR. — Tu serais un oracle pour me parler ainsi, que je ne te croirais pas. Désormais garde-toi bien, car moi je ne te tuerai pas ici, ou là, ou là; mais par la forge où fut forgé le casque de Mars, je te tuerai partout, oui, partout, et plusieurs fois plutôt qu'une. Très-sages Grecs, permettez-moi cette bravade, son insolence fait sortir des sottises de mes lèvres; mais je ferai en sorte que mes actes égalent mes paroles, ou puissé-je ne jamais....

AJAX. — Ne t'échauffe pas, cousin; et vous, Achille,

ACTE IV, SCÈNE V.

laissez là ces menaces, jusqu'à ce que la marche des choses ou l'occasion vous mettent à même de les réaliser : si vous avez appétit d'Hector, vous pouvez en manger tous les jours à votre aise ; mais le conseil général de l'armée aura peine, je le crains, à vous persuader d'en venir aux mains avec lui.

Hector. — Permettez-nous de vous voir sur le champ de bataille, je vous prie ; nous n'avons eu que de misérables combats, depuis que vous avez déserté la cause des Grecs.

Achille. — Tu m'adresses une prière, Hector ? Demain tu me trouveras en face de toi, cruel comme la mort ; ce soir, nous sommes tous amis.

Hector. — Ta main, pour conclure ce marché.

Achille. — Pour commencer, venez tous à ma tente, pairs de Grèce ; là nous festoierons amplement : puis, selon que le loisir d'Hector se trouvera d'accord avec vos libéralités, chacun de vous pourra le traiter pour son compte. Que les tambourins résonnent haut, que les trompettes retentissent, afin que ce grand soldat puisse savoir qu'il est le bienvenu ! (*Tous sortent, hormis Troïlus et Ulysse.*)

Troïlus. — Monseigneur Ulysse, apprenez-moi, je vous en conjure, en quel endroit du camp réside Calchas.

Ulysse. — A la tente de Ménélas, prince Troïlus : Diomède y festoie ce soir avec lui, Diomède qui ne regarde plus ni le ciel, ni la terre, mais dont les yeux n'ont d'autre occupation que de contempler amoureusement la belle Cressida.

Troïlus. — Aimable Seigneur, voulez-vous m'accorder de vous être très-reconnaissant, en me conduisant à cet endroit, lorsque nous quitterons la tente d'Agamemnon ?

Ulysse. — Vous me commanderez, Messire. Voulez-vous avoir de votre côté la même obligeance, en me disant en quelle estime cette Cressida était à Troie ? N'y avait-elle aucun amant qui pleure son absence ?

Troïlus. — O Messire, une moquerie est due à ceux qui, pour se vanter, montrent leurs blessures. Voulez-vous que nous marchions, Seigneur? Elle était aimée, elle aimait; elle aime, elle est aimée : mais néanmoins le doux amour est nourriture pour la dent de l'occasion. (*Ils sortent.*)

ACTE V.

SCÈNE PREMIÈRE.

Le camp grec. Devant la tente d'ACHILLE.

Entrent ACHILLE *et* PATROCLE.

ACHILLE. — Je vais échauffer ce soir avec du vin de Grèce son sang[1], que demain je refroidirai avec mon cimeterre. Patrocle, faisons-lui une fête complète.

PATROCLE. — Voici Thersite.

Entre THERSITE.

ACHILLE. — Eh bien! cœur de l'envie en personne, fournée manquée de la nature, quelles nouvelles?

THERSITE. — Pardi, peinture de ce que tu parais, idole des adorateurs d'idiots, voici une lettre pour toi.

ACHILLE. — D'où vient-elle, morceau d'homme?

THERSITE. — De Troie, parbleu, sot complet.

PATROCLE. — Qui garde la tente, maintenant? Qui est sous toiles?

THERSITE. — Sous toiles! la trousse du chirurgien, ou la blessure du patient[2].

PATROCLE. — Bien dit, Messire contradiction! Et à quel propos ces plaisanteries?

THERSITE. — Je t'en prie, garde le silence, enfant; ta

conversation ne m'instruit pas : on pense que tu es la servante mâle d'Achille.

PATROCLE. — Sa servante mâle, coquin ! qu'est-ce à dire?

THERSITE. — C'est-à-dire sa putain masculine, parbleu. Mais que toutes les maladies putrides du vent du sud, les coliques qui tordent les boyaux, les descentes de bourses, les catarrhes, les graviers aux reins, les léthargies, les humeurs froides, la chassie des yeux, la putréfaction du foie, le sifflement des poumons, les pustules pleines de sanie, les sciatiques, les sensations de brûlure de chaux aux mains, la carie incurable des os, et la possession éternelle des dartres sèches, emportent, et emportent encore de si détestables suppositions !

PATROCLE. — Mais, damnée boîte d'envie, qu'est-ce que tu prétends maudire ainsi?

THERSITE. — Est-ce que je te maudis ?

PATROCLE. — Moi, non certes, barrique effondrée; informe chien de catin, non.

THERSITE. — Non ! En ce cas, pourquoi es-tu exaspéré, mauvais écheveau de soie floche, abat-jour de florence verte pour un œil malade, gland de la bourse d'un prodigue? Ah, comme le pauvre monde est encombré de telles libellules, les infiniment petits de la nature !

PATROCLE. — A bas, fiel !

THERSITE. — Œuf de pinson !

ACHILLE. — Mon cher Patrocle, je suis tout à fait traversé dans mon projet de combat pour demain. Voici une lettre de la reine Hécube, et un cadeau de sa fille, ma belle bien-aimée; toutes deux me pressent et m'invitent à tenir un serment que j'ai juré. Je ne veux pas y manquer: tombent les Grecs, s'envole la renommée, soit ballotté l'honneur par le vent de l'opinion, mon principal serment est de ce côté-là, et j'y obéirai. Allons, allons, Thersite, aide à orner ma tente; cette soirée sera passée tout entière à banqueter. Partons, Patrocle.
(*Sortent Achille et Patrocle.*)

THERSITE.— Ces deux-là pourront devenir fous par trop de sang et trop peu de cervelle; mais s'ils le deviennent par trop de cervelle et trop peu de sang, je veux bien devenir guérisseur de fous. Voici Agamemnon : c'est un assez honnête garçon, et qui aime bien les poulettes[3]; mais il n'a pas plus de cervelle qu'une figure de cire : et cette excellente transformation de Jupiter, ce taureau, son frère, cette statue primitive et cet oblique emblème des cocus, figure de corne à chausser enchâssée dans une chaîne pendue à la jambe de son frère, en quelle autre forme que la sienne, l'esprit lardé de malice, ou la malice farcie d'esprit, pourraient-ils le changer? En âne, ce ne serait pas assez : il est à la fois âne et bœuf ; en bœuf, ce ne serait pas assez : il est à la fois bœuf et âne. Cela ne me ferait rien d'être chien, mulet, chat, belette, crapaud, lézard, hibou, milan, ou hareng mâle ; mais plutôt que d'être Ménélas, je lutterais avec la destinée. Ne me demandez pas ce que je voudrais être, si je n'étais pas Thersite ; car pourvu que je ne fusse pas Ménélas, cela me serait égal d'être un pou de lépreux. Hourrah ! voilà des esprits avec des feux follets !

Entrent HECTOR, TROÏLUS, AJAX, AGAMEMNON, ULYSSE, NESTOR, MÉNÉLAS *et* DIOMÈDE, *avec des lumières.*

AGAMEMNON. — Nous nous trompons, nous nous trompons.

AJAX. — Non, c'est là-bas ; là, où nous voyons les lumières.

HECTOR. — Je vous importune.

AJAX. — Non, pas le moins du monde.

ULYSSE. — Il vient en personne pour vous guider.

Rentre ACHILLE.

ACHILLE. — Sois le bienvenu, brave Hector ; et vous tous, princes, vous êtes les bienvenus.

AGAMEMNON. — Et maintenant, beau prince de Troie, je vous souhaite bonne nuit. Ajax commande la garde chargée de veiller sur vous.

HECTOR. — Mes remercîments et mes souhaits de bonne nuit au général des Grecs.

MÉNÉLAS. — Bonne nuit, Monseigneur.

HECTOR. — Bonne nuit, mon doux Ménélas.

THERSITE. — Doux lieux d'aisance! Est-ce *doux* qu'il a dit? Doux cloaque, doux égout.

ACHILLE. — Bonne nuit et salut, à la fois à ceux qui s'en vont et à ceux qui restent.

AGAMEMNON. — Bonne nuit. (*Sortent Agamemnon et Ménélas.*)

ACHILLE. — Le vieux Nestor reste; restez aussi, Diomède, tenez compagnie à Hector une heure ou deux.

DIOMÈDE. — Je ne puis, Seigneur, j'ai d'importantes affaires, dont c'est maintenant l'heure pressante. Bonne nuit, grand Hector.

HECTOR. — Donnez-moi votre main.

ULYSSE, *à part, à Troïlus*. — Suivez sa torche, il se rend à la tente de Calchas; je vous tiendrai compagnie.

TROÏLUS. — Aimable Messire, vous me faites grand honneur.

HECTOR. — Eh bien, bonne nuit. (*Sort Diomède; Ulysse et Troïlus le suivent.*)

ACHILLE. — Allons, allons, entrez dans ma tente. (*Sortent Achille, Ajax, Hector et Nestor.*)

THERSITE. — Ce Diomède est un coquin au cœur faux, un très-déloyal drôle; je ne me fierais pas plus à lui quand il cligne de l'œil, que je ne me fie à un serpent quand il siffle : il va vous être prodigue de ses paroles et de ses promesses, comme un limier aux aboiements indiscrets; mais lorsqu'il tient ce qu'il promet, les astronomes le prédisent; c'est un prodige qui annonce quelque changement prochain; le soleil emprunte à la lune, quand Diomède tient sa parole. J'aime mieux ne pas voir Hector, que de manquer de pourchasser celui-là : on dit qu'il entretient une gourgandine troyenne, et qu'il se sert de la tente du traître Calchas : je vais le suivre. Rien que paillardise! tous valets incontinents! (*Il sort.*)

SCÈNE II.

Le camp grec. Devant la tente de Calchas.

Entre DIOMÈDE.

Diomède. — Eh bien, êtes-vous levés ici, eh? parlez.
Calchas, *de l'intérieur.* — Qui appelle?
Diomède. — Diomède. — Calchas, je pense? — Où est votre fille?
Calchas, *de l'intérieur.* — Elle vient vous trouver.

Entrent à distance TROÏLUS *et* ULYSSE; THERSITE *vient derrière eux.*

Ulysse. — Tenons-nous à un endroit où les torches ne puissent pas nous faire découvrir.

Entre CRESSIDA.

Troïlus. — Cressida qui vient le trouver!
Diomède. — Eh bien, ma protégée?
Cressida. — Me voici, mon doux protecteur. Écoutez, un mot. (*Elle chuchote.*)
Troïlus. — Oui-da, bien familière!
Ulysse. — Elle chantera pour tout homme à première vue.
Thersite, *à part.* — Et tout homme la chantera, s'il peut lui prendre sa clef; elle est notée.
Diomède. — Vous rappelez-vous?
Cressida. — Si je me rappelle? oui.
Diomède. — Eh bien, faites, alors, et que votre conduite soit d'accord avec vos paroles.
Troïlus. — Que doit-elle se rappeler?
Ulysse. — Écoutons!
Cressida. — Doux Grec à la langue de miel, ne me tente plus pour me faire faire des folies.
Thersite, *à part.* — Coquinerie!
Diomède. — Mais alors....

CRESSIDA. — Je vais vous dire....

DIOMÈDE. — Ta, ta! vous allez me dire des enfantillages; vous ne tenez pas parole.

CRESSIDA. — Sur ma foi, je ne le puis pas : que voudriez-vous me faire faire?

THERSITE, *à part*. — Un petit tour d'adresse.... pour se faire ouvrir la porte secrète.

DIOMÈDE. — Qu'avez-vous juré que vous m'accorderiez?

CRESSIDA. — Je t'en prie, n'insiste pas sur mon serment; demande-moi tout ce que tu voudras, sauf cela, aimable Grec.

DIOMÈDE. — Bonne nuit.

TROÏLUS. — Contiens-toi, ma patience!

ULYSSE. — Eh bien, qu'y a-t-il, Troyen?

CRESSIDA. — Diomède....

DIOMÈDE. — Non, non, bonne nuit : je ne serai pas votre jouet plus longtemps.

THERSITE, *à part*. — Meilleur que toi l'est bien.

CRESSIDA. — Écoutez, un mot à l'oreille.

TROÏLUS. — Ah, peste et folie!

ULYSSE. — Vous êtes irrité, prince; partons, je vous en prie, de crainte que votre déplaisir n'éclate en paroles de colère : cette place-ci est dangereuse; l'heure est mortelle : je vous en conjure, partons.

TROÏLUS. — Regardons, je vous en prie!

ULYSSE. — Non, mon bon Seigneur, partez : vous allez vous laisser aller à un grand éclat; venez, Monseigneur.

TROÏLUS. — Je t'en prie, reste.

ULYSSE. — Vous n'avez pas de patience; venez.

TROÏLUS. — Je vous en prie, restons; par l'enfer et tous les tourments de l'enfer, je ne dirai pas un mot.

DIOMÈDE. — Et là-dessus, bonne nuit.

CRESSIDA. — Mais vous vous en allez fâché.

TROÏLUS. — Est-ce que cela t'afflige? Ô fidélité flétrie!

ULYSSE. — Eh bien, Seigneur?

TROÏLUS. — Par Jupiter, je serai patient.

CRESSIDA. — Mon gardien! — Hé, hé, Grec!

Diomède. — Ta, ta! adieu; vous équivoquez.

Cressida. — Non, sur ma foi : revenez ici encore une fois.

Ulysse. — Il y a quelque chose qui vous fait tressaillir, Monseigneur : voulez-vous venir? vous allez éclater.

Troïlus. — Elle lui tape sur la joue!

Ulysse. — Venez, venez.

Troïlus. — Non, restons; par Jupiter, je ne dirai pas un mot; entre ma volonté et toutes les offenses qui peuvent m'être faites est interposée une garde de patience ; attendons encore un peu.

Thersite, *à part*. — Comme le diable luxure, avec ses chauds rognons et ses doigts de gingembre, les chatouille tous deux! chauffe, luxure, chauffe.

Diomède. — Mais consentirez-vous alors?

Cressida. — Sur ma foi, oui, je consentirai, ou bien ne me croyez jamais plus.

Diomède. — Donnez-moi quelque gage comme garantie.

Cressida. — Je vais aller vous en chercher un. (*Elle sort.*)

Ulysse. — Vous avez juré d'avoir patience.

Troïlus. — Ne craignez rien, mon aimable Seigneur; je saurai m'oublier moi-même et ignorer ce que je suis : je suis tout patience.

Rentre CRESSIDA.

Thersite, *à part*. — Voilà le gage; le voilà, le voilà, le voilà!

Cressida. — Tenez, Diomède, gardez cette manche.

Troïlus. — O beauté! où est ta sincérité?

Ulysse. — Monseigneur....

Troïlus. — Je serai patient; je le serai en apparence.

Cressida. — Vous regardez cette manche; contemplez-la bien. — Il m'aimait. — Ô fille fausse que je suis! — Rendez-la-moi.

Diomède. — A qui appartenait-elle?

Cressida. — Peu importe, maintenant que j'ai pu la reprendre. Je ne vous recevrai pas demain soir : je t'en prie, Diomède, ne viens plus me voir.

ACTE V, SCÈNE II.

THERSITE. — Voilà qu'elle l'excite : bien dit, pierre à aiguiser !

DIOMÈDE. — Je l'aurai.

CRESSIDA. — Quoi ! ceci ?

DIOMÈDE. — Oui, cela.

CRESSIDA. — Ô vous Dieux ! Ô gentil, gentil gage ! Maintenant ton maître étendu dans son lit pense à toi et à moi ; il soupire, il prend mon gant, et lui donne en souvenir mille délicieux baisers, comme celui que je te donne. — Non, ne me le reprends pas ; celui qui me l'arracherait, arracherait en même temps mon cœur.

DIOMÈDE. — J'avais votre cœur auparavant, cela l'accompagne.

TROÏLUS. — J'ai juré d'avoir patience.

CRESSIDA. — Vous n'aurez pas cela, Diomède ; sur ma foi, vous ne l'aurez pas ; je vous donnerai quelque autre chose.

DIOMÈDE. — Je veux cet objet ; à qui appartenait-il ?

CRESSIDA. — Peu importe.

DIOMÈDE. — Allons, dites-moi à qui il appartenait.

CRESSIDA. — A quelqu'un qui m'aimait mieux que vous ne m'aimerez : mais maintenant que vous l'avez, gardez-le.

DIOMÈDE. — A qui appartenait cette manche ?

CRESSIDA. — Par toutes les Nymphes du cortége de Diane, errantes là-bas, et par Diane elle-même, je ne vous le dirai pas.

DIOMÈDE. — Demain je la porterai sur mon casque, et je blesserai le cœur de celui qui n'osera pas la réclamer [1].

TROÏLUS. — Tu serais le diable, et tu porterais ce gage sur tes cornes, que je le réclamerais.

CRESSIDA. — Bien, bien, c'est fait, c'est fini ; — et cependant non, je ne tiendrai pas ma promesse.

DIOMÈDE. — Eh bien, alors, adieu ; tu ne te moqueras jamais plus de Diomède.

CRESSIDA. — Vous ne partirez pas : on ne peut pas vous dire un mot, sans que cela vous fâche tout de suite.

DIOMÈDE. — Je n'aime pas ces plaisanteries-là.

Thersite, *à part*. — Ni moi, par Pluton : mais ce que vous n'aimez pas, est ce qui me plaît davantage.

Diomède. — Voyons, viendrai-je? à quelle heure?

Cressida. — Oui, venez : ô Jupiter! — Venez : — je serai maudite.

Diomède. — Adieu jusqu'à ce moment-là.

Cressida. — Bonne nuit. Je t'en prie, viens. (*Sort Diomède.*) Adieu, Troïlus! un de mes yeux te regarde encore, mais c'est mon cœur qui voit avec l'autre œil. Ah, notre pauvre sexe! je découvre en nous ce défaut, c'est que l'erreur de notre œil dirige notre âme : elle doit errer nécessairement celle que conduit l'erreur ; oh, concluons alors que les âmes guidées par les yeux sont pleines de turpitudes. (*Elle sort.*)

Thersite, *à part*. — Elle n'en pouvait pas donner une démonstration plus forte, à moins de dire, mon âme est devenue putain.

Ulysse. — Tout est fini, Monseigneur.

Troïlus. — Tout est fini.

Ulysse. — Pourquoi restons-nous alors?

Troïlus. — Pour repasser dans mon âme chacune des syllabes qui ont été prononcées ici. Mais si je racontais ce que ces deux-ci ont fait de concert, ne mentirais-je pas tout en disant la vérité? Il y a encore dans mon cœur une telle confiance, une espérance si opiniâtrement robuste, qu'elles récusent le témoignage des yeux et des oreilles, comme si ces organes avaient des fonctions trompeuses et n'avaient été créés que pour calomnier. Est-ce que Cressida était bien ici?

Ulysse. — Je n'ai pas pouvoir d'évoquer, Troyen?

Troïlus. — Elle n'y était pas assurément.

Ulysse. — Très-assurément elle y était.

Troïlus. — Mais j'espère que ma négation ne sent pas la folie?

Ulysse. — Ni la mienne non plus, Monseigneur : Cressida était là il n'y a qu'un instant.

Troïlus. — Ne le croyons pas pour l'honneur du sexe féminin! Pensons que nous avons eu des mères ; ne donnons pas aux censeurs cyniques, enclins sans raison à croire au mal, l'avantage de juger de tout le sexe en général par l'exemple de Cressida : croyons plutôt que ce n'est pas Cressida.

ULYSSE. — Prince, qu'a-t-elle fait qui puisse souiller nos mères?

TROÏLUS. — Rien du tout, à moins que la femme qui était ici ne fût elle.

THERSITE, *à part*. — Va-t-il donc maintenant porter un défi à ses propres yeux?

TROÏLUS. — Elle, cette femme? non, c'est la Cressida de Diomède : si la beauté possède une âme, ce n'est pas elle; si les âmes dictent les vœux, si les vœux sont saints, si la sainteté est un plaisir pour les dieux, s'il est une loi dans l'identité elle-même, ce n'est pas elle. Ô folie de la logique qui peux plaider pour et contre la même cause! Autorité équivoque qui permets à la raison de se révolter sans se perdre, et à l'erreur de se faire passer sans révolte pour la raison ; c'est, et ce n'est pas Cressida! Dans mon âme se livre un combat de si étrange nature, qu'un être identique se divise en deux personnes plus séparées l'une de l'autre que le ciel ne l'est de la terre; et pourtant l'espace immense compris entre ces deux divisions n'admet pas d'ouverture assez vaste pour qu'on pût y introduire un point aussi subtil qu'un des fils de la toile brisée d'Arachné. Certitude, ô certitude forte comme les portes de Pluton! Cressida m'appartient, enchaînée à moi par les liens du ciel : et certitude, ô certitude forte comme le ciel lui-même! les liens du ciel sont défaits, relâchés et dissous; et avec un autre nœud, lié par ses cinq doigts, elle a attaché à Diomède les débris de sa foi, les éclats de son amour, les fragments, les morceaux, les parcelles, les restes graisseux de sa fidélité rongés jusqu'aux os.

ULYSSE. — Le noble Troïlus peut-il réellement ressentir la moitié des sentiments qu'exprime ici sa passion!

TROÏLUS. — Oui, Grec; et cette passion sera divulguée en caractères aussi rouges que le cœur de Mars enflammé par Vénus : jamais jeune homme n'aima d'un amour aussi éternel et aussi constant. Ecoute, Grec : autant j'aime Cressida, autant je hais son Diomède : les deux sentiments ont même poids. Cette manche qu'il doit porter sur son casque est à moi, et ce casque eût-il été forgé par l'habileté de Vulcain, mon épée le fendra : non, la redoutable colonne d'eau que les marins appellent trombe, condensée en une même masse par le tout-puissant soleil, n'étourdit pas de plus de clameurs l'oreille de Neptune quand elle s'abat, que ne le fera mon épée quand sifflante elle tombera sur Diomède.

Thersite, *à part*. — Il va le chatouiller pour sa concupiscence.

Troïlus. — Ô Cressida ! ô fausse Cressida ! fausse, fausse, fausse ! que tous les mensonges soient mis en face de ton nom souillé, et ils paraîtront glorieux.

Ulysse. — Oh ! contenez-vous ; votre passion attire les oreilles de ce côté.

Entre ÉNÉE.

Énée. — Je vous ai cherché toute cette heure-ci, Monseigneur : Hector, en ce moment, s'arme dans Troie ; Ajax, votre gardien, attend pour vous reconduire à vos foyers.

Troïlus. — Je suis à vous, prince. — Adieu, mon courtois Seigneur. — Adieu, belle révoltée ! et toi, Diomède, tiens-toi ferme, et aie soin de porter un château sur ta tête !

Ulysse. — Je vais vous accompagner jusqu'aux portes.

Troïlus. — Acceptez les remercîments d'un homme égaré. (*Sortent Troïlus, Énée et Ulysse.*)

Thersite, *s'avançant*. — Ah, si je pouvais rencontrer ce coquin de Diomède ! je croasserais comme un corbeau ; je lui chanterais des présages, je lui chanterais des présages. Patrocle me donnera tout ce que je voudrai pour l'accointer avec cette putain : le perroquet n'en ferait pas plus pour une amande, que lui pour une catin facile. Paillardise ! paillardise ! toujours guerre et paillardise; il n'y a que cela à la mode : qu'un diable de flammes les emporte tous! (*Il sort.*)

SCÈNE III.

TROIE. — Devant le palais de PRIAM.

Entrent HECTOR *et* ANDROMAQUE.

ANDROMAQUE. — Depuis quand Monseigneur a-t-il assez mauvais caractère pour fermer ses oreilles aux avertissements? Désarmez-vous, désarmez-vous, et n'allez pas au combat aujourd'hui.

HECTOR. — Vous m'obligez à vous offenser; rentrez : par tous les dieux immortels, j'irai!

ANDROMAQUE. — A coup sûr mes rêves présagent quelque malheur pour aujourd'hui.

HECTOR. — Assez, dis-je.

Entre CASSANDRE.

CASSANDRE. — Où est mon frère Hector?

ANDROMAQUE. — Ici, ma sœur, tout armé, et respirant le carnage; unissez-vous avec moi dans une prière véhémente et tendre, supplions-le à genoux; car j'ai rêvé d'une mêlée sanglante, et j'ai passé ma nuit entière à ne voir que formes et images de massacre.

CASSANDRE. — Oh! cela est vrai.

HECTOR. — Holà! commandez à mon trompette de sonner.

CASSANDRE. — Que ce ne soit pas le boute-selle, au nom du ciel, mon doux frère!

HECTOR. — Retirez-vous, vous dis-je, les Dieux m'ont entendu jurer.

CASSANDRE. — Les Dieux sont sourds aux vœux violents et téméraires : ce sont là des offrandes souillées, et plus abhorrées que les taches aux foies des victimes offertes au sacrifice.

ANDROMAQUE. — Oh! laissez-vous persuader! ne croyez pas qu'il soit pieux de mal faire pour être intègre; cela n'est pas plus légitime que si, pour donner beaucoup, nous commettions de violents larcins, et que si nous volions sous prétexte de charité.

Cassandre. — C'est le but qui fait la force du serment; mais les serments ne doivent être tenus que selon la fin qu'ils ont en vue : désarmez-vous, mon doux Hector.

Hector. — Tenez-vous tranquille, vous dis-je. C'est mon honneur qui détermine la température de ma destinée : tout homme tient la vie pour précieuse; mais l'homme dont l'âme est précieuse tient l'honneur pour autrement précieux que la vie.

Entre TROÏLUS.

Hector. — Comment donc, jeune homme! as-tu l'intention d'aller au combat aujourd'hui?

Andromaque. — Cassandre, appelle mon père pour le persuader. (*Sort Cassandre.*)

Hector. — Non vraiment, n'y va pas, jeune Troïlus; dépouille-toi de ton armure, jeune homme, je suis aujourd'hui dans une veine de chevalerie : laisse grossir tes muscles jusqu'à ce que leurs nœuds soient assez forts, et ne t'en va pas t'exposer encore aux blessures de la guerre. Désarme-toi, va ; et n'en doute pas, brave enfant, je suffirai aujourd'hui pour défendre à moi seul, toi, moi et Troie.

Troïlus. — Frère, vous avez en vous un vice de clémence qui convient mieux à un lion qu'à un homme.

Hector. — Qu'est-ce que ce vice, mon bon Troïlus? gronde-moi à son sujet.

Troïlus. — Bien souvent, lorsque les vaincus grecs tombent sous le vent de votre épée sifflante, vous leur commandez de se relever et de vivre.

Hector. — Oh! c'est de beau jeu.

Troïlus. — Jeu de sot, par le ciel, Hector!

Hector. — Comment donc! comment donc!

Troïlus. — Pour l'amour de tous les Dieux, laissons l'ermite Pitié avec nos mères, et lorsque nous avons une fois endossé nos armures, que la vengeance envenimée

ACTE V, SCÈNE III.

dirige nos épées; faisons-leur faire une besogne impitoyable, ne permettons pas à la compassion de les retenir.

Hector. — Fi, sauvage, fi !

Troïlus. — Hector, telle doit être la guerre.

Hector. — Troïlus, je ne voudrais pas vous voir combattre aujourd'hui.

Troïlus. — Rien ne pourrait m'en empêcher ! ni la destinée, ni les devoirs de l'obéissance, ni la main de Mars me faisant signe avec une épée de flammes de me retirer ; Hécube et Priam à genoux, les yeux rougis à force de larmes, et vous-même, mon frère, même si votre loyale épée essayait de s'opposer à moi, vous seriez incapables de me barrer le chemin autrement qu'en me tuant.

Rentre CASSANDRE *avec* PRIAM.

Cassandre. — Pose la main sur lui, Priam, tiens-le ferme : il est ta béquille ; si tu perds aujourd'hui ton étai, Troie entière s'appuyant sur toi, et toi sur lui, nous allons tous tomber ensemble.

Priam. — Allons, Hector, allons, reviens : ta femme a eu des rêves, ta mère a eu des visions, Cassandre prophétise, et moi-même je suis un prophète soudainement inspiré pour te dire que ce jour est menaçant : ainsi donc, reviens.

Hector. — Énée est au combat, et j'ai pris avec une foule de Grecs l'engagement de me montrer à eux ce matin ; je l'ai promis sur la foi même de la valeur.

Priam. — Oui, mais tu n'iras pas.

Hector. — Je ne dois pas violer mon serment. Vous savez que je suis obéissant ; ainsi, cher Seigneur, ne me forcez pas à manquer de respect, mais donnez-moi au contraire, de vive voix, et de libre consentement, permission de suivre la voie que vous me défendez ici, royal Priam.

Cassandre. — O Priam, ne lui cède pas !

Andromaque. — Ne lui cédez pas, mon cher père.

Hector. — Andromaque, je suis fâché contre vous : au nom de l'amour que vous me portez, rentrez. (*Sort Andromaque.*)

Troïlus. — C'est cette folle fille qui avec ses superstitions et ses rêves, donne naissance à tous ces présages.

Cassandre. — Oh! adieu, cher Hector! Vois comme tu meurs! vois comme ton œil pâlit! vois par combien de blessures s'échappe ton sang! Entends comme Troie rugit! entends comme Hécube sanglote! comme la pauvre Andromaque jette sa douleur en cris perçants! Regarde, l'égarement, le désespoir et la stupeur, pareils à des marionnettes privées d'âme, s'abordent l'un l'autre, et tous crient : Hector! Hector est mort! Ô Hector!

Troïlus. — Pars! pars!

Cassandre. — Adieu. — Une minute, cependant! Hector, je prends congé de toi : tu te perds toi-même, et tu perds toute notre Troie. (*Elle sort.*)

Hector. — Ses exclamations vous ont plongé dans la consternation, mon Suzerain : rentrez, et réveillez la confiance de la ville; nous allons sortir et combattre, et nous ferons des actes dignes de louange que nous vous raconterons ce soir.

Priam. — Adieu : que les Dieux t'entourent de sécurité! (*Sortent de divers côtés Priam et Hector. — Alarmes.*)

Troïlus. — Écoutez, ils sont aux prises. — Orgueilleux Diomède, crois bien que je viens pour perdre mon bras ou pour conquérir ma manche.

Au moment où TROÏLUS *sort,* PANDARUS *entre de l'autre côté.*

Pandarus. — Entendez-vous, Monseigneur? entendez-vous?

Troïlus. — Quoi donc?

Pandarus. — Voici une lettre de la pauvre fille qui est là-bas.

Troïlus. — Laisse-la-moi lire.

Pandarus. — J'ai un bougre de mal de poitrine, un bougre de coquin de mal de poitrine qui me fatigue tellement, de compagnie avec la sotte fortune de cette fille, que ceci aidant cela, je vous laisserai un de ces jours : j'ai aussi un rhume aux yeux, et de telles douleurs dans les os, que je ne sais qu'en penser, si cela ne veut pas dire que je suis maudit. Que dit-elle dans cette lettre?

Troïlus. — Des mots, des mots, de simples mots, rien qui vienne du cœur : le cœur est occupé d'un autre côté. (*Il déchire la lettre.*) Vent, rejoins le vent, tournez et changez ensemble. Elle continue à nourrir mon amour de mots et de mensonges, mais elle en honore un autre de ses actes. (*Ils sortent de côtés différents.*)

SCÈNE IV.

Les plaines entre Troie et le camp grec.

Alarmes, combats. Entre THERSITE.

Thersite. — Ils sont pour le moment à s'envoyer des coups de langue les uns aux autres; je vais aller voir ça. Cet abominable fourbe, ce valet de Diomède, a mis à son heaume la manche de ce jeune drôle imbécile de Troie qui a une si vile passion : je voudrais bien les voir se rencontrer, et je serais charmé que ce jeune âne troyen qui aime cette catin renvoyât ce coquin de maquereau grec à la manche, porter un message sans manches à cette menteuse d'impudique gourgandine. D'un autre côté, la politique de ces coquins qui se vantent de leur habileté, de ce vieux et sec fromage suranné et mangé des rats, Nestor, et de ce renard-chien Ulysse, n'a pas produit de résultats valant une mûre des haies. Par politique, ils vous ont opposé ce dogue métis d'Ajax à ce chien d'aussi mauvaise race, Achille, et voilà maintenant que le dogue Ajax est plus orgueilleux que le dogue Achille, et qu'il ne veut pas s'armer aujourd'hui : il résulte de tout cela que les Grecs commencent à proclamer la barbarie et que la politique tombe en discrédit. Doucement ! voici l'homme à la manche avec l'autre.

Entre DIOMÈDE; TROÏLUS *le suit.*

Troïlus. — Ne fuis pas, car quand bien même tu te jetterais dans le fleuve Styx, je t'y poursuivrais à la nage !

Diomède. — Tu juges mal ma retraite : je ne fuis pas ; mais c'est pour mieux choisir mon terrain que je me suis retiré du pêle-mêle. En garde !

Thersite, *à part.* — Soutiens ta putain, Grec ! combats pour ta putain, Troyen ! allons, la manche ! allons, la manche ! (*Sortent en combattant Troïlus et Diomède.*)

Entre HECTOR.

Hector. — Qui es-tu, Grec ? es-tu un adversaire digne d'Hector ? es-tu homme de race et d'honneur ?

Thersite. — Non, non : je suis un coquin ; un vil drôle railleur ; un drôle très-boueux.

Hector. — Je te crois ; vis. (*Il sort.*)

Thersite. — Je remercie Dieu que tu aies voulu me croire, mais que la peste t'étouffe pour m'avoir fait cette peur-là ! Que sont devenus nos coquins de putassiers ? Je crois qu'ils se sont avalés l'un l'autre : je rirais bien de ce miracle : — cependant la paillardise se dévore en effet elle-même d'une certaine façon. Je vais à leur recherche. (*Il sort.*)

SCÈNE V.

Une autre partie des plaines.

Entrent DIOMÈDE *et* un valet.

Diomède. — Va, va, mon valet, prends le cheval de Troïlus ; présente le beau coursier à Madame Cressida : recommande mes services à sa beauté, mon garçon ;

dis-lui que j'ai châtié l'amoureux Troyen et que je suis son chevalier sur preuves.

Le valet. — J'y vais, Monseigneur. (*Il sort.*)

Entre AGAMEMNON.

Agamemnon. — Recommencez, recommencez! Le féroce Polydamas a couché Menon à terre : le bâtard Margarelon a fait Doreus prisonnier, et il se tient comme un colosse, brandissant sa lance, sur les cadavres écrasés des rois Epistrophus et Cedius : Polyxènes est tué; Amphimachus et Thoas sont gravement blessés; Patrocle est pris ou tué, et Palamède cruellement blessé et meurtri de coups : le terrible Sagittaire [5] épouvante nos troupes : hâtons-nous de porter renfort, Diomède, où nous périssons tous.

Entre NESTOR.

Nestor. — Allez, portez à Achille le corps de Patrocle, et commandez à cet Ajax à la lenteur d'escargot de s'armer, au nom de la honte. Il y a mille Hectors sur le champ de bataille : ici, il est à combattre sur son cheval Galathé [6], et la besogne lui manque bientôt; là-bas, il combat à pied, et les nôtres fuient ou meurent comme les poissons écailleux devant la baleine aux naseaux vomissants; puis il est de cet autre côté, et les Grecs semblables à de la paille, mûrs pour son épée, tombent devant lui comme le blé devant le moissonneur; ici, là, partout, il frappe et tue à son plaisir; son agilité obéit à ce point à son appétit de carnage, qu'il fait tout ce qu'il veut, et il en fait tant, que l'évidence s'appelle impossibilité.

Entre ULYSSE.

Ulysse. — Oh! courage, courage, princes! le grand Achille s'arme, pleurant, maudissant, jurant d'avoir vengeance : les blessures de Patrocle s'ajoutant à ses Myrmidons mutilés qui reviennent vers lui, hachés et raccourcis, qui sans nez, qui sans mains, en criant contre Hector, ont réveillé sa vaillance endormie. Ajax a perdu un ami, sa bouche écume, il est armé, et le voilà lancé, rugissant après Troïlus, qui aujourd'hui s'est conduit avec une bravoure folle et fantastique, s'engageant et se dégageant, avec une ardeur tellement insouciante et une prudence si semblable à l'abandon de soi, qu'on aurait dit que la fortune lui avait ordonné de tout vaincre, en dépit de toute tactique.

Entre AJAX.

AJAX. — Troïlus! eh, lâche Troïlus! (*Il sort.*)
DIOMÈDE. — Oui, va, là-bas, là-bas.
NESTOR. — Allons, allons, nous reprenons nos forces.

Entre ACHILLE.

ACHILLE. — Où est cet Hector? Allons, allons, tueur d'enfants, montre ta face; apprends ce que c'est que de rencontrer Achille furieux. Hector! où est Hector? je ne veux qu'Hector! (*Ils sortent.*)

SCÈNE VI.

Une autre partie des plaines.

Entre AJAX.

AJAX. — Troïlus, lâche Troïlus, montre ta tête!

Entre DIOMÈDE.

DIOMÈDE. — Troïlus, dis-je! Où est Troïlus?
AJAX. — Que lui voudrais-tu?
DIOMÈDE. — Je voudrais le corriger.
AJAX. — Si j'étais le général, je te céderais ma charge avant de te céder cette correction. Troïlus, dis-je! hé, Troïlus!

Entre TROÏLUS

TROÏLUS. — Ah, traître Diomède, retourne ta face

menteuse, et paye-moi la vie que tu me dois pour prix de mon cheval!

Diomède. — Ah, te voilà donc?

Ajax. — Moi seul je me battrai avec lui; tiens-toi à l'écart, Diomède.

Diomède. — Il est ma proie; je ne veux pas jouer le rôle de spectateur.

Troïlus. — Venez tous deux, fourbes de Grecs; en garde tous deux! (*Ils sortent en combattant.*)

Entre HECTOR.

Hector. — Ah c'est Troïlus! Oh, bien combattu, mon très-jeune frère!

Entre ACHILLE.

Achille. — Maintenant je te vois, ah, ah! En garde, Hector!

Hector. — Repose-toi, si tu veux.

Achille. — Je dédaigne ta courtoisie, orgueilleux Troyen : félicite-toi que mes armes soient hors d'état de servir; mon inaction et ma négligence te sauvent maintenant, mais tu entendras parler de moi tout à l'heure : jusqu'à ce moment, va poursuivre ta fortune. (*Il sort.*)

Hector. — Porte-toi bien : si je t'avais attendu, je t'aurais présenté un adversaire plus reposé. — Eh bien, qu'y a-t-il, mon frère?

Rentre TROÏLUS.

Troïlus. — Ajax a pris Énée : permettrons-nous cela? Non, par la flamme de ce glorieux ciel là-bas, il ne l'emmènera pas, je serai pris aussi, ou je le délivrerai. Destinée, écoute ce que je dis! Il m'est égal que tu termines ma vie aujourd'hui. (*Il sort.*)

Entre un combattant *en somptueuse armure.*

Hector. — Arrête, arrête, Grec; tu es une bien belle cible : non? tu ne veux pas? J'aime beaucoup ton armure; je la bossellerai et j'en ferai sauter tous les ferrements, mais j'en serai le maître. — Ne veux-tu pas attendre, animal? Eh bien, alors, fuis, je vais te donner la chasse pour avoir ta peau. (*Ils sortent.*)

SCÈNE VII.

Une autre partie des plaines.

Entre ACHILLE *avec ses* MYRMIDONS.

ACHILLE. — Venez ici autour de moi, vous, mes Myrmidons; écoutez ce que je vais vous dire. Suivez-moi dans mes tours et détours; ne frappez pas un coup, mais tenez-vous en haleine, et lorsque j'aurai découvert le sanguinaire Hector, que vos épées l'entourent d'une palissade, et exécutez votre consigne de la manière la plus impitoyable. Suivez-moi, Messieurs, et accompagnez de l'œil tous mes actes. Il est décrété que le grand Hector doit mourir. (*Ils sortent.*)

SCÈNE VIII.

Une autre partie des plaines.

Entrent en se battant MÉNÉLAS *et* PÂRIS, *puis* THERSITE.

THERSITE, *à part*. — Le cocufié et le cocufiant sont aux prises. Hardi, taureau! hardi, chien! Czzz, Pâris, czzz! Allons, mon moineau aux deux femelles! Czzz, Pâris, czzz! Le taureau a l'avantage : gare aux cornes, ho! (*Sortent Pâris et Ménélas.*)

Entre MARGARELON.

MARGARELON. — Retourne-toi, esclave, et combats.
THERSITE. — Qui es-tu?
MARGARELON. — Un fils bâtard de Priam.
THERSITE. — Je suis un bâtard, moi aussi; j'aime les

bâtards : je suis bâtard par la naissance, bâtard par l'instruction, bâtard par l'âme, bâtard par la vaillance, illégitime en toutes choses. Un ours n'en mordra pas un autre, et pourquoi un bâtard en mordrait-il un autre? Prends garde, cette guerre est de mauvais présage pour nous : si le fils d'une putain combat pour une putain, il risque de se faire juger pour ce qu'il est. Adieu, bâtard. (*Il sort.*)

MARGARELON. — Le Diable t'emporte, lâche! (*Il sort.*)

SCÈNE IX.

Une autre partie des plaines.

Entre HECTOR.

HECTOR. — Corps très-misérable, si beau à l'extérieur, la superbe armure t'a coûté la vie. Maintenant, mon travail de la journée est fini, je vais souffler largement : repose-toi, mon épée; tu as ton soûl de sang et de mort! (*Il retire son casque et suspend son bouclier derrière lui.*)

Entrent ACHILLE *et* LES MYRMIDONS.

ACHILLE. — Vois, Hector, comme le soleil commence à se coucher; comme la hideuse nuit vient soufflant derrière ses talons : pour que la journée finisse bien, la vie d'Hector va s'achever au moment où le soleil se voilera et s'éteindra.

HECTOR. — Je suis désarmé; dédaigne un tel avantage, Grec.

ACHILLE. — Frappez, compagnons, frappez! voilà l'homme que je cherche. (*Hector tombe.*) Tombe ainsi à ton tour, Ilion! Troie, écroule-toi! là gisent ton cœur, tes muscles et tes os. En avant, Myrmidons, et criez tous d'une seule voix : « Achille a tué le puissant Hector? » (*Une retraite sonne.*) Écoutez! une retraite du côté de nos Grecs [7].

Un myrmidon. — Les trompettes troyennes en sonnent une aussi, Monseigneur.

Achille. — L'aile de dragon de la nuit recouvre la terre, et sépare les armées à la façon de l'arbitre des joutes. Mon épée qui n'a dîné qu'à moitié et qui aurait voulu largement se repaître, satisfaite de ce morceau délicat, s'en va ainsi au lit. (*Il rengaine son épée.*) Allons, attachez son corps à la queue de mon cheval; je traînerai le Troyen tout le long de la plaine. (*Ils sortent.*)

SCÈNE X.

Une autre partie des plaines.

Entrent AGAMEMNON, AJAX, MÉNÉLAS, NESTOR, DIOMÈDE *et autres, au pas de charge. Applaudissements à distance.*

Agamemnon. — Écoutez! écoutez! quels sont ces acclamations?

Nestor. — Paix, tambours!

Voix *à distance*. — Achille! Achille! Hector est tué! Achille!

Diomède. — Cette rumeur crie qu'Hector est tué, et par Achille.

Ajax. — Si cela est vrai, que sa vanterie ne s'en glorifie pas; le grand Hector était un homme qui le valait.

Agamemnon. — Continuons tranquillement notre marche : qu'on envoie quelqu'un pour prier le grand Achille de venir nous voir à notre tente. Si les dieux nous ont fait la faveur de cette mort, la grande Troie est à nous, et nos dures guerres sont finies. (*Ils sortent au pas de charge.*)

SCÈNE XI.

Une autre partie des plaines.

Entrent ÉNÉE *et* LES TROYENS.

ÉNÉE. — Arrêtez, holà! nous sommes encore les maîtres du champ de bataille : ne rentrons pas, et passons ici la nuit.

Entre TROÏLUS.

TROÏLUS. — Hector est tué!
TOUS. — Hector! les Dieux le défendent
TROÏLUS. — Il est mort, et attaché à la queue du cheval du meurtrier, il est bestialement traîné à travers cette hideuse plaine. Cieux, armez-vous de courroux, faites-nous vite sentir les effets de votre rage! Asseyez-vous sur vos trônes, Dieux, et regardez Troie avec sourires! Je vous le demande, que vos châtiments aient au moins la clémence d'en vite finir, et ne nous faites pas attendre notre sûre destruction!

ÉNÉE. — Monseigneur, vous découragez toute l'armée.

TROÏLUS. — Vous ne me comprenez pas, vous qui me parlez ainsi : je ne parle pas de fuite, de crainte, de mort : je brave tous les dangers, dont nous menacent les hommes et les Dieux. Hector n'est plus! qui apprendra cette nouvelle à Priam, ou à Hécube? Que celui qui consent à être pour toujours appelé hibou de sinistre nouvelle, aille dans Troie et dise, *Hector est mort :* voilà une parole qui changera Priam en pierre, transformera en sources et en Niobés les jeunes filles et les épouses, en froides statues les jeunes gens, qui, pour tout dire, fera évanouir Troie de douleur. Mais, marchons, en avant : Hector est mort; il n'y a pas autre chose à dire. Restez encore cependant. — Viles et abominables tentes, si fièrement dressées sur nos plaines phrygiennes, que Titan se lève d'aussi bonne heure qu'il le voudra, je vous traverserai, et je vous traverserai! Et toi, lâche colosse, nulle distance ne pourra empêcher nos deux haines de se rejoindre; je te hanterai comme une conscience coupable qui enfante les spectres plus rapidement que l'imagination de la folie frénétique. Battez la marche vers Troie avec fermeté, allez-vous-en consolés; l'espoir de la vengeance doit cacher nos douleurs intérieures. (*Sortent Énée et les Troyens.*)

Comme TROÏLUS *est en train de partir*, PANDARUS *entre de l'autre côté.*

PANDARUS. — Mais écoutez donc! écoutez donc!

TROÏLUS. — Hors d'ici, valet entremetteur! Honte et ignominie que tu es, poursuis ta vie, et vis à jamais avec ton nom! (*Il sort.*)

PANDARUS. — Voilà une bonne médecine pour mes os malades! Ô monde, monde, monde! c'est ainsi que le pauvre agent est méprisé! Ô traîtres et maquereaux, comme on vous presse d'instances pour vous faire mettre à l'œuvre, et comme vous êtes mal récompensés! Pourquoi nos services sont-ils tant aimés, et une fois exécutés tant abhorrés? Y a-t-il des vers là-dessus? Y a-t-il quelque exemple à citer? Voyons :

Très-joyeusement chante le bourdon,
Jusqu'à ce qu'il ait perdu miel et aiguillon;
Mais dès que sa queue armée est retranchée,
Doux miel et douces notes disparaissent aussi.

Bons trafiquants en chair humaine, écrivez cela sur vos tapisseries peintes.

Vous tous qui dans cette assemblée êtes du même château que Pandare, fondez la moitié de vos yeux à pleurer la chute de Pandare, et si vous ne pouvez pleurer, poussez au moins quelques gémissements, sinon pour moi, au moins pour les os qui vous font mal. Frères et sœurs dans le métier d'ouvrir et de fermer les portes, d'ici à deux mois mon testament sera fait : il le serait maintenant, si je ne craignais que quelque oie méchante de Winchester ne se mît à siffler[8] : jusqu'à ce moment, je vais me faire suer et me chercher des remèdes, et ce moment venu, je vous léguerai mes maladies. (*Il sort.*)

COMMENTAIRE.

ACTE I.

1. Les noms de ces portes ont été fournis à Shakespeare par le vieux poëte Lydgate, auteur d'un poëme intitulé : *l'Histoire, le siège et la destruction de Troie*, et par Caxton, auteur d'un livre intitulé : *Recueil des histoires de Troie*.

2. Le costume ordinaire du personnage chargé de représenter le prologue était un manteau noir : il semble d'après ce passage qu'il se présentait ici recouvert d'une armure.

3. Expression qui correspond exactement à la nôtre : *avoir sa beauté des dimanches, son esprit des dimanches*, etc.

4. Ilion est pris ici pour le palais de Priam, et non pour la ville, ou même pour la citadelle.

5. Cette description du caractère d'Ajax par Alexandre rappelle singulièrement celle du seigneur français par Portia, au deuxième acte du *Marchand de Venise*. Shakespeare s'est copié lui-même dans ce passage.

6. Cette expression : *un Grec enjoué*, se trouve employée fréquemment dans les vieux auteurs anglais pour désigner un original, un excentrique.

7. Il y a ici un calembour à peu près impossible à rendre, et roulant sur la prononciation approximative de *addle egg*, œuf couvé, et de *idle head*, tête creuse, tête légère.

8. *Will he give you the nod? — If he do, the rich shall have more.* « Vous donnera-t-il le signe de tête? — S'il fait cela, les riches auront davantage. » Cette expression, qui correspond à peu près à notre *payer en monnaie de singe*, c'est-à-dire payer par des grimaces et des gambades, tirait son origine d'un jeu appelé *noddy*, lequel mot signifiait imbécile, simple. Cette expression impliquait donc que celui à qui on l'adressait était un niais, et c'est pourquoi Cressida qui turlupine son oncle sans ménagements, insinue que les riches, c'est-à-dire, dans ce

ces-ci, les gens d'esprit, seront mieux partagés, payés de meilleure monnaie que lui.

9. Nous avons conservé ici le texte du premier folio qui nous a paru plus acceptable que celui des éditions suivantes. *Elle donnerait un œil par-dessus le marché*, dit Cressida ; mais le premier folio était plus raisonnable en supposant que la belle Hélène se contenterait de donner de l'argent par-dessus le marché.

10. « Je vous rejoins à l'instant, ma nièce ; — Pour porter, oncle, » dit Cressida. Il semble que cette expression fort obscure ait signifié quelque chose qu'on n'ose trop pénétrer. La plupart des commentateurs s'autorisent des passages qu'ils citent pour en tirer un sens qui équivaut à *être de pair avec quelqu'un, être à deux de jeux;* mais le sens véritable nous paraît à nous beaucoup plus direct et plus obscène. Dans notre Bordelais et notre Limousin, où l'occupation anglaise a laissé de nombreuses traces, il est resté dans le jargon populaire un certain verbe *bringuer*, qui m'a bien l'air de venir en droite ligne de cette obscure plaisanterie ; or ce verbe *bringuer* signifie jouer, se houspiller, se livrer à ses ébats en toute liberté et en dépit de toute décence. *Grande bringue* est la plus grande injure que dans ces provinces une mère puisse adresser à sa fillette quand elle a de trop vives dispositions à s'amuser.

11. Ce funeste mélange des planètes signifie tout simplement la conjonction néfaste des astres, selon les croyances astrologiques : il faut ajouter qu'on croyait que les planètes pouvaient sortir de leurs sphères, et errer à l'aventure.

12. On sait qu'Achille était le chef des Myrmidons, peuple de Thessalie, qui l'avait accompagné à la guerre de Troie.

ACTE II.

1. Allusion à la peste lancée par Apollon sur l'armée grecque. Voir Homère, *Iliade*, chant I.

2. Une façon de mettre les sorcières à la question consistait à les faire asseoir sur un tabouret avec les jambes liées et repliées de façon que le poids du corps portât tout entier sur le siège. Par ce moyen, la circulation du sang était arrêtée au bout de quelque temps, et cette torture était aussi douloureuse que le chevalet. (GREY.)

3. *Pia mater*, la pie mère, une des enveloppes du cerveau.

4. Hésione, fille de Laomedon et sœur de Priam. Elle fut sauvée par Hercule du monstre marin, ministre de la colère de Neptune, auquel Troie était obligée de sacrifier annuellement une vierge. Mais après qu'il l'eut délivrée, les Troyens qui dans cette circonstance se conduisirent comme de simples Grecs, refusèrent à Hercule la récompense promise : alors le héros amena Hésione en Grèce, et la maria à son ami Telamon dont elle eut un des deux Ajax.

5. Lorsqu'elle était enceinte de Pâris, Hécube avait rêvé qu'elle mettait au monde un tison qui consumait Troie.

6. On ne s'attendait guère à voir Aristote en cette affaire. Ici Shakespeare a reproduit tranquillement les amusants anachronismes des vieux auteurs du moyen âge dans lesquels il a plus ou moins puisé. Cependant cette citation d'Aristote est exacte à un détail près ; c'est que c'est de la politique qu'Aristote juge les jeunes gens incapables, et non de la morale. Shakespeare avait-il lu Aristote ? cela n'est guère probable. A-t-il pris cette opinion dans Bacon (*Avancement de la science*) ? cela est à peu près certain, car Bacon applique comme lui à la morale cette opinion qu'Aristote applique à la politique.

7. On sait que le caducée de Mercure était entouré de serpents.

8. C'était une ancienne opinion que l'éléphant n'avait pas d'articulations. Steevens cite quelques lignes d'un vieil auteur qui avance que l'éléphant ne courbe pas les genoux. Le savant et excentrique Sir Thomas Browne, le plus amusant des érudits, a cru devoir réfuter cette opinion dans son livre des *Erreurs vulgaires*.

9. *Death tokens*, les cadeaux de la mort, les gages de la mort. C'était le nom qu'on donnait à certaines taches qui apparaissaient sur la peau dans les épidémies pestilentielles et qui passaient pour des signes certains de mort.

10. Le Cancer, ou Scorpion, un des signes du Zodiaque.

11. Encore un autre anachronisme, Milon de Crotone étant de plusieurs siècles postérieur à la guerre de Troie.

12. Une note instructive de l'édition *Peter et Galpin*, nous rappelle qu'au temps de Shakespeare ces titres de père et de fils se prenaient entre personnes unies par des liens d'amitié, de vénération ou d'admiration. C'était une politesse que l'on faisait à celui que l'on aimait. Ben Jonson avait de nombreux admirateurs qui se nommaient d'eux-mêmes ses *fils* ; Cotton dédia son livre sur la pêche à son *père* Walton, et Ashmole dans son *Journal* consigne le fait suivant : « Ce 3 avril, M William Backhouse, de Swallowfield, Berkshire, m'obligea à l'appeler désormais père. »

ACTE III.

1. *Broken music*, dit le texte. On appelle ainsi musique brisée, musique allant par saccades, la musique des instruments à cordes, tels que la guitare, la harpe, etc., parce qu'en effet il y a un intervalle entre chaque son.

2. *Disposer*, dit le texte. Mot obscur sur lequel les commentateurs ne s'entendent pas, mais qui veut très-probablement dire personne à inclinations folâtres, une personne bien *disposée* par nature, facile, toute prête.

3. La balle qui servait de point de mire et qu'il fallait toucher au jeu de boules s'appelait la *maîtresse*.

4. On croyait autrefois, disent les commentateurs de Shakespeare,

que la lune avait une influence sur la végétation. On y croit parbleu bien encore, et dans nos provinces nos paysans se gardent bien de faire leurs semences ou leurs récoltes à tels ou tels quartiers de la lune.

5. Polyxène, une des filles de Priam.

6. Pyrrhus, fils d'Achille et de Déidamia.

ACTE IV

1. Diomède et Énée devaient en effet être peu amis. Énée était fils de Vénus par la main de laquelle il jure, faisant ainsi allusion à la blessure qu'elle reçut de Diomède, un jour qu'elle était descendue protéger ses chers Troyens. (*Iliade*, chant V.)

2. *Capocchia*, dit le texte, mot italien qui signifie folle, niaise, personne sans pensée. Comme Pandarus prend ce mot dans un sens ironique, nous l'avons traduit par notre *sainte n'y touche*, qui rend exactement la nuance de sa raillerie.

3. *Bugbear*, dit le texte, quelque chose comme notre croquemitaine, ou notre loup garou.

4. Ajax était en effet cousin d'Hector, et à demi Troyen, à demi Grec, étant fils du Grec Télamon et de la Troyenne Hésione, tante d'Hector.

5. Neoptolème, nom patronymique de Pyrrhus, et ici appliqué évidemment à Achille lui-même.

6. Laomedon, père de Priam.

ACTE V.

1. Le vin de Grèce était renommé pour sa force et sa chaleur.

2. Calembour impossible à rendre roulant sur le sens du mot *tent*, tente, ou sondage d'une blessure.

3. *One that love quails*, dit le texte, un homme qui aime les cailles. *Quails* était un des noms qu'on donnait aux femmes plus ou moins légères, quelque chose qui correspond à notre expression de *poulettes*; cependant le commentateur de *l'édition Peter et Galpin*, pense que ce mot pourrait bien faire allusion à la coutume des combats de cailles qui tenaient lieu aux anciens de combats de coqs, combats qu'Antoine mentionne dans *Antoine et Cléopâtre*.

4. Hall dans sa chronique mentionne cette coutume qui consistait à porter la manche d'une dame comme faveur. (STEEVENS.)

5. Voici le passage du vieux Caxton qui se rapporte à ce Sagittaire : « Il vint d'au delà du royaume des Amazones un vieux roi, sage et discret, nommé Épistrophus, qui amena avec lui mille chevaliers, et une merveilleuse bête qui était appelée Sagittaire, dont le derrière était d'un cheval et le devant d'un homme; cette bête avait une chevelure comme

un cheval, des yeux rouges comme un charbom, et tirait bien de l'arc : cette bête fit grand'peur aux Grecs et en tua beaucoup avec son arc. » (CAXTON, *les Trois destructions de Troie*.)

6. Ce nom du cheval d'Hector est encore emprunté à ce vieux Caxton.

7. Cet atroce assassinat d'Hector désarmé par Achille a été emprunté par Shakespeare au vieux poëte Lydgate, ainsi que le fait justement remarquer M. Staunton par la citation qu'il a faite de son poëme.

8. Comme les maisons de filles publiques se trouvaient placées sous la juridiction de l'évêque de Winchester, une catin était appelée une *oie de Winchester*. Une *oie blessée de Winchester* pouvait donc signifier ou bien une catin qui était atteinte de maladie, ou une catin que les remarques de Pandarus avaient pu blesser. (MASON.) Nous avons en français une expression équivalente à celle de *galled goose;* nous disons pour exprimer une blessure soit au moral, soit au physique; il, ou elle, a reçu un plomb dans l'aile.

CORIOLAN

IMPRIMÉ POUR LA PREMIÈRE FOIS DANS L'ÉDITION
DE 1623. — DATE PROBABLE DE LA REPRÉSENTATION,
ENTRE LES ANNÉES 1605 ET 1609.

AVERTISSEMENT.

La première édition connue de *Coriolan* est celle de l'in-folio de 1623. On ignore en quelle année elle fut écrite et représentée ; mais comme le style de cette pièce présente tous les caractères du style de la maturité du poëte, c'est évidemment à la dernière période de sa vie qu'il faut la rapporter. Malone l'attribuait à l'année 1610 ; mais rien n'indique que cette année soit la véritable. Le critique que nous venons de nommer et d'autres encore s'autorisent d'une ressemblance entre la version que Shakespeare a donnée de l'apologue de Ménénius Agrippa, et la version qu'en a donnée Camden dans ses *Remains* (*Restes*) pour alléguer que cette pièce est au moins postérieure à 1605, date de la publication du livre de Camden. De tels faits sont trop incertains et trop insignifiants pour qu'on puisse asseoir sur eux une opinion solide. Qu'il nous suffise de savoir que cette pièce appartient à la dernière période de Shakespeare.

Coriolan a deux historiens, Tite Live et Plutarque ; c'est dans le dernier seulement que Shakespeare a puisé. On sait l'amour que Shakespeare portait à Plutarque, qu'il ne connaissait pourtant que de troisième main, car cette traduction de North dont il faisait ses délices, n'est qu'une version anglaise de l'exquise traduction de notre évêque Jacques Amyot. Quoique Shakespeare ait été en général fidèle à son auteur au point de se contenter souvent de le traduire en vers magnifiques — la scène entre Coriolan et sa mère au cinquième acte est tout entière prise à Plutarque, — il s'en faut cependant de beaucoup qu'il l'ait suivi servilement. Il a souvent interverti l'ordre des faits, il les a disposés de manière à éclairer d'une lumière plus vive le caractère de Coriolan, à ménager plus dramatiquement les gradations de sa violente existence, en sorte que s'il est légèrement infidèle à l'histoire, c'est afin d'être plus fidèle à la vie, et d'observer ces liaisons entre les faits, ces transitions d'un détail à un autre, cet enchaînement logique des événements qui se rencontrent au fond des révolutions même les plus brusques, et que nous n'apercevons pas toujours, parce que la soudaineté des explosions nous les fait apparaître comme spontanées, en détruisant et en nous cachant les circonstances antérieures.

Dans cette pièce, Shakespeare a dessiné avec une impartialité magistrale et une merveilleuse intuition, l'un des plus grands types de la nature humaine, le type de l'aristocrate, avec ses lumières et ses ombres, son mélange de qualités et de défauts. Il est vrai que cette intuition était beaucoup aidée par le spectacle qu'il avait sous les yeux, celui de l'aristocratique Angleterre. Qui voudrait épiloguer et raffiner, trouverait sans peine que Coriolan est autant un gentilhomme anglais de haute race qu'un patricien romain; mais est-ce que la nature humaine ne sera pas toujours la même, en tout pays, en tout temps, quand elle sera soumise aux mêmes conditions? Le vice dominant de Coriolan, celui qui le perd et le sauve en même temps, celui qui lui donne sa gloire et qui lui vaut son exil, c'est l'orgueil, principe à la fois de la grandeur et de la ruine de toutes les aristocraties. Cet orgueil ne vient pas toujours, comme on le croit, de l'infatuation de soi-même; il vient aussi le plus souvent de la triste expérience de ce que vaut la nature humaine, expérience que les grands sont plus à même de faire que les gens d'autre condition. Ils ont vu si souvent ce qu'ils pouvaient obtenir de la bassesse humaine, par menace, par argent, par contrainte! Ce vocabulaire injurieux qui est particulier aux aristocraties, ces mots méprisants d'*espèces*, d'*individus*, de *ça,* mots génériques par lesquels ce langage désigne les hommes des classes privées de noblesse, n'a pas d'autre origine que le mépris excité par les actes de lâcheté auxquels succombent la misère, la faiblesse et l'ignorance. *Auxquels elles succombent*, et non pas qu'elles commettent librement : dans ces quelques mots, je viens d'écrire la condamnation des caractères pareils à celui de Coriolan. Malheur à l'aristocrate dont le mépris n'est pas tempéré par la pensée de la fatalité inhérente à la misère et à l'ignorance, qui oublie de se dire, fût-ce une seule minute, que les vices qu'elles engendrent sont encore plus faits pour exciter la compassion que le mépris! Malheur à l'homme puissant et chargé de gouverner lorsqu'il ignore qu'il doit dans une certaine mesure donner satisfaction à ces vices, s'il veut obtenir quelque chose de ceux qu'il commande. Coriolan est général, il a vu ses soldats au combat, et parce qu'ils ont reculé, en proie à toutes les terreurs de la chair, tandis que lui qui sent son âme a bravé les pires menaces de la mort, il les juge avec mépris, sans songer que leur lâcheté est la condition même de sa grandeur, et qu'il serait moins extraordinaire qu'il ne l'est, si la vaillance était le lot commun de la nature humaine. Puis, ces mêmes hommes qui fuyaient devant le danger, il les a vus se précipiter au pillage comme des forcenés dès que la victoire a été décidée, et alors ses invectives n'ont plus eu de bornes Pourquoi cela cependant? Comment! lui, si grand, il ne sait pas ce que savent ses confrères moins glorieux que lui, c'est qu'ils doivent passer quelques rapines à leurs soldats s'ils veulent en exiger beaucoup dans les moments difficiles. Eh laissez-les un peu voler, si vous voulez qu'une autre fois ils emportent une citadelle, ou donnent bravement un assaut : quand ils auront été alléchés par ce butin de la guerre, ils sauront quel est le prix de leur courage, et alors il ne sera rien que vous ne puissiez leur demander, ô Coriolan le malavisé! Sa conduite sur la place publique est aussi peu sensée. Il commence par refuser de montrer ses blessures et de revêtir l'habit du candidat: ne sait-il pas que c'est une coutume, et que le peuple qui par tout pays est toujours prêt à demander des nouveautés, n'obéit au fond qu'à la coutume et à l'habitude, et a toujours laissé périr qui les a violées. Comment! c'est lui, un aristocrate, dont le pouvoir est fondé sur la tradition, qui s'emporte contre la tradition, parce que les circonstances exigent qu'il lui soumette son orgueil! Et pourquoi se sentir humilié de demander les voix des plébéiens? ne sait-il donc pas qu'en tous temps, par tous pays, les hommes du peuple n'ont jamais aspiré à l'exercice du pouvoir pour eux-mêmes, et qu'ils l'ont toujours accordé de préférence à ceux qui étaient plus éloignés de lui qu'à ceux qui en étaient plus rapprochés, ne se réservant que la satisfaction, après tout assez innocente, de se faire demander ce pouvoir, et de paraître maîtres de l'accorder ou de le refuser. « La meilleure manière d'obtenir le consulat, c'est de le demander gentiment, » dit un des électeurs plébéiens de Coriolan, et dans ce mot jeté négligemment, Shakespeare avec sa profondeur ordinaire a résumé toute la politique du peuple. Et cependant quoique Coriolan soit le moins judicieux des hommes, il est profondément intéressant et sympathique, parce qu'on sent que son orgueil n'est pas fondé sur une vaine estime de lui-même, mais sur l'estime des vertus qui le font noble, le courage, le désintéressement, le dévouement aux siens. En vérité, s'il se rencontre un jour un nouveau Montesquieu qui écrive un second *Esprit des lois*, il n'aura qu'à résumer la philosophie du caractère de Coriolan pour faire un beau chapitre qu'il intitulera : *De l'or-*

gueil, principe de la puissance et de la faiblesse des aristocraties.

On a coutume d'admirer la couleur romaine que Shakespeare a su répandre sur cette pièce. Il s'en faut cependant de beaucoup que *Coriolan* soit sous ce rapport à la hauteur de *Jules César*. Ce que l'on prend souvent pour de la couleur romaine, c'est l'exactitude avec laquelle Shakespeare sait peindre les mouvements éternels de la nature humaine, et découvrir les ressorts cachés de ces mouvements. Non, ce qui est surtout admirable dans *Coriolan*, c'est l'opposition de ces deux forces entre lesquelles se balancent les sociétés humaines, l'aristocratie et la démocratie, c'est l'analyse et la mise en action des mobiles qui poussent l'une et l'autre, la démonstration irréfutable, tant elle se présente avec clarté et précision, des lois auxquelles elles obéissent. Il est une science qui n'est pas encore fondée, science dont deux hommes seulement jusqu'à nos jours ont entrevu quelque chose, Machiavel et Montesquieu, et qui lorsqu'elle aura rencontré le grand esprit qu'elle demande, opérera dans l'ordre politique une révolution analogue à celle que les méthodes rationnelles de Bacon et de Descartes opérèrent dans l'ordre philosophique : celle de la dynamique politique, c'est-à-dire la science de la portée, des limites, des modes d'action des principes sur lesquels reposent les sociétés et des forces qui les partagent. A celui qui s'occupera de poser les assises de cette science, le *Coriolan* de Shakespeare, bien qu'il appartienne aux œuvres de l'imagination, offrira un des documents les plus authentiques, les plus historiques que le passé nous ait légués. Là est le véritable intérêt de ce chef-d'œuvre. Quant à la couleur historique, elle est autant anglaise que romaine, quoi qu'on veuille dire : Coriolan est un gentilhomme anglais au moins autant que romain; Ménénius Agrippa est un vieux patricien humoriste de la joyeuse Angleterre; les scènes de l'élection sur la place publique sont des scènes populaires anglaises encore plus certainement que romaines. La scène où la couleur historique proprement dite est la mieux observée, c'est la conversation des dames romaines au premier acte : là Shakespeare a peint en traits familiers et nobles les types de la mère et de l'épouse dans l'âge d'or de la république, vraies filles de la louve, chargées de conserver la race intacte et pure de tout mélange. En quels traits d'une familiarité admirable, Valéria nous fait apparaître la figure peu séduisante du jeune louveteau de Coriolan, qui déchire entre ses dents les papillons après lesquels il court! Mais cette pièce possède un caractère qui s'élève plus haut que toute couleur locale, c'est ce qu'on peut appeler le caractère *antique*, lequel consiste dans la prédominance exclusive de l'élément héroïque. C'est ce caractère que Shakespeare a saisi d'un bond de son génie, et qui nous donne le change sur la prétendue couleur historique de sa pièce; car là où l'élément héroïque dominera seul, là respirera toujours l'esprit de l'antiquité. Deux des scènes de ce drame, directement inspirées par Plutarque, il est vrai, portent plus que toutes les autres l'empreinte du sceau de l'héroïsme : l'entrevue de Coriolan avec sa mère au dernier acte, et surtout la scène où Coriolan se présente devant Aufidius au quatrième : le drame antique n'a rien de plus solennel, de plus grandiose et de plus noble.

Comme les beautés de cette pièce sont de celles qui sont faites pour crever les yeux des plus myopes, nous nous bornerons à ces quelques observations sur le caractère de *Coriolan*. Le héros de Shakespeare, type dramatique s'il en fut, méritait l'émulation des plus grands poëtes et des plus grands artistes; par une fatalité singulière, il n'y a guère que des esprits de l'ordre le plus médiocre qui se sont attaqués à ce sujet. Deux artistes célèbres, un peintre et un musicien, Poussin et Beethoven font seuls une exception glorieuse. De l'avis des meilleurs juges, le tableau où Poussin s'est inspiré de l'entrevue de Coriolan avec sa femme et sa mère, est une des compositions les plus froides de cet artiste si sage et si élevé. Le véritable rival de Shakespeare, c'est Beethoven, bien que des juges, cette fois trop difficiles, aient encore déclaré son *Ouverture de Coriolan* inférieure à ses autres œuvres. Il est impossible au contraire de mieux saisir le caractère de cette dramatique histoire que ne l'a fait Beethoven dans ce morceau symphonique, où ne retentissent que des sons violents, piétinements des chevaux de guerre, fanfares des batailles, murmures du peuple, où ne parlent que des sentiments de sécheresse et d'orgueil. Cependant au milieu de ces bruits hautains et menaçants, quelques notes tendres percent et reviennent avec obstination, comme une caresse ou une prière, où l'on ne peut méconnaître la voix des meilleurs sentiments de la nature; ce sont les accents de la femme et de la mère, la piété filiale et l'affection conjugale qui font circuler à travers cet implacable vacarme harmonique les mélodies de la miséricorde, des souvenirs sacrés et de l'amour.

PERSONNAGES DU DRAME.

CAIUS MARCIUS CORIOLANUS, noble romain.
TITUS LARTIUS, \
COMINIUS,   } généraux romains contre les Volsques.
MÉNÉNIUS AGRIPPA, ami de CORIOLAN.
SICINIUS VELUTUS, \
JUNIUS BRUTUS,   } tribuns du peuple.
Le jeune MARCIUS, fils de CORIOLAN.
Un héraut romain.
TULLUS AUFIDIUS, général des Volsques.
Un lieutenant d'AUFIDIUS.
Conspirateurs avec AUFIDIUS.
NICANOR.
ADRIEN.
Un citoyen d'Antium.
Deux gardes volsques.

VOLUMNIA, mère de CORIOLAN.
VIRGINIA, femme de CORIOLAN [1].
VALERIA, amie de VIRGINIA.
Une dame de compagnie de VIRGINIA.
Sénateurs romains et volsques, Patriciens, Édiles, Licteurs, Soldats, Citoyens, Messagers, Serviteurs d'Aufidius, et *autres comparses*.

Scène. — En partie à Rome; en partie sur les territoires des Volsques et des Antiates.

CORIOLAN.

ACTE I.

SCÈNE PREMIÈRE.

Rome. — Une rue.

Entre une troupe de citoyens *révoltés, avec des pieux, des bâtons, et autres armes.*

Premier citoyen. — Avant que nous avancions davantage, écoutez-moi parler.

Les citoyens. — Parlez, parlez.

Premier citoyen. — Vous êtes tous résolus à mourir plutôt qu'à crever de faim.

Les citoyens. — Résolus, résolus.

Premier citoyen. — D'abord vous savez que Caïus Marcius est le principal ennemi du peuple?

Les citoyens. — Nous le savons, nous le savons!

Premier citoyen. — Tuons-le, et nous aurons du blé au prix que nous fixerons nous-mêmes. Est-ce une sentence rendue?

Les citoyens. — N'en parlons pas davantage: il n'y a qu'à faire cela: en avant! en avant!

Second citoyen. — Un mot, bons citoyens.

Premier citoyen. — Bons citoyens! ce sont les patriciens qui sont tenus pour bons citoyens; nous, nous sommes les *pauvres* citoyens. Ce dont les puissants regorgent en trop suffirait pour nous soulager : s'ils voulaient seulement nous donner leur superflu pendant qu'il est encore bon à manger, nous pourrions croire qu'ils nous assistent par humanité ; mais ils pensent que nous sommes trop chers à entretenir : la maigreur qui nous dévore, le spectacle de notre misère, sont comme l'inventaire chargé de tenir en détail le compte de leur abondance : notre souffrance est un profit pour eux. Vengeons-nous avec nos piques avant que nous devenions maigres comme des râteaux[2] : car les dieux savent que lorsque je parle ainsi, c'est parce que j'ai faim de pain, et non pas soif de vengeance.

Second citoyen. — Est-ce que vous voulez vous attaquer particulièrement à Caïus Marcius ?

Les citoyens. — A lui d'abord : c'est un véritable chien pour le peuple.

Second citoyen. — Réfléchissez-vous aux services qu'il a rendus à son pays ?

Premier citoyen. — Parfaitement, et nous serions heureux de l'en payer en bonne estime, s'il ne se payait pas lui-même en orgueil.

Second citoyen. — Fort bien, mais ne parlez pas avec malignité.

Premier citoyen. — Je vous dis moi, que ce qu'il a glorieusement fait, il l'a fait pour le but que j'ai dit : les gens de conscience facile à satisfaire peuvent se contenter en disant qu'il l'a fait pour son pays ; mais moi je dis que c'était pour plaire à sa mère, et surtout pour en tirer orgueil, orgueil qui chez lui est certainement à la hauteur du mérite.

Second citoyen. — Vous lui imputez comme un vice, ce qu'il ne peut corriger dans sa nature. Vous ne pouvez dire en aucune façon qu'il soit cupide.

Premier citoyen. — A supposer que je ne le puisse pas, ce ne sont pas les chefs d'accusation qui me manqueront ; il a tant de défauts qu'il en a plus que trop, et que cela vous mettrait sur les dents de les énumérer.

(*Clameurs au loin.*) Quelles sont ces clameurs? L'autre côté de la ville est soulevé : pourquoi restons-nous ici à bavarder? Au Capitole!

Les citoyens. — En marche, en marche!

Premier citoyen. — Un instant! qui vient ici?

Second citoyen. — Le digne Ménénius Agrippa; un homme qui a toujours aimé le peuple.

Premier citoyen. — C'est un assez brave homme en effet; plût aux Dieux que tous les autres lui ressemblassent!

Entre MÉNÉNIUS AGRIPPA.

Ménénius. — Quel ouvrage avez-vous donc en train, mes amis? Où allez-vous avec ces bâtons et ces gourdins? Qu'y a-t-il? Parlez, je vous en prie.

Premier citoyen. — Notre affaire n'est pas inconnue au sénat; toute cette quinzaine, on leur a donné vent de nos intentions que nous allons leur montrer réalisées aujourd'hui. Ils disent que les pauvres solliciteurs ont l'haleine forte; ils apprendront qu'ils ont des bras forts aussi.

Ménénius. — Comment mes maîtres, mes bons amis, mes honnêtes voisins, vous voulez vous ruiner vous-mêmes?

Premier citoyen. — Cela nous est impossible, Seigneur, nous sommes déjà ruinés.

Ménénius. — Je vous l'assure, mes amis, les patriciens ont pour vous une très-charitable sollicitude. Pour ce qui est de vos besoins, de vos souffrances dans cette disette, vous feriez aussi bien de frapper le ciel de vos pieux que de les lever contre l'État romain, dont le progrès continuera la route qu'il a prise, en brisant des milliers d'obstacles d'une nature autrement forte que ne le sera jamais votre opposition : quant à la disette, c'est le fait des Dieux et non des patriciens, et le moyen d'y remédier, c'est d'employer vos genoux envers les Dieux, et non vos bras. Hélas! vous vous laissez emporter par la misère vers une misère plus grande encore, et vous calomniez les pilotes de l'État qui ont pour vous une sollicitude paternelle, lorsque vous les maudissez comme ues ennemis.

Premier citoyen. — Ils ont souci de nous! Voilà ma foi qui est bien vrai! jamais ils ne se sont souciés de nous encore. Ils supportent que nous crevions de faim, et leurs magasins regorgent de grains; ils rendent des édits sur l'usure pour défendre les usuriers; chaque jour ils annulent quelque loi salutaire établie contre les riches, et chaque jour ils décrètent quelque nouvelle loi plus tyrannique pour enchaîner et contenir les pauvres. Si les guerres ne nous mangent pas, ce sont eux qui nous mangent, et voilà tout l'amour qu'ils nous portent.

Ménénius. — Il vous faut avouer, ou bien que vous êtes singulièrement méchants, ou bien que vous pouvez passer pour fous. Je vais vous dire un gentil conte: il se peut que vous l'ayez entendu, mais comme il répond à ma pensée, je me hasarderai à le faire passer un peu plus encore à l'état de rabâchage.

Premier citoyen. — Bon, nous l'écouterons, Seigneur; cependant ne croyez pas duper notre misère avec un conte; mais si cela vous fait plaisir, débitez-le.

Ménénius. — Il y eut un jour où tous les membres du corps se révoltèrent contre l'estomac; et voici les accusations qu'ils portaient contre lui : il restait, disaient-ils, au milieu du corps comme un gouffre, paresseux et inactif, toujours occupé à engloutir les viandes, ne portant jamais le même poids de travail que les autres instruments du corps, tandis qu'eux s'occupaient de voir, d'entendre, d'imaginer, d'instruire, de marcher, de sentir, et participaient, chacun pour son compte, à satisfaire les exigences et les désirs généraux du corps entier. L'estomac répondit....

Premier citoyen. — Bien, Seigneur, quelle réponse fit l'estomac?

Ménénius. — Je vais vous le dire, Monsieur. Avec une manière de sourire qui ne venait pas des poumons, mais un sourire comme celui-là, tenez, — car vous seniez, puisque je fais parler l'estomac, je puis bien aussi le faire sourire, — il répondit ironiquement aux membres mécontents, aux parties rebelles qui enviaient ce qu'il recevait, avec un bon sens aussi grand qu'est grande la malice que vous portez à nos sénateurs parce qu'ils ne sont pas de votre condition.

Premier citoyen. — La réponse de votre estomac, s'il vous plaît? Comment! est-ce que si le chef royalement couronné, si l'œil sentinelle vigilante, si le cœur notre conseiller, si le bras notre soldat, si la jambe notre coursier, si la langue notre trompette, avec les autres défenseurs et petits auxiliaires de notre fabrique humaine, si dis-je....

Ménénius. — Eh bien, quoi alors? Voilà que ce gaillard parle avant moi! Quoi alors? quoi alors?

Premier citoyen. — S'ils étaient tous tyrannisés par le cormoran estomac qui est l'égout du corps....

Ménénius. — Bon, et bien quoi?

Premier citoyen. — Si ces précédents agents se plaignaient, que pourrait répondre l'estomac?

Ménénius. — Je vais vous le dire; si vous voulez m'accorder un brin de ce dont vous avez peu, c'est-à-dire la patience, vous entendrez la réponse de l'estomac.

Premier citoyen. — Vous la faites attendre longtemps.

Ménénius. — Remarquez bien ceci, mes amis; le très-grave estomac pesait ses paroles, et n'était pas téméraire dans ses jugements comme ses accusateurs; il répondit donc ainsi : « Vrai il est, mes amis et concitoyens corporels, que je reçois d'abord en masse la nourriture dont vous vivez, et cela est nécessaire puisque je suis l'entrepôt et le magasin du corps entier; mais si vous vous en souvenez, je la renvoie par les rivières de votre sang, jusqu'à la cour du cœur, jusqu'au siége de l'intelligence, et puis par l'entremise des canaux et des lieux de dépôt répandus dans l'homme, les nerfs les plus robustes et les plus petites veines reçoivent également de moi la ration nécessaire pour les faire vivre: et quoique tous tant que vous êtes.... » écoutez bien ce que dit l'estomac....

Premier citoyen. — Oui, Seigneur ; bien, bien.

Ménénius. — « Quoique tous tant que vous êtes vous ne puissiez pas voir d'emblée ce que je transmets à chacun, cependant je puis établir mon compte, et vous prouver que vous recevez de moi la fine farine de tout, et que vous ne me laissez que le son. » Que dites-vous de cela ?

Premier citoyen. — C'était une réponse ; quelle application en faites-vous ?

Ménénius. — Les sénateurs de Rome sont ce bon estomac, et vous êtes les membres rebelles : examinez bien les mesures prises par leurs conseils et leur sollicitude ; rendez-vous un juste compte des choses qui composent l'intérêt général, et vous vous apercevrez qu'il n'est pas un seul des bienfaits publics dont vous jouissez qui ne vienne d'eux à vous, et qui sorte de vous-mêmes de quelque façon que ce soit³. — Qu'en pensez-vous, vous, le gros doigt de pied de cet attroupement ?

Premier citoyen. — Moi le gros doigt de pied ! Pourquoi le gros doigt de pied ?

Ménénius. — Parce que, étant un des plus bas, des plus vils, des plus pauvres de cette rébellion si bien avisée, tu marches en tête : maigre hère, de tous les daims du troupeau, tu es le plus mal en point pour courir, aussi marches-tu le premier, afin d'avoir tant soit peu l'avantage du terrain. Mais tenez prêts vos bâtons noueux et vos gourdins : Rome et ses rats sont sur le point de se livrer bataille, et il faut que l'un des partis soit écrasé. — Salut, noble Marcius !

Entre CAÏUS MARCIUS.

Marcius. — Merci. Eh bien, qu'y a-t-il donc, coquins factieux, qui, à force de gratter vos pauvres opinions qui vous démangent, vous transformez en galeux ?

Premier citoyen. — Nous avons toujours de vous de bonnes paroles.

Marcius. — Celui qui te donnerait de bonnes paroles à toi, serait un flatteur au-dessous de l'exécration. — Que demandez-vous, vous chiens qui ne voulez ni de la paix

ACTE I, SCÈNE I.

ni de la guerre? l'une vous effraye, l'autre vous rend arrogants. Quiconque se fie à vous trouve des lièvres quand il voudrait trouver des lions, et des oies quand il voudrait trouver des renards; vous n'êtes pas plus sûrs, non, que le charbon de feu placé sur la glace, ou les grêlons exposés au soleil. Votre vertu consiste à estimer celui que ses crimes ont abaissé, et à maudire la justice qui l'a frappé. Quiconque mérite la grandeur mérite votre haine; vos affections ressemblent à l'appétit d'un malade qui désire surtout ce qui peut lui faire le plus de mal. Celui qui dépend de votre faveur nage avec des nageoires de plomb et fend des chênes avec des roseaux. Allez vous faire pendre! Se fier à vous? Mais à chaque minute vous changez de sentiment, appelant noble celui qui était tout à l'heure l'objet de votre haine, et vil celui qui était votre couronne. Qu'y a-t-il donc, pour que vous parcouriez les différents quartiers de la ville, vociférant contre le noble sénat, qui, sous la protection des Dieux, vous tient en respect, sans quoi vous vous mangeriez les uns les autres?
— Qu'est-ce qu'ils demandent?

Ménénius. — Du blé au prix qu'ils fixeront eux-mêmes, et ils disent que la cité en est abondamment pourvue.

Marcius. — Qu'on les pende! *Ils disent!* Du coin de feu où ils sont assis, ils ont la présomption de savoir ce qui se passe au Capitole; ils décident quels sont ceux dont l'élévation est probable, quels réussissent, quels déclinent; ils rangent les partis en bataille, conjecturent des mariages hypothétiques, renforçant tel parti, affaiblissant tel autre qu'ils n'aiment pas et le mettant sous leurs savattes ressemelées. Ils disent qu'il y a du grain en abondance! Si la noblesse voulait mettre sa compassion de côté et me permettre de me servir de mon épée, je vous ferais un monceau de milliers de ces esclaves taillés en pièces, et ce tas monterait aussi haut que pourrait porter ma lance.

Ménénius. — Mais ceux que voilà sont presque entièrement radoucis; car bien qu'ils manquent de prudence outre mesure, ils n'en sont pas moins lâches à l'excès. Mais, je vous en prie, que dit l'autre bande?

Marcius. — Ils sont dissous : qu'ils aillent se faire pendre! Ils disaient qu'ils étaient affamés; ils gémissaient des proverbes, comme — la faim brise les murs de pierre, — les chiens doivent manger, — la nourriture a été faite pour la bouche, — ce n'est pas pour les seuls riches que les Dieux ont envoyé du blé : — c'est avec ces loques de phrases qu'ils exhalaient leurs plaintes; on y a répondu et on leur a accordé une pétition, condescendance étrange, capable de frapper au cœur la noblesse et de faire pâlir la hautaine puissance : alors ils ont jeté leurs bonnets en l'air, si haut qu'on aurait dit qu'ils voulaient les accrocher aux cornes de la lune, et ils se sont mis à applaudir le succès obtenu par leur mouvement.

Ménénius. — Qu'est-ce qu'on leur a accordé?

Marcius. — Cinq tribuns choisis par eux pour défendre leurs vulgaires sagesses : l'un est Junius Brutus, un autre Sicinius Velutus[4], et je ne sais qui encore, mordieu! La canaille aurait démoli la cité jusqu'aux fondements avant de m'arracher pareille concession : avec le temps cela s'élargira, gagnera en force, et fournira de plus grands arguments à la logique de l'insurrection.

Ménénius. — C'est étrange.

Marcius. — Allons, retournez à vos foyers, guenilles que vous êtes!

Entre un messager *en toute hâte.*

Le messager. — Où est Caïus Marcius?

Marcius. — Ici : qu'y a-t-il?

Le messager. — La nouvelle, Seigneur, c'est que les Volsques sont en armes.

Marcius. — Je suis heureux de l'apprendre : nous aurons ainsi les moyens de faire écouler le trop-plein croupissant de notre population. — Voyez, voici venir les plus illustres de nos nobles.

Entrent COMINIUS, TITUS LARTIUS, *et autres* SÉNATEURS; JUNIUS BRUTUS *et* SICINIUS VELUTUS.

Premier sénateur. — Marcius, ce que vous nous disiez récemment est vrai; les Volsques sont en armes.

Marcius. — Ils ont un chef, Tullus Aufidius, qui vous donnera du fil à retordre. Je pèche en enviant sa noblesse; mais si je n'étais pas ce que je suis, il est le seul homme que je voudrais être.

Cominius. — Vous vous êtes mesurés.

Marcius. — Si les deux moitiés du monde s'étaient prises aux cheveux, et qu'il fût du même côté que moi, je ferais défection, rien que pour l'avoir pour adversaire : c'est un lion que je suis fier de chasser.

Premier sénateur. — En ce cas, noble Marcius, accompagnez Cominius à cette guerre.

Cominius. — Vous m'en avez précédemment fait la promesse.

Marcius. — Oui, et je veux la tenir. Titus Lartius, tu me verras une fois encore frapper Tullus droit en face. Eh bien, est-ce que tu es perclus? est-ce que tu recules?

Titus. — Non, Caïus Marcius; je m'appuierai sur une béquille et je combattrai avec une autre, plutôt que de laisser cette affaire se passer sans moi.

Ménénius. — Ô cœur noblement né!

Premier sénateur. — Votre compagnie jusqu'au Capitole, s'il vous plaît; je sais que nos plus grands amis nous y attendent.

Titus. — Ouvrez la marche; passez, Cominius. Nous devons vous suivre; le pas vous appartient de plein droit.

Cominius. — Noble Marcius!...

Premier sénateur *aux citoyens*. — A vos logis, partez!

Marcius. — Non, qu'ils suivent : les Volsques ont beaucoup de blé; amenez ces rats chez eux pour grignoter leurs greniers. Honorables mutins, votre valeur présente donne de belles espérances : je vous en prie, suivez. (*Sor-*

tent les sénateurs, Marcius, Cominius, Titus Lartius et Ménénius. Les citoyens se dispersent.)

Sicinius. — Y eut-il jamais homme aussi orgueilleux que ce Marcius?

Brutus. — Il n'a pas son égal.

Sicinius. — Quand nous avons été élus tribuns du peuple....

Brutus. — Avez-vous remarqué ses yeux, ses lèvres?

Sicinius. — Certes, et ses sarcasmes donc!

Brutus. — Quand il est animé, il bafouerait même les Dieux.

Sicinius. — Il plaisanterait la pudique Lune.

Brutus. — Ces guerres actuelles le remplissent de lui-même; être aussi vaillant qu'il l'est, le rend trop orgueilleux.

Sicinius. — Une telle nature, chatouillée par les heureux succès, dédaigne l'ombre qu'il foule à midi : mais je m'étonne que son insolence puisse s'arranger de servir sous Cominius.

Brutus. — La gloire à laquelle il aspire, et dont il est déjà tant le favori, ne peut être mieux conservée et mieux acquise qu'au second rang : car tout ce qui arrivera de fâcheux sera mis au compte du général, quelques efforts qu'il fasse, et la folle critique ira criant à propos de Marcius : « Oh! s'il avait commandé cette affaire! »

Sicinius. — Et d'un autre côté, si les choses tournent bien, l'opinion qui s'attache tant à Marcius, dépouillera Cominius de ses mérites.

Brutus. — Marchons; la moitié de tous les honneurs de Cominius appartient à Marcius, quoiqu'il ne les ait pas gagnés; et toutes les fautes de Cominius seront autant d'honneurs pour Marcius, quand bien même il ne montrerait de mérite en rien.

Sicinius. — Partons d'ici, allons savoir comment le départ est ordonné, et s'il se rend à cette expédition à un autre titre que pour le plaisir personnel de son éminente personne.

Brutus. — Partons. (*Ils sortent.*)

SCÈNE II.

Corioles. — Le Sénat.

Entrent TULLUS AUFIDIUS[5] *et quelques* sénateurs.

Premier sénateur. — Ainsi, Aufidius, votre opinion est que les gens de Rome sont initiés à nos délibérations, et savent quels sont nos projets?

Aufidius. — Et n'est-ce pas la vôtre aussi? Quand donc, dans cet état, a-t-on pu prendre une détermination qui n'ait été connue de Rome, avant de pouvoir être réalisée en acte? Il n'y a pas quatre jours que j'en ai reçu la nouvelle; voici les propres termes : je crois que j'ai la lettre ici sur moi; oui, la voilà. (*Il lit.*) « Ils ont levé une armée, mais on ne sait pas si c'est pour l'est ou pour l'ouest; la disette est grande, le peuple est mutin : le bruit court que Cominius, Marcius, votre ancien ennemi et plus haï de Rome que de vous-mêmes, et Titus Lartius, un très-vaillant Romain, sont les trois hommes qui doivent commander cette force, quelle que soit sa destination : très-probablement c'est vous qu'elle vise; réglez vos mesures là-dessus.

Premier sénateur. — Notre armée est en campagne : nous n'avions jamais douté que Rome ne fût prête à nous répondre.

Aufidius. — Et cependant vous aviez cru sensé de tenir voilées vos grandes intentions, jusqu'au jour où la nécessité les forcerait à se montrer; mais pendant que vous les couviez, il paraît que Rome les a aperçues. Grâce à cette découverte, voilà fort amoindri notre espoir qui était de nous emparer de plusieurs villes, presque avant que Rome pût savoir que nous étions sur pied.

Second sénateur. — Noble Aufidius, prenez votre commission; rendez-vous auprès de vos troupes : laissez-nous seuls pour garder Corioles. S'ils viennent nous assiéger, venez avec votre armée pour les repousser; mais vous découvrirez, je crois, que ce n'est pas nous qu'ils ont en vue.

Aufidius. — Oh! ne doutez pas de cela; je parle d'après des informations certaines. Il y a mieux, quelques détachements de leur armée sont déjà en marche, et c'est ici, et ici seulement qu'ils se dirigent. Je laisse Vos Honneurs. Si nous avons la chance de nous rencontrer moi et Caïus Marcius, nous avons juré de combattre ensemble, jusqu'à ce qu'il y en ait un qui ne puisse plus frapper.

Tous. — Les Dieux vous assistent!

Aufidius. — Et qu'ils gardent Vos Honneurs!

Premier sénateur. — Adieu.

Second sénateur. — Adieu.

Tous. — Adieu. (*Ils sortent.*)

SCÈNE III.

Rome. — Un appartement dans la demeure de Marcius.

Entrent VOLUMNIA *et* VIRGILIA : *elles s'asseyent sur deux siéges bas et se mettent à coudre.*

Volumnia. — Je vous en prie, chantez, ma fille, ou trouvez des paroles un peu moins découragées. Si mon fils était mon époux, je tirerais plus de bonheur de cette absence qui lui permettra de conquérir de l'honneur, que de ses embrassements les plus amoureux au lit. Lorsqu'il était encore tout tendre de corps et l'unique fils de mes entrailles, lorsque sa jeunesse et sa beauté forçaient tous les yeux à le regarder, alors qu'une mère n'aurait pas consenti à se priver seulement pour une heure du plaisir de le contempler, quand bien même un roi l'en aurait suppliée tout un jour, considérant combien l'honneur parerait une telle personne, et me disant que sans le renom qui lui donne vie, l'honneur n'était guère mieux qu'une peinture à accrocher aux murs, je consentis avec bonheur à lui laisser aller chercher le danger là où il pourrait trouver la renommée. Je l'envoyai à une guerre cruelle, d'où il revint, le front ceint de la couronne de chêne[6]. Je te le dis, ma fille, je ne tressaillis pas d'une joie plus grande lorsqu'on m'apprit que j'avais mis au monde un enfant mâle, que lorsque pour la première fois je vis qu'il s'était montré un homme.

Virgilia. — Mais s'il était mort dans cette affaire, Madame, cependant?

Volumnia. — En ce cas, son bon renom aurait été mon fils, et m'aurait tenu lieu de postérité. Crois-moi, je le déclare sérieusement, eussé-je eu douze fils, tous égaux dans mon amour, tous aussi chers à mon cœur que l'est ton mari, mon brave Marcius, j'aurais mieux aimé en voir onze mourir noblement pour leur pays, que d'en voir un seul s'engraisser voluptueusement dans l'inaction.

Entre une suivante.

La suivante. — Madame Valeria est venue vous rendre visite, Madame.

Virgilia. — Donnez-moi, je vous en prie, la permission de me retirer.

Volumnia. — Mais non, en vérité. Il me semble que j'entends d'ici le tambour de votre mari; que je le vois prendre Aufidius par les cheveux et le renverser à terre, que je vois les Volsques fuir devant lui comme les enfants devant un ours : il me semble que je le vois frapper ainsi du pied, et crier ainsi : « En avant, lâches! vous avez été engendrés dans la crainte, quoique vous soyez nés dans Rome : » alors il essuie son front ensanglanté avec sa main gantée de fer, et il va pareil à un moissonneur qui aurait accepté la tâche de tout faucher ou de perdre son salaire.

Virgilia. — Son front ensanglanté! Ô Jupiter, pas de sang!

Volumnia. — Allons donc, sotte! le sang pare mieux un homme que l'or ne pare son trophée : les mamelles d'Hécube lorsqu'elle allaitait Hector, n'offraient pas un plus aimable spectacle que le front d'Hector lorsqu'il

ruisselait de sang sous les blessures des épées grecques.
— Dites à Valeria que nous sommes prêtes à lui souhaiter la bienvenue. (*Sort la suivante.*)

Virgilia. — Les cieux protégent mon Seigneur contre le cruel Aufidius !

Volumnia. — Il courbera la tête d'Aufidius plus bas que son genou, et il lui marchera sur le cou.

Rentre la suivante *avec* VALERIA *suivie d'un* serviteur.

Valeria. — Mesdames, bonjour à toutes deux.

Volumnia. — Aimable Madame....

Virgilia. — Je suis heureuse de voir Votre Grâce.

Valeria. — Comment allez-vous toutes les deux ? vous êtes des casanières notoires. Qu'est-ce que vous brodez là ? Joli dessin, ma foi ! — Et comment va votre petit garçon ?

Virgilia. — Je remercie Votre Grâce ; il va bien, bonne Madame.

Volumnia. — Il aimerait mieux voir des épées et entendre le tambour que regarder son maître d'école.

Valeria. — Sur ma parole, c'est bien le fils de son père : c'est un tout à fait gentil enfant, je vous le jure. Sur ma foi, mercredi dernier, je l'ai regardé faire pendant une demi-heure : il vous a un air si décidé. Je l'ai vu courir après un papillon doré, et lorsqu'il l'a eu attrapé, il l'a laissé partir ; puis il a couru de nouveau après, et voilà qu'il fait une culbute, une, deux, et qu'il se relève ; enfin il attrape le papillon, mais soit qu'il fût en colère d'être tombé, ou pour toute autre raison, voilà qu'il y met ses dents, et qu'il le déchire.... ah ! il l'a déchiqueté, je vous en réponds.

Volumnia. — C'est une des colères de son père.

Valeria. — C'est un noble enfant, sur ma foi, là.

Virgilia. — Un petit diable, Madame.

Valeria. — Voyons, laissez là vos coutures ; je veux que cette après-midi vous fassiez avec moi la ménagère paresseuse.

Virgilia. — Non, bonne Madame, je ne passerai pas la porte.

ACTE I, SCÈNE III.

Valeria. — Vous ne passerez pas la porte

Volumnia. — Si, si.

Virgilia. — Non, en vérité, avec votre tolérance ; je ne passerai pas le seuil avant que mon époux soit revenu de la guerre.

Valeria. — Fi, vous vous enfermez très-déraisonnablement ; allons, vous viendrez visiter la bonne Dame qui est au lit malade.

Virgilia. — Je souhaite que la force lui revienne bien vite, et j'enverrai mes prières la visiter ; mais je ne puis aller chez elle.

Volumnia. — Et pourquoi, je vous prie ?

Virgilia. — Ce n'est pas pour épargner ma peine, ni parce que je manque d'affection pour elle.

Valeria. — Vous voudriez être une autre Pénélope : cependant on dit que tout le chanvre qu'elle fila en l'absence d'Ulysse, ne servit qu'à encombrer Ithaque de papillons. Venez donc ; je voudrais que votre toile fût aussi sensible que votre doigt, de la sorte vous auriez pitié d'elle et vous cesseriez de la piquer. Allons, vous viendrez avec nous.

Virgilia. — Non, bonne Madame, pardonnez-moi ; en vérité je ne sortirai pas.

Valeria. — Mais voyons, venez avec moi, et je vous donnerai d'excellentes nouvelles de votre mari.

Virgilia. — Oh ! bonne Madame, il ne peut y en avoir encore aucune.

Valeria. — Vraiment, je ne plaisante pas avec vous ; il est arrivé de ses nouvelles la nuit dernière.

Virgilia. — Bien sûr, Madame ?

Valeria. — Très-sûr, je vous en fais le serment ; j'ai entendu un sénateur qui le disait. Voici ce qui en est : — les Volsques ont fait sortir une armée contre laquelle Cominius, le général en chef, s'est avancé avec une partie de nos forces romaines : votre Seigneur et Titus Lartius ont mis le siége devant leur ville de Corioles, et ils ne doutent pas de l'emporter et de mettre promptement fin à la guerre. C'est la vérité, sur mon honneur ; ainsi, venez avec nous, je vous en prie.

Virgilia. — Veuillez m'excuser, bonne Madame; je vous obéirai en toute chose plus tard.

Volumnia. — Dame, laissons-la seule : dans les dispositions où elle est, elle ne ferait que gâter notre gaieté.

Valeria. — En vérité, je crois que c'est ce qu'elle ferait. Portez-vous bien, en ce cas. Venez, bonne et aimable Dame. — Je t'en prie, Virgilia, mets à la porte ton humeur solennelle, et viens avec nous.

Virgilia. — Non, d'un seul mot, Madame; en vérité, je ne dois pas sortir. Je vous souhaite beaucoup de plaisir.

Valeria. — Eh bien, en ce cas, adieu. (*Elles sortent.*)

SCÈNE IV.

Devant Corioles.

Entrent avec tambours et drapeaux, MARCIUS, TITUS LARTIUS, *des officiers et des soldats.*

Marcius. — Nous voici venir des nouvelles : parions qu'il y a eu une rencontre.

Lartius. — Mon cheval contre le vôtre que non.

Marcius. — C'est fait.

Lartius. — Tenu.

Entre un messager.

Marcius. — Dis-moi, notre général a-t-il rencontré l'ennemi?

Le messager. — Ils sont en présence, mais ils ne se sont encore rien dit.

Lartius. — Ainsi, le bon cheval est à moi.

Marcius. — Je vous l'achèterai.

Lartius. — Non, je ne veux ni le vendre, ni le donner; mais je veux bien vous le prêter pour la moitié d'un siècle. — Sommons la ville de se rendre.

Marcius. — A quelle distance ces armées sont-elles d'ici?

Le messager. — A un mille et demi environ.

Marcius. — En ce cas nous entendrons leurs cris d'alarme, et eux les nôtres. Maintenant, je t'en prie, ô Mars, rends-nous prompts à l'œuvre, afin que nous puissions vite partir d'ici avec nos épées fumantes et porter secours à nos amis qui tiennent la campagne! — Avance, toi, et souffle ton appel.

On sonne un pourparler. Entrent sur les remparts DEUX SÉNATEURS *et autres personnes.*

MARCIUS. — Tullus Aufidius est-il dans vos murs?

PREMIER SÉNATEUR. — Non, ni lui, ni personne qui puisse vous craindre moins qu'il ne vous craint, c'est-à-dire moins que rien. (*Bruit de tambours dans le lointain.*) Ecoutez! nos tambours conduisent nos jeunes gens! nous briserons nos murailles plutôt que de les laisser nous servir de prison : nos portes qui vous semblent si bien fermées, ne sont que verrouillées avec des roseaux ; elles s'ouvriront d'elles-mêmes. (*Alarme dans le lointain.*) Écoutez ce bruit dans le lointain! c'est Aufidius; écoutez, quelle besogne il taille dans le cœur de votre armée enfoncée.

MARCIUS. — Oh, ils sont aux prises!

LARTIUS. — Leur tapage nous doit servir de signal. Des échelles, holà!

LES VOLSQUES *entrent et passent sur le théâtre.*

MARCIUS. — Ils ne nous craignent pas, au contraire ils sortent de leur ville. Allons, placez vos boucliers devant vos cœurs, et combattez avec des cœurs plus solides que vos boucliers. Avançons, brave Titus ; ils nous dédaignent plus que nous n'aurions jamais pu le croire, ce qui me fait suer de colère. Avancez, mes amis; celui qui recule, je le prends pour un Volsque, et je lui fais sentir la pointe de mon épée. (*Alarme. Sortent en combattant Romains et Volsques. Les Romains sont repoussés dans leurs retranchements.*)

Rentre MARCIUS.

MARCIUS. — Que toutes les contagions du sud tombent sur vous, hontes de Rome! troupeau de.... Que les ulcères et les plaies ne fassent de vous qu'un seul emplâtre, afin que vous inspiriez l'horreur de plus loin que l'œil ne pourrait vous voir, et vous infecter mutuellement à un mille de distance! Ames d'oies qui portez des formes d'hommes, comment avez-vous pu fuir devant des esclaves que des singes battraient! Pluton et enfer! tous frappés par derrière; des dos rouges, et des faces pâles de la fuite et de la terreur nerveuse! Réparez cela, et revenez à la charge, ou par les feux du ciel, je vais laisser là l'ennemi, et vous faire la guerre à vous! faites-y attention : en avant; si vous tenez bon, nous allons les chasser jusque chez leurs femmes, comme ils nous ont repoussés jusqu'à nos tranchées. (*Autre alarme. Les Volsques et les Romains rentrent, et le combat recommence. Les Volsques se retirent dans Corioles, et Marcius les poursuit jusqu'aux portes.*)

Marcius. — C'est cela, maintenant les portes sont ouvertes. Eh bien, prouvez-moi que vous êtes gens à bien me seconder; c'est pour ceux qui poursuivent que la fortune ouvre ces portes, et non pour ceux qui fuient : regardez-moi, et faites comme moi. (*Marcius passe les portes.*)

Premier soldat. — Absurde courage; je n'y vais pas.

Second soldat. — Ni moi. (*Marcius est enfermé dans la ville.*)

Premier soldat. — Voyez, ils l'ont fermé à l'intérieur.

Tous. — Il est dans le pot, je lui en réponds. (*L'alarme continue.*)

Rentre TITUS LARTIUS.

Lartius. — Qu'est devenu Marcius?

Tous. — Il est tué sans aucun doute, Seigneur.

Premier soldat. — En serrant les fuyards aux talons, il est entré avec eux dans la ville; soudainement ils ont fermé leurs portes, et il se trouve seul pour répondre à toute la ville.

Lartius. — Ô noble compagnon qui vulnérable, surpasse en audace son invulnérable épée, et se tient droit alors qu'elle plie! Tu es abandonné, Marcius : une escarboucle entière, fût-elle de ta taille, ne serait pas un si riche joyau que toi. Tu étais un soldat, selon le souhait de Caton [7]; tu n'étais pas seulement terrible et impitoyable dans les coups que tu portais, mais tes regards cruels et le grondement de ta voix pareille au tonnerre faisaient frissonner tes ennemis, comme si la terre était prise de fièvre et tremblait.

Rentre MARCIUS *sanglant et aux prises avec les ennemis.*

PREMIER SOLDAT. — Regardez, Seigneur.

LARTIUS. — Oh, c'est Marcius! Allons le leur arracher, ou mourons avec lui. (*Ils combattent et tous entrent dans la ville.*)

SCÈNE V.

Dans CORIOLES. — Une rue.

Entrent DES ROMAINS *avec des dépouilles.*

PREMIER ROMAIN. — J'emporterai ceci à Rome.

SECOND ROMAIN. — Et moi cela.

TROISIÈME ROMAIN. — La peste soit de cela! je l'avais pris pour de l'argent. (*L'alarme continue dans le lointain.*)

Entrent MARCIUS *et* TITUS LARTIUS *avec un trompette.*

MARCIUS. — Voyez-moi ces empressés qui estiment leurs heures au taux d'une drachme percée [8]! Coussins, cuillers de plomb, objets en fer d'un liard, couvertures que des bourreaux enterreraient avec ceux qui les portaient, ces bas esclaves emportent tout cela, avant que le combat soit fini : à bas ces drôles! — Écoutez! quel tapage fait le général! — Courons à son secours! Là-bas, cet homme que hait mon âme, Aufidius, est en train de massacrer nos Romains : vaillant Titus, prends un nombre d'hommes suffisants pour tenir en respect cette cité, tandis que moi, suivi de ceux qui ont du courage, je m'en irai au secours de Cominius.

LARTIUS. — Noble Seigneur, tu saignes; ton premier combat a été trop violent pour te permettre une seconde course.

MARCIUS. — Seigneur, ne me flattez pas; ma besogne ne m'a pas encore échauffé : adieu. Le sang que je répands est plutôt une saignée salutaire qu'un danger pour moi : je veux apparaître ainsi devant Aufidius et le combattre.

LARTIUS. — Eh bien! que la belle déesse Fortune tombe amoureuse de toi, et que ses charmes puissants dirigent de travers les épées de tes adversaires! Hardi Seigneur, que la prospérité soit ton page!

MARCIUS. — Qu'elle soit autant ton amie qu'elle l'est pour ceux qu'elle place le plus haut! Maintenant, adieu.

LARTIUS. — Ô très-noble Marcius! (*Sort Marcius.*) Allez, sonnez de la trompette sur la place du marché, et convoquez-y tous les magistrats de la ville pour qu'ils connaissent nos intentions : allez! (*Ils sortent.*)

SCÈNE VI.

Près du camp de COMINIUS.

Entrent COMINIUS *et ses forces faisant retraite.*

COMINIUS. — Respirez, mes amis : bien combattu; nous nous en sommes tirés comme des Romains, sans folie dans nos attaques, sans lâcheté dans notre retraite : croyez-moi, citoyens, nous allons être chargés de nouveau. Pendant que nous combattions, des brises messagères nous ont porté par intervalles le bruit des charges de nos amis. Ô Dieux de Rome, guidez leur succès comme nous désirons que vous guidiez le nôtre, afin que nos deux armées se rencontrant avec des fronts souriants vous offrent un sacrifice de reconnaissance!

Entre UN MESSAGER.

COMINIUS. — Tes nouvelles?

ACTE I, SCÈNE VI.

Le messager. — Les citoyens de Corioles ont fait une sortie, et ont livré bataille à Lartius et à Marcius : j'ai vu notre armée poussée dans ses retranchements, et alors je suis parti.

Cominius. — Quoique tu dises la vérité, il ne me semble pas que tu parles bien. Combien y a-t-il de cela?

Le messager. — Environ une heure, Seigneur.

Cominius. — Il n'y a pas un mille d'ici; nous avons entendu leurs tambours il n'y a qu'un instant : comment as-tu pu perdre toute une heure à faire un mille, et porter tes nouvelles si tard?

Le messager. — Des espions des Volsques m'ont donné la chasse, si bien que j'ai été obligé de faire en détours l'espace de trois ou quatre milles; sans cela, Seigneur, il y a une demi-heure que je vous aurais porté mon information.

Cominius. — Qui vient là-bas pareil à un homme qu'on a écorché vif? Ô Dieux! il porte la ressemblance de Marcius; je l'ai déjà vu ainsi bien des fois.

Marcius, *de loin*. — Est-ce que je viens trop tard?

Cominius. — Le berger ne sait pas mieux reconnaître le tonnerre d'un tambourin, que je ne sais reconnaître, au son de sa voix, Marcius d'un homme de moins noble sorte.

Entre MARCIUS.

Marcius. — Est-ce que je viens trop tard?

Cominius. — Oui, si c'est de votre sang que vous êtes couvert et non du sang des autres.

Marcius. — Oh! laissez mes bras vous serrer d'une étreinte aussi étroite que lorsque je me fiançai, laissez-moi vous presser sur un cœur aussi joyeux qu'il le fut le jour où fut accompli mon mariage, à l'heure où les flambeaux me conduisirent au lit nuptial!

Cominius. — Fleur des guerriers, dans quelle situation est Titus Lartius?

Marcius. — Dans la situation d'un homme occupé de décrets, condamnant ceux-ci à la mort, ceux-là à l'exil, rançonnant celui-ci ou lui faisant grâce, menaçant cet autre, tenant Corioles au nom de Rome, comme on tient en laisse un lévrier soumis pour le lâcher à volonté.

Cominius. — Où est cet esclave qui m'avait dit que vous aviez été repoussé dans vos retranchements? où est-il? qu'on l'appelle.

Marcius. — Laissez-le tranquille ; il vous a dit la vérité : mais quant à nos beaux Messieurs, à nos Seigneurs de la plèbe, — peste soit d'eux! des tribuns pour ces gens-là! — les souris n'ont jamais mieux évité les chats qu'ils ne se sont enfuis devant des drôles qui valaient encore moins qu'eux.

Cominius. — Mais comment l'avez-vous emporté?

Marcius. — Le temps me permettra-t-il de vous le dire? je ne le pense pas. Où est l'ennemi? Êtes-vous maîtres du champ de bataille? Si vous ne l'êtes pas, pourquoi vous arrêtez-vous avant que vous le soyez?

Cominius. — Marcius, nous avons combattu avec désavantage, et nous avons fait retraite pour mieux atteindre notre but.

Marcius. — Quelle est la disposition de leur armée? Savez-vous de quel côté ils ont placé leurs troupes d'élite?

Cominius. — Si je devine bien, Marcius, leurs troupes d'avant-garde sont les Antiates, leurs meilleurs soldats; à leur tête est Aufidius, qui est le cœur même de leurs espérances.

Marcius. — Au nom de toutes les batailles que nous avons livrées ensemble, au nom de tout le sang que nous avons répandu ensemble, au nom de tous les serments de durable amitié que nous avons faits, je vous conjure de me lancer immédiatement contre Aufidius et ses Antiates : ne retardez pas d'une minute, mais obscurcissant l'air de dards et d'épées levées, mettons-nous à l'œuvre sur l'heure même.

Cominius. — Bien que je souhaitasse que vous fussiez conduit à un bain rafraîchissant et que des baumes vous fussent appliqués, je n'oserai jamais cependant vous refuser une demande : faites choix des hommes qui peuvent le mieux aider votre action.

Marcius. — Ce sont ceux qui ont la meilleure volonté. S'il en est un ici — et ce serait péché d'en douter — qui aime cette peinture dont vous me voyez barbouillé ; s'il en est un qui craigne moins pour sa personne qu'il ne craint un mauvais renom ; s'il en est un qui pense qu'une mort courageuse pèse d'un plus grand poids qu'une vie mauvaise, et qui tienne son pays pour plus cher que lui-même, que celui-là, ou tous ceux qui pensent ainsi, fassent ce signe pour exprimer leurs dispositions, et suivent Marcius. (*Tous applaudissent et brandissent leurs épées : ils le prennent dans leurs bras, et jettent leurs chapeaux en l'air.*) Oh, laissez-moi ! me prenez-vous pour une épée ? Si ces démonstrations ne sont pas toutes extérieures, lequel de vous ne vaut pas quatre Volsques ? Il n'est aucun de vous qui ne soit capable d'opposer au grand Aufidius un bouclier aussi dur que le sien. Je dois en choisir seulement un petit nombre parmi vous tous, bien que je doive des remercîments à tous : les autres supporteront le poids de quelque autre combat, quand l'occasion l'exigera. Qu'il vous plaise de marcher, et quatre d'entre vous vont choisir sur mes ordres les hommes les mieux disposés.

Cominius. — Marchez, mes compagnons : justifiez cette démonstration, et vous partagerez tout avec nous. (*Ils sortent.*)

SCÈNE VII.

Les portes de Corioles.

TITUS LARTIUS, *après avoir mis une garde dans Corioles, entre sur la scène avec* un lieutenant, *un corps de* soldats *et un* éclaireur, *se dirigeant avec tambours et trompettes vers* COMINIUS *et* CAÏUS MARCIUS.

Titus Lartius. — Ayez soin que les portes soient gardées : exécutez mes ordres tels que je vous les ai donnés. Si j'envoie vers vous, dépêchez ces centuries à notre aide [9] ; le reste suffira pour une courte occupation :

car si nous perdons la bataille, nous ne pouvons garder la ville.

LE LIEUTENANT. — Ne doutez pas de notre vigilance, Seigneur.

LARTIUS. — Partons, et fermez vos portes derrière nous. Notre guide, viens ici; conduis-nous au camp romain. (*Ils sortent.*)

SCÈNE VIII.

Un champ de bataille entre les camps romains et volsques.

Alarme. Entrent de côtés opposés, MARCIUS *et* AUFIDIUS.

MARCIUS. — Je ne veux combattre qu'avec toi; car je te hais plus qu'un briseur de promesses.

AUFIDIUS. — Notre haine est égale; l'Afrique ne nourrit pas de serpent que j'abhorre plus que ta renommée et ton animosité. Fixe ton pied.

MARCIUS. — Que le premier qui bougera meure l'esclave de l'autre, et que les Dieux le condamnent après sa vie!

AUFIDIUS. — Si je fuis, Marcius, sonne-moi l'hallali comme pour un lièvre.

MARCIUS. — Il y a moins de trois heures, Tullus, que j'ai combattu seul dans votre ville de Corioles, et que j'y ai taillé la besogne qu'il m'a plu : ce n'est pas de mon sang que tu me vois masqué; si tu veux te venger, tu peux hausser ton courage à son cran suprême.

AUFIDIUS. — Quand tu serais Hector, ce fouet de vos ancêtres dont se vante votre race [10], tu ne m'échapperais pas ici. (*Ils combattent et quelques Volsques viennent en aide à Aufidius.*) Officieux qui n'êtes pas vaillants, vous m'avez déshonoré en venant me servir de seconds contre toutes les lois du combat. (*Ils sortent en combattant poussés par Marcius.*)

SCÈNE IX.

Le camp romain.

Alarme. On sonne une retraite. Fanfares. Entrent d'un côté COMINIUS *et des* ROMAINS; *de l'autre,* MARCIUS *avec son bras en écharpe, et d'autres* ROMAINS.

COMINIUS. — Si je te refaisais le récit de ton œuvre de ce jour, tu ne voudrais pas croire à tes actes; mais je les raconterai en un lieu où les sénateurs mêleront les larmes aux sourires, où les grands patriciens écouteront, hausseront les épaules d'abord, et finiront par admirer, où les Dames seront effrayées, et voudront en entendre davantage pour se donner le plaisir de trembler, où les stupides tribuns qui, de concert avec les infects plébéiens, haïssent tes honneurs, diront contre leurs cœurs : « Nous remercions les Dieux que notre Rome ait un tel soldat! » et cependant tu n'es venu prendre un morceau de cette fête qu'après avoir déjà pleinement dîné.

Entre TITUS LARTIUS *avec ses troupes, revenant de la poursuite.*

LARTIUS. — Oh, général, voici le coursier, nous ne sommes, nous, que le caparaçon : si tu avais vu....

MARCIUS. — Voyons, je t'en prie, assez : ma mère qui possède le privilége naturel de vanter son sang, m'afflige lorsqu'elle me loue. J'ai fait ce que vous avez fait, c'est-à-dire, j'ai fait de mon mieux; j'ai été poussé par le mobile qui vous a poussés, c'est-à-dire l'amour de mon pays; quiconque a réalisé seulement sa bonne volonté a surpassé mes actions.

COMINIUS. — Vous ne serez pas le tombeau de vos mérites; Rome doit connaître la valeur du trésor qu'elle possède : ce serait un recel pire qu'un vol, et au moins égal à une trahison, que de cacher vos actes, de passer sous silence des exploits qu'on loue encore trop modérément en les hissant au sommet et à la pointe des louanges. Ainsi, je vous en conjure, écoutez-moi devant notre armée ; c'est pour montrer ce que vous êtes et non pour récompenser ce que vous avez fait.

Marcius. — J'ai sur moi quelques blessures, et elles me cuisent en s'entendant rappeler.

Cominius. — Si elles n'étaient pas mentionnées, il serait à craindre qu'elles ne s'envenimassent devant l'ingratitude et qu'elles n'employassent la mort pour les fermer. Nous vous abandonnons le dixième de tous les chevaux pris (et nous en avons pris de beaux et en bon nombre), et de tous les trésors conquis sur ce champ de bataille et dans cette ville, dixième que vous prélèverez à votre choix avant la distribution générale.

Marcius. — Je vous remercie, général ; mais je ne puis décider mon cœur à consentir à recevoir un cadeau pour payer mon épée : je refuse ce don, et je me borne à la simple part qui me revient en compagnie de ceux qui ont été les spectateurs de cette action.

(*Longue fanfare. Tous crient* Marcius! Marcius! *et jettent en l'air leurs bonnets et leurs lances.* COMINIUS *et* LARTIUS *se tiennent découverts.*)

Marcius. — Puissent ces mêmes instruments que vous profanez, ces tambours et ces trompettes, ne plus résonner, s'ils doivent faire office de flatteurs sur le champ de bataille! Laissez les flatteries hypocrites aux cours et aux cités, où l'acier devient aussi doux que la soie du parasite. Que ces instruments ne soient employés qu'à donner le signal des combats[11]! Assez, dis-je! Parce que je n'ai pas lavé mon nez qui a saigné, ou parce que j'ai mis hors de combat quelque débile pauvre hère, actions que beaucoup d'autres ici ont pu faire sans être remarqués, vous m'applaudissez avec des acclamations hyperboliques, absolument comme s'il m'était doux que ma petite personne fût nourrie de louanges assaisonnées avec une sauce de mensonges.

Cominius. — Vous êtes trop modeste, et plus cruel envers votre bonne renommée que reconnaissant envers nous qui la proclamons sincèrement. Avec votre permission, si vous êtes furieux contre vous-même, nous agirons à votre égard comme on agit avec ceux qui cherchent à se nuire ; nous vous mettrons les menottes, puis nous raisonnerons avec vous en sécurité. — Qu'il soit donc connu de l'univers entier, comme il est connu de nous, que Caïus Marcius remporte la couronne de cette guerre : comme gage du fait, je lui donne mon noble coursier, connu de tout le camp, avec tout son bel équipement ; et à partir de ce jour, pour l'action accomplie par lui devant Corioles, nous l'appellerons, aux applaudissements et aux clameurs de l'armée : CAÏUS MARCIUS CORIOLANUS ! Porte à jamais ce nom ajouté noblement au tien ! (*Fanfares. Les trompettes et les tambours résonnent.*)

Tous. — Caïus Marcius Coriolanus !

Coriolan. — Je vais aller me laver ; et lorsque ma face sera nette, vous remarquerez si je rougis ou non : toutefois je vous remercie : — je monterai votre coursier avec joie ; et en tous temps, je ferai tous mes meilleurs efforts pour ennoblir encore votre surnom.

Cominius. — Maintenant, à notre tente, d'où nous écrirons à Rome les nouvelles de notre succès, avant de nous reposer. Vous, Titus Lartius, vous retournerez à Corioles : envoyez-nous à Rome leurs principaux citoyens, afin que nous puissions traiter pour leur propre bien et pour le nôtre.

Lartius. — Je le ferai, mon Seigneur.

Coriolan. — Les Dieux commencent à se moquer de moi. Moi qui ai tout à l'heure refusé des présents tout à fait princiers, me voilà contraint de mendier auprès de mon Seigneur le général.

Cominius. — Prenez ce que vous demandez, cela est à vous. Qu'est-ce ?

Coriolan. — J'ai parfois logé ici, à Corioles, dans la maison d'un pauvre homme ; il m'a traité avec bonté : il m'a appelé à son secours, je l'ai vu faire prisonnier; mais Aufidius était alors devant mes yeux, et la colère dominait ma pitié : je vous demande de donner la liberté à mon pauvre hôte.

Cominius. — Oh! noblement mendié! fût-il le bourreau de mon fils, il serait libre comme le vent. Délivre-le, Titus.

Lartius. — Son nom, Marcius?

Coriolan. — Oublié, par Jupiter! Je suis épuisé; oui ma mémoire est fatiguée. N'avons-nous pas de vin ici?

Cominius. — Allons à notre tente: le sang sèche sur votre visage; il est temps qu'on y regarde. Venez. (*Ils sortent.*)

SCÈNE X.

Le camp des Volsques.

Fanfares. Entre **TULLUS AUFIDIUS** *ensanglanté avec deux ou trois* soldats.

Aufidius. — La ville est prise!

Premier soldat. — Elle sera rendue à de bonnes conditions.

Aufidius. — *Conditions!* Je voudrais être Romain; car je ne puis, étant Volsque, être ce que je suis. *Conditions!* quelles bonnes conditions peut trouver dans un traité le parti qui est à la merci de son adversaire? — Cinq fois, Marcius, j'ai combattu avec toi, et autant de fois tu m'as vaincu, et tu me battrais, je crois, aussi souvent que nous nous rencontrerions, quand bien même nous nous rencontrerions aussi souvent que nous mangeons. Par les éléments! si jamais je me rencontre barbe à barbe avec lui, il est à moi ou je suis à lui. Ma rivalité n'est plus inspirée par le même esprit d'honneur qu'autrefois; car autrefois je croyais pouvoir l'écraser à force égale, épée contre épée tirée de franc jeu, mais aujourd'hui je le combattrai volontiers d'une manière quelconque; ou la rage, ou la ruse auront raison de lui.

ACTE I, SCÈNE X.

Premier soldat. — C'est le diable.

Aufidius. — Il est plus hardi, quoiqu'il ne soit pas aussi subtil. Ma valeur est empoisonnée par la tache qu'il lui fait subir, et elle changera sa nature pour tirer de lui vengeance. Ni le sommeil, ni la protection du sanctuaire, ni la nudité, ni la maladie, ni le temple, ni le Capitole, ni les prières des prêtres, ni les heures du sacrifice, qui sont tous des obstacles à l'assouvissement de la colère, n'opposeront leurs priviléges surannés et traditionnels à ma haine pour Marcius! Partout où je le trouverai, fût-ce chez moi, sous la garde de mon frère, oui, même là, ma main cruelle se laverait dans le sang de son cœur, contre toutes les lois de l'hospitalité! — Allez à la ville, informez-vous de la manière dont elle est occupée, et quels sont ceux qui doivent être envoyés à Rome comme otages.

Premier soldat. — Ne viendrez-vous pas?

Aufidius. — Je suis attendu au bois de cyprès: je vous en prie, venez m'y informer, — c'est au sud des moulins de la ville, — de la manière dont marchent les choses, afin que je puisse mettre ma conduite à leur pas.

Premier soldat. — Je le ferai, Seigneur. (*Ils sortent.*)

ACTE II.

SCÈNE PREMIÈRE.

Rome. — Une place publique.

Entrent MÉNÉNIUS, SICINIUS *et* BRUTUS.

Ménénius. — L'augure me dit que nous aurons des nouvelles ce soir.

Brutus. — Bonnes ou mauvaises?

Ménénius. — Des nouvelles qui ne seront pas selon le vœu du peuple, car il n'aime pas Marcius.

Sicinius. — La nature enseigne aux bêtes à reconnaître leurs amis.

Ménénius. — Et quel est celui qu'aime le loup, je vous prie?

Sicinius. — L'agneau.

Ménénius. — Oui, pour le dévorer, comme les plébéiens affamés voudraient faire du noble Marcius.

Brutus. — C'est un agneau, en effet, mais qui bêle comme un ours.

Ménénius. — C'est un ours, en effet, mais qui vit comme un agneau. Vous êtes deux vieillards; répondez à la question que je vais vous adresser.

Les deux tribuns. — Bien, Seigneur.

Ménénius. — De quel énorme défaut Marcius est-il pauvre que vous n'ayez tous deux en abondance?

Brutus. — Il n'est pauvre d'aucun, il est bien approvisionné de tous.

Sicinius. — Spécialement d'orgueil.

Brutus. — Et il l'emporte sur tout le monde en jactance.

Ménénius. — Voilà qui est étrange : et savez-vous bien de quelle façon vous êtes jugés dans la ville, — j'entends de nous gens de la haute volée, — le savez-vous ?

Les deux tribuns. — Eh bien, de quelle façon sommes-nous jugés ?

Ménénius. — Comme vous venez de parler d'orgueil tout à l'heure, — vous ne vous fâcherez pas ?

Les deux tribuns. — Bon, Seigneur. Eh bien, quoi ?

Ménénius. — Après cela, il importe peu ; car la plus petite voleuse d'occasion qui se présente, vavous dérober une forte dose de patience : lâchez donc les rênes à vos dispositions, et fâchez-vous tant qu'il vous plaira, au moins si vous trouvez du plaisir à cela. Vous blâmez Marcius pour son orgueil ?

Brutus. — Nous ne sommes pas les seuls à le faire, Seigneur.

Ménénius. — Je sais que vous pouvez faire peu de choses seuls ; vos aides sont nombreux, sans cela vos actions seraient d'étonnants zéros : vos capacités sont encore trop dans l'état d'enfance pour que vous puissiez faire beaucoup seuls. Vous parlez d'orgueil : ah ! si vous pouviez voir les besaces suspendues à vos cous, et faire une inspection intérieure de vous-mêmes[1] ! Ah ! si vous le pouviez !

Brutus. — Eh bien, après, Seigneur ?

Ménénius. — Eh bien, vous découvririez en vous une paire de magistrats aussi indignes, violents, orgueilleux, têtus (*alias* sots), qu'il y en ait dans Rome.

Sicinius. — Ménénius, vous êtes aussi parfaitement bien connu.

Ménénius. — Je suis connu pour un patricien d'humeur libre, qui aime une coupe de vin chaleureux sans mélange d'une seule goutte d'eau du Tibre, ayant la réputation de trop céder à ses premiers mouvements, et de prendre feu comme de l'amadou sur de trop légères provocations ; je suis connu pour un homme qui voit plus souvent le cul de la nuit que le visage du matin, qui dit ce qu'il pense, et qui dépense sa malice en paroles. Quand je rencontre deux politiques tels que vous, — je ne puis vous appeler des Lycurgues[2], — si le vin que vous me donnez écorche mon palais, je ne me gêne pas pour faire une grimace. Lorsque je trouve autant d'âneries que de syllabes dans les paroles que vous prononcez, je ne puis vous dire que vous avez bien parlé : et quoique je sois obligé de supporter ceux qui disent que vous êtes des hommes graves et respectables, cependant ils mentent mortellement ceux qui disent que vous avez de bonnes figures. Si c'est là ce que vous voyez dans mon microcosme[3], s'ensuit-il que je *sois parfaitement bien connu?* Et *si je suis si bien connu* que cela, quel mal vos deux aveugles perspicacités peuvent-elles glaner dans mon caractère?

BRUTUS. — Allez, Seigneur, allez, nous vous connaissons parfaitement bien.

MÉNÉNIUS. — Vous ne connaissez ni moi, ni vous, ni quoi que ce soit. Vous êtes ambitieux des saluts et des révérences de pauvres drôles : vous dépensez toute une précieuse après-midi à entendre une cause entre une marchande d'oranges et un marchand de robinets, et puis vous ajournez cette querelle de trois sous à une seconde audience. Lorsque vous écoutez une affaire entre deux parties en présence, s'il vous arrive d'être pincés par la colique, vous faites des visages de masques ; vous arborez le drapeau rouge à faire mal aux nerfs de tous, et beuglant après un pot de chambre, vous renvoyez cette querelle fort envenimée et plus embrouillée qu'avant par votre audience : toute la paix que vous faites entre les parties, est de les appeler l'un et l'autre coquins. Vous êtes une paire de drôles de corps.

BRUTUS. — Allez, allez, nous savons fort bien que vous êtes un plaisant plus accompli à table, que vous n'êtes un sénateur utile au Capitole.

MÉNÉNIUS. — Nos prêtres eux-mêmes deviendraient des moqueurs s'ils rencontraient des êtres aussi ridicules que vous. Vos paroles les plus sensées ne valent pas un poil de votre barbe, et vos barbes ne méritent pas même l'honorable tombeau d'un coussin de ravaudeuse ou du bât d'un âne. Cependant il faut vous entendre dire que Marcius est orgueilleux, lui qui, à l'estimer très-bas, vaut tous vos prédécesseurs pris ensemble depuis Deucalion, quoique par aventure quelques-uns des plus relevés aient pu être bourreaux héréditaires. Bien le bonjour à Vos Seigneuries : une plus longue conversation avec vous, bergers du troupeau des brutes plébéiennes, infecterait mon cerveau; j'aurai la hardiesse de prendre congé de vous. (*Brutus et Sicinius se retirent.*)

Entrent VOLUMNIA, VIRGILIA *et* VALERIA,
avec leurs suites.

Ménénius. — Eh bien, Mesdames, aussi belles que nobles, — si la lune descendait sur terre, elle ne serait pas plus noble, — qu'allez-vous donc contempler pour marcher si vite?

Volumnia. — Honorable Ménénius, mon garçon Marcius approche; pour l'amour de Junon, marchons.

Ménénius. — Ah! Marcius revient au logis?

Volumnia. — Oui, digne Ménénius, et couvert de succès et de louanges.

Ménénius. — Attrape mon chapeau, Jupiter, je te remercie! Hourrah! Marcius revient au logis!

Valeria *et* Virgilia *ensemble*. — Oui, c'est très-vrai.

Volumnia. — Voyez, voici une lettre de lui; l'État en a une autre, sa femme une autre, et je crois qu'il y en a une chez moi pour vous.

Ménénius. — Je veux que ma maison elle-même danse cette nuit : une lettre pour moi!

Virgilia. — Oui, c'est certain; il y a une lettre pour vous, je l'ai vue.

Ménénius. — Une lettre pour moi! cela me donne un bail de santé pour sept ans; pendant tout ce temps-là je ferai la grimace au médecin : la plus souveraine recette de Galien[4] n'est qu'un remède empirique, et, comparée à ce préservatif, ne vaut pas mieux qu'une médecine de cheval. N'est-il pas blessé? il avait coutume de revenir blessé au logis.

Virgilia. — Oh, non, non, non!

Volumnia. — Oh! il est blessé, j'en remercie les Dieux.

Ménénius. — Je les remercie de mon côté, pourvu qu'il ne soit pas trop blessé : — apporte-t-il une victoire dans sa poche? les blessures lui vont bien.

Volumnia. — Il porte la victoire sur son front, Ménénius; il revient au logis pour la troisième fois avec la couronne de chêne.

Ménénius. — A-t-il corrigé solidement Aufidius?

Volumnia. — Titus Lartius écrit qu'ils ont combattu ensemble, mais qu'Aufidius a cédé.

Ménénius. — Et quand il a cédé, il n'en était que temps, je le lui garantis : s'il eût persisté, je n'aurais pas voulu pour toutes les caisses de Corioles et pour tout l'or qui est dedans être *Aufidusé*[5] comme il l'aurait été. Le sénat a-t-il connaissance du fait?

Volumnia. — Mes bonnes Dames, marchons. — Oui, oui, oui, le sénat a des lettres du général qui donnent à mon fils la gloire entière de la guerre : dans cette campagne, il a dépassé du double ses premières actions.

Valeria. — En vérité, on raconte de lui des choses merveilleuses.

Ménénius. — Merveilleuses! oui, et qu'il a payées leur vrai prix, je vous le garantis.

Virgilia. — Les Dieux veuillent que les nouvelles soient vraies!

Volumnia. — Vraies! ah bien, par exemple!

Ménénius. — Vraies! je jure qu'elles sont vraies. Où est-il blessé? (*Aux tribuns qui s'avancent.*) Dieu protége vos bonnes Seigneuries! Marcius revient au logis, et avec de nouvelles raisons d'être orgueilleux. (*A Volumnia.*) Où est-il blessé?

Volumnia. — A l'épaule et au bras gauche : il aura de profondes cicatrices à montrer au peuple, lorsqu'il se présentera pour obtenir la place qui lui est due. Lorsqu'on repoussa Tarquin, il reçut sept blessures dans le corps.

Ménénius. — Une au cou, et deux à la cuisse, cela fait neuf que je lui connais.

Volumnia. — Avant cette dernière expédition, il avait vingt-cinq blessures.

Ménénius. — Maintenant, cela fait vingt-sept : chaque blessure fut le tombeau d'un ennemi. (*Acclamations et fanfares.*) Écoutez! les trompettes.

Volumnia. — Elles sont les huissiers de Marcius : il fait devant lui marcher le bruit, et derrière lui il laisse les larmes : la mort, cette noire déesse, habite dans son bras nerveux ; lorsqu'il avance le bras, la mort en descend, et les hommes expirent. (*Fanfares de trompettes.*)

Entrent COMINIUS *et* TITUS LARTIUS ; *au milieu d'eux* CORIOLAN, *le front ceint d'une couronne de chêne ; des capitaines, des soldats et* un héraut.

Le héraut. — Que Rome sache que Marcius a combattu tout seul dans l'enceinte de Corioles, où il a conquis avec gloire un nom à Caïus Marcius; Coriolanus suit les deux précédents avec honneur. Sois le bienvenu dans Rome, renommé Coriolan! (*Fanfare.*)

Tous. — Sois le bienvenu dans Rome, renommé Coriolan!

Coriolan. — Plus de cela, cela afflige mon cœur. Je vous en prie maintenant, assez.

Cominius. — Regardez, Seigneur, voici votre mère.

Coriolan. — Oh! vous avez, je le sais, supplié tous les Dieux pour mon succès! (*Il s'agenouille.*)

Volumnia. — Voyons, mon soldat, relève-toi; mon noble Marcius, mon digne Caïus, mon fils nouvellement nommé pour des actions qui lui ont conquis l'honneur.... quel est ce nom? est-ce Coriolan que je dois t'appeler? Mais, oh, ta femme!...

Coriolan. — Salut, mon gracieux silence! toi qui pleures de me voir triompher, aurais-tu donc ri si j'étais revenu couché dans un cercueil? Ah! ma chérie, les veuves de Corioles, et les mères privées de leurs fils, ont des yeux comme les tiens.

MÉNÉNIUS. — Que les Dieux te couronnent à cette heure!

CORIOLAN. — Ah! vous êtes encore de ce monde? (*A Valeria.*) Oh, pardon, mon aimable Dame.

VOLUMNIA. — Je ne sais de quel côté me tourner : — oh, soyez le bienvenu dans la patrie; — soyez le bienvenu, général; — et vous tous vous êtes les bienvenus.

MÉNÉNIUS. — Cent mille bienvenues; — je pourrais pleurer et je pourrais rire; je suis joyeux et attendri : — sois le bienvenu; qu'il soit maudit au plus profond de son cœur, celui qui n'est pas heureux de te voir! Vous êtes ici trois dont Rome devrait raffoler : cependant, tout le monde en est témoin, nous avons ici quelques vieux arbres sauvages qui ne voudront pas se laisser greffer selon vos désirs. Soyez cependant les bienvenus, guerriers : nous appelons une ortie, ortie, et les fautes des sots, de simples sottises.

COMINIUS. — Toujours sensé.

CORIOLAN. — Toujours, toujours Ménénius.

LE HÉRAUT. — Ouvrez le passage ici, et avançons!

CORIOLAN, *à sa femme et à sa mère*. — Votre main, et vous la vôtre : avant que j'aille abriter ma tête dans notre propre maison, il faut que j'aille visiter les bons patriciens, de qui j'ai reçu non-seulement des félicitations, mais de nouveaux honneurs.

VOLUMNIA. — J'ai vécu assez pour voir se réaliser mes vœux et les plans de mon imagination; il n'y manque qu'une chose, mais je ne doute pas que notre Rome ne t'en revête.

CORIOLAN. — Sachez, ma bonne mère, que j'aimerais mieux les servir à mon gré que les commander au leur.

COMINIUS. — En avant, au Capitole! (*Fanfares. Ils sortent en cortège comme ils sont venus. Les tribuns restent.*)

BRUTUS. — Toutes les langues parlent de lui, et les yeux malades mettent des lunettes pour le voir : la nourrice babillarde laisse son poupon crier jusqu'à se donner des convulsions, pendant qu'elle jase de lui : la souillon de cuisine⁶ attache son plus beau collet à son cou graisseux, et grimpe aux murs pour le voir : les boutiques, les échoppes, les fenêtres regorgent de monde ; les gouttières sont garnies, et sur les faîtes des toits sont à cheval des gens de toute catégorie, tous s'accordant dans un ardent désir de le voir : les *flamines*⁷ qu'on voit si rarement se faufilent à travers les attroupements populaires, et s'essoufflent pour conquérir une place vulgaire : nos Dames voilées livrent la guerre du blanc et du rouge de leurs joues délicatement colorées au pillage lascif des brûlants baisers de Phébus : c'est un tel empressement, qu'il ne serait pas plus grand si le Dieu quelconque qui le protége s'était glissé subtilement sous sa forme humaine et lui donnait une gracieuse attitude.

SICINIUS. — Je lui garantis qu'il est d'emblée consul.

BRUTUS. — En ce cas, pendant son pouvoir, notre office pourra s'en aller dormir.

SICINIUS. — Il ne pourra porter avec modération ses dignités du commencement à la fin ; au contraire, il perdra ceux qu'il a conquis.

BRUTUS. — Il y a en cela quelque consolation.

SICINIUS. — N'en doutez pas, les plébéiens que nous représentons, revenant bientôt à leur ancienne haine, oublieront à la moindre occasion ses nouveaux honneurs ; et qu'il leur donnera cette occasion, j'en doute aussi peu que je doute qu'il sera fier de la leur donner.

BRUTUS. — Je l'ai entendu jurer que s'il postulait le consulat, il ne consentirait jamais à paraître sur la place du marché, ni à s'affubler du vêtement râpé de l'humilité, ni, comme cela est l'usage, à montrer ses blessures au peuple pour mendier ses voix puantes⁸.

SICINIUS. — C'est vrai.

BRUTUS. — Ce furent ses paroles : oh ! il aimerait mieux manquer le consulat que l'obtenir autrement que par les instances des gens bien placés et le désir des nobles.

SICINIUS. — Tout ce que je demande, c'est qu'il tienne ferme à cette résolution, et qu'il la mette à exécution.

Brutus. — Il est très-probable que c'est ce qu'il fera.

Sicinius. — En ce cas, ce sera pour lui comme nous le désirons, une ruine certaine.

Brutus. — Il faut en effet que la ruine atteigne ou lui, ou notre autorité. Pour arriver à cette fin, nous devons rappeler aux plébéiens en quelle haine il les a toujours tenus ; leur rappeler qu'il aurait fait d'eux des mulets, si la chose n'eût tenu qu'à lui, qu'il aurait réduit leurs avocats au silence et qu'il les aurait dépossédés de leurs libertés, estimant qu'en capacité et pouvoir d'action, ils n'avaient pas plus d'âme et d'intelligence pour les affaires du monde que les chameaux n'en ont pour la guerre, lesquels chameaux reçoivent leur provende simplement pour porter des fardeaux et recevoir des coups solides lorsqu'ils succombent sous la charge.

Sicinius. — Cela, comme vous le dites, rappelé à quelque moment où son altière insolence blessera les plébéiens (moment qui se présentera certainement, si on l'excite, et c'est aussi facile que de lâcher les chiens sur les moutons), sera le feu qui allumera leur vieille paille sèche, et leurs flammes le noirciront pour toujours.

Entre un messager.

Brutus. — Qu'y a-t-il ?

Le messager. — On vous mande au Capitole. On croit que Marcius sera consul. J'ai vu les muets s'attrouper pour le voir, et les aveugles pour l'entendre parler : les matrones lui jetaient leurs gants, les Dames et les vierges lui jetaient leurs écharpes et leurs mouchoirs, pendant qu'il passait[9] : les nobles s'inclinaient comme devant la statue de Jupiter, et les plébéiens faisaient une pluie de bonnets et un tonnerre d'acclamations : je n'ai jamais vu chose pareille.

Brutus. — Allons au Capitole, et apportons-y des yeux et des oreilles appropriés aux circonstances, mais des cœurs qui se réservent pour l'avenir.

Sicinius. — Je suis à vous. (*Ils sortent.*)

SCÈNE II.

Rome. — Le Capitole.

Entrent DEUX OFFICIERS *pour placer des coussins.*

Premier officier. — Dépêchons, dépêchons, ils sont presque arrivés. Combien sont-ils qui briguent le consulat?

Second officier. — Trois, dit-on : mais tout le monde croit que Coriolan l'emportera.

Premier officier. — C'est un vaillant camarade, mais il est orgueilleux en diable, et il n'aime pas le commun peuple.

Second officier. — Ma foi, il ne s'est pas manqué d'hommes puissants qui ont flatté le peuple sans l'avoir jamais aimé, et il en est beaucoup qu'il a aimés sans savoir pourquoi : par conséquent, s'il aime sans savoir pourquoi, sa haine est fondée sur d'aussi bonnes raisons. Aussi Coriolan, ne se souciant ni de son amour ni de sa haine, montre la vraie connaissance qu'il a de sa nature, et le lui laisse clairement apercevoir au travers de sa noble indifférence.

Premier officier. — S'il se contentait de ne pas se soucier d'être aimé de lui ou non, sa conduite réglée sur cette indifférence n'aurait cherché à lui faire ni bien, ni mal ; mais il cherche la haine des plébéiens avec plus d'empressement qu'ils n'en mettent à la lui rendre, et il ne manque aucune occasion de leur montrer clairement qu'il est leur ennemi. Eh bien, faire montre qu'on est heureux de s'être acquis la malice et le déplaisir du peuple, est aussi mauvais que la conduite qu'il désapprouve, c'est-à-dire le flatter pour s'acquérir son amour.

Second officier. — Il a noblement mérité de sa patrie, et il ne s'est pas élevé par des degrés aussi aisés que ceux qui, souples et courtois envers le peuple, ont été coiffés de dignités, sans avoir absolument rien fait d'autre pour enlever son estime et son admiration : lui, au contraire, il a fait entrer de force ses mérites dans les yeux des plébéiens, et ses actions dans leurs cœurs, si bien que si leurs langues silencieuses ne les reconnaissaient pas, ce serait une sorte d'injurieuse ingratitude; dire le contraire serait une malice qui se donnerait à elle-même le démenti, et qui arracherait le reproche et le blâme à tous ceux qui entendraient parler ainsi.

Premier officier. — Assez parlé de lui ; c'est un digne homme : faisons place, les voici qui viennent.

Fanfare. Entrent précédés par les licteurs, COMINIUS, *consul*, MÉNÉNIUS, CORIOLAN, des sénateurs, SICINIUS *et* BRUTUS. Les sénateurs *prennent leurs places ;* les tribuns *prennent aussi les leurs sans attendre qu'on les y invite.*

Ménénius. — Maintenant que nous avons pris une décision relativement aux Volsques et arrêté que Titus Lartius serait rappelé, il nous reste comme principale affaire de cette nouvelle réunion à récompenser les nobles services de celui qui a si bien mérité de sa patrie : qu'il vous plaise, par conséquent, très-respectables et très-graves sénateurs, de prier le présent consul qui fut notre récent général dans nos si heureux succès, de faire un court récit des nobles actions accomplies par Caïus Marcius Coriolan. C'est pour le remercier que nous sommes ici, et en même temps pour lui conférer des honneurs égaux à son mérite.

Premier sénateur. — Parlez, mon bon Cominius : que la crainte d'être trop long ne vous fasse rien omettre, et amenez-nous à penser que notre pouvoir manque de ressources pour récompenser dignement, plutôt que nous ne manquons de la bonne volonté d'user entièrement de celui que nous avons. Magistrats du peuple, nous requérons votre attention la plus bienveillante, et ensuite, votre affectueuse intervention auprès des plébéiens pour leur faire agréer ce qui va se passer ici.

Sicinius. — Nous sommes mandés pour une bien agréable affaire, et nos cœurs sont tout disposés à honorer et à élever celui qui est l'objet de notre réunion.

Brutus. — Et nous serons surtout heureux de le faire, s'il veut bien porter au peuple plus d'affectueuse estime qu'il ne lui en a accordé jusqu'ici.

Ménénius. — Paroles hors de propos, paroles hors de propos; j'aurais mieux aimé que vous fussiez silencieux. Vous plaît-il d'écouter Cominius?

Brutus. — Très-volontiers : mais cependant mon observation était mieux à sa place que la rebuffade dont vous l'avez accueillie.

Ménénius. — Il aime vos plébéiens; mais ne lui imposez pas l'obligation d'être leur camarade de lit. Parlé, noble Cominius. (*Coriolan se lève et se dispose à sortir.*) Non, restez à votre place.

Premier sénateur. — Asseyez-vous, Coriolan : n'ayez pas honte d'entendre le récit de vos nobles actions.

Coriolan. — Vos Honneurs me pardonneront; j'aimerais mieux avoir mes blessures à guérir une seconde fois que d'entendre raconter comment je les ai gagnées.

Brutus. — Seigneur, j'espère que ce ne sont pas mes paroles qui vous ont fait lever de votre siége.

Coriolan. — Non, Monsieur; cependant il m'est arrivé plus d'une fois de fuir devant des paroles, tandis que des coups me faisaient rester. Vous ne m'avez pas flatté, par conséquent vous ne m'avez pas blessé : quant à votre peuple, je l'aime selon ses mérites.

Ménénius. — Asseyez-vous maintenant, je vous prie.

Coriolan. — J'aimerais mieux me laisser gratter la tête au soleil pendant qu'on sonnerait l'alarme, que de rester tranquillement assis à entendre exagérer mes actions de rien. (*Il sort.*)

Ménénius. — Magistrats du peuple, comment voudriez-vous qu'il flattât votre fretin prolifique, — où sur mille hommes il s'en trouve un de bon, — quand vous voyez qu'il aimerait mieux exposer tous ses membres pour l'honneur qu'une seule de ses oreilles pour s'entendre louer? — Parle, Cominius.

Cominius. — L'éloquence me fera défaut : les actes de Coriolan ne devraient pas être faiblement racontés. Il est reconnu que la valeur est la plus grande des vertus, et celle qui honore le plus son possesseur : si cela est, l'homme dont je parle ne peut être pesé dans la balance avec aucun homme au monde. A seize ans, lorsque Tarquin fit une attaque contre Rome, il se signala plus que personne : notre dictateur d'alors, — que je salue ici avec toutes les louanges qui lui sont dues, — a vu comment cet imberbe au menton d'Amazone[10] chassait devant lui les hommes aux lèvres barbues : il délivra un Romain qui succombait sous le nombre, et aux yeux du consul, il tua trois ennemis: il rencontra Tarquin lui-même, et le blessa au genou. Dans cette glorieuse journée, à un âge où il aurait pu jouer la femme sur le théâtre, il se montra l'homme le plus vaillant du champ de bataille, et pour son courage ses tempes furent couronnées de chêne. Après avoir fait cette entrée virile dans l'adolescence, il grandit comme la mer, et dans le choc de dix-sept batailles, il déroba la couronne à tous ses frères d'armes. Quant à ses derniers exploits dans et devant Corioles, permettez-moi de vous dire que je ne saurais les louer comme ils le méritent : il arrêta les fuyards, et par son rare exemple, il força le lâche à rire de sa terreur : comme les herbes marines sous la marche d'un navire, les hommes cédaient et tombaient devant lui; son épée, sceau de la mort, entrait partout où elle frappait; de la tête aux pieds, il n'était que sang, et chacun de ses mouvements était rhythmé par la musique des cris des mourants : seul, il passa les portes mortelles de la ville qu'il peignit des couleurs de l'inévitable destinée; sans aide, il en sortit, et renforcé soudainement, il tomba sur Corioles comme une planète : alors tout fut à lui; mais voilà qu'à ce moment les bruits lointains de la guerre commencèrent à arriver à ses oreilles attentives; immédiatement son âme redouble, elle refait à son corps les forces qu'il pouvait avoir perdues, et il court à la bataille : là, s'enivrant de mort, il a fauché les hommes comme si le carnage devait être éternel, et il ne s'est pas arrêté pour soulager en soufflant sa poitrine haletante, jusqu'au moment où nous avons pu dire que le champ de bataille et la ville étaient tous deux bien à nous.

MÉNÉNIUS. — Homme noble !

PREMIER SÉNATEUR. — Les honneurs que nous méditons de lui donner ne peuvent que bien s'ajuster à sa taille.

COMINIUS. — Il a donné du pied à notre butin, et il a regardé les choses précieuses comme si c'était de la boue commune : il désire moins que l'avarice en personne ne voudrait donner ; il se récompense de ses actes en les faisant, et il est heureux de dépenser son temps en l'employant ainsi.

MÉNÉNIUS. — Il est très-noble : qu'on le fasse appeler.

PREMIER SÉNATEUR. — Appelez Coriolan.

UN OFFICIER. — Le voici.

Rentre CORIOLAN.

MÉNÉNIUS. — Le sénat, Coriolan, est très-heureux de te faire consul.

CORIOLAN. — Je lui dois toujours ma vie et mes services.

MÉNÉNIUS. — Il ne vous reste donc plus qu'à parler au peuple.

CORIOLAN. — Je vous en conjure, permettez-moi de sauter par-dessus cette coutume ; car je ne puis me résoudre à endosser la robe, à me montrer nu, et à les supplier au nom de mes blessures, de me donner leurs suffrages : qu'il vous plaise de me dispenser de cet usage.

SICINIUS. — Seigneur, le peuple doit donner ses voix, et il ne rabattra pas un fétu de la cérémonie.

MÉNÉNIUS. — Ne leur jetez pas de défi : je vous en prie, conformez-vous à l'usage, et recevez, comme l'ont fait vos prédécesseurs, votre dignité selon les formes acceptées.

CORIOLAN. — C'est un rôle que je ne pourrai jouer sans rougir, et dont on devrait bien enlever le plaisir au peuple.

BRUTUS, *à part à Sicinius*. — Remarquez-vous cela ?

Coriolan. — Venir se vanter devant eux, en disant : — j'ai fait ceci et cela ; — leur montrer les cicatrices fermées que je voudrais cacher, comme si je les avais reçues pour le salaire de leurs voix seulement !

Ménénius. — Ne vous opiniâtrez pas sur ce point. Tribuns du peuple, nous vous recommandons de transmettre notre décision aux plébéiens, et nous souhaitons à notre noble consul toutes les joies et tous les honneurs possibles.

Les sénateurs. — Que toutes les joies et tous les honneurs adviennent à Coriolan ! (*Fanfares. Tous sortent, hormis Sicinius et Brutus.*)

Brutus. — Vous voyez comment il se propose de traiter le peuple.

Sicinius. — Puissent les plébéiens apercevoir son intention ! Il va leur demander leurs voix en faisant en sorte de leur montrer qu'il méprise le droit qu'ils ont de donner ce qu'il demande.

Brutus. — Venez, nous allons les informer de ce qui s'est passé ici : je sais qu'ils nous attendent sur la place du marché. (*Ils sortent.*)

SCÈNE III.

Rome. — Le Forum.

Entrent plusieurs citoyens.

Premier citoyen. — En somme, s'il demande nos voix, nous ne devons pas les lui refuser.

Second citoyen. — Nous le pouvons, si nous le voulons, Monsieur.

Troisième citoyen. — Nous avons le pouvoir de faire cela, mais c'est un pouvoir dont nous n'avons pas le pouvoir de nous servir, car s'il nous montre ses blessures et s'il nous raconte ses actions, nous serons bien forcés de prêter nos langues à ces blessures et de parler pour elles ; s'il nous raconte ses nobles actions, nous serons bien forcés aussi de lui dire que nous en sommes noblement reconnaissants. L'ingratitude est monstrueuse ; donc si la multitude était ingrate, elle serait un monstre ; et comme nous sommes nous-mêmes membres de la multitude, nous serions des membres monstrueux.

Premier citoyen. — Parbleu, il faudra peu de chose pour lui donner cette opinion de nous ; car une fois, dans un des soulèvements pour le blé, il ne s'est pas gêné pour nous appeler la multitude aux mille têtes.

Troisième citoyen. — Nous avons reçu cette qualification de beaucoup de gens, non parce que nos têtes sont les unes brunes, les autres noires, les autres blondes, les autres chauves, mais parce que nos esprits sont de couleurs tout aussi diverses : et véritablement je crois que si tous nos esprits devaient sortir d'un seul crâne, ils voleraient à l'est, à l'ouest, au nord, au sud, et que la manière dont ils s'accorderaient pour voler tous dans une même direction serait de s'envoler à tous les points de l'horizon.

Second citoyen. — Est-ce votre opinion ? De quel côté croyez-vous que mon esprit s'envolerait ?

Troisième citoyen. — Oh ! votre esprit à vous ne s'envolerait pas aussi vite que celui d'un autre homme, — il est solidement engoncé dans une tête de bois : mais s'il était en liberté, à coup sûr il fuirait vers le sud.

Deuxième citoyen. — Pourquoi de ce côté ?

Troisième citoyen. — Pour se perdre dans un brouillard, et une fois qu'il se serait fondu aux trois quarts sous l'action de l'humidité putréfiante, le dernier quart te reviendrait par bon mouvement de conscience pour t'aider à trouver une femme.

Second citoyen. — Vous avez toujours quelque farce à dire : — c'est bon, allez, allez.

Troisième citoyen. — Êtes-vous tous décidés à donner vos voix ? Mais cela ne fait rien, la majorité l'emporte. Je dis que s'il voulait incliner du côté du peuple, il n'y eut jamais un plus digne homme. Le voici qui vient, revêtu de la robe de l'humilité : observons sa conduite. Nous ne devons pas nous tenir tous ensemble, mais l'aborder l'un après l'autre, ou par groupes de deux et de trois. Il doit nous solliciter chacun individuellement, afin que chacun jouisse de l'honneur particulier de lui donner sa propre voix de sa propre bouche: par conséquent suivez-moi, et je vous montrerai comment vous devez vous approcher de lui.

Tous. — Eh bien, c'est ça, c'est ça. (*Ils sortent.*)

Entrent CORIOLAN *et* MÉNÉNIUS.

Ménénius. — Ô Seigneur, vous avez tort : ne savez-vous pas que les hommes les plus nobles se sont soumis à ces conditions?

Coriolan. — Que dois-je dire? « Je vous en prie, Monsieur.... » Peste de la chose! je ne puis mettre ma langue à un tel pas : —« Voyez mes blessures, Monsieur; je les ai gagnées au service de mon pays, alors que certains de vos frères rugissaient de frayeur, et s'enfuyaient devant le bruit de nos propres tambours. »

Ménénius. — Ah, grands Dieux! vous ne devez pas leur parler de cela : vous devez les prier de se souvenir de vous.

Coriolan. — *Se souvenir de moi!* Pendus soient-ils! j'aimerais mieux qu'ils m'oubliassent comme ils oublient les vertus que nos prêtres perdent leur temps à leur inculquer.

Ménénius. — Vous gâterez tout : je vais vous laisser. Je vous en prie, je vous en prie, parlez-leur de manière à les gagner.

Coriolan. — Recommandez-leur de se laver la figure et de tenir leurs dents propres. (*Sort Ménénius.*) Ah! en voici une paire.

Rentrent deux citoyens.

Coriolan. — Vous savez, Monsieur, pourquoi je me trouve ici.

Premier citoyen. — Nous le savons, Seigneur; dites-nous ce qui vous a donné droit d'y venir.

Coriolan. — Mon propre mérite.

Second citoyen. — Votre propre mérite?

Coriolan. — Oui, et non mon propre désir.

Premier citoyen. — Comment! non votre propre désir?

Coriolan. — Non, Monsieur, ce ne fut jamais encore mon désir d'ennuyer les pauvres en venant les mendier.

Premier citoyen. — Vous pouvez bien croire que si nous vous donnons quelque chose, c'est que nous espérons gagner par vous.

Coriolan. — Eh bien, en ce cas, quel est, je vous prie, le prix auquel vous mettez le consulat?

Premier citoyen. — Le prix, c'est de le demander gentiment.

Coriolan. — Gentiment! Monsieur, je vous en prie, permettez que je l'obtienne : j'ai des blessures à vous montrer, je vous les ferai voir en particulier. Votre bonne voix, Monsieur; que répondez-vous?

Second citoyen. — Vous l'aurez, noble Seigneur.

Coriolan. — Est-ce marché fait, Monsieur? — Voici en tout deux nobles voix de mendiées : — j'ai vos aumônes; adieu.

Premier citoyen. — Mais c'est quelque chose d'étrange.

Deuxième citoyen. — Si je l'avais à donner encore; — mais ça ne fait rien. (*Sortent les deux citoyens.*)

Rentrent deux autres citoyens.

Coriolan. — Eh bien, je vous en prie, si vos voix peuvent rendre en ma faveur la musique du mot consul, vous voyez que j'ai revêtu la robe habituelle.

Troisième citoyen. — Vous avez noblement mérité de votre patrie, et vous n'en avez pas noblement mérité.

Coriolan. — L'explication de votre énigme?

Troisième citoyen. — Vous avez été un fouet pour ses ennemis, vous avez été une verge pour ses amis; vous n'avez pas, véritablement, aimé le commun peuple.

Coriolan. — Vous devriez me tenir pour d'autant plus vertueux, puisque je n'ai pas été commun dans mon amour. Je veux bien, Monsieur, condescendre à flatter mon frère juré le peuple, afin de me gagner sa plus affectueuse estime, puisqu'il fait de la flatterie une condition de noblesse : or puisque la sagesse de son choix consiste plutôt à désirer mon chapeau que mon cœur, je lui mettrai le salut le plus insinuant, et je lui tirerai mon chapeau avec la plus exacte imitation; c'est-à-dire, Monsieur, que j'imiterai le sortilége employé par certains hommes populaires, et que j'en donnerai au peuple avec prodigalité, comme il le désire. Par conséquent, je vous en prie, nommez-moi consul.

QUATRIÈME CITOYEN. — Nous espérons trouver en vous un ami ; c'est pourquoi nous vous donnons nos voix de tout cœur.

TROISIÈME CITOYEN. — Vous avez reçu beaucoup de blessures pour votre patrie.

CORIOLAN. — Je ne scellerai pas la connaissance que vous avez de ce fait en vous les montrant : je serai très-fier d'avoir vos voix, et je ne veux pas vous importuner davantage après cela.

LES DEUX CITOYENS. — Nous souhaitons de tout notre cœur que les Dieux vous donnent joie, Seigneur ! (*Ils sortent.*)

CORIOLAN. — De bien aimables voix ! Mieux vaut mourir, mieux vaut crever de faim que de solliciter le salaire que nous avons commencé par mériter. Pourquoi suis-je là sous cette robe de laine à mendier à tous les Pierrots et à tous les Jacquots[11] qui viennent à passer leurs suffrages sans valeur ? La coutume me force à faire cela : — si nous obéissions en toutes choses à ce que veut la coutume, la poussière non balayée s'entasserait sur le temps passé, et la montagne de l'erreur s'élèverait trop haut pour que la vérité pût la dominer. Plutôt qu'être aussi sot que cela, mieux vaut laisser aller hauts emplois et dignités à ceux qui veulent se soumettre à de telles choses. J'ai déjà fait la moitié de la route, j'ai enduré la première partie, j'achèverai la seconde. Voici venir d'autres voix.

Rentrent TROIS AUTRES CITOYENS.

CORIOLAN. — Vos voix : c'est pour vos voix que j'ai combattu; c'est pour vos voix que j'ai veillé; c'est pour vos voix que je porte environ deux douzaines de blessures; c'est pour vos voix que j'ai vu et entendu dix-huit batailles; pour vos voix j'ai fait une foule de choses, les unes plus grandes, les autres plus petites : vos voix ! En vérité, je voudrais être consul.

CINQUIÈME CITOYEN. — Il s'est vaillamment conduit, et tout honnête homme doit lui donner sa voix.

SIXIÈME CITOYEN. — Allons, qu'il soit consul : les Dieux lui donnent joie et le rendent un bon ami du peuple !

LES TROIS CITOYENS *ensemble*. — Amen, amen. Dieu te protége, noble consul ! (*Ils sortent.*)

CORIOLAN. — De dignes voix !

Rentre MÉNÉNIUS *avec* BRUTUS *et* SICINIUS.

MÉNÉNIUS. — Vous êtes resté le temps voulu, et les tribuns viennent vous revêtir du suffrage du peuple : il vous reste à aller sans délais trouver le sénat, investi des marques officielles de votre dignité.

CORIOLAN. — Est-ce fini ?

SICINIUS. — Vous avez satisfait à la coutume de la sollicitation : le peuple vous admet, et il est averti d'avoir à se réunir tout à l'heure pour confirmer votre élection.

CORIOLAN. — Où ça ? au sénat ?

SICINIUS. — Ici, Coriolan.

CORIOLAN. — Puis-je changer ces vêtements ?

SICINIUS. — Vous le pouvez, Seigneur.

CORIOLAN. — C'est ce que je vais faire tout de suite, et une fois que je me reconnaîtrai moi-même, je me rendrai au sénat.

MÉNÉNIUS. — Je vais vous tenir compagnie. — Voulez-vous venir ?

BRUTUS. — Nous attendons ici le peuple.

SICINIUS. — Portez-vous bien. (*Sortent Coriolan et Mé-*

nénius.) Il a le consulat maintenant, et si j'en juge par ses regards, cela lui fait chaud au cœur.

Brutus. — Il portait avec bien de la fierté ses **humbles** habits. Voulez-vous congédier le peuple?

Rentrent les citoyens.

Sicinius. — Eh bien, mes maîtres! vous avez donc choisi cet homme?

Premier citoyen. — Il a nos voix, Monsieur.

Brutus. — Nous prions les Dieux qu'il mérite vos affections.

Second citoyen. — Amen, Monsieur : — selon mon pauvre et indigne jugement, il se moquait de nous pendant qu'il nous demandait nos voix.

Troisième citoyen. — Pour sûr, il nous a raillés franchement.

Premier citoyen. — Non, c'est sa **manière de parler**, il ne s'est pas moqué de nous.

Second citoyen. — Sauf vous, il n'y a pas un de nous qui ne dise qu'il nous a traités avec mépris : il aurait dû nous montrer ses marques de mérite, les blessures reçues pour sa patrie.

Sicinius. — Mais c'est ce qu'il a fait, j'en suis sûr.

Les citoyens. — Non, non; personne ne les a vues.

Troisième citoyen. — Il a dit qu'il avait des blessures qu'il montrerait en particulier, et agitant ainsi son chapeau avec mépris : « Je voudrais être consul, a-t-il dit, l'antique coutume ne me permet pas de l'être sans vos voix; donc vos voix. » Et puis quand nous les lui avons eu accordées, qu'a-t-il dit? « Je vous remercie de vos voix, — de vos très-aimables voix : — maintenant que vous m'avez donné vos voix, je n'ai plus rien à faire avec vous. » — N'était-ce pas là de la moquerie?

Sicinius. — Mais comment avez-vous été assez aveugles pour ne pas le voir? et si vous l'avez vu, comment avez-vous eu assez d'enfantine bonhomie pour lui donner vos voix?

Brutus. — Ne pouviez-vous pas lui dire, comme on vous

en avait fait la leçon, que lorsqu'il n'avait aucun pouvoir, et qu'il n'était qu'un petit serviteur de l'état, il fut votre ennemi; qu'il parla toujours contre vos libertés et les chartes que vous possédez dans le corps social, et que maintenant qu'il arrivait à une place éminente et au gouvernement de l'état, s'il continuait à rester malicieusement l'ennemi opiniâtre des plébéiens, vos suffrages seraient des malédictions contre vous-mêmes? Vous auriez dû lui dire, que de même que ses nobles actions le rendaient digne de la place qu'il sollicitait, ainsi les meilleurs sentiments de sa nature devaient lui inspirer de la reconnaissance pour vos voix, changer en amour la malice qu'il vous portait, et le rendre votre maître affectueux.

Sicinius. — En parlant ainsi, comme nous vous l'avions conseillé d'avance, vous auriez éprouvé son âme et découvert ses inclinations : en ce faisant, ou bien vous lui auriez arraché une promesse gracieuse à laquelle vous auriez pu le rappeler, si l'occasion s'en était présentée, ou bien vous auriez irrité sa nature hargneuse qui supporte difficilement toute condition qui l'astreint à quelque chose, et alors le mettant en fureur, vous auriez pris avantage de sa colère pour ne pas l'élire.

Brutus. — Comment, vous vous êtes aperçus qu'en vous sollicitant, il vous méprisait ouvertement, à l'heure même où il avait besoin de votre affection, et vous croyez que son mépris ne vous blessera pas, lorsqu'il aura pouvoir d'écraser. Comment, vos corps n'avaient donc pas de cœurs en eux? ou bien vous n'aviez donc de langues que pour crier contre les avis du bon sens?

Sicinius. — Comment, jusqu'à ce jour vous avez pu refuser ceux qui demandaient, et voilà que maintenant vous accordez vos voix toujours sollicitées à celui qui non-seulement ne les demande pas, mais qui se moque de vous?

Troisième citoyen. — Il n'est pas confirmé; nous pouvons le refuser encore.

Second citoyen. — Et nous le refuserons : je trouverai cinq cents voix qui rendront ce son-là.

Premier citoyen. — Et moi deux fois cinq cents, et leurs amis pour faire le nombre plus rond.

Brutus. — Partez d'ici immédiatement, et dites à ces amis-là qu'ils ont choisi un consul qui leur enlèvera leurs libertés, et ne comptera pas plus leurs voix qu'on ne compte celles des chiens qui sont souvent battus pour aboyer et qui pourtant sont gardés pour aboyer.

Sicinius. — Qu'ils s'assemblent, et que tous, sur plus mûr jugement, révoquent leur aveugle élection : insistez sur son orgueil et son ancienne haine pour vous : n'oubliez pas en outre avec quelle arrogance il portait la robe d'humilité, et comment il vous a méprisés sous ce costume : dites que vos âmes en pensant à ses services vous empêchèrent d'apercevoir sa conduite en cette circonstance, conduite, qu'avec un parfait mépris et une parfaite dérision, il avait calquée sur la haine invétérée qu'il vous porte.

Brutus. — Rejetez la faute sur nous, vos tribuns ; dites que comme nous n'avions soulevé aucune opposition, vous avez été obligés de porter vos voix sur lui.

Sicinius. — Dites que si vous l'avez choisi, c'est plutôt d'après nos ordres, que d'après l'inspiration de vos véritables sentiments, et que vos esprits préoccupés de ce qu'il vous fallait faire, plutôt que de ce que vous vouliez faire, vous l'ont fait nommer consul en dépit de vous : rejetez la faute sur nous.

Brutus. — Oui, ne nous épargnez pas. Dites que nous vous avons fait des discours pour vous raconter comment, étant encore tout jouvenceau, il a commencé à servir son pays, comment il l'a longtemps servi ; de quelle souche il est issu, — la noble maison des Marcius, d'où sortit cet Ancus Marcius, fils de la fille de Numa, qui après le grand Hostilius fut ici roi ; comment de cette même maison sortirent Publius et Quintus, qui firent conduire ici notre meilleure eau par des aqueducs, et comment Censorinus, le favori du peuple, noblement nommé ainsi, puisqu'il fut deux fois censeur, était son grand ancêtre.[12]

Sicinius. — Dites que c'est un personnage d'une telle

noble descendance, qui en outre a mérité personnellement d'être élevé à cette haute place, que nous avons recommandé à vos souvenirs; mais que vous vous êtes aperçus, en mesurant sa conduite présente avec son passé, qu'il est votre ennemi invétéré, et que vous révoquez votre trop prompte approbation.

BRUTUS. — Dites que vous n'auriez jamais fait cela, — insistez sur cette corde, — si nous ne vous y avions pas poussés; puis, aussitôt que vous serez en nombre suffisant, rendez-vous au Capitole.

LES CITOYENS. — Ainsi ferons-nous : presque tous se repentent de leur élection. (*Ils sortent.*)

BRUTUS. — Laissons-les aller ; mieux vaut hasarder cette rébellion, que de rester à en attendre une plus grande qui ne manquerait pas d'éclater : si, comme cela est dans sa nature, leur refus le fait entrer en rage, saisissons et mettons à profit l'occasion de sa colère.

SICINIUS. — Au Capitole : marchons, nous y serons avant le flot du peuple, et cette révolte que nous avons aiguillonnée semblera née de leur propre mouvement, ce qu'elle est en effet en partie. (*Ils sortent.*)

ACTE III.

SCÈNE PREMIÈRE.

Rome. — Une rue.

Fanfares. Entrent CORIOLAN, MÉNÉNIUS, COMINIUS, TITUS LARTIUS, *des* SÉNATEURS, *des* PATRICIENS.

CORIOLAN. — Ainsi, Tullus Aufidius avait levé une nouvelle armée ?

LARTIUS. — Oui, Seigneur, et c'est ce qui nous a déterminés à plus vite composer.

CORIOLAN. — Alors les Volsques sont, comme devant, tout prêts, lorsque l'occasion les favorisera, à se précipiter encore sur nous.

COMINIUS. — Ils sont tellement épuisés, Seigneur consul, que difficilement pendant ce qui nous reste de temps à vivre, nous reverrons flotter leurs bannières.

CORIOLAN. — Avez-vous vu Aufidius ?

LARTIUS. — Il est venu me trouver avec un sauf-conduit, et il s'est répandu en malédictions contre les Volsques, pour avoir si lâchement cédé la ville : il s'est retiré à Antium.

CORIOLAN. — A-t-il parlé de moi ?

LARTIUS. — Oui, Seigneur.

CORIOLAN. — Sur quel ton, et qu'a-t-il dit ?

LARTIUS. — Il a raconté combien de fois il s'était rencontré en face de vous, épée contre épée : il a dit que de toutes les choses de ce monde, votre personne était ce qu'il haïssait le plus, et qu'il serait prêt à engager sa fortune à fonds perdus, s'il pouvait être appelé votre vainqueur.

Coriolan. — Et il vit à Antium?

Lartius. — A Antium.

Coriolan. — Je voudrais avoir un motif d'aller l'y chercher pour braver sa haine en face. (*A Lartius.*) Soyez le bienvenu dans la patrie. — Voyez, voici venir les tribuns du peuple, les langues de la bouche commune : je les méprise, car ils se targuent de leur autorité à impatienter tous les gens nobles.

Entrent SICINIUS *et* BRUTUS.

Sicinius. — N'avancez pas plus loin!

Coriolan. — Hein! qu'est-ce que cela?

Brutus. — Il serait dangereux d'avancer : n'allez pas plus loin!

Coriolan. — Qu'est-ce qui amène ce changement?

Ménénius. — Que signifie cela?

Cominius. — N'a-t-il pas réuni les suffrages des nobles et des plébéiens?

Brutus. — Non, Cominius.

Coriolan. — Est-ce que j'ai eu les voix des enfants?

Premier sénateur. — Tribuns, laissez le chemin libre; il ira à la place du marché.

Brutus. — Le peuple est furieux contre lui.

Sicinius. — Arrêtez, ou bien le désordre va s'ensuivre.

Coriolan. — Voilà ce qu'est votre troupeau? Est-ce qu'ils devraient avoir des suffrages, ces gens qui les donnent à cette minute, et qui immédiatement après les reprennent? En quoi consiste donc votre charge? vous qui êtes leurs bouches, pourquoi ne gouvernez-vous pas leurs dents? N'est-ce pas vous qui les avez excités[1]?

Ménénius. — Soyez calme, soyez calme.

Coriolan. — C'est un plan prémédité qui se traduit par un complot pour courber la volonté de la noblesse : souffrez cela, et puis vivez si vous pouvez avec des gens qui ne peuvent pas gouverner et qui ne seront jamais gouvernés.

Brutus. — N'appelez pas cela un complot : le peuple crie que vous vous êtes moqué de lui, et que dernièrement, lorsqu'on lui distribua du blé gratis, vous vous récriâtes, insultant ceux qui intercédaient pour le peuple, et les appelant courtisans des événements, flatteurs, ennemis de la noblesse.

Coriolan. — Parbleu ! cela était connu avant l'élection.

Brutus. — Mais pas de tous.

Coriolan. — Et les en avez-vous informés depuis ?

Brutus. — Comment ! moi, les informer !

Coriolan. — Vous êtes bien capable de faire une telle besogne.

Brutus. — Je ne suis pas incapable, en tout cas, de corriger la vôtre.

Coriolan. — Et pourquoi, alors, serais-je consul ? Par ces nuages là-bas, faites-moi démériter autant que vous, et prenez-moi pour votre collègue dans le tribunat.

Sicinius. — Vous montrez beaucoup trop de cette insolence qui fait que le peuple s'agite : si vous voulez arriver au but fixé, il vous faut demander le chemin dont vous vous êtes détourné, avec une âme plus douce ; sans cela vous n'arriverez jamais aux nobles fonctions de consul, et vous ne serez pas même associé à Brutus dans le tribunat.

Ménénius. — Soyons calmes !

Cominius. — Le peuple est trompé, excité. Ces finasseries-là sont indignes de Rome, et Coriolan n'a pas mérité ce déshonnête traquenard qu'on a traîtreusement placé sur la route unie de son mérite.

Coriolan. — Il vient me parler du blé ! oui, c'est ce que j'ai dit, et je le dirai encore.

Ménénius. — Pas maintenant, pas maintenant.

Premier sénateur. — Pas avec cet emportement et à cette heure, Seigneur.

Coriolan. — Eh, sur ma vie, je veux m'emporter !

ACTE III, SCÈNE I.

Mes très-nobles amis, j'implore votre pardon : quant à cette changeante multitude aux odeurs rances, qu'elle se regarde dans le miroir de ma personne, s'il lui plaît, ce miroir ne la trompera pas : je vous répète qu'en la traitant avec douceur, nous entretenons contre notre sénat, l'ivraie de la rébellion, de l'insolence, de la sédition, ivraie pour laquelle nous avons labouré, que nous avons semée et épandue, en la mêlant avec nous, l'élite honorée, avec nous qui n'avons de vertu et de pouvoir en moins que ce que nous en avons donné à des mendiants.

MÉNÉNIUS. — Bon, assez.

PREMIER SÉNATEUR. — Ne parlez plus, nous vous en conjurons.

CORIOLAN. — Comment ! *ne parlez plus !* De même que j'ai répandu mon sang pour mon pays sans crainte d'aucune force extérieure, ainsi mes poumons, tant qu'il leur restera un souffle, lanceront des paroles contre cette gale dont nous aurions honte d'être couverts, et que nous cherchons cependant à attraper par les plus sûrs moyens.

BRUTUS. — Vous parlez des plébéiens, comme si vous étiez un Dieu fait pour punir, et non un homme de chair et d'os comme eux.

SICINIUS. — Il serait bon que le peuple fût informé de cela.

MÉNÉNIUS. — De quoi, de quoi ? de sa colère ?

CORIOLAN. — La colère ! hé je serais aussi calme que le sommeil de minuit que ce serait mon opinion, par Jupiter !

SICINIUS. — C'est une opinion qui devra rester là où elle est comme un poison, et qui n'empoisonnera pas davantage.

CORIOLAN. — Qui *devra* rester ! Entendez-vous ce Triton des goujons ! remarquez-vous son absolu *devra* ?

COMINIUS. — C'est la formule de la loi.

CORIOLAN. — *Devra* rester ! Ô bons, mais bien peu sages patriciens ! ô graves, mais étourdis sénateurs ! pourquoi avez-vous donné à cette hydre droit de choisir un magistrat qui, avec son péremptoire *devra*, lui qui n'est que le porte-voix et l'écho du monstre, peut montrer assez d'impudence pour vous dire qu'il détournera votre fleuve dans un fossé, et fera de votre lit le sien? S'il a pouvoir, alors humiliez votre ignorance; s'il ne l'a pas, réveillez-vous de cette mansuétude dangereuse. Si vous êtes des gens éclairés, ne soyez pas comme des sots vulgaires; si vous n'êtes pas des gens éclairés, donnez-leur des siéges à vos côtés. Vous êtes des plébéiens, s'ils sont des sénateurs; et ils ne sont pas moins, lorsque confondant vos voix avec les leurs, le résultat qui en sort porte beaucoup plus l'empreinte de leur esprit que du vôtre. Ils choisissent leur magistrat, et un magistrat qui vient proférer son *devra*, son populaire *devra*, en face d'un sénat plus imposant qu'aucun qui ait jamais inspiré le respect en Grèce! Par Jupiter lui-même, cela rend les consuls vils! et mon âme saigne en prévoyant avec quelle rapidité l'anarchie pourra s'insinuer entre deux autorités en présence, dont aucune n'est suprême, dès qu'il existera une division entre elles, et les détruire l'une par l'autre.

Cominius. — Bien, allons sur la place du marché.

Coriolan. — Et quiconque donna le conseil de distribuer gratis le blé du grenier public, comme cela fut quelquefois pratiqué en Grèce....

Ménénius. — Bon, bon, assez là-dessus.

Coriolan. — Quoique dans ce pays-là le peuple eût un pouvoir plus absolu, — je dis que ceux-là ont nourri la désobéissance, alimenté la ruine de l'état.

Brutus. — Quoi, le peuple donnerait ses suffrages à quelqu'un qui exprime si bien ses sentiments?

Coriolan. — Je donnerai mes raisons qui ont plus de valeur que leurs voix. Ils savent parfaitement que nous n'avions pas à leur donner ce blé pour récompense, car ils étaient bien sûrs qu'ils n'avaient jamais rendu en échange aucun service. Lorsqu'ils furent appelés pour la guerre, à une époque où le cœur même de l'état était atteint, ils ne voulaient pas enfiler les portes, — ce n'était pas là un genre de service qui méritait du blé gratis: une fois à la guerre, leurs mutineries et leurs révoltes, par lesquelles ils ont surtout montré leur valeur, n'ont pas parlé pour eux : les accusations qu'ils ont souvent portées contre le sénat pour des causes toujours à naître, n'ont jamais pu être le motif de notre si généreuse donation? Bien, et puis que s'ensuit-il? Comment ce ventre multiple va-t-il digérer la bienveillance du sénat? Prenez leurs actes comme expression de ce que seraient leurs paroles : « Nous avons requis de nous le donner, et comme nous sommes le plus grand nombre, ils nous ont accordé nos demandes rien que par crainte². » C'est ainsi que nous avilissons la noblesse de notre condition et que nous permettons à la canaille d'appeler crainte notre sollicitude, ce qui dans un temps donné enfoncera à deux battants les portes du sénat, et y introduira les corbeaux pour y donner des coups de bec aux aigles.

MÉNÉNIUS. — Allons, assez.

BRUTUS. — Assez, et plus que trop.

CORIOLAN. — Non, écoutez-en davantage, et que toutes les choses sacrées, divines et humaines, par lesquelles on peut jurer, scellent cette fin de mon discours! Quand deux autorités, l'une qui dédaigne avec raison, l'autre qui insulte sans motifs, existent en même temps ; quand noblesse, titres, sagesse ne peuvent rien conclure sans le *oui* et le *non* de l'ignorance générale, les nécessités sérieuses doivent évidemment rester sans solution, et un tel état de choses doit donner naissance à une instabilité frivole : de ces obstacles soulevés à tout propos il résulte que rien ne se fait à propos. Par conséquent, je vous en conjure, vous qui voulez être plus prudents que timides, vous qui aimez les bases fondamentales de notre état plus que vous ne redoutez les changements qu'elles réclament, vous qui préférez une noble vie à une longue vie, vous qui désirez secouer par une médecine violente un corps malade qui sans cela est sûr de mourir, arrachez immédiatement la langue à la multitude; ne la laissez pas lécher la flatterie qui est son poison ; votre avilissement mutile toute vraie décision, et prive l'état de cette unité qui lui est nécessaire, en lui enlevant le pouvoir de faire le bien qu'il voudrait, par la permission qu'il laisse au mal de le tenir en échec.

BRUTUS. — Il en a dit assez.

SICINIUS. — Il a parlé comme un traître, et il doit répondre de ses paroles comme en répondent les traîtres.

CORIOLAN. — Misérable! que la rage t'étouffe! Quel besoin a le peuple de ces tribuns chauves? ils ne lui servent à rien, si ce n'est d'appui pour refuser obéissance à une autorité plus grande. Ils furent élus à l'origine dans une rébellion où ce qui faisait loi, était non la raison, mais la nécessité : qu'une heure plus favorable prononce que ce qui est raisonnable doit triompher, et renverse leur pouvoir dans la poussière.

BRUTUS. — Trahison manifeste!

SICINIUS. — Cet homme, un consul? non.

BRUTUS. — Les édiles, holà! Qu'on le saisisse.

SICINIUS. — Allez, appelez le peuple (*sort Brutus*), et en son nom, je t'arrête moi-même comme un traître novateur, un ennemi du bien public : obéis, je te l'ordonne, et suis-moi pour répondre de tes paroles.

CORIOLAN. — Arrière, vieux bouc!

LES SÉNATEURS ET LES PATRICIENS. — Nous serons ses cautions.

COMINIUS. — Vieux Monsieur, à bas les mains!

CORIOLAN. — Arrière, pourriture! ou bien je vais faire sauter tes os hors de tes vêtements.

SICINIUS. — A l'aide, citoyens!

Rentre BRUTUS, *avec les* ÉDILES *et une tourbe de* CITOYENS.

MÉNÉNIUS. — Plus de respect des deux parts!

SICINIUS. — Voici l'homme qui voudrait vous enlever tout votre pouvoir.

BRUTUS. — Saisissez-le, édiles!

LES CITOYENS. — A bas! à bas!

SECOND SÉNATEUR. — Aux armes, aux armes, aux armes! (*Tous se bousculent autour de Coriolan.*) Tribuns! patri-

ACTE III, SCÈNE I.

ciens! citoyens! Holà! Sicinius! Brutus! Coriolan! citoyens!

Les citoyens. — Paix, paix, paix! arrêtez! ne bougez pas! paix!

Ménénius. — Qu'est-ce qui va se passer? je suis hors d'haleine; la confusion n'est pas loin; je ne puis parler. — Vous, tribuns, parlez au peuple; — Coriolan, patience. — Parle, mon bon Sicinius.

Sicinius. — Plébéiens, écoutez-moi; silence!

Les citoyens. — Écoutons notre tribun : paix! — Parlez, parlez, parlez!

Sicinius. — Vous êtes sur le point de perdre vos libertés : Marcius voudrait vous les enlever toutes, Marcius que vous avez tout récemment nommé consul.

Ménénius. — Fi, fi, fi! c'est le moyen d'enflammer et non d'éteindre.

Premier sénateur. — De démolir la cité et de jeter tout à ras de terre.

Sicinius. — Qu'est-ce que la cité, si ce n'est le peuple?

Les citoyens. — C'est juste, c'est le peuple qui est la cité.

Brutus. — Nous fûmes établis magistrats du peuple, du consentement de tous.

Les citoyens. — Et tels vous restez.

Ménénius. — Et tels vous resterez sans aucun doute.

Cominius. — C'est le bon moyen de mettre à bas la cité, de renverser les toits dans les fondements, et d'engloutir tout ce qui est debout et en bonne ordonnance en un tas de monceaux de ruines.

Sicinius. — Cela mérite la mort.

Brutus. — Ou bien maintenons notre autorité, ou bien renonçons-y. Nous déclarons ici, au nom du peuple dont le pouvoir nous a choisis pour ses magistrats, que Marcius est digne de mort immédiate.

Sicinius. — Par conséquent, emparez-vous de lui; traînez-le à la roche Tarpéienne, et précipitez-le de là dans la mort!

Brutus. — Édiles, saisissez-le!

Les citoyens. — Rends-toi, Marcius, rends-toi !

Ménénius. — Écoutez un mot. Je vous en prie, tribuns, écoutez seulement un mot.

Les édiles. — Silence, silence !

Ménénius. — Soyez ce que vous paraissez, les amis véritables de votre pays, et procédez avec modération au redressement que vous cherchez à obtenir ainsi par violence.

Brutus. — Seigneur, ces moyens calmes qui semblent des auxiliaires de prudence, sont singulièrement dangereux lorsque la maladie est violente. — Mettez les mains sur lui, et transportez-le à la roche !

Coriolan, *tirant son épée.* — Non, je mourrai ici. Il en a parmi vous quelques-uns qui m'ont vu combattre ; venez, essayez sur vous-mêmes ce que vous avez vu de moi.

Ménénius. — Baissez cette épée ! — Tribuns, écartez-vous un instant.

Brutus. — Empoignez-le !

Ménénius. — Secourez Marcius, secourez-le, vous qui êtes nobles ! secourez-le, jeunes et vieux !

Les citoyens. — A bas Marcius ! à bas ! (*Une lutte s'engage. Les tribuns, les édiles et le peuple sont forcés de céder la place.*)

Ménénius. — Courez, atteignez vite votre maison ! Vite, courez ! sans cela tout va se mal passer.

Second sénateur. — Partez vite.

Coriolan. — Tenons bon, nous avons autant d'amis que d'ennemis.

Ménénius. — Est-ce qu'il va falloir en venir à cette extrémité ?

Premier sénateur. — Les Dieux le défendent ! Je t'en prie, noble ami, rends-toi à ta demeure ; laisse-nous guérir cette affaire.

Ménénius. — Car c'est un mal qui nous atteint tous, et que vous ne pouvez panser vous-même : je vous en conjure, partez.

Cominius. — Allons, Seigneur, venez avec nous.

Coriolan. — Je voudrais qu'ils fussent des barbares

(ce qu'ils sont, quoiqu'ils aient été mis bas dans Rome), et non des Romains (ce qu'ils ne sont pas, quoiqu'ils aient été vélés sous le porche du Capitole)....

MÉNÉNIUS. — Partez ! ne confiez pas à votre langue votre noble colère; un autre jour vous en trouverez meilleure occasion.

CORIOLAN. — Sur un terrain loyal, je voudrais en battre quarante.

MÉNÉNIUS. — Je pourrais moi-même en occuper une paire des meilleurs ; oui, les deux tribuns.

COMINIUS. — Mais pour l'heure, l'inégalité est hors de compte, et le courage est appelé folie quand il veut soutenir un édifice qui tombe. Voulez-vous partir, avant que reviennent les guenilleux dont la rage, comme celle des eaux arrêtées dans leur cours, détruit et entraîne ce qu'ils avaient coutume de porter ?

MÉNÉNIUS. — Partez, je vous en prie ; je vais voir si mon vieil esprit aura encore de l'influence sur ces gens qui en ont peu ; il faut raccommoder cette affaire avec des pièces de n'importe quelle couleur.

COMINIUS. — Oui, venez. (*Sortent Coriolan, Cominius et autres.*)

PREMIER PATRICIEN. — Cet homme a ruiné sa fortune.

MÉNÉNIUS. — Sa nature est trop noble pour le monde : il ne flatterait pas Neptune pour son trident, ou Jupiter pour son pouvoir de tonner. Il a le cœur aux lèvres ; ce que forge sa poitrine, il faut que sa langue lui donne vent, et lorsqu'il est en colère, il oublie qu'il a jamais appris qu'il y eût telle chose que la mort. (*Bruit au dehors.*) Ah, voilà de jolie besogne !

SECOND PATRICIEN. — Je voudrais bien qu'ils fussent au lit.

MÉNÉNIUS. — Moi, je voudrais qu'ils fussent dans le Tibre ! Morbleu, ne pouvait-il pas leur parler poliment ?

Rentrent BRUTUS *et* SICINIUS *avec la populace.*

SICINIUS. — Où est cette vipère qui voudrait dépeupler la cité, et être tout le monde à lui seul ?

MÉNÉNIUS. — Dignes tribuns ...

Sicinius. — Il sera précipité du haut de la roche Tarpéienne par des mains implacables : il a résisté à la loi, et par conséquent la loi dédaignera de lui donner un plus ample jugement que cette sévérité sommaire de la puissance populaire qu'il met ainsi à néant.

Premier citoyen. — Il apprendra bien que les nobles tribuns sont les bouches du peuple, et que nous sommes leurs mains, nous.

Les citoyens. — Il l'apprendra, ça c'est sûr.

Ménénius. — Monsieur, Monsieur....

Sicinius. — Paix!

Ménénius. — Ne criez pas *pille! pille!* là où vous ne devriez chasser qu'avec une ardeur modérée[3].

Sicinius. — Comment se fait-il, Seigneur, que vous l'ayez aidé à s'évader?

Ménénius. — Écoutez-moi parler : de même que je connais la noblesse du consul, je connais ses défauts.

Sicinius. — *Consul!* quel consul?

Ménénius. — Le consul Coriolan.

Brutus. — Lui, consul?

Les citoyens. — Non, non, non, non, non!

Ménénius. — Si je pouvais obtenir d'être entendu avec votre permission, brave peuple, et celle des tribuns, je demanderais à placer un mot ou deux qui ne vous causeront pas d'autre dommage que la perte de temps nécessaire pour les entendre.

Sicinius. — En ce cas, parlez brièvement : car nous sommes résolus à dépêcher cette vipère traîtresse. Le bannir d'ici ne serait que nous créer un danger; le garder ici, c'est notre mort certaine : par conséquent il est décidé qu'il mourra ce soir.

Ménénius. — Vraiment que les Dieux bons défendent que notre Rome illustre, dont la reconnaissance envers ses glorieux enfants est inscrite dans le propre livre de Jupiter, se mette aujourd'hui à dévorer ses propres fils comme une mère dénaturée!

Sicinius. — C'est un ulcère qui doit être retranché.

Ménénius. — Oh! c'est un membre qui n'a qu'une

maladie; le couper est mortel, le guérir est aisé. Qu'a-t-il fait envers Rome qui soit digne de mort? Le sang qu'il a perdu en tuant nos ennemis, — sang qui, j'ose l'affirmer, est plus considérable de bien des onces que celui qui anime maintenant son corps entier, — il l'a répandu pour son pays; et s'il perdait celui qui lui reste par le fait de son pays, ce serait pour nous tous qui ferions et laisserions faire une telle chose une honte qui durerait autant que le monde.

Sicinius. — C'est complétement l'inverse de la vérité.

Brutus. — C'est purement illogique; lorsqu'il a aimé son pays, son pays l'a honoré.

Ménénius. — Lorsque le pied est une fois gangrené, ses anciens services ne lui valent donc plus aucun respect?

Brutus. — Nous ne voulons pas en entendre davantage. Allez le chercher à sa demeure et arrachez-l'en, de crainte que son infection étant de nature contagieuse ne s'étende plus loin.

Ménénius. — Un mot encore, un mot. Cette colère aux bonds de tigre, lorsqu'elle apercevra le mal qu'elle aura fait par sa précipitation malhabile, voudra, mais trop tard, attacher des poids de plomb à ses talons. Procédez méthodiquement, de crainte que des factions ne surgissent en sa faveur, — car il est aimé, — et ne saccagent la grande Rome par des mains romaines.

Brutus. — S'il en était ainsi...

Sicinius. — Que dites-vous là? N'avons-nous pas fait l'expérience de son obéissance? N'a-t-il pas frappé nos édiles? ne nous a-t-il pas résisté à nous-mêmes? Allons....

Ménénius. — Considérez ceci : — il a été élevé dans les guerres depuis qu'il a pu tenir une épée, et il est inexpert dans le langage soigneusement bluté; il jette tout sans distinction, son et farine. Donnez-moi la permission d'aller le trouver, et j'essayerai de le mener en un endroit où il devra selon les formes légales, et pacifiquement, répondre de sa conduite à son plus grand[1] péril.

PREMIER SÉNATEUR. — Nobles tribuns, c'est le seul moyen humain; l'autre conduite serait trop sanguinaire et conduirait à des résultats difficiles à prévoir.

SICINIUS. — Noble Ménénius, agissez en ce cas comme l'officier du peuple. Mes maîtres, abaissez vos armes.

BRUTUS. — Ne retournez pas dans vos logis.

SICINIUS. — Assemblez-vous sur la place du marché. Nous allons vous attendre en cet endroit, Ménénius, et si vous ne nous amenez pas Marcius, nous reviendrons à notre première résolution.

MÉNÉNIUS. — Je vous l'amènerai. (*Aux Sénateurs.*) Permettez-moi de solliciter votre compagnie. Il faut que nous l'amenions, ou il est à craindre que les choses ne se passent fort mal.

PREMIER SÉNATEUR. — Allons le trouver, je vous en prie. (*Ils sortent.*)

SCÈNE II.

Un appartement dans la demeure de CORIOLAN.

Entrent CORIOLAN *et des* PATRICIENS.

CORIOLAN. — Qu'ils fassent tout craquer sur ma tête, qu'ils me présentent la mort sur une roue, ou à la queue d'un cheval sauvage[4]; qu'ils entassent dix collines sur la roche Tarpéienne, de manière que ce précipice en devienne profond hors de la portée de la vue, je n'en continuerai pas moins à être pour eux ce que je suis.

PREMIER PATRICIEN. — Vous prenez le parti le plus noble.

CORIOLAN. — Je m'étonne que ma mère ne m'approuve pas davantage, elle qui avait coutume de les appeler des manants de rebut, des espèces créées pour être vendues et achetées quelques sous, pour se montrer têtes nues dans les assemblées, brailler, faire silence, et s'émerveiller, lorsqu'un homme de mon ordre se levait pour parler de la guerre ou de la paix.

ACTE III, SCÈNE II.

Entre VOLUMNIA.

CORIOLAN. — Je parlais de vous : pourquoi voudriez-vous que je fusse plus doux? Me voudriez-vous donc traître envers ma nature[5]? Dites plutôt que je joue le personnage de l'homme que je suis.

VOLUMNIA. — Ô Seigneur, Seigneur, Seigneur! j'aurais voulu que vous eussiez revêtu et bien porté votre pouvoir avant de l'user.

CORIOLAN. — Laissons cela.

VOLUMNIA. — Vous auriez pu parfaitement être l'homme que vous êtes, en vous entêtant moins à l'être; et vos dispositions auraient été moins contrariées, si vous aviez attendu pour les leur montrer qu'ils eussent perdu le pouvoir de vous contrarier.

CORIOLAN. — Qu'on les pende!

VOLUMNIA. — Oui, et qu'on les brûle aussi!

Entrent MÉNÉNIUS *et des* SÉNATEURS.

MÉNÉNIUS. — Voyons, voyons, vous avez été trop brusque, un peu trop brusque; il faut revenir et réparer cela.

PREMIER SÉNATEUR. — Il n'y a pas d'autre remède, à moins qu'en vous y refusant, vous ne vouliez que notre noble cité se fende par le milieu et périsse.

VOLUMNIA. — Je vous en prie, suivez ce conseil; j'ai un cœur aussi violent que le vôtre, mais j'ai une tête qui sait mieux mettre à profit ma colère.

MÉNÉNIUS. — Bien dit, noble femme : certes, si la crise violente des choses ne réclamait pas un tel remède pour l'état entier, plutôt que de lui conseiller de s'abaisser ainsi devant le bétail populaire, je revêtirais mon armure que je puis à peine porter.

CORIOLAN. — Que dois-je faire?

MÉNÉNIUS. — Revenir auprès des tribuns.

CORIOLAN. — Bon, et puis quoi? et puis quoi?

MÉNÉNIUS. — Vous repentir de ce que vous avez **dit**.

Coriolan. — Pour eux? Je ne puis faire cela pour les Dieux ; dois-je donc le faire pour eux?

Volumnia. — Vous êtes trop absolu ; vous ne pouvez en effet être jamais trop noble, sauf cependant quand les nécessités commandent. Je vous ai entendu dire que l'honneur et la politique, comme d'inséparables amis, marchaient enlacés ensemble dans la guerre : cela admis, dites-moi ce que l'une perd par l'autre dans la paix pour ne plus pouvoir s'allier ensemble?

Coriolan. — Bah, bah !

Ménénius. — Question fort bien posée.

Volumnia. — S'il est honorable à la guerre de paraître autre que vous n'êtes, — politique que vous adoptez pour arriver à vos fins, — comment est-il moins honnête ou plus déshonnête de forcer la politique à tenir compagnie à l'honneur dans la paix comme dans la guerre, puisque cette alliance est également utile dans les deux cas ?

Coriolan. — Pourquoi me pressez-vous ainsi ?

Volumnia. — Parce que maintenant il vous faut parler au peuple, non selon vos lumières, non selon les inspirations et les impulsions de votre cœur, mais avec des paroles apprises de routine, quoique ce soient paroles bâtardes et syllabes sans valeur par rapport à votre véritable opinion. Vraiment, cela ne vous déshonore pas plus que de prendre avec des paroles de douceur une ville qui, sans cela, vous exposerait au hasard de la fortune et à une grande effusion de sang. Je dissimulerais avec ma nature, si ma fortune et mes amis en péril exigeaient que je le fisse par honneur : ma voix est en cette affaire celle de votre femme, de votre fils, de ces sénateurs, des nobles ; et vous aimez mieux montrer à nos manants comment vous pouvez froncer le sourcil, que de leur accorder un sourire caressant pour vous conquérir leurs affections, et sauvegarder ce qui sans cela peut sombrer !

Ménénius. — Noble dame ! — Allons, venez avec nous ; parlez-leur en bons termes ; vous pourrez guérir ainsi non les dangers du moment, mais les accidents du passé.

VOLUMNIA. — Je t'en prie, mon fils, va les trouver maintenant ce bonnet à la main, et après l'avoir étendu ainsi, — vois, fais comme cela avec eux, — ton genou baisant la pierre, — car en telle affaire l'action est éloquence, et les yeux de l'ignorant sont plus aptes à comprendre que ses oreilles, — agite la tête ainsi, et souvent, pour corriger ton cœur orgueilleux que tu montreras humble comme la mûre avancée qui ne peut résister quand elle est maniée : ou bien, dis-leur que tu es leur soldat, et qu'ayant été nourri dans les guerres, tu ne possèdes pas ces douces manières que ton devoir aurait été d'employer, tu le confesses, comme leur droit était de les réclamer, quand tu leur demandais leur bonne affection; mais que par la suite tu te conformeras à cette conduite à leur égard, de tout ton pouvoir et de toute ta personne.

MÉNÉNIUS. — Cela fait, ainsi qu'elle vous le dit, leurs cœurs sont à vous; car ils ont autant de facilité à accorder pardon, lorsqu'on le leur demande, qu'à prononcer des paroles sans raison.

VOLUMNIA. — Je t'en prie, va et laisse-toi gouverner, quoique je sache que tu aimerais mieux suivre ton ennemi dans un gouffre de feu que le flatter dans un bosquet. Voici Cominius.

Entre COMINIUS.

COMINIUS. — Je viens de la place du marché, et, Seigneur, il est urgent que vous assembliez un vigoureux parti, ou que vous vous défendiez par la douceur ou par la fuite; la colère gronde de toute part.

MÉNÉNIUS. — De bonnes paroles seulement.

COMINIUS. — Je crois que cela suffira, s'il peut y disposer son âme.

VOLUMNIA. — Il le doit et il le fera. Je t'en prie, dis que tu le feras, et pars pour le faire.

CORIOLAN. — Dois-je aller me présenter à eux la tête mal peignée? Faut-il que ma langue vile donne à mon noble cœur un démenti qu'il sera forcé d'endurer? Bon, je le ferai; et cependant, s'il ne s'agissait que de perdre ce monceau d'argile, cette forme de Marcius, ils pourraient auparavant la moudre en poussière, et la jeter au vent. — A la place du marché : vous m'avez chargé d'un personnage que je ne représenterai jamais au naturel.

Cominius. — Venez, venez, nous vous aiderons.

Volumnia. — Je t'en prie, mon doux fils; tu m'as dit que mes louanges avaient à l'origine fait de toi un soldat; eh bien, si tu veux avoir ma louange pour cette nouvelle action, consens à jouer un rôle que tu n'as pas encore joué.

Coriolan. — Bon, je le ferai : arrière, ma nature, et qu'entre en moi quelque âme de prostituée! Que ma voix guerrière, qui s'accordait si bien avec mon tambour, se change en une voix fluette comme celle d'une femme, ou comme celle d'une vierge qui chante pour endormir les enfants! Que les sourires des drôles viennent élire domicile sur mon visage, et que les larmes des écoliers ternissent les globes de mes yeux! Que la langue d'un mendiant s'agite à travers mes lèvres, et que mes genoux armés qui ne se courbèrent jamais que pour monter à l'étrier, se courbent comme ceux de l'homme qui a reçu son aumône! — Je ne ferai pas cela, de crainte de déshabituer ma franchise d'elle-même, et par l'action de mon corps, d'enseigner à mon âme une bassesse qui en devienne inséparable.

Volumnia. — A ton choix alors; il est plus déshonorant pour moi de mendier auprès de toi, qu'il ne t'est déshonorant de mendier auprès d'eux. Que tout aille à la ruine : mieux vaut que ta mère supporte la conséquence de ton orgueil, que de vivre dans la crainte de ta dangereuse opiniâtreté; car je me moque de la mort avec un cœur aussi haut que le tien. Fais comme tu l'entendras, ta vaillance m'appartient, tu l'as sucée avec mon lait mais tu dois ton orgueil à toi-même.

Coriolan. — Je vous en prie, calmez-vous : mère, je vais aller sur la place du marché; ne me grondez plus.

Je vais faire le charlatan pour enlever leur affection, leur escamoter leurs cœurs, et je reviendrai l'idole de tous les métiers de Rome. Voyez, je pars : recommandez-moi à ma femme. Je reviendrai consul, ou bien n'ayez jamais plus confiance à l'habileté de ma langue dans le métier de flatteur.

Volumnia. — Faites comme il vous plaira. (*Elle sort.*)

Cominius. — Partons ! les tribuns vous attendent : armez-vous pour leur répondre avec douceur ; car ils ont préparé des accusations qui, à ce que j'apprends, sont plus fortes encore que celles qui ont été dirigées contre vous déjà.

Coriolan. — Le mot de passe est *avec douceur*. — Je vous en prie, partons : qu'ils m'accusent avec leurs inventions, moi je leur répondrai avec mon honneur.

Ménénius. — Oui, mais avec douceur.

Coriolan. — Bien, *avec douceur* soit, *avec douceur*. (*Ils sortent.*)

SCÈNE III.

Rome. — Le Forum.

Entrent SICINIUS *et* BRUTUS.

Brutus. — Chargez-le à fond sur ce point, qu'il affecte un pouvoir tyrannique ; s'il nous échappe de ce côté, appuyez sur sa haine pour le peuple, et sur ce fait que le butin conquis sur les Antiates ne fut jamais distribué.

Entre un édile.

Brutus. — Eh bien, viendra-t-il ?

L'édile. — Il vient.

Brutus. — Accompagné par qui ?

L'édile. — Par le vieux Ménénius et ceux des sénateurs qui l'ont toujours eu en faveur.

Sicinius. — Avez-vous la liste nominative de toutes les voix dont nous nous sommes assurés ?

L'édile. — Je l'ai ; elle est prête.

Sicinius. — Les avez-vous groupées par tribus[6]?

L'édile. — Oui.

Sicinius. — Convoquez immédiatement ici les plébéiens; et lorsqu'ils m'entendront dire, « il en doit être ainsi de par le droit et la force du peuple, » que je prononce l'amende, le bannissement ou la mort, ils devront répondre, si je dis l'amende, « *l'amende*, » si je dis la mort, « *la mort*, » en insistant sur la vieille prérogative, et sur le droit qui sort de l'évidence de la cause en litige.

L'édile. — Je vais les en informer.

Brutus. — Et lorsque, à ce moment-là, ils auront commencé à crier, qu'ils ne s'arrêtent pas, et que par un tumulte confus, ils imposent l'exécution immédiate de la peine qu'il nous arrivera de prononcer.

L'édile. — Fort bien.

Sicinius. — Faites qu'ils soient résolus et prêts à obéir à ce mot d'ordre, lorsqu'il nous arrivera de le leur donner.

Brutus. — Allez à cette affaire. (*Sort l'édile.*) Mettez-le d'emblée en colère; il a toujours été habitué à vaincre, et à s'arroger le droit de contradiction : une fois irrité, il est impossible de lui mettre le mors de la modération; alors il dit ce qu'il a dans le cœur, et cette disposition conspire avec nous pour lui casser le cou.

Sicinius. — Bon, le voici qui vient.

Entrent CORIOLAN, MÉNÉNIUS, COMINIUS, *des* sénateurs *et des* patriciens.

Ménénius. — Du calme, je vous en conjure.

Coriolan. — Oui, comme un aubergiste qui, pour la plus petite pièce, supportera qu'on l'appelle drôle assez de fois pour remplir un volume de cette injure. Que les Dieux honorés tiennent Rome en sûreté, et remplissent de dignes hommes les sièges de la justice! qu'ils sèment la concorde parmi nous! qu'ils remplissent nos vastes temples des images de la paix, et non pas nos rues des spectacles de la guerre!

ACTE III, SCÈNE III.

Premier sénateur. — Amen, amen !

Ménénius. — Un noble souhait.

Rentre l'édile *avec des citoyens.*

Sicinius. — Approchez-vous, plébéiens.

L'édile. — Écoutez vos tribuns ; accordez-leur audience ! paix, dis-je !

Coriolan. — Écoutez-moi d'abord.

Les deux tribuns. — Bien, dites. — Paix, holà !

Coriolan. — N'aurai-je pas à soutenir d'autres accusations que la présente ? tout doit-il se terminer là ?

Sicinius. — Je vous demande si vous vous soumettrez aux voix du peuple, si vous reconnaîtrez leurs magistrats, et si vous consentirez à subir une censure légale pour les fautes dont il sera prouvé que vous êtes coupable ?

Coriolan. — J'y consens.

Ménénius. — Voyez, citoyens, il dit qu'il y consent. Considérez les services militaires qu'il a rendus, pensez aux blessures que porte son corps et qui sont comme des tombes dans un cimetière sacré.

Coriolan. — Des égratignures faites avec des ronces, des cicatrices pour rire seulement.

Ménénius. — Considérez, en outre, que lorsqu'il ne parle pas comme un citoyen, c'est que le soldat se montre à vous : ne prenez pas ses rudes accents pour le ton du mauvais vouloir ; mais, comme je vous le dis, pensez que ce langage est celui d'un soldat et non d'un homme qui vous hait.

Cominius. — Bon, bon, assez.

Coriolan. — Que s'est-il donc passé, pour qu'après avoir été nommé consul à l'unanimité, vous m'imposiez le déshonneur de me retirer le consulat dans la même heure ?

Sicinius. — Bornez-vous à nous répondre.

Coriolan. — Parlez, alors : c'est juste, c'est ce que je dois faire.

Sicinius. — Nous vous accusons d'avoir essayé d'abolir à Rome tous les pouvoirs établis par le temps, et de marcher par des voies détournées à la tyrannie, fait qui vous constitue traître envers le peuple.

Coriolan. — Comment! *traître!*

Ménénius. — Voyons, de la modération ; rappelez-vous votre promesse.

Coriolan. — Que les feux du fin fond de l'enfer enveloppent le peuple ! M'appeler traître envers lui ! Injurieux tribun ! quand bien même vingt mille morts menaceraient dans tes yeux, quand bien même tes mains en contiendraient autant de millions, et ta langue menteuse le double, je te dirais que tu mens d'une voix aussi franche que celle avec laquelle je prie les Dieux !

Sicinius. — Remarquez-vous cela, peuple ?

Les citoyens. — A la roche ! qu'on l'entraîne à la roche !

Sicinius. — Paix ! Nous n'avons pas besoin de mettre de nouvelles accusations à sa charge : ce que vous lui avez vu faire, ce que vous lui avez entendu dire, les voies de fait qu'il a dirigées contre vos magistrats, les malédictions qu'il a lancées contre vous-mêmes, l'opposition qu'il a faite aux lois en y répondant par des coups, le défi qu'il vient ici de jeter à ceux qui ont pouvoir souverain pour le juger, ces actions si criminelles, ces offenses si capitales méritent la mort la plus rigoureuse.

Brutus. — Mais puisqu'il a bien servi Rome....

Coriolan. — Que babillez-vous de service ?

Brutus. — Je parle de ce que je sais.

Coriolan. — Vous ?

Ménénius. — Est-ce là la promesse que vous avez faite à votre mère ?

Cominius. — Écoutez, je vous prie....

Coriolan. — Je ne veux plus rien écouter : qu'ils me condamnent à la mort de la roche escarpée, au vagabondage de l'exil, à l'écorchement vif, à languir en prison avec un seul grain de blé par jour, je n'achèterai pas leur clémence au prix d'une bonne parole, et je ne refrénerai pas ma colère pour tout ce qu'ils peuvent donner, fallût-il pour cela seulement leur dire *bonjour*.

Sicinius. — Attendu qu'il a, autant qu'il dépendait de lui, manifesté à diverses reprises, sa haine contre le peuple, en cherchant les moyens de le dépouiller de son pouvoir; attendu que tout récemment, il vient de se livrer à des voies de fait hostiles, non-seulement en présence de la justice, mais sur les magistrats mêmes qui la rendent; au nom du peuple, et en vertu de nos pouvoirs à nous tribuns, nous le bannissons à partir de cette heure de notre cité, avec défense de repasser jamais plus les portes de Rome, sous peine d'être immédiatement précipité du haut de la roche Tarpéienne. Au nom du peuple, je dis qu'il en sera ainsi.

Les citoyens. — Il en sera ainsi! il en sera ainsi! qu'il parte! il est banni, et il en sera ainsi!

Cominius. — Écoutez-moi, mes maîtres, et mes amis populaires....

Sicinius. — Il est condamné; nous n'avons plus à écouter.

Cominius. — Laissez-moi parler: j'ai été consul, et je puis montrer les marques des blessures que j'ai reçues pour Rome des mains de ses ennemis. J'aime le bien de mon pays d'un respect plus tendre, plus sacré, plus profond, que je n'aime ma propre vie, l'estime de ma chère épouse, le fruit de ses entrailles et le trésor de mes reins : si donc je pouvais dire....

Sicinius. — Nous connaissons votre ruse : — dire quoi?

Brutus. — Il n'y a plus rien à dire, si ce n'est qu'il est banni comme ennemi du peuple et de son pays : *il en sera ainsi*.

Les citoyens. — Il en sera ainsi! il en sera ainsi!

Coriolan. — Ah! tas d'aboyeurs de chiens populaires! vous dont je hais les haleines comme les vapeurs des marais pourris, et dont j'estime l'affection comme les carcasses des morts sans sépulture qui corrompent mon air, c'est moi qui vous bannis. Restez ici, en proie à votre indécision! Que toute faible rumeur ébranle vos cœurs! Que vos ennemis, rien qu'en agitant leurs panaches, vous renvoient le vent du désespoir! Continuez à exercer le pouvoir de bannir vos défenseurs, jusqu'à ce qu'enfin votre ignorance, qui ne découvre les choses que lorsqu'elle les sent, après qu'elle n'aura fait d'exception que pour vous seuls, — pour vous qui êtes toujours vos propres ennemis, — vous livre esclaves abattus à quelque nation qui vous aura vaincus sans combat! Méprisant à cause de vous cette cité, c'est ainsi que je tourne le dos : le monde ne finit pas ici. (*Sortent Coriolan, Cominius, Ménénius, les sénateurs et les patriciens.*)

L'ÉDILE. — L'ennemi du peuple est parti! il est parti!

LES CITOYENS. — Notre ennemi est banni! il est parti! Hourrah! hourrah! (*Ils poussent des cris de joie et jettent en l'air leurs bonnets.*)

SICINIUS. — Allez, voyez-le franchir les portes, et poursuivez-le de la même haine dont il vous poursuivait : infligez-lui une vexation méritée. Qu'une garde nous accompagne à travers la ville.

LES CITOYENS. — Venez, venez, allons le voir franchir les portes; venez : que les Dieux conservent nos nobles tribuns! — Venez. (*Ils sortent.*)

ACTE IV.

SCÈNE PREMIÈRE.

Rome. — Devant une porte de la ville.

Entrent CORIOLAN, VOLUMNIA, VIRGILIA, MÉNÉNIUS, COMINIUS, *et divers jeunes patriciens.*

Coriolan. — Allons, arrêtez vos larmes; un court adieu : la bête aux têtes sans nombre me repousse à coups de cornes. Eh bien, ma mère, où est votre ancien courage? Vous aviez coutume de dire que l'extrême adversité était la pierre de touche des âmes; que les hommes ordinaires peuvent supporter les chances ordinaires ; que lorsque la mer était calme, tous les navires se montraient également habiles à flotter; que lorsque la fortune assène ses coups les plus douloureux, elle requiert du noble blessé une noble sagesse : vous aviez coutume de me charger de préceptes qui devaient rendre invincible le cœur qui les a retenus.

Virgilia. — Ô cieux! ô cieux!

Coriolan. — Voyons, femme, je t'en prie....

Volumnia. — Ah! que la peste rouge frappe tous les métiers de Rome, et que tout travail périsse!

Coriolan. — Voyons, voyons, voyons! On m'aimera quand on ne me trouvera plus. Voyons, mère, reprenez cette âme qui vous faisait dire que si vous aviez été la femme d'Hercule, vous auriez fait six de ses travaux, et épargné à votre époux cette dépense de sueurs. Cominius, ne soyez pas abattu : adieu. — Adieu, ma femme! ma mère! je me tirerai encore d'affaire. — Et toi, vieux et fidèle Ménénius, tes larmes sont plus salées que celles d'un jeune homme, elles peuvent être un venin pour tes yeux. — Mon ancien général, je t'ai connu impassible, et tu as souvent contemplé de ces spectacles qui bronzent le cœur; dis à ces malheureuses femmes qu'il est aussi insensé de gémir des coups inévitables que de vouloir les affronter en riant. — Ma mère, vous savez bien que mes dangers ont toujours été votre consolation; croyez-le sérieusement, — bien que je parte seul, comme un dragon solitaire qui rend son marais redoutable, et fait qu'on parle plus de lui qu'on ne le voit, — votre fils s'élèvera au-dessus du vulgaire, ou sera pris dans les trappes de la ruse et de la trahison.

Volumnia. — Mon premier-né, où comptes-tu aller? Prends avec toi pour quelque temps le bon Cominius : arrête-toi à une décision qui ne te laisse pas à la périlleuse merci de tous les hasards qui peuvent se dresser sur ton chemin devant toi.

Coriolan. — Ô Dieux!

Cominius. — Je t'accompagnerai un mois, et nous déciderons ensemble du lieu de ton séjour, afin que nous puissions apprendre, toi de nos nouvelles et nous des tiennes : en sorte que si le temps nous jette une occasion de te faire rappeler, nous n'aurons pas à envoyer à travers le vaste monde pour chercher un homme enfoui dans la foule, et à perdre un avantage qui toujours se refroidit en l'absence de celui qui peut en profiter.

Coriolan. — Adieu : les années pèsent sur toi, et tu es trop éprouvé par les fatigues des guerres pour aller errer avec un homme qui possède encore toutes ses forces : conduis-moi seulement jusque par delà la porte. Venez, mon aimable femme, ma très-chère mère, et mes amis si noblement sûrs, et lorsque j'aurai dépassé la porte, dites moi adieu, et souriez. Venez, je vous en prie. Tant que je marcherai sur cette terre, vous entendrez toujours parler de moi, et vous n'en entendrez rien dire qui ne soit conforme à ma première phase d'existence.

Ménénius. — Paroles aussi nobles que l'oreille puisse en entendre. Allons, ne pleurons pas. Si je pouvais secouer quelque sept années de ces vieux bras et de ces vieilles jambes, par les Dieux bons, je suivrais chacun de tes pas!

Coriolan. — Donne-moi ta main : — marchons. (*Ils sortent.*)

SCÈNE II.

Rome. — Une rue près de la porte.

Entrent SICINIUS, BRUTUS *et* un édile.

Sicinius. — Invitez-les à retourner chez eux ; il est parti, et nous ne pousserons pas plus loin les choses. Les nobles, ainsi que nous le voyons, ont pris son parti, et sont irrités.

Brutus. — Maintenant que nous avons montré notre pouvoir, paraissons plus humbles, la chose faite, que lorsque nous la faisions.

Sicinius. — Invitez-les à retourner chez eux ; dites-leur que leur grand ennemi est parti, et qu'eux gardent leur ancienne puissance.

Brutus. — Renvoyez-les au logis. (*Sort l'édile.*) Voici venir sa mère.

Sicinius. — Évitons-la.

Brutus. — Pourquoi?

Sicinius. — On dit qu'elle est folle.

Brutus. — Ils nous ont aperçus : continuez de marcher.

Entrent VOLUMNIA, VIRGILIA *et* MÉNÉNIUS.

Volumnia. — Oh! vous êtes les bien rencontrés : que le trésor des pestes des Dieux récompense votre affection!

Ménénius. — Paix, paix, ne parlez pas si haut.

Volumnia. — Si mes pleurs ne m'empêchaient de parler, vous en entendriez de belles, — et vraiment, vous entendrez un peu. (*A Brutus.*) Est-ce que vous voulez partir?

Virgilia, *à Sicinius.* — Vous resterez, vous aussi : que n'ai-je le pouvoir d'adresser ces mêmes paroles à mon mari.

Sicinius. — Or çà, est-ce que vous êtes des hommes (a)?

Volumnia. — Oui, imbécile; est-ce que c'est une honte? Dis-moi un peu, imbécile, est-ce que mon père n'était pas un homme? Quoi, tu as eu la fourberie, renard, de bannir celui qui a frappé plus de coups pour Rome que tu n'as prononcé de paroles en ta vie?

Sicinius. — Ô cieux bénis!

Volumnia. — Plus de nobles coups que toi de sages paroles, et cela pour le bien de Rome. Je vais te dire quelque chose : mais non, pars; — reste cependant après tout : — je voudrais que mon fils fût en Arabie, et que ta tribu fût devant lui, lui tenant sa bonne épée à la main.

Sicinius. — Quoi ensuite?

Virgilia. — *Ensuite!* il mettrait fin à ta postérité.

Volumnia. — Bâtards y compris. L'homme noble, que de blessures il porte pour Rome!

Ménénius. — Allons, allons, paix.

Sicinius. — J'aurais désiré qu'il eût continué pour son pays comme il avait commencé, et qu'il n'eût pas défait lui-même le noble nœud qu'il avait formé.

Brutus. — Je l'aurais désiré.

Volumnia. — *Je l'aurais désiré!* C'est vous qui avez irrité la canaille, chats[1] qui êtes aussi capables de juger de son mérite que moi de juger de ces mystères que le ciel ne veut pas laisser connaître à la terre.

Brutus. — Je vous prie, laissez-nous partir.

Volumnia. — Oui, partez maintenant, Monsieur, je vous prie : vous avez fait une noble affaire. Avant de partir, écoutez ceci : — autant le Capitole surpasse la plus chétive maison de Rome, autant mon fils, — le

---

(a) *Are you mankind?* dit le texte; c'est-à-dire des viragos, des femmes de caractère violent et querelleur, ayant une brutalité toute virile.

mari de cette dame ici présente, la voyez-vous bien ? — autant mon fils que vous avez banni vous surpasse tous.

Brutus. — Bon, bon, nous allons vous quitter.

Sicinius. — Pourquoi restons-nous là à nous laisser agacer par une femme qui n'a plus son bon sens ?

Volumnia. — Emportez avec vous mes prières. (*Sortent les tribuns.*) Je voudrais que les Dieux n'eussent rien d'autre à faire qu'à confirmer mes malédictions ! Si je pouvais les rencontrer seulement une fois par jour, cela soulagerait mon cœur du poids qui l'oppresse.

Ménénius. — Vous leur avez dit leur bonne vérité, et par ma foi, vous en avez bien sujet. Voulez-vous souper avec moi ?

Volumnia. — La colère est ma nourriture ; je soupe de moi-même, et je m'affamerai ainsi tout en me nourrissant. Allons, marchons : (*A Virgilia*) laissez là comme moi ces pleurnicheries et ces lamentations d'enfant, et comme moi adoptez la colère, à l'instar de Junon. Marchons, marchons, marchons.

Ménénius. — Fi, fi, fi ! (*Ils sortent.*)

SCÈNE III.

Un grand chemin entre Rome et Antium.

Entrent en se rencontrant NICANOR, *Romain, et* ADRIEN, *Volsque.*

Nicanor. — Je vous connais bien, Monsieur, et vous aussi vous me connaissez ; votre nom, je crois, est Adrien.

Adrien. — Oui, Monsieur : véritablement, je vous ai oublié.

Nicanor. — Je suis Romain, et je sers comme vous contre les Romains : me reconnaissez-vous maintenant ?

Adrien. — Nicanor ? est-ce lui ?

Nicanor. — Lui-même, Monsieur.

Adrien. — Vous aviez plus de barbe la dernière fois que je vous ai vu ; mais je reconnais bien votre visage, au son de votre voix. Quelles nouvelles de Rome? J'ai précisément une note de l'état volsque pour aller vous y chercher : vous m'avez fort à propos épargné un jour de voyage.

Nicanor. — Il y a eu dans Rome de singulières insurrections ; le peuple contre les sénateurs, les patriciens et les nobles.

Adrien. — *Il y a eu!* c'est donc fini alors? Notre état ne pense pas ainsi; il fait de grands préparatifs de guerre, et il espère tomber sur eux dans toute la chaleur de leurs divisions.

Nicanor. — Le plus fort de l'incendie est éteint, mais peu de chose suffirait pour le rallumer : car les nobles ont reçu si en plein dans le cœur le bannissement de ce brave Coriolan, qu'ils sont bien disposés à la première occasion à enlever tout pouvoir aux plébéiens et à les priver de leurs tribuns pour toujours. Cela brûle en dessous, je puis vous l'affirmer, et est presque mûr pour une violente explosion.

Adrien. — Coriolan banni!

Nicanor. — Banni, Monsieur.

Adrien. — Vous serez le bienvenu avec ces nouvelles, Nicanor.

Nicanor. — L'occasion les sert favorablement à cette heure. J'ai entendu dire que le temps le mieux choisi pour corrompre une femme mariée est le moment où elle vient de se disputer avec son mari. Votre noble Tullus Aufidius fera bonne figure dans ces guerres, maintenant que les services de son grand adversaire Coriolan ne sont plus requis par sa patrie.

Adrien. — Cela ne peut manquer. Je suis très-heureux de vous avoir ainsi rencontré accidentellement : vous avez mis fin à ma besogne, et je vous accompagnerai avec joie au logis.

Nicanor. — D'ici au souper je vous raconterai d'autres choses étranges sur Rome, et toutes tendantes au bien de ses adversaires. Vous avez une armée prête, dites-vous?

Adrien. — Une armée vraiment royale : les centurions et leurs compagnies ont déjà reçu leurs billets de logement, touchent déjà leur solde de guerre, et ils peuvent être mis sur pied en une heure de temps.

Nicanor. — Je suis joyeux d'apprendre qu'ils sont prêts, et je crois que je suis l'homme qui va les mettre en mouvement. Ma foi, Monsieur, vous êtes le bienvenu de tout cœur, et je suis très-heureux de votre compagnie.

Adrien. — Vous me prenez mon rôle, Monsieur; c'est moi qui ai surtout sujet d'être heureux de la vôtre.

Nicanor. — Bon, faisons route ensemble. (*Ils sortent.*)

SCÈNE IV.

Antium. — Devant la maison d'Aufidius.

Entre CORIOLAN, *pauvrement vêtu, déguisé et le visage enveloppé.*

Coriolan. — C'est une belle ville, cet Antium. Cité, c'est moi qui ai fait tes veuves : j'ai entendu gémir et j'ai vu tomber sous mes coups dans la bataille bien des héritiers de ces beaux édifices : ainsi tâche de ne pas me reconnaître, de crainte que tes femmes avec des broches, et tes bambins avec des pierres, ne me tuent dans un misérable combat.

Entre un citoyen.

Coriolan. — Dieu vous protége, Monsieur.

Le citoyen. — Et vous pareillement.

Coriolan. — Si vous avez assez d'obligeance pour cela, veuillez m'indiquer où demeure le grand Aufidius : est-il dans Antium ?

Le citoyen. — Il y est, et il traite ce soir les nobles de l'état à sa demeure.

Coriolan. — Quelle est sa demeure, je vous prie ?

Le citoyen. — Celle-ci, là, devant vous.

Coriolan. — Je vous remercie, Monsieur: adieu. (*Sort le citoyen.*) Ô monde, quelles capricieuses vicissitudes sont les tiennes ! Ceux qui sont maintenant amis jurés, dont les deux seins ne semblent porter qu'un seul cœur, qui ont mêmes heures, même lit, même repas, mêmes exercices, que l'amour enlace pour ainsi dire dans une union inséparable, vont pour la discussion d'une obole se séparer d'ici à une heure ennemis acharnés : en revanche les ennemis les plus invétérés, ceux que leur haine et les trames qu'elle inventait pour leur destruction réciproque ne laissaient pas dormir, vont, par suite de quelque circonstance, de quelque événement ne valant pas un œuf, devenir de tendres amis et unir leurs postérités. Il en est ainsi de moi : je hais le lieu de ma naissance, et je donne mon amour à cette ville ennemie. — Je vais entrer : s'il me tue, il ne me rendra que pleine justice ; s'il m'épargne, je servirai son pays. (*Il sort.*)

SCÈNE V.

ANTIUM. — Une salle dans la maison d'AUFIDIUS.

Musique dans l'intérieur. — Entre UN SERVITEUR.

PREMIER SERVITEUR. — Du vin, du vin, du vin ! Qu'est-ce que c'est donc que ce service-là ? Je crois que nos camarades sont endormis. (*Il sort.*)

Entre UN SECOND SERVITEUR.

SECOND SERVITEUR. — Où est Cotus ? mon maître l'appelle. — Cotus ! (*Il sort.*)

Entre CORIOLAN.

CORIOLAN. — Une riche maison : le festin sent bon ; mais ce n'est pas comme un convive que je me présente.

Rentre LE PREMIER SERVITEUR.

PREMIER SERVITEUR. — Que voulez-vous, l'ami ? d'où

êtes-vous? Il n'y a pas ici de place pour vous : je vous en prie, sortez. (*Il sort.*)

CORIOLAN, *à part*. — Je n'ai pas mérité un meilleur accueil, en ma qualité de Coriolan.

Rentre LE SECOND SERVITEUR.

SECOND SERVITEUR. — D'où êtes-vous, Monsieur? Le portier n'a donc pas d'yeux dans la tête, qu'il laisse entrer de tels compagnons? Fichez le camp, je vous en prie.

CORIOLAN. — Arrière !

SECOND SERVITEUR. — *Arrière!* c'est à vous que je dois dire cela.

CORIOLAN. — Ah ! tu deviens ennuyeux.

SECOND SERVITEUR. — Êtes-vous si brave que cela? Je m'en vais vous appeler quelqu'un qui vous parlera tout à l'heure.

Entre UN TROISIÈME SERVITEUR. *Le premier va à sa rencontre.*

TROISIÈME SERVITEUR. — Quel est ce camarade ?

PREMIER SERVITEUR. — C'est le plus singulier individu que j'aie jamais vu : je ne puis le faire sortir de la maison : je t'en prie, fais venir mon maître pour lui parler.

TROISIÈME SERVITEUR. — Qu'avez-vous à faire ici, camarade? Je vous en prie, videz la maison.

CORIOLAN. — Laissez-moi seulement rester; je ne ferai pas de dommage à votre foyer.

TROISIÈME SERVITEUR. — Qui êtes-vous ?

CORIOLAN. — Un Seigneur.

TROISIÈME SERVITEUR. — Un Seigneur étonnamment pauvre.

CORIOLAN. — C'est vrai, c'est ce que je suis.

TROISIÈME SERVITEUR. — Eh bien, Monsieur le pauvre Seigneur, cherchez, je vous en prie, quelque autre station : il n'y a pas ici de place pour vous ; je vous en prie, videz les lieux, allez.

CORIOLAN. — Fais ton service, marche, et va te nourrir de restes froids. (*Il le repousse.*)

TROISIÈME SERVITEUR. — Comment! vous ne voulez pas? Je t'en prie, va-t-en informer mon maître du convive étrange qu'il a ici.

SECOND SERVITEUR. — C'est ce que je vais faire. (*Il sort.*)

TROISIÈME SERVITEUR. — Où demeures-tu?

CORIOLAN. — Sous la voûte.

TROISIÈME SERVITEUR. — *Sous la voûte!*

CORIOLAN. — Oui.

TROISIÈME SERVITEUR. — Où c'est-il ça?

CORIOLAN. — Dans la cité des milans et des corbeaux.

TROISIÈME SERVITEUR. — *Dans la cité des milans et des corbeaux!* Quel âne cela fait! Alors tu habites aussi avec des grues?

CORIOLAN. — Non, je ne sers pas ton maître.

TROISIÈME SERVITEUR. — Qu'est-ce à dire, Monsieur! est-ce que vous avez à vous mêler de mon maître?

CORIOLAN. — Oui, c'est plus honnête que de se mêler de ta maîtresse. Tu bavardes, et tu bavardes; à ta vaisselle, hors d'ici! (*Il le chasse en le rossant.*)

Entrent AUFIDIUS *et* LE SECOND SERVITEUR.

AUFIDIUS. — Où est ce compère?

SECOND SERVITEUR. — Ici, Seigneur; je l'aurais battu comme un chien, si je n'avais pas craint de troubler les Seigneurs qui sont là dedans.

AUFIDIUS. — D'où viens-tu? que veux-tu? ton nom? pourquoi ne parles-tu pas? Parle, l'ami : quel est ton nom?

CORIOLAN, *se découvrant*. — Il faudra bien que je me nomme, si tu ne m'as pas encore vu, Tullus, et si en me voyant tu ne me reconnais pas pour l'homme que je suis.

AUFIDIUS. — Quel est ton nom? (*Les serviteurs se retirent.*)

CORIOLAN. — Un nom peu musical pour les oreilles volsques, et d'un son rauque pour les tiennes.

AUFIDIUS. — Dis, quel est ton nom? Tu as un aspect

redoutable, et ton visage porte la marque du commandement ; quoique ta voilure soit déchirée, tu parais un noble vaisseau. Quel est ton nom ?

CORIOLAN. — Prépare ton sourcil à se froncer. Est-ce que tu ne me reconnais pas maintenant ?

AUFIDIUS. — Je ne te connais pas : ton nom ?

CORIOLAN. — Mon nom est Caïus Marcius, nom sous lequel je vous ai fait, à toi en particulier, et à tous les Volsques, grand mal et grand dommage, ce dont peut témoigner mon surnom qui est Coriolan : les pénibles services, les extrêmes dangers, les flots de sang répandus pour mon ingrate patrie n'ont été récompensés que par ce surnom, solide souvenir et témoignage de la haine et du ressentiment que tu devrais me porter. Ce nom seul me reste ; la cruauté et l'envie du peuple tolérées par nos lâches nobles qui m'ont tous abandonné, ont dévoré tous les autres biens, et ils ont permis que des voix d'esclaves eussent pouvoir de me chasser de Rome. Cette extrémité m'a conduit à ton foyer, non pas, — ne te méprends point, — dans l'espoir de sauver ma vie ; car, si j'avais craint la mort, tu es de tous les hommes au monde celui que j'aurais le plus évité ; si je me tiens ainsi devant toi, c'est par simple rancune, dans l'espoir d'arriver à m'acquitter entièrement avec ceux qui m'ont banni. Si donc tu portes en toi un cœur ulcéré désireux de venger tes injures particulières et en même temps d'effacer ces cicatrices de honte dont ton pays porte la marque, dépêche-toi de mettre mon malheur au service de tes dispositions : emploie ce malheur de telle sorte que mes services inspirés par la vengeance te soient des bienfaits ; car je combattrai contre ma patrie gangrenée avec la rage de tous les démons infernaux. Mais si par hasard tu n'as pas cette audace, si tu es fatigué de tenter plus longtemps la fortune, je suis encore plus fatigué de vivre davantage, et je présente ma gorge à ta vieille inimitié ; si tu ne la coupais pas, tu ne te montrerais qu'un sot, puisque je t'ai toujours poursuivi de ma haine, que j'ai tiré des tonneaux de sang du sein de ton pays, et que je ne puis vivre qu'à ta honte, à moins que je ne vive pour te rendre service.

AUFIDIUS. — Ô Marcius, Marcius! chacun des mots que tu as prononcés vient d'extirper de mon cœur une racine d'ancienne haine. Si Jupiter, du sein de ce nuage là-bas, proférait des choses divines et disait : « Cela est vrai, » je ne les croirais pas plus que je ne te crois, ô tout noble Marcius. Permets à mes bras d'entourer ce corps contre lequel s'est brisée cent fois ma lance, en allant effaroucher la lune de ses éclats : j'embrasse ici celui qui fut l'enclume de mon épée, et je veux lutter aussi ardemment et aussi noblement avec ton amour que j'ai jamais lutté de rivalité ambitieuse et de force avec ta valeur. Sache que j'aimais la vierge que j'épousai; jamais homme ne palpita d'un amour plus sincère; mais, en te voyant ici, être noble! mon cœur transporté danse plus en moi que le jour où je vis ma maîtresse devenue mon épouse franchir pour la première fois mon seuil. Eh bien, Mars, je te l'apprends, nous avons une armée sur pied, et j'avais l'intention d'essayer une fois encore d'arracher ton bouclier à ton bras, ou d'y perdre le mien : douze fois successivement tu m'as battu, et depuis lors j'ai pendant la nuit rêvé de rencontres entre toi et moi; nous nous sommes roulés ensemble dans mon sommeil, arrachant nos casques, nous étreignant l'un l'autre à la gorge; puis je me réveillais à demi mort et sans blessures. Noble Marcius, quand bien même nous n'aurions avec Rome d'autre sujet de querelle que ton bannissement, nous nous lèverions tous en masse, depuis douze ans jusqu'à soixante et dix, et versant la guerre dans les entrailles de l'ingrate Rome, nous l'inonderions comme un flot irrésistible. Oh! viens, entre! serre les mains de nos bons sénateurs; ils sont ici, prenant congé de moi qui suis prêt à entrer en campagne contre vos territoires, mais non, il est vrai, contre Rome même.

CORIOLAN. — Ô Dieux, vous m'exaucez!

AUFIDIUS. — Ainsi, très-souverain Seigneur, si tu veux prendre en main la direction de ta propre vengeance, prends la moitié de ma commission et expose tes propres plans, car ton expérience est supérieure puisque tu connais la force et la faiblesse de ton pays; dis-nous s'il vaut mieux aller frapper aux portes de Rome, ou leur rendre une cruelle visite dans les parties éloignées de leur territoire, afin de les frapper d'effroi avant de les détruire. Mais entrons : laisse-moi te présenter à ceux qui sur-le-champ répondront *oui* à tes désirs. Sois mille fois le bienvenu! et mille fois plus un ami que tu ne fus un ennemi, et cependant tu le fus beaucoup, Marcius. Votre main! soyez le très-bienvenu! (*Sortent Coriolan et Aufidius.*)

Premier serviteur, *s'avançant*. — Voici un étrange changement!

Second serviteur. — Par ma main, j'ai bien eu envie de le frapper avec un gourdin, et cependant ma pensée me disait que ses habits me le faisaient prendre pour ce qu'il n'était pas.

Premier serviteur. — Quel bras il vous a! Il m'a fait tourner avec son doigt et son pouce comme s'il s'était agi de faire tourner une toupie.

Second serviteur. — Parbleu, j'ai bien reconnu à sa figure qu'il y avait quelque chose en lui : il me semblait bien, Monsieur, qu'il vous avait un genre de figure.... je ne sais comment appeler ça.

Premier serviteur. — Oui, c'est cela : comme qui dirait dans le regard.... Je veux bien être pendu si je ne pensais pas qu'il était plus que je ne pensais.

Second serviteur. — Et moi aussi, je vous le jure : il est simplement l'homme le plus extraordinaire qu'il y ait au monde.

Premier serviteur. — Je crois que oui; mais vous connaissez un plus grand soldat que lui.

Second serviteur. — Qui ça, mon maître?

Premier serviteur. — Certes, cela ne fait pas question.

Second serviteur. — Il en vaut six comme lui.

Premier serviteur. — Non, ce n'est pas cela non plus; mais je crois que c'est lui qui est le plus grand soldat.

Second serviteur. — Ma foi, voyez-vous, on ne sait

comment dire cela : pour la défense d'une ville, notre général est excellent.

Premier serviteur. — Oui, et pour un assaut aussi.

Rentre le troisième serviteur.

Troisième serviteur. — Ô esclaves, je puis vous apprendre des nouvelles ! des nouvelles, mes drôles !

Premier et deuxième serviteurs. — Quoi, quoi, quoi ? fais-nous-les savoir.

Troisième serviteur. — Si j'avais à choisir ma nation, je ne voudrais pas être Romain ; j'aimerais autant être un homme condamné.

Premier et deuxième serviteurs. — Pourquoi, pourquoi ?

Troisième serviteur. — Parbleu, il y a ici celui qui avait coutume de rosser notre général, — Caïus Marcius.

Premier serviteur. — Pourquoi dites-vous *rosser notre général* ?

Troisième serviteur. — Je ne dis pas rosser notre général ; mais, en tout cas, il fut toujours assez bon pour lui tenir tête.

Second serviteur. — Voyons, nous sommes ici des amis et des camarades, n'est-ce pas ? eh bien, il fut toujours trop fort pour lui, j'ai entendu mon maître le déclarer lui-même.

Premier serviteur. — Il fut toujours trop fort pour lui directement, c'est la pure vérité : devant Corioles, il vous l'a balafré et taillé comme une grillade.

Second serviteur. — Et s'il avait eu des inclinations de cannibale, il aurait pu le faire griller et le manger aussi.

Premier serviteur. — Mais continue tes nouvelles.

Troisième serviteur. — Eh bien, on en fait cas là dedans comme s'il était le fils et l'héritier de Mars ; on l'a fait asseoir au haut bout de la table ; nul sénateur ne lui a adressé une seule question, mais tous se tiennent debout tête nue devant lui : notre général lui-même le traite comme une maîtresse, le touche comme avec dévotion et lève les yeux au ciel à ses discours. Mais l'important de ces nouvelles, c'est que notre général est coupé par le milieu, et qu'il n'est que la moitié de ce qu'il était hier ; car l'autre a accepté l'autre moitié, à la demande et à la satisfaction de toute la table. Il va marcher, dit-il, et secouer le concierge des portes de Rome par les oreilles : il va tout faucher devant lui, et s'ouvrir un passage ras comme la paume de la main.

Second serviteur. — Et il est homme à faire cela, autant qu'homme au monde, je crois bien.

Troisième serviteur. — S'il le fera ! il le fera ; car, voyez-vous, Monsieur, il a autant d'amis que d'ennemis ; lesquels amis, Monsieur, n'osent pas comme qui dirait, voyez-vous, Monsieur, se montrer, comme nous disons, ses amis tant qu'il est dans la *directitude*[2].

Premier serviteur. — *Directitude!* qu'est-ce que c'est que cela ?

Troisième serviteur. — Mais quand ils verront, Monsieur, son panache relevé, et l'homme tout en sang, ils sortiront de leurs terriers comme des lapins après la pluie, et feront tous la noce avec lui.

Premier serviteur. — Mais, quand cela commence-t-il ?

Troisième serviteur. — Demain, aujourd'hui, immédiatement ; vous allez entendre battre le tambour cette après-midi : c'est comme qui dirait une partie de leur fête, et cela doit être exécuté avant qu'ils essuient leurs lèvres.

Second serviteur. — Parbleu, nous allons avoir encore du remue-ménage. Cette paix ne sert à rien, si ce n'est à rouiller du fer, à engraisser des tailleurs, et à produire des faiseurs de ballades.

Premier serviteur. — Ayons la guerre, voilà ce que je dis, moi ; la guerre est autant au-dessus de la paix que la nuit est au dessus du jour ; cela fait vivre, réveille, fait du bruit et donne à causer en abondance. La paix est une véritable apoplexie, une léthargie ; cela assoupit, c'est sourd, endormi, insensible ; cela engendre plus de bâtards que la guerre ne détruit d'hommes.

Second serviteur. — C'est la vérité, et de même que

la guerre peut, dans un certain sens, être appelée un ravisseur, ainsi on ne peut nier que la paix ne soit un grand faiseur de cocus.

Premier serviteur. — Oui, et cela fait que les gens se haïssent les uns les autres.

Troisième serviteur. — Avec raison, car alors ils ont moins besoin les uns des autres. La guerre, voyez-vous, il n'y a que cela. J'espère voir les Romains ne pas valoir plus cher sur le marché que les Volsques. — Les voilà qui se lèvent, les voilà qui se lèvent !

Tous. — Rentrons, rentrons, rentrons, rentrons ! (*Ils sortent.*)

SCÈNE VI.

Rome. — Une place publique.

Entrent SICINIUS *et* BRUTUS.

Sicinius. — Nous n'entendons pas parler de lui, et nous n'avons pas à le craindre; les moyens qu'il a de se relever sont impuissants dans cette paix présente et au sein de la tranquillité de notre peuple naguère si fiévreusement agité. Nous faisons ici rougir ses amis de la bonne allure qu'ont prise les choses, — ses amis qui préféreraient, bien qu'ils eussent à en souffrir, voir des foules anarchiques infestant les rues, que de voir nos marchands chantant dans leurs boutiques, et allant gaiement à leurs affaires.

Brutus. — Nous avons tenu ferme au bon moment. N'est-ce pas Ménénius ?

Sicinius. — C'est lui, c'est lui : oh ! il est devenu très-poli dans ces derniers temps.

Entre MÉNÉNIUS.

Sicinius. — Salut, Seigneur !

Ménénius. — Salut à tous les deux !

Sicinius. — Votre Coriolan ne manque guère, sauf à ses amis; la république se tient debout, et ainsi ferait-elle quand bien même il serait encore plus irrité contre elle.

ACTE IV, SCENE VI.

Ménénius. — Tout va bien, et tout serait allé encore mieux, s'il avait voulu se modérer.

Sicinius. — Où est-il, le savez-vous?

Ménénius. — Non, je ne sais pas de ses nouvelles : sa mère et sa femme ne savent rien de lui.

Entrent TROIS OU QUATRE CITOYENS.

Les citoyens. — Les Dieux vous protégent tous deux!

Sicinius. — Bonjour, voisins.

Brutus. — Bonjour à vous tous, bonjour à vous tous.

Premier citoyen. — Nous, nos femmes, et nos enfants, nous sommes tenus de prier à genoux pour vous deux.

Sicinius. — Vivez et prospérez.

Brutus. — Adieu, affectueux voisins, nous aurions désiré que Coriolan vous aimât autant que nous.

Les citoyens. — Allons, les Dieux vous gardent!

Les deux tribuns. — Adieu, adieu. (*Sortent les citoyens.*)

Sicinius. — C'est un temps plus heureux et plus agréable que lorsque ces mêmes camarades couraient à travers les rues en poussant des cris anarchiques.

Brutus. — Caïus Marcius était un noble officier à la guerre, mais insolent, gonflé d'orgueil, ambitieux au delà de toute imagination, égoïste....

Sicinius. — Et aspirant à un pouvoir unique et sans partage.

Ménénius. — Je ne le crois pas.

Sicinius. — Nous l'aurions bien vu, à notre grand désespoir, s'il avait triomphé dans le consulat.

Brutus. — Mais les Dieux ont empêché cela, et Rome existe saine et sauve sans lui.

Entre UN ÉDILE.

L'édile. — Nobles tribuns, un esclave, que nous avons fait mettre en prison, rapporte que les Volsques, avec deux armées distinctes, sont entrés sur les territoires romains, et qu'ils détruisent tout sur leur passage avec la plus extrême fureur de la guerre.

Ménénius. — C'est Aufidius, qui, ayant appris le bannissement de notre Marcius, montre encore au monde ses cornes qu'il avait rentrées dans sa coquille sans oser les en faire sortir, tant que Marcius était le défenseur de Rome.

SICINIUS. — Allons donc, que parlez-vous de Marcius?

BRUTUS. — Voyez à faire fouetter ce propagateur de bruits. Il ne se peut pas que les Volsques osent rompre avec nous.

MÉNÉNIUS. — *Il ne se peut pas!* nous savons que cela se peut parfaitement, et de mon vivant j'en ai vu trois exemples. Mais avant de le punir, informez-vous auprès de ce garçon, et sachez où il a appris cela, de crainte de fouetter par méprise votre propre information, et de battre le messager qui vous avertit de prendre garde à ce qu'on doit craindre.

SICINIUS. — Laissez-moi donc tranquille : je sais que cela ne peut pas être.

BRUTUS. — Ce n'est pas possible.

Entre UN MESSAGER.

LE MESSAGER. — Les nobles se rendent tous au sénat en grand émoi : il est arrivé certaines nouvelles qui changent leurs allures habituelles.

SICINIUS. — C'est cet esclave; allez, faites-le fouetter aux yeux du peuple; c'est l'alarme qu'il a donnée! ce n'est que la conséquence de son rapport!

LE MESSAGER. — Oui, digne Seigneur, le rapport de l'esclave est appuyé de témoignages, et il se raconte d'autres choses, plus terribles encore.

SICINIUS. — Quelles choses plus terribles?

LE MESSAGER. — Il se dit publiquement de bien des côtés (jusqu'à quel point cela est probable, je n'en sais rien), que Marcius, uni à Aufidius, conduit une armée contre Rome et jure d'exercer une vengeance qui s'étendra de la plus tendre enfance à la plus extrême vieillesse.

SICINIUS. — Voilà qui est en effet bien probable!

BRUTUS. — Bruits semés tout simplement pour que les gens faibles désirent revoir dans la cité le dieu Marcius.

ACTE IV, SCENE VI.

Sicinius. — C'est justement là la manœuvre.

Ménénius. — Cette nouvelle est très-improbable : lui et Aufidius ne peuvent pas plus s'accorder que les contraires les plus extrêmes.

Entre un second messager.

Second messager. — Vous êtes mandés au sénat: une terrible armée, conduite par Caïus Marcius, allié à Aufidius, dévaste nos territoires; ils ont déjà écrasé, incendié et pillé tout ce qui se trouvait sur leur chemin.

Entre COMINIUS.

Cominius. — Ah! vous avez fait de belle besogne!

Ménénius. — Quelles nouvelles? quelles nouvelles?

Cominius. — Vous aurez aidé à outrager vos propres filles, à faire tomber le plomb fondu de vos toits sur vos caboches, à voir vos femmes déshonorées sous vos nez....

Ménénius. — Quelles nouvelles? quelles nouvelles?

Cominius. — A faire brûler vos temples jusque dans leurs fondements; vous aurez réduit vos franchises, auxquelles vous étiez si fort attachés, à tenir dans un trou de serrure.

Ménénius. — Voyons, vos nouvelles, je vous en prie? — Vous avez fait un beau chef-d'œuvre, je le crains. — Je vous en prie, vos nouvelles? Si Marcius s'est joint aux Volsques....

Cominius. — *Si!* Il est leur Dieu; il les conduit comme un être formé par une autre divinité que la nature, et qui saurait mieux qu'elle former l'homme; et eux le suivent, contre nous, marmousets, avec autant de confiance que des bambins poursuivant des papillons, ou des bouchers tuant des mouches.

Ménénius. — Vous avez fait de jolie besogne, vous et vos gens à tabliers; vous qui teniez si grand compte des voix de vos artisans et du souffle de vos mangeurs d'ail [3]!

Cominius. — Il va faire tomber votre Rome sur vos têtes.

Ménénius. — Comme Hercule faisait tomber le fruit mûr. Vous avez fait de jolie besogne !

Brutus. — Mais est-ce vrai, Seigneur?

Cominius. — Oui, et vous pâlirez avant d'apprendre la nouvelle contraire. Toutes les régions se révoltent de bonne grâce ; ceux qui résistent se font simplement moquer d'eux pour leur vaillance ignare, et périssent comme des sots fidèles. Qui peut le blâmer? vos ennemis et les siens trouvent que l'homme a quelque valeur.

Ménénius. — Nous sommes tous perdus, à moins que cet homme noble ne nous fasse grâce.

Cominius. — Qui la demandera? les tribuns ne peuvent faire cela par pudeur ; le peuple a droit de sa part à autant de pitié que le loup de la part des bergers ; quant à ses meilleurs amis, s'ils lui disaient, « soyez bon pour Rome, » ils lui parleraient comme pourraient lui parler ceux qui ont mérité sa haine, et se montreraient ainsi comme des ennemis.

Ménénius. — C'est vrai ; s'il jetait dans ma maison le brandon qui devrait l'incendier, je n'aurais pas le front de lui dire : « arrêtez, je vous en conjure. » Ah ! vous avez fait de belles œuvres, vous et vos manouvriers ! vous avez bien *manœuvré !*

Cominius. — Vous avez appelé sur Rome une terreur telle, que jamais elle ne fut plus incapable de se défendre.

Les deux tribuns. — Ne dites pas que nous l'avons appelée.

Ménénius. — Comment donc ! est-ce que c'est nous? Nous l'aimions ; mais comme de stupides et lâches nobles, nous avons cédé devant vos meutes qui l'ont chassé de la ville en l'insultant.

Cominius. — Mais elles vont aboyer pour le rappeler, j'en ai peur. Tullus Aufidius, le second homme du monde, obéit à ses directions comme s'il était son officier : le désespoir est toute la politique, toute la force, toute la défense que Rome peut leur opposer.

ACTE IV, SCENE VI.

Entre UNE TROUPE DE CITOYENS.

MÉNÉNIUS. — Voici venir les meutes. — Et ainsi Aufidius est avec lui?— Vous êtes ces gens qui empestiez l'air, lorsque vous lanciez en l'air vos bonnets puants de graisse pour acclamer injurieusement l'exil de Coriolan. Il vient maintenant, et il n'est pas un seul cheveu de la tête d'un de ses soldats qui ne vous servira de fouet : autant de faquins ont jeté leurs bonnets en l'air, autant il en descendra; voilà comment il vous payera de vos suffrages. Mais peu importe; quand il nous brûlerait tous en un seul monceau de cendres, nous l'avons bien mérité.

LES CITOYENS. — Ma foi, nous apprenons de terribles nouvelles.

PREMIER CITOYEN. — Pour ma part, lorsque j'ai dit bannissez-le, j'ai dit que c'était pitié.

SECOND CITOYEN. — C'est aussi ce que j'ai dit.

TROISIÈME CITOYEN. — Et moi aussi, et pour dire la vérité, c'est ce qu'ont dit beaucoup d'entre nous : ce que nous avons fait, nous l'avons fait pour le mieux ; et quoique nous ayons volontiers consenti à son bannissement, c'était cependant contre notre volonté.

COMINIUS. — Vous êtes de fameux individus, suffrages que vous êtes!

MÉNÉNIUS. — Vous avez fait de bonne besogne, vous et vos aboiements! — Allons-nous au Capitole?

COMINIUS. — Oh, oui : que faire d'autre? (*Sortent Cominius et Ménénius.*)

SICINIUS. — Allez, mes maîtres, retournez chez vous; ne soyez pas découragés : ces hommes appartiennent à un parti qui serait heureux que ce qu'ils semblent si fort redouter fût vrai. Retournez chez vous, et ne montrez aucun signe de crainte.

PREMIER CITOYEN. — Les Dieux soient bons pour nous! Venez, mes maîtres, retournons chez nous. J'ai toujours dit que nous avions tort quand nous l'avons banni.

SECOND CITOYEN. — Et c'est ce que nous avons tous dit. Mais venez, retournons chez nous. (*Sortent les citoyens.*)

BRUTUS. — Je n'aime pas ces nouvelles.
SICINIUS. — Ni moi.
BRUTUS. — Allons au Capitole : — je donnerais la moitié de ma fortune pour que cette nouvelle fût fausse.
SICINIUS. — Je vous en prie, marchons. (*Ils sortent.*)

SCÈNE VII.

Un camp à courte distance de ROME

Entrent AUFIDIUS *et son* LIEUTENANT.

AUFIDIUS. — Est-ce qu'ils continuent à se porter vers le Romain?

LE LIEUTENANT. — Je ne sais quelle sorcellerie est en lui, mais vos soldats en font l'objet de leur prière avant, de leur conversation pendant, et de leurs grâces après le repas : et vous êtes vous, Seigneur, relégué dans l'ombre même, par vos propres amis.

AUFIDIUS. — Je ne puis y porter remède maintenant, sans employer des moyens qui estropieraient nos projets. Il se comporte plus orgueilleusement même envers moi, que je n'aurais cru qu'il le ferait, lorsque je l'ai embrassé pour la première fois : cependant sa nature est restée constante en cela à elle-même, et je dois excuser ce qui ne peut être amendé.

LE LIEUTENANT. — Cependant, j'aurais souhaité, Seigneur, — je dis cela dans votre intérêt, — que vous n'eussiez pas partagé le commandement avec lui, mais que vous eussiez conduit l'expédition par vous-même, ou que vous lui en eussiez laissé la direction à lui seul.

AUFIDIUS. — Je te comprends bien, et sois sûr que lorsqu'il en viendra à rendre ses comptes, il ne sait pas ce que je puis alléguer contre lui. Quoiqu'il semble, et qu'il croie lui-même, et que les yeux du vulgaire soient témoins qu'il mène vaillamment toutes choses et qu'il rend de bons services à l'état volsque, combattant comme un dragon et triomphant aussitôt son épée tirée, cependant il a omis une certaine chose qui lui fera casser le cou ou qui mettra le mien en péril, lorsque nous arriverons à rendre nos comptes.

Le lieutenant. — Mais dites, je vous prie, Seigneur, croyez-vous qu'il emporte Rome ?

Aufidius. — Toutes les places se rendent à lui avant qu'il les assiége ; la noblesse de Rome est à lui ; les sénateurs et les patriciens l'aiment également : les tribuns ne sont pas des soldats, et leur peuple montrera autant d'empressement à le rappeler qu'il a montré de précipitation à le bannir. Je pense qu'il sera pour Rome, ce que l'orfraie est pour le poisson dont il s'empare par souveraineté de nature [1]. En commençant il fut pour eux un noble serviteur ; mais il ne put porter ses triomphes avec égalité : cela fut peut-être l'effet de l'orgueil, qui corrompt toujours l'homme heureux favorisé d'un succès constant ; cela fut peut-être le défaut de jugement, qui le rendit incapable de disposer de ces circonstances dont il était le maître ; cela fut peut-être l'effet de sa nature, qui voulant qu'il ne fût qu'un seul personnage, qu'il n'échangeât pas le casque contre la robe, le faisait commander aux choses de la paix, avec la même roideur et la même façon d'être dont il commandait aux choses de la guerre ; en tout cas il a suffi d'un seul de ces défauts, — car il a des atomes de tous, non pas tous et en entier, j'ose l'absoudre sous ce rapport, — pour le faire craindre, haïr et bannir : il possède un mérite qui se suicide en s'exprimant. Nos vertus sont soumises à l'opinion de notre temps, et le talent le plus recommandable par lui-même, n'a pas de tombe comparable à la tribune où il exalte ses propres actions. Un feu éteint un autre feu : un clou en chasse un autre ; le droit s'effondre sous d'autres droits, la force succombe sous la force. Allons, marchons. Caïus, dès que Rome sera tienne, tu seras le plus pauvre des hommes ; alors il faudra peu de temps pour que tu sois à moi. (*Ils sortent.*)

ACTE V.

SCÈNE PREMIÈRE.

Rome. — Une place publique.

Entrent MÉNÉNIUS, COMINIUS, SICINIUS, BRUTUS, *et autres.*

Ménénius. — Non, je n'irai pas : vous avez entendu ce qu'il a répondu à celui qui fut autrefois son général, à celui qui l'aimait tout particulièrement. Il m'appelait père, mais qu'importe? Allez, vous qui l'avez banni ; prosternez-vous un mille avant d'arriver à sa tente, et faites route sur vos genoux pour implorer sa clémence : parbleu, s'il a fait des façons pour écouter Cominius, je n'ai qu'à rester au logis.

Cominius. — Il a eu l'air de ne pas me connaître.

Ménénius. — Entendez-vous ?

Cominius. — Cependant une fois il m'a appelé par mon nom : je lui ai fait valoir notre vieille amitié et le sang que nous avons répandu ensemble. Il n'a pas voulu répondre au nom de Coriolan ; il a interdit qu'on lui donnât aucun nom ; il était, a-t-il dit, une manière de néant, sans titre, jusqu'à ce qu'il se fût forgé un nom dans le feu de Rome incendiée.

Ménénius. — Parbleu, vous avez fait de belle besogne, paire de tribuns qui avez sué sang et eau pour mettre les charbons à bon marché dans Rome. Oh! ce sera un noble souvenir !

Cominius. — Je lui ai rappelé combien il était royal de

pardonner, lorsque le pardon devait être le moins attendu : il a répondu que c'était effronterie à un état d'adresser semblable prière à l'homme qu'il avait condamné.

MÉNÉNIUS. — Fort bien, pouvait-il moins dire?

COMINIUS. — J'ai essayé de réveiller son estime pour ses amis particuliers; il m'a répondu qu'il ne pouvait pas perdre son temps à les trier dans un tas énorme de paille infecte et moisie : il a dit que c'était folie pour un ou deux pauvres grains de laisser là ce fumier sans le brûler, et de lui permettre de continuer à offenser l'odorat.

MÉNÉNIUS. — *Pour un ou deux pauvres grains!* Je suis un de ces grains : sa mère, sa femme, son enfant, et ce brave homme que voilà aussi, nous sommes les grains : vous, vous êtes la paille moisie dont l'odeur pestilentielle monte jusque par delà la lune : il faut que nous soyons brûlés pour vous.

SICINIUS. — Voyons, soyez patient, je vous en prie : si vous nous refusez votre aide dans cette heure de si pressant besoin, du moins n'insultez pas à notre détresse. Mais, à coup sûr, si vous vouliez être l'avocat de votre pays, votre bouche éloquente pourrait arrêter notre compatriote mieux que l'armée que nous pouvons lever présentement.

MÉNÉNIUS. — Non! je ne m'en mêlerai pas.

SICINIUS. — Je vous en prie, allez le trouver.

MÉNÉNIUS. — Que ferais-je?

BRUTUS. — Essayez seulement ce que votre amitié peut avoir d'empire sur Marcius pour sauver Rome.

MÉNÉNIUS. — Bon, et supposons que Marcius me renvoie sans m'entendre comme il a renvoyé Cominius; que s'ensuivra-t-il? Me voilà revenu, ami repoussé, blessé au cœur par son indifférence? Supposez qu'il en soit ainsi?

SICINIUS. — Eh bien, votre bon vouloir mériterait encore de Rome des remercîments proportionnés à vos bonnes intentions.

MÉNÉNIUS. — Je vais essayer : j'espère qu'il m'écoutera. Cependant je suis fort découragé par cette lèvre mordue devant le bon Cominius, et ces *hum* par lesquels il lui a répondu. Il n'a pas été pris au bon moment; il n'avait pas dîné : lorsque nos veines ne sont pas remplies, notre sang est froid, et alors nous faisons mauvaise mine au matin, nous n'avons aucune inclination à donner ou à pardonner; mais lorsque nous avons gorgé ces canaux de transport et ces tuyaux de notre sang de vin et de viandes, nous avons des âmes plus flexibles que durant nos heures de jeûne à la façon des prêtres : je vais l'épier jusqu'à ce qu'il soit alimenté convenablement pour ma requête, et alors je dresserai mon siége devant sa personne.

BRUTUS. — Vous connaissez la vraie route de son cœur, et vous ne pouvez perdre votre chemin.

MÉNÉNIUS. — En bonne foi, je vais le mettre à l'épreuve : qu'il en soit ce qu'il voudra, avant peu je saurai à quoi m'en tenir sur mon succès. (*Il sort.*)

COMINIUS. — Il ne l'écoutera jamais.

SICINIUS. — Non?

COMINIUS. — Je vous le dis, il est assis sur un siége d'or, son œil rouge comme s'il voulait brûler Rome, et son ressentiment faisant à sa pitié office de geôlier. Je me suis agenouillé devant lui ; c'est très-faiblement qu'il m'a dit « relevez-vous; » puis il m'a congédié ainsi, avec le geste muet de sa main : quand j'ai été parti, il m'a fait envoyer un écrit indiquant ce qu'il voulait faire, et ce qu'il ne voulait pas faire, étant astreint par serment aux conditions qu'il énonçait : en sorte que tout espoir est vain, à moins que sa noble mère et sa femme, qui, à ce que j'apprends, ont l'intention d'aller le solliciter à la clémence pour son pays, ne réussissent. Ainsi, quittons ce lieu et allons par nos instances courtoises presser leur départ. (*Ils sortent.*)

SCÈNE II.

Un poste avancé du camp volsque devant ROME. *Les sentinelles sont à leurs postes.*

Entre MÉNÉNIUS.

PREMIÈRE SENTINELLE. — Arrêtez : d'où êtes-vous ?

SECONDE SENTINELLE. — Arrêtez, et rebroussez chemin.

MÉNÉNIUS. — Vous faites faction comme des hommes ; c'est bien : mais avec votre permission, je suis un magistrat politique, et je viens pour parler à Coriolan.

PREMIÈRE SENTINELLE. — D'où venez-vous ?

MÉNÉNIUS. — De Rome.

PREMIÈRE SENTINELLE. — Vous ne pouvez pas passer ; il vous faut vous en retourner : notre général ne veut plus rien entendre de là-bas.

SECONDE SENTINELLE. — Vous verrez votre Rome avec une ceinture de flammes avant de parler à Coriolan.

MÉNÉNIUS. — Mes bons amis, si vous avez entendu votre général parler de Rome et de ses amis dans cette ville, on peut parier à coup sûr que mon nom a touché vos oreilles ; c'est Ménénius.

PREMIÈRE SENTINELLE. — C'est possible ; retournez-vous-en : la vertu de votre nom n'a pas cours ici.

MÉNÉNIUS. — Je te dis, camarade, que ton général est mon ami : j'ai été le livre de ses belles actions, le livre où les hommes ont lu sa gloire incomparable, agrandie encore peut-être ; car j'ai toujours représenté mes amis, — et il en est le principal, — avec toute la stature que la vérité peut permettre sans qu'on lui donne d'entorse : il est même arrivé quelquefois que pareil à une boule sur un terrain en pente, j'ai roulé au delà de la barre, et que pour le louer j'ai presque effleuré le mensonge : par conséquent, mon ami, je dois avoir permission de passer.

PREMIÈRE SENTINELLE. — Sur ma foi, Seigneur, quand

bien même vous auriez proféré autant de mensonges en sa considération que vous avez prononcé de mots pour votre propre compte, vous ne passeriez pas ici ; non, quand bien même il serait aussi vertueux de mentir, qu'il est vertueux de vivre chastement. Ainsi, retournez-vous-en.

Ménénius. — Je t'en prie, camarade, rappelle-toi que mon nom est Ménénius, Ménénius qui fut toujours fidèle partisan de votre général.

Seconde sentinelle. — Quoique vous ayez été *son menteur*, puisque vous dites que vous l'avez été, moi je suis un homme qui dis la vérité sous ses ordres, et qui vous dis en conséquence que vous ne pouvez passer. Ainsi retournez-vous-en.

Ménénius. — A-t-il dîné, peux-tu me le dire? car je ne voudrais lui parler que lorsqu'il aura dîné.

Première sentinelle. — Vous êtes Romain, n'est-ce pas?

Ménénius. — Oui, comme l'est ton général.

Première sentinelle. — Alors vous devriez haïr Rome, comme il la hait. Pouvez-vous bien penser, alors que vous avez chassé hors de vos portes leur véritable défenseur, et par l'effet d'une violente ignorance populaire donné votre bouclier à votre ennemi, pouvez-vous bien penser, dis-je, que vous allez arrêter sa vengeance avec les ridicules lamentations de vieilles femmes, les mains virginales de vos filles étendues en suppliantes, ou l'intercession tremblotante de vieux radoteurs tels que vous semblez en être un ? Pouvez-vous penser que vous allez éteindre le feu prochain dont votre cité est prête à brûler, avec un souffle aussi faible que celui-là ? Non, vous vous trompez ; par conséquent retournez à Rome, et préparez-vous à votre exécution : vous êtes condamnés ; notre général a juré que vous n'auriez ni répit, ni grâce.

Ménénius. — Maraud, si ton capitaine savait que je suis ici, il me traiterait avec égards.

Seconde sentinelle. — Allons donc, mon capitaine ne vous connaît pas.

ACTE V, SCÈNE II.

MÉNÉNIUS. — Je veux dire ton général.

PREMIÈRE SENTINELLE. — Mon général ne s'inquiète pas de vous. Retournez-vous-en, vous dis-je, allez, si vous ne voulez pas que je vous tire la demi-pinte de sang qui vous reste; retournez-vous-en, c'est tout ce que vous obtiendrez : retournez-vous-en.

MÉNÉNIUS. — Mais voyons, camarade, camarade....

Entrent CORIOLAN *et* AUFIDIUS.

CORIOLAN. — Qu'y a-t-il?

MÉNÉNIUS. — Maintenant, camarade, je vais dire deux mots sur votre compte; vous allez bien voir maintenant en quelle estime je suis tenu; vous vous apercevrez qu'un Jacquot de factionnaire n'a pas le pouvoir de m'interdire accès auprès de mon fils Coriolan : juge un peu sur le simple accueil que je vais recevoir de lui, si tu n'es pas à deux doigts de la pendaison, ou de quelque autre genre de mort plus longue à regarder et plus cruelle à souffrir; regarde maintenant ce qui va se passer, et évanouis-toi à la pensée de ce qui va t'advenir. — Puissent les Dieux de gloire tenir perpétuellement conseil pour la prospérité de ta personne, et t'aimer autant que t'aime ton vieux père Ménénius! Ô mon fils, mon fils! tu prépares du feu pour nous; regarde, voici de l'eau pour l'éteindre. On a eu bien de la peine pour me décider à venir vers toi; mais comme on m'a assuré que personne autre que moi ne pourrait t'émouvoir, je me suis laissé pousser hors de nos portes par le vent des soupirs, et je te conjure de pardonner à Rome et à tes compatriotes suppliants. Que les Dieux bons abattent ta colère, et en tournent les éclats contre ce valet que voici, qui comme une bûche qu'il est, m'a refusé accès auprès de toi.

CORIOLAN. — Arrière!

MÉNÉNIUS. — Comment! *arrière!*

CORIOLAN. — Je ne connais ni femme, ni mère, ni enfant. Mes affaires sont engagées au service d'autrui : quoique ma vengeance m'appartienne personnellement, c'est dans les cœurs des Volsques que repose mon pouvoir de pardon. Quant à notre ancienne intimité, que l'ingrat oubli l'empoisonne, avant que la pitié révèle à quel point elle fut forte. Ainsi, partez. Mes oreilles sont plus puissantes contre vos prières, que vos portes contre ma force. Cependant, comme je t'aimais, prends ceci avec toi (*il lui remet un papier*) ; je l'avais écrit à ta considération, et je l'aurais envoyé. Je ne veux pas t'entendre dire un autre mot, Ménénius. — Aufidius, cet homme était mon bien-aimé dans Rome : tu vois cependant !

Aufidius. — Vous montrez un caractère constant. (*Sortent Aufidius et Coriolan.*)

Première sentinelle. — Eh bien, Seigneur, votre nom est-il Ménénius ?

Seconde sentinelle. — Vous voyez que c'est un sortilége de grande puissance : vous savez le chemin pour vous en retourner chez vous.

Première sentinelle. — Avez-vous vu quelles rebuffades nous avons subies pour avoir retenu Votre Grandeur ?

Seconde sentinelle. — Ne croyez-vous pas que j'ai de fortes raisons de m'évanouir ?

Ménénius. — Je n'ai souci ni du monde, ni de votre général ; quant à des êtres tels que vous, j'ai peine à me figurer que cela existe, tant vous êtes peu de chose. Celui qui a la volonté de mourir de son propre fait, ne craint pas la mort du fait d'un autre : que votre général fasse tout ce qu'il voudra de pire. Quant à vous, restez longtemps ce que vous êtes, et que votre misère aille en s'accroissant avec l'âge ! Je vous dis comme il m'a dit, arrière ! (*Il sort.*)

Première sentinelle. — Un noble camarade, je lui en réponds.

Seconde sentinelle. — Le noble camarade est notre général ; lui, est le roc, le chêne que le vent ne peut ébranler. (*Ils sortent* [1].)

SCÈNE III.

La tente de CORIOLAN.

Entrent CORIOLAN, AUFIDIUS *et autres.*

CORIOLAN. — Demain, nous ferons camper notre armée sous les murs de Rome. Mon collègue dans cette entreprise, vous devrez rapporter aux Seigneurs Volsques avec quelle franchise j'ai conduit cette affaire.

AUFIDIUS. — Vous n'avez eu égard qu'à leurs intérêts; vous avez fermé vos oreilles aux supplications universelles de Rome; vous ne vous êtes permis aucune entrevue particulière, pas même avec ceux de vos amis qui pouvaient se croire sûrs de vous.

CORIOLAN. — Ce vieillard que j'ai renvoyé le dernier à Rome le cœur brisé, m'aimait plus qu'un père; il me tenait vraiment pour un Dieu. Leur dernière ressource était de me l'envoyer, et c'est en considération de sa vieille amitié — bien que je lui aie fait mauvais visage, — que j'ai offert une fois encore les premières conditions qu'ils ont déjà refusées, et qu'ils ne peuvent accepter maintenant; c'est pour lui faire seulement honneur, à lui qui croyait obtenir davantage, que j'ai fait cette bien petite concession : maintenant je ne prête plus l'oreille à aucune nouvelle ambassade ou supplication, soit de l'État, soit de mes amis particuliers. (*Bruit à l'extérieur.*) Ah! quel est ce tapage? Viendra-t-on me tenter pour me faire briser mon serment à l'instant même où je le formule? cela ne sera pas.

Entrent en habits de suppliantes, VIRGILIA, VOLUMNIA, *conduisant* LE JEUNE MARCIUS, VALÉRIA *et des personnes de leur suite.*

CORIOLAN. — Ma femme marche en tête, puis le moule vénérable où ce corps fut formé, tenant par la main le petit-fils de son sang. Mais arrière, affection! liens et priviléges de la nature, brisez-vous! que l'obstination soit tenue pour vertu. — Que peut sur moi cette attitude respectueuse? que peuvent ces yeux de colombe qui rendraient les Dieux parjures? — Je me fonds, et je ne suis pas d'une argile plus solide que les autres. — Ma mère se courbe comme si l'Olympe était fait pour s'incliner en suppliant devant une fourmilière, et mon jeune garçon porte un aspect d'intercession qui fait crier à la grande nature « ne refuse pas. » Que les Volsques labourent Rome et passent la herse sur l'Italie : je ne serai jamais assez oison pour obéir à l'instinct; mais je garderai l'attitude d'un homme qui se serait créé de lui-même et qui ne connaîtrait aucune parenté.

VIRGILIA. — Mon Seigneur et époux!

CORIOLAN. — Ces yeux ne sont pas les mêmes que j'avais à Rome.

VIRGILIA. — C'est la douleur qui nous montre à vous si changées, qui vous fait croire cela.

CORIOLAN. — Voilà que maintenant, comme un acteur stupide, j'ai oublié mon rôle au point de me faire siffler. — Ô toi, le meilleur de ma chair, pardonne à ma rigueur; mais ne me dis pas pour cela « pardonne à nos Romains. »— Oh! un baiser long comme mon exil, doux comme ma vengeance! Par la jalouse reine du ciel, ce baiser, ma chérie, je te l'ai emporté en partant, et depuis lors ma lèvre fidèle a toujours gardé sa virginité. — Ô Dieux! je babille, et j'oublie de saluer la plus noble mère qu'il y ait au monde : courbe-toi jusqu'à terre, mon genou, et montre de ton profond respect une marque plus grande que n'en donne le respect des fils ordinaires. (*Il s'agenouille.*)

VOLUMNIA. — Oh! relève-toi, béni, tandis que moi, sans coussin plus doux que cette pierre, je m'agenouillerai devant toi, et que je te montrerai un respect contraire à l'usage, comme si les lois du respect entre l'enfant et la mère avaient jusqu'à présent été mal comprises. (*Elle s'agenouille.*)

CORIOLAN. — Qu'est-ce-là? vous courbez le genou devant moi? devant le fils que vous avez fouetté? en ce cas, que les cailloux de la maigre plage aillent frapper les étoiles; que les vents révoltés lancent les cèdres orgueilleux contre le soleil enflammé; qu'on supprime l'impossibilité, afin de faire de ce qui ne peut être une chose d'exécution facile.

Volumnia. — Tu es mon guerrier ; j'ai contribué à te former. — Connais-tu cette Dame?

Coriolan. — La noble sœur de Publicola, la lune de Rome, chaste comme les glaçons qui, formés du plus pur de la neige congelée par le froid, se suspendent au temple de Diane : — chère Valéria [2] !

Volumnia. — Voici un faible abrégé de vous-même, qui, avec les développements complets que le temps lui donnera, pourra présenter votre entière image un jour.

Coriolan. — Puisse, avec le consentement du suprême Jupiter, le Dieu des soldats apprendre la noblesse à tes pensées, afin que tu te montres invulnérable à la honte, et que tu te dresses dans les combats comme un grand phare en pleine mer, résistant à toutes les tempêtes, et sauvant ceux dont les yeux t'apercevront !

Volumnia. — A genoux, maraud !

Coriolan. — Voilà mon brave garçon !

Volumnia. — Eh bien, lui, votre femme, cette Dame et moi-même, nous venons auprès de vous en suppliants.

Coriolan. — Paix, je vous en conjure : ou si vous demandez, rappelez-vous auparavant que vous ne devez pas regarder comme des refus à vous faits, le refus de choses que j'ai juré de n'accorder jamais. Ne m'ordonnez pas de renvoyer mes soldats, ou de capituler de nouveau avec les artisans de Rome : ne me dites pas qu'en cela je semble dénaturé; n'essayez pas d'abattre ma rage et ma vengeance avec vos froides raisons.

Volumnia. — Oh ! assez, assez ! vous avez dit déjà que vous ne nous accorderiez rien ; car nous n'avons rien d'autre à vous demander que ce que vous nous refusez déjà : cependant nous demanderons, afin que si notre requête n'est pas exaucée par vous, le blâme en retombe sur votre dureté : ainsi écoutez-nous.

Coriolan. — Aufidius, et vous, Volsques, prêtez l'oreille; car nous n'écouterons rien venant de Rome en particulier. — Votre requête?

Volumnia. — Quand bien même nous serions silencieuses et que nous ne parlerions pas, nos vêtements et l'état de nos corps révéleraient la vie que nous avons menée depuis ton exil. Pense en toi-même que nous, qui sommes venues ici, nous sommes plus malheureuses que toutes les femmes vivantes à cette heure, puisque ta vue qui devrait faire rayonner nos yeux de joie, faire danser nos cœurs d'allégresse, contraint nos yeux à pleurer, et nos cœurs à trembler de crainte et de douleur; car elle montre à la mère, à l'épouse, à l'enfant, le fils, l'époux et le père déchirant les entrailles de sa patrie. Et c'est sur nous, pauvres êtres, que retombe le plus lourdement ta haine : tu nous interdis de prier les Dieux, ce qui est un bonheur dont tous jouissent, excepté nous; car comment pourrions-nous, — hélas! comment pourrions-nous prier pour notre patrie, comme nous y sommes obligées, — et prier en même temps pour ta victoire, comme nous y sommes également obligées? Hélas! ou bien il nous faut perdre la patrie, notre chère nourrice, ou bien te perdre toi, notre bonheur au sein de la patrie. Nous ne pourrons nous soustraire à un inévitable malheur, quel que soit celui de nos vœux qui soit exaucé, et de quelque côté que soit la victoire; car il nous faudra te voir, ou bien conduit chargé de chaînes à travers nos rues comme un renégat devenu étranger, ou bien marchant en triomphateur sur les ruines de ta patrie, et remportant la palme pour avoir bravement versé le sang de ton épouse et de ton enfant. Pour moi, mon fils, je n'ai pas dessein d'attendre pour savoir quelle fortune cette guerre décidera : si je ne peux te persuader de montrer aux deux partis une noble faveur plutôt que de chercher la ruine de l'un d'eux, tu ne marcheras à l'assaut de ta patrie qu'en foulant aux pieds, — comptes-y, tu n'y marcheras

ACTE V, SCÈNE III.

pas autrement, — le sein de la mère qui te mit en ce monde.

Virgilia. — Oui, et le mien aussi qui vous donna cet enfant pour conserver votre nom vivant dans l'avenir.

Le jeune Marcius. — Il ne marchera pas sur moi ; je m'enfuirai jusqu'à ce que je sois plus grand, mais alors je combattrai.

Coriolan. — Pour ne pas ressentir de tendresse féminine, il ne faut voir face d'enfant, ni face de femme. Je suis resté trop longtemps. (*Il se lève.*)

Volumnia. — Voyons, ne vous séparez pas ainsi de nous. Si notre requête avait pour but de sauver les Romains en amenant la ruine des Volsques que vous servez, vous pourriez nous condamner comme cherchant à empoisonner votre honneur : non, notre requête vous demande de les réconcilier : tandis que les Volsques diront : « Voilà la clémence que nous avons montrée, » les Romains diront : « Voilà la clémence que nous avons reçue, » et des deux côtés, tous te salueront de leurs acclamations, et crieront : « Sois béni pour avoir fait cette paix ! » Tu le sais, mon illustre fils, la fin de la guerre est incertaine ; mais une chose est certaine, c'est que si tu conquiers Rome, le bénéfice que tu en retireras sera un tel nom, que le répéter sera provoquer les malédictions, et que les chroniques l'enregistreront ainsi : « L'homme était noble, mais il effaça toute sa gloire par sa dernière entreprise ; il détruisit sa patrie, et son nom reste en horreur aux âges à venir. » Parle-moi, mon fils : tu as sans doute recherché les nobles ambitions de l'honneur pour rivaliser avec la magnanimité des Dieux ; pour déchirer par ton tonnerre le vaste sein de l'air, et cependant pour ne diriger les coups de ta foudre sulfureuse que sur un simple chêne. Pourquoi ne parles-tu pas ? Crois-tu qu'il soit honorable pour un homme noble de se rappeler éternellement les injures ? Ma fille, parlez-lui, vous ; — il ne s'émeut pas de vos pleurs. — Parle-lui, toi, mon garçon ; peut-être ton enfance aura le don de l'émouvoir plus que nos raisons. — Il n'y a pas d'homme au monde qui soit plus obligé envers sa mère ; cependant il me laisse là babiller, comme si j'étais une personne aux ceps. Tu n'as jamais dans ta vie montré à ta tendre mère aucun respect ; tandis qu'elle, la pauvre poule, ne désirant pas une seconde couvée, te poussait à la guerre par ses gloussements, et te saluait aussi de ses gloussements lorsqu'elle te voyait revenir chargé de gloire à tes foyers. Dis-moi que ma requête est injuste, et alors repousse-moi d'ici ; mais si elle n'est pas telle, c'est toi qui n'es pas honnête, et les Dieux te puniront pour m'avoir refusé cette obéissance à laquelle une mère a droit. Il se détourne ; à genoux, Dames ! humilions-le par nos génuflexions. Il se rattache plus d'orgueil à son surnom de Coriolan, que nos prières ne contiennent de pouvoir de pitié. Agenouillons-nous ! c'est la fin ; c'est pour la dernière fois ; puis nous nous en irons à Rome, et nous y mourrons en compagnie de nos voisins. Voyons, regarde-nous : cet enfant qui ne peut dire ce qu'il voudrait, mais qui s'agenouille et tend les mains à notre imitation, donne à notre prière des raisons d'une force plus puissante que celles que tu peux donner pour la repousser. — Allons, partons : cet homme eut une Volsque pour mère ; sa femme est à Corioles, et si cet enfant lui ressemble, c'est par hasard. Donnez-nous cependant notre congé : me voilà réduite au silence jusqu'à ce que notre cité soit en cendres, mais alors je parlerai quelque peu.

CORIOLAN, *après avoir tenu quelque temps en silence la main de Volumnia.* — Ô mère, mère ! qu'avez-vous fait ? Regardez, les cieux s'ouvrent, les Dieux regardent en bas, et ils rient devant cette scène contre nature. Oh ! ma mère ! ma mère ! oh ! Vous avez remporté une heureuse victoire pour Rome ; mais quant à votre fils, — croyez-le, oh ! croyez-le, — vous lui avez infligé une défaite bien dangereuse, si elle n'est pas tout à fait mortelle ! Mais attendons l'avenir. — Aufidius, quoique je ne puisse faire une guerre franche, je saurai faire une paix convenable. Maintenant, mon bon Aufidius, si vous étiez à ma place, auriez-vous pu écouter une mère moins que je ne l'ai fait? ou lui accorder moins, Aufidius?

Aufidius. — J'étais ému de ce spectacle.

Coriolan. — J'ose jurer que vous l'étiez : et, Seigneur, ce n'est pas peu de chose que de tirer de mes yeux l'eau de la compassion. Mais mon bon Seigneur, avisez-moi de la paix que vous voulez faire : pour ma part, je ne rentrerai pas dans Rome, je retournerai avec vous ; et je vous prie, soutenez-moi dans cette cause. — Ô mère! ô femme!

Aufidius, *à part*. — Je suis ravi que tu aies mis ta clémence et ton honneur en guerre dans ton âme : de cette circonstance, je saurai faire sortir ma première fortune. (*Les dames font des signes à Coriolan.*)

Coriolan, *à Volumnia et Virgilia*. — Oui, à bientôt ; mais nous allons boire ensemble, et vous rapporterez à Rome un témoin meilleur que des paroles, un traité que nous ferons contre-signer à des conditions égales des deux côtés. Allons, entrez avec nous. Mesdames, vous méritez qu'on vous érige un temple[5]; toutes les épées de l'Italie et toutes ses armes confédérées n'auraient pu faire cette paix. (*Ils sortent.*)

SCÈNE IV.

Rome. — Une place publique.

Entrent MÉNÉNIUS *et* SICINIUS.

Ménénius. — Voyez-vous ce coin du Capitole, là-bas, cette pierre angulaire, là-bas?

Sicinius. — Oui, et bien, quoi?

Ménénius. — S'il vous est possible de la déplacer avec votre petit doigt, il y a quelque espérance que les Dames de Rome, particulièrement sa mère, l'emporteront sur lui. Mais je dis qu'il n'y a pas à espérer cela ; nos gorges sont condamnées et n'attendent plus que l'exécution.

Sicinius. — Est-il possible que les sentiments d'un homme changent en si peu de temps !

Ménénius. — Il y a une différence entre une chenille et un papillon : cependant le papillon fut d'abord une chenille. Ce Marcius d'homme est devenu dragon : il a des ailes ; il est mieux qu'une chose rampante.

Sicinius. — Il aimait tendrement sa mère.

Ménénius. — Il m'aimait aussi : mais maintenant il ne se rappelle pas plus de sa mère qu'un cheval de huit ans de la sienne. L'âpreté de sa physionomie suffirait pour faire aigrir les raisins mûrs : lorsqu'il marche, il se meut comme une machine de guerre, et la terre se fend sous ses pas : son œil serait capable de percer une cuirasse ; ses paroles sont un glas, et ses *hum* des coups de bélier. Il est assis dans sa majesté comme quelqu'un qui doit représenter Alexandre. Ce qu'il ordonne est fait, et terminé aussitôt qu'ordonné. Pour être un Dieu, il ne lui manque que l'éternité, et un ciel pour lui servir de trône.

Sicinius. — Si, il lui manque encore la clémence, si vous le dépeignez fidèlement.

Ménénius. — Je le dépeins tel que je l'ai vu. Faites attention à la clémence que sa mère va nous rapporter de sa part. Il n'y a pas plus de clémence en lui qu'il n'y a de lait dans un tigre mâle ; notre pauvre cité le verra bien : et tout cela est votre ouvrage.

Sicinius. — Puissent les Dieux être bons pour nous !

Ménénius. — Non, dans une telle circonstance, les Dieux ne seront pas bons pour nous. Lorsque nous l'avons banni, nous ne les avons pas respectés, et aujourd'hui qu'il revient pour nous tordre le cou, eux ne nous respectent pas.

Entre un messager.

Le messager. — Seigneur, si vous voulez sauver votre vie, fuyez à votre maison : les plébéiens se sont emparés de votre collègue dans le tribunat, et le traînent d'ici et de là, jurant tous que si les Dames ne rapportent pas des nouvelles rassurantes, ils le feront périr à petit feu.

Entre UN SECOND MESSAGER.

SICINIUS. — Quelles nouvelles?

SECOND MESSAGER. — Bonnes nouvelles, bonnes nouvelles! Les Dames l'ont emporté, les Volsques ont décampé, et Marcius est parti : un jour plus heureux n'a jamais lui sur Rome, non jamais, depuis l'expulsion des Tarquins.

SICINIUS. — Mon ami, es-tu sûr que cela est vrai? Est-ce très-certain?

SECOND MESSAGER. — Aussi certain que je le suis que le soleil est du feu : où êtes-vous donc allés rôder pour mettre cela en doute? Jamais flots grossis ne se sont précipités à travers l'arche d'un pont, comme nos gens rassurés se précipitent à travers les portes. Tenez, entendez-vous? (*Les trompettes et les hautbois sonnent, les tambours battent, et tout cela ensemble. Applaudissements dans le lointain.*) Les trompettes, les trombones, les psaltérions, les fifres, les tambourins, les cymbales et les applaudissements des Romains font danser le soleil. (*Applaudissements nouveaux.*) Entendez-vous?

MÉNÉNIUS. — Ce sont de bonnes nouvelles : je vais aller à la rencontre des Dames. Cette Volumnia vaut une cité entière de consuls, de sénateurs, de patriciens, et elle vaut un univers entier, terre et mer, de tribuns tels que vous. Vous avez bien prié aujourd'hui; ce matin, je n'aurais pas donné un liard de dix mille de vos gorges. (*Applaudissements et musique.*) Écoutez! comme ils sont joyeux!

SICINIUS. — Que les Dieux vous bénissent d'abord pour vos nouvelles, et puis acceptez ma reconnaissance.

SECOND MESSAGER. — Seigneur, nous avons tous de grands motifs de rendre de grandes actions de grâces.

SICINIUS. — Elles sont près de la ville?

Second messager. — Presque sur le point d'entrer.

Sicinius. — Nous allons marcher à leur rencontre, et augmenter la joie générale de la nôtre. (*Ils sortent.*)

SCÈNE V.

Rome. — Une rue près des portes.

Entrent les dames *accompagnées par* les sénateurs, les patriciens *et* le peuple. *Le cortége traverse le théâtre.*

Premier sénateur. — Contemplez notre divinité protectrice, celle qui donne la vie à Rome ! Convoquez toutes vos tribus, louez les Dieux, et faites des feux de triomphe ; répandez des fleurs devant elles : renversez le cri par lequel Marcius fut banni ; que la bienvenue souhaitée à sa mère soit l'acclamation qui le rappelle ; criez : « Vous êtes les bienvenues, Dames, les bienvenues ! »

Tous. — Vous êtes les bienvenues, Dames, les bienvenues ! (*Fanfares de tambours et de trompettes. Ils sortent.*)

SCÈNE VI.

Corioles. — Une place publique[1].

Entre TULLUS AUFIDIUS *avec des gens de sa suite.*

Aufidius. — Allez, informez les Seigneurs de la cité que je suis ici : remettez-leur ce papier, et priez-les, quand ils l'auront lu, de se rendre sur la place du marché, où je certifierai la vérité de cet écrit à leurs propres oreilles et à celles du peuple. Celui que j'accuse a passé, à cette heure, les portes de la ville, et il a l'intention de se présenter devant le peuple, dans l'espérance qu'il se purgera par des paroles : dépêchez. (*Sortent des gens de la suite.*)

Entrent trois ou quatre CONSPIRATEURS *de la faction d'*AUFIDIUS.

AUFIDIUS. — Soyez les très-bienvenus !

PREMIER CONSPIRATEUR. — Comment va notre général ?

AUFIDIUS. — Mais tout à fait comme un homme empoisonné par ses propres aumônes et assassiné par sa charité.

SECOND CONSPIRATEUR. — Très-noble Seigneur, si vous tenez toujours pour le projet dont vous avez désiré que nous fussions parties, nous vous débarrasserons de votre grand danger.

AUFIDIUS. — Monsieur, je ne puis rien vous dire ; nous devrons agir selon les dispositions du peuple.

TROISIÈME CONSPIRATEUR. — Le peuple restera incertain tant qu'il y aura querelle entre vous ; mais la chute de l'un ou de l'autre fera du survivant l'héritier de tout.

AUFIDIUS. — Je le sais ; quant au motif que j'ai de le frapper, il est des plus légitimes. Je l'ai relevé, et j'ai engagé mon honneur pour sa fidélité ; alors lui, se voyant à ce point grandi il a arrosé la plante de sa nouvelle croissance avec l'eau de la flatterie, et a séduit ainsi mes amis ; et pour atteindre ce but, il courba sa nature que jusqu'alors on n'avait connue que rude, ingouvernable et fière.

TROISIÈME CONSPIRATEUR. — Seigneur, son entêtement, alors qu'il postulait le consulat, et qu'il le perdit faute de se courber....

AUFIDIUS. — J'allais en parler. Lorsqu'il fut banni par suite de ce fait, il vint à mon foyer ; il présenta sa gorge à mon poignard : je l'accueillis ; je le fis avec moi co-serviteur de l'État ; je donnai en tout satisfaction à ses désirs personnels ; je le laissai choisir dans mes régiments, mes hommes les meilleurs et les plus frais, pour qu'il pût exécuter ses projets ; je servis moi-même ses desseins de ma personne; je l'aidai à moissonner cette gloire qu'il finit par prendre tout entière pour lui; je mis quelque orgueil à me faire à moi-même ce tort: tant qu'enfin, je semblai son suivant, non son collègue, et qu'il me solda de mes peines par son attitude approbative, comme si j'eusse été un mercenaire.

Premier conspirateur. — C'est ce qu'il a fait, Seigneur; l'armée en était stupéfaite, et lorsqu'enfin il avait déjà emporté Rome, et que nous avions à attendre autant de butin que de gloire....

Aufidius. — C'est cela même, et pour venger cela, je l'étreindrai de tous mes muscles. Pour quelques-unes de ces gouttes de la douleur féminine, qui sont à aussi bon marché que des mensonges, il a vendu le sang et les fatigues de notre grande entreprise : aussi mourra-t-il, et moi je ressusciterai par sa chute. Mais, écoutez! (*Les tambours et les trompettes résonnent en même temps que s'élèvent les acclamations du peuple.*)

Premier conspirateur. — Vous êtes entré dans votre ville natale comme un courrier, et vous n'avez reçu aucune bienvenue; mais lui, il revient en déchirant l'air de tapage.

Second conspirateur. — Et les patients imbéciles dont il a égorgé les enfants, écorchent leurs vils gosiers pour le couvrir de gloire.

Troisième conspirateur. — Par conséquent, tirez avantage à votre profit de la première occasion, et avant qu'il parle et émeuve le peuple par ce qu'il voudrait dire, faites-lui sentir votre épée, et les nôtres la seconderont. Lorsqu'il sera couché tout de son long, le récit que vous présenterez à votre point de vue enterrera ses raisons en même temps que son corps.

Aufidius. — Cessez de parler : voici venir les Seigneurs.

Entrent les seigneurs *de la cité.*

Les seigneurs. — Vous êtes le bienvenu dans la patrie!

Aufidius. — Je n'ai pas mérité cet accueil : mais, nobles Seigneurs, avez-vous lu avec attention ce que je vous ai écrit ?

Les seigneurs. — Oui.

Premier seigneur. — Et nous sommes affligés d'apprendre cela. Toutes ses fautes précédentes auraient pu n'encourir, je crois, qu'un blâme léger; mais finir là où il devait seulement commencer, sacrifier les avantages de nos levées, nous laisser les frais de la guerre, faire un traité, alors qu'il fallait une capitulation, voilà qui n'admet aucune excuse.

Aufidius. — Il approche : vous l'entendrez.

Entre CORIOLAN, *tambours battants et drapeaux déployés, suivi d'une foule de citoyens.*

Coriolan. — Salut, Seigneurs ! me voici revenu votre soldat, pas plus infecté qu'à mon départ de l'amour de ma patrie, mais toujours dévoué à vos ordres souverains. Sachez donc que le succès a couronné mon entreprise, et que m'ouvrant un sanglant passage, j'ai conduit votre armée jusqu'aux portes de Rome. Le butin que nous avons rapporté s'élève de plus d'un grand tiers au-dessus des frais de cette action. Nous avons fait la paix avec autant d'honneur pour les Antiates que de honte pour les Romains; et nous vous remettons ici, signé des consuls et des patriciens, et scellé du sceau du sénat, le traité que nous avons conclu.

Aufidius. — Ne le lisez pas, nobles Seigneurs; mais dites à ce traître qu'il a abusé au plus haut point des pouvoirs que vous lui aviez donnés.

Coriolan. — *Traître!* qu'est-ce à dire?

Aufidius. — Oui, traître, Marcius !

Coriolan. — *Marcius!*

Aufidius. — Oui, Marcius, Caïus Marcius : est-ce que tu crois que je vais t'honorer de ce larcin, t'appeler de ton nom volé, Coriolan, dans Corioles? Seigneurs et chefs de l'État, il a trahi vos intérêts avec perfidie, et remis pour quelques larmes d'eau salée votre cité de Rome (je dis votre cité) à sa mère et à sa femme. Il a brisé sa résolution et son serment, comme un fil de soie pourrie; il n'admettait aucun conseil à la guerre; mais devant les larmes de sa nourrice, il a pleurniché, et en gémissant il a rendu votre victoire, si bien que les pages rougissaient de lui, et que les hommes de cœur se regardaient avec étonnement les uns les autres.

Coriolan. — Entends-tu, Mars?

Aufidius. — Ne nomme pas le Dieu, enfant des larmes!

Coriolan. — Ah!

Aufidius. — Assez.

Coriolan. — Démesuré menteur, tu viens de trop gonfler mon cœur pour l'espace qui le contient. *Enfant!* ah, manant! Pardonnez-moi, Seigneurs, c'est la première fois que j'aurai été contraint d'injurier. Vos jugements, graves Seigneurs, doivent donner le démenti à ce chien, et ses souvenirs, à lui qui porte mes marques imprimées sur sa peau, qui portera mes volées jusqu'au tombeau, se joindront à vous pour lui jeter le démenti.

Premier seigneur. — Paix tous les deux, et écoutez-moi parler.

Coriolan. — Taillez-moi en pièces, Volsques! hommes et adolescents, teignez vos glaives dans mon sang! *Enfant!* chien traître! Si vous avez écrit vos annales avec véracité, c'est ici que comme un aigle dans un colombier, je mis en fuite vos Volsques épouvantés dans Corioles: seul, je fis cela! *Enfant!*

Aufidius. — Comment, nobles Seigneurs, est-ce que vous allez laisser cet impie vantard vous rappeler, à vos yeux et à vos oreilles mêmes, son aveugle fortune qui fut votre honte?

Les conspirateurs. — Qu'il meure pour cela.

Les citoyens, *parlant tous pêle-mêle.* — Mettez-le en pièces! faites cela sur-le-champ. — Il a tué mon fils. — Il a tué ma fille. — Il a tué mon cousin Marcus. — Il a tué mon père.

Second seigneur. — Paix, ho! pas d'outrage! paix! l'homme est noble et sa renommée embrasse l'orbe de cette terre. La dernière faute qu'il a commise obtiendra de nous une judicieuse audition. — Tiens-toi à l'écart, Aufidius, et ne trouble pas la paix.

Coriolan. — Oh! si je le tenais avec six Aufidius, ou davantage, avec sa tribu, pour tailler de l'ouvrage à mon épée justement tirée!

Aufidius. — Insolent scélérat!

Les conspirateurs. — Tuez, tuez, tuez, tuez, tuez-le! (*Aufidius et les conspirateurs tirent leurs épées et tuent Coriolan qui tombe : Aufidius met le pied sur lui.*)

Les seigneurs. — Arrêtez, arrêtez, arrêtez, arrêtez!

Aufidius. — Mes nobles maîtres, écoutez-moi.

Premier seigneur. — Ô Tullus!

Second seigneur. — Tu as commis un acte dont la vaillance pleurera.

Troisième seigneur. — Ne marchez pas sur lui. — Mes maîtres, vous tous, restez paisibles; rengainez vos épées.

Aufidius. — Mes Seigneurs, lorsque vous saurez (et je ne puis vous l'expliquer dans cet état de rage qu'il a provoqué) quels grands dangers vous faisait courir la vie de cet homme, vous vous réjouirez qu'il ait été ainsi supprimé. Qu'il plaise à Vos Honneurs de m'appeler à votre sénat, là je vous prouverai que je suis votre loyal serviteur, ou je me soumettrai à votre plus sévère censure.

Premier seigneur. — Emportez d'ici son corps, et pleurez sur lui : qu'il soit honoré comme le plus noble cadavre que jamais héraut ait conduit à son urne funéraire[5].

Second seigneur. — La propre impatience de Coriolan enlève à Aufidius une large part de blâme. Tirons le meilleur parti possible de cela.

Aufidius. — Ma rage est évanouie, et je suis frappé de douleur. Enlevez-le. — Que trois des principaux soldats aident à l'emporter; je serai l'un des trois. — Bats le tambour, toi, et qu'il parle d'une manière lugubre :

portez vos piques la pointe en bas. Quoiqu'il ait fait dans cette ville bien des veuves et des orphelins qui pleurent encore à cette heure leur injure, cependant nous conserverons de lui un noble souvenir. — Aidez. (*Ils sortent emportant le corps de Coriolan. On bat une marche funèbre.*)

COMMENTAIRE.

ACTE I.

1. Tels sont les noms que donne Plutarque à la mère et à la femme de Coriolan. Tite Live et Denys d'Halycarnasse les nomment, la mère, Véturia, et la femme, Volumnia.

2. *Lean as a rake*, maigre comme un râteau, comparaison proverbiale aussi peu *antique* que possible, mais cependant de très-ancienne date, car on la trouve chez les plus vieux auteurs anglais. Cette expression appartient aussi au langage populaire de celles de nos provinces où a passé l'occupation anglaise.

3. Ce fut bien en effet à cette époque, c'est-à-dire avant la guerre contre Corioles, que Ménénius Agrippa prononça cet apologue célèbre, mais non pas à l'occasion de la révolte amenée par la disette, révolte que Shakespeare pour les nécessités de son drame, a placée avant l'expédition contre les Volsques, tandis qu'elle n'eut lieu qu'après. Cet apologue destiné à une si longue célébrité et à de si nombreuses applications, fut prononcé à l'occasion de la retraite sur le mont Sacré, lors de la résistance des plébéiens romains aux cruautés de leurs créanciers.

4. Tels sont les noms des premiers tribuns du peuple d'après Plutarque. Tite Live les nomme C. Licinius et L. Albinus.

5. Plutarque le nomme Tullus Amphidius ; Tite Live et Denys d'Halycarnasse Tullus Attius. Un détail intéressant d'arbre généalogique antique est celui-ci : selon certaines traditions ce Tullus serait le premier ancêtre de Cicéron.

6. Ce fut à la bataille du lac Régille contre la confédération des villes latines qui fit le suprême effort en faveur de Tarquin, que Coriolan reçut la couronne de chêne, récompense accordée à celui qui avait sauvé un citoyen. Laissons Plutarque nous exposer les diverses origines que la tradition attribuait à cette coutume. « C'est en effet l'usage de donner cette couronne à celui qui a sauvé un citoyen, soit qu'on ait voulu honorer le

chêne à cause des Arcadiens que l'oracle du Dieu a appelé *Balanophages* (mangeurs de glands); soit parce que le chêne se trouve vite et partout sous la main des gens de guerre; soit parce que le chêne étant consacré à Jupiter, protecteur des villes, on a cru que la couronne de chêne convenait le mieux à celui qui a sauvé un compatriote. »

7. Il y a ici un anachronisme, Caton étant bien postérieur à cette époque; mais cet anachronisme ne s'y rencontre que parce que Shakespeare dans ce passage a traduit presque textuellement une phrase de son Plutarque, laquelle se rapporte précisément à cet épisode. « Aussitôt Marcius accourt avec quelques soldats, renverse tout ce qui résiste et rappelle les Romains à grands cris. Il avait en effet, ce qui, selon Caton, fait le bon soldat, non-seulement la main qui porte coup, mais la voix, mais cet air de visage effrayant, irrésistible pour les ennemis. »

8. La drachme valait près d'un franc à l'origine. C'était une monnaie d'origine grecque; il y en avait de deux espèces, d'argent et de cuivre. C'est probablement de drachmes de cette dernière catégorie que Marcius entend parler ici.

9. Les centuries, compagnies composées de cent hommes.

10. *Wert thou the Hector*
That was the whip of your bragged progeny,

« Fusses-tu cet Hector qui fut le fouet des ancêtres dont vous vous vantez. » Ce fouet a inquiété fort à tort quelques commentateurs; c'est tout simplement une injure à la façon aristocratique. Les Romains se vantaient de descendre des Troyens; Hector était un des fils de Priam, un des chefs des Troyens, par conséquent celui qui leur commandait, qui avait droit de les faire marcher, fût-ce à coups de fouet.

11. Tout ce passage est dans l'original entièrement inintelligible, soit par la faute d'une ponctuation vicieuse qu'on n'a su comment corriger, soit par suite de quelque omission, ou ce qui est plus probable, de plusieurs mots mal lus. Nous lui avons donné le sens qui nous a paru le plus clair.

ACTE II.

1. Allusion à la fable bien connue de la besace que nous portons au cou, besace dont nous garnissons de nos défauts la poche de derrière, tandis que nous plaçons les défauts d'autrui dans celle de devant.

2. Allusion non-seulement à Lycurgue, le législateur de Sparte, mais selon quelques commentateurs à un autre Lycurgue, roi de Thrace, qui abolit le culte de Bacchus dans ses États, et ordonna que toutes les vignes fussent arrachées, afin de se préserver lui et tous ses sujets des tentations et des conséquences de l'ivresse.

3. *Microcosme*, mot tiré du grec et signifiant monde en diminutif, en abrégé; représentation condensée du monde. C'est un terme de la

philosophie de la magie qui l'oppose à *macrocosme*, ou le vaste monde, le monde dans toute sa réelle étendue.

4. Il n'y a ici qu'un anachronisme d'environ 650 ans, Galien étant né vers l'an 131 après Jésus-Christ.

5. *Fidiused*, aufidusé, mot créé par Ménénius dans l'excès de sa joie.

6. *Kitchen malkin.* Le *kitchen malkin* était à proprement parler une sorte de balai composé d'un bâton avec des torchons au bout pour essuyer les fours. *Malkin* était aussi le nom des mannequins destinés à faire peur aux oiseaux. C'était donc un équivalent du nom de *demoiselle* ou de *bonhomme* de chiffons, parce que ces torchons placés en haut d'un bâton figuraient une sorte de grossière poupée. C'est à peu près ainsi que les paveurs nomment *demoiselles* les instruments dont ils se servent pour enfoncer les pavés, parce que ces instruments présentent deux sortes de bras à leurs sommets. Nous ne savons comment les modernes marmitonnes lavent leur vaisselle à l'heure présente; mais nous nous rappelons fort bien les avoir vues dans nos provinces du centre se servir de ces sortes de poupées semblables à des fétiches de nègres, et composées d'une double ou triple couche de torchons liés avec du fil au bout d'un bâton.

7. Les flamines, prêtres institués par Romulus selon les uns, par Numa selon les autres, et consacrés à Jupiter, à Mars, et au Dieu national Quirinus. Leur nom leur venait du *flammeum*, espèce de voile couleur de feu dont ils s'enveloppaient la tête.

8. Voici ce que dit Plutarque de l'origine de cette coutume : « C'était l'usage que ceux qui briguaient le consulat, ou les suffrages des citoyens, descendissent au forum, en simple robe, sans tunique, soit que cet humble appareil convînt mieux à leur état de suppliant, soit pour mieux montrer quand on avait des cicatrices, ces signes visibles de la bravoure. Car ce n'était pas que l'on craignît les distributions d'argent et la corruption, lorsqu'on exigeait qu'on se présentât sans ceinture et sans tunique aux citoyens que l'on avait à supplier; c'est bien plus tard que s'introduisit la vente et l'achat des suffrages, et que l'argent se mêla aux assemblées électorales. Dès lors, la vénalité atteignant les tribunaux et les camps, changea la république en monarchie, et asservit le pouvoir aux armes. Aussi n'est-ce point sans raison qu'on a dit que le premier qui détruisit la république fut le premier qui donna des festins et de l'argent. Mais les progrès de ce fléau furent secrets, insensibles, et l'on ne voit pas qu'il se soit produit tout à coup dans Rome. Nous ne savons pas quel est le premier Romain qui corrompit le peuple et les tribunaux. A Athènes, le premier qui donna de l'argent aux juges fut Anytus, fils d'Anthémion, accusé au sujet du fort de Pyle, vers la fin de la guerre du Péloponèse, à une époque où l'âge d'or, l'âge de la pureté, florissait encore sur la place publique de Rome. »

9. Léger anachronisme. Les dames romaines ne jetaient ni gants ni écharpes, et ces démonstrations furent mises à la mode par les reines des joutes et des tournois du moyen âge.

10. Son menton d'Amazone, c'est-à-dire son menton d'imberbe.

11. Encore un léger anachronisme ; il est évident que les plébéiens de Rome ne s'appelaient ni Jacquot ni Pierrot, ou comme porte le texte *Hob and Dick*. Mais cela importe peu à l'exactitude de l'éternelle vérité morale, et Coriolan étant donné son caractère devait désigner les plébéiens par quelques diminutifs approchant de ceux-là.

12. Ces détails sur les ancêtres de Coriolan forment les premières lignes de la biographie de Coriolan par Plutarque.

ACTE III.

1. Coriolan ne fut pas élu consul comme le prétend Shakespeare, et son bannissement eut lieu à cause de son opposition à la distribution gratuite de grains au peuple pendant la disette qui se place historiquement après son insuccès.

2. A la distance où nous sommes de ces antiques querelles, il est un point au moins où nous pouvons voir clairement que Coriolan était injuste à l'égard du peuple. Le sénat était autorisé sans doute par toutes les véritables lois de l'économie politique à ne pas exiger la vente à prix réduit des blés appartenant aux citoyens, et même de ceux dont il avait garni le grenier public par des achats faits en Italie. Mais en dehors de ces achats, il était arrivé dans Rome une grande quantité de blé qui était un don gratuit de Gélon, tyran de Sicile, au peuple romain. En vertu de quel droit, ce blé qui était un cadeau fait au peuple romain lui était-il refusé gratis ?

3. *Do not cry havock, where you should but hunt,*
With modest warrant.

Havock semble avoir été un cri de carnage dans les batailles, quelque chose comme *à mort!* Nous l'avons traduit cependant par le mot *pille! pille!* qu'emploient les chasseurs pour presser leurs chiens de saisir le gibier, à cause de la proximité du mot *hunt*, chasser.

4. Le supplice par la roue était inconnu aux Romains, et l'on ne trouve dans leurs annales primitives qu'un seul supplice par l'écartèlement, celui du général Metius Suffetius, convaincu de trahison sous le roi Tullus Hostilius. Ces sortes d'ingénieuses inventions ne se présentèrent que plus tard, sous les empereurs et pendant les persécutions contre les chrétiens, Rome étant alors au comble de la puissance, et l'extrême civilisation y ayant dès longtemps introduit les résultats qu'elle introduit partout, la diminution du sens moral et l'accroissement de la cruauté.

4. Lord Byron s'est souvenu de ce mot admirable dans sa tragédie de *Sardanapale*, un chef-d'œuvre où respire toute la volupté asiatique et que, nous ne savons pour quelle cause, personne ne lit et ne cite jamais. La faute en doit être à quelqu'un de ces fameux connaisseurs qui si son-

vent négligent de faire leurs fonctions à l'apparition d'un chef-d'œuvre, que ce chef-d'œuvre est parfois obligé d'attendre trois ou quatre siècles avant que le vrai connaisseur se présente et démontre l'injustice d'un tel oubli. Quoi qu'il en soit, tous les lecteurs de cette belle tragédie se rappellent ce cinquième acte où Sardanapale fait préparer le bûcher qui doit le consumer avec ses femmes. Dans le nombre, se trouve une favorite du nom de Myrrha : Sardanapale applaudit à sa vaillance amoureuse; mais un sentiment de tendresse le saisit, et alors il lui dit : « Si en ce moment, — car nous approchons de l'heure, — tu sens en toi-même un mouvement qui te fasse reculer devant l'idée de sauter sur le bûcher, dis-le ; *je ne t'en aimerai pas moins, et peut-être même t'en aimerai-je davantage pour avoir cédé à ta nature.* »

5. Ce passage se trouve ainsi expliqué par Plutarque : « Le peuple s'assemble, et d'abord les tribuns exigent que les suffrages soient donnés par *tribus* et non par *centuries*, afin que les riches, les nobles et les gens de guerre vissent leurs votes écrasés par ceux d'une populace indigente, turbulente, et qui ne tient aucun compte de l'équité. »

ACTE IV.

1. Le mot *chats* est employé souvent dans Shakespeare comme terme de mépris. Ici il signifie, un être de rien du tout comparé à Coriolan, comme serait un chat comparé à un lion. Peut-être aussi fait-il allusion aux pratiques félines, sournoises, par lesquelles les tribuns ont soulevé le peuple.

2. *Directitude*, grand mot forgé par l'esclave à l'imitation de ceux qu'il a entendu prononcer par ses maîtres, mots qui excitent d'autant plus son admiration qu'il les comprend moins. Cela me rappelle un vieux paysan qui lorsqu'il se baissait pour renouer les cordons de cuir de ses souliers appelait cet acte, *rajuster ses tragédies*. Je me suis toujours demandé si c'était un mot qu'il avait adopté parce qu'il l'avait trouvé joli, ou bien si par suite de ces voyages mystérieux que les mots accomplissent en ce monde, ce vieux paysan ne faisait pas sans s'en douter une allusion au noble cothurne, chaussure des personnages de la tragédie grecque. Cette dernière supposition est probable; mais quel chemin a dû faire ce mot et quelles drôles d'aventures ont dû lui arriver avant de servir d'expression familière à mon vieux paysan!

3. *Les mangeurs d'ail.* L'odeur de l'ail était tenue autrefois pour une telle preuve de vulgarité, que l'ail était une nourriture défendue aux chevaliers d'un certain ordre espagnol, mentionné par Guevara. (JOHNSON.)

4. Allusion à une tradition qui voulait que le busard fascinât d'abord les poissons dont il faisait sa proie. Aufidius veut dire que Rome sera fascinée et paralysée par Coriolan, et qu'elle se rendra sous le coup de la frayeur qu'il lui inspirera.

ACTE V.

1. Shakespeare n'a conservé de la campagne de Coriolan que les épisodes purement dramatiques. Cette campagne fut beaucoup plus compliquée que ne la montre Shakespeare, et les rôles changeant, ce furent les plébéiens qui réclamèrent d'abord contre les patriciens le rappel de Coriolan. Les patriciens qui avaient résisté de toutes leurs forces à la précipitation de la colère du peuple, résistèrent avec non moins de ténacité à la précipitation de son repentir; conduite mémorable, et qui bien examinée explique pourquoi les gouvernements aristocratiques qui ne livrent rien au hasard et tiennent compte des plus lointaines conséquences de la moindre action, ont une stabilité que ne connaissent pas les états où les impressions irréfléchies et toutes de premier mouvement font loi. Quant aux députations que les Romains envoyèrent à Coriolan, elles furent en grand nombre et surtout plus solennelles que ne le montre Shakespeare. La dernière surtout eut quelque chose de singulièrement imposant. « Les députés reviennent, dit Plutarque, et le sénat en apprenant la réponse fait comme si la tempête ou les flots se déchaînaient sur la ville : il prend l'ancre sacrée et la jette. Tout ce qu'il y a de prêtres des Dieux, de préposés aux mystères, de gardiens des temples, d'augures, qui se transmettent l'institution antique et nationale de la divination, reçoivent l'ordre d'aller en députation auprès de Marcius, revêtus chacun des ornements usités dans leurs cérémonies.... » Si l'on fait jamais un opéra de ce sujet de Coriolan sur lequel le grand Beethoven a écrit une si admirable ouverture, voilà un prétexte à magnifique défilé scénique.

2. Cette Valéria fut la véritable promotrice de l'ambassade des femmes auprès de Coriolan, et l'inspirée à qui Rome dut son salut. Laissons ici parler Plutarque. « A Rome cependant les femmes s'étaient répandues dans les différents temples; mais le plus grand nombre et les plus distinguées étaient prosternées devant l'autel de Jupiter Capitolin. Parmi elles, était la sœur de Publicola, de celui qui avait rendu tant et de si grands services dans la guerre et dans la politique : elle s'appelait Valéria. Publicola était mort depuis longtemps, mais Valéria jouissait de l'estime et de la considération de toute la ville : sa conduite était aussi honorable que sa naissance. Elle éprouve tout à coup l'état dont j'ai parlé : une inspiration divine lui fait voir ce qu'elle doit faire : elle se lève, fait lever les autres femmes, et se rend à la maison de Volumnia, mère de Marcius. Elle entre; elle la trouve assise près de sa bru, tenant sur ses genoux les enfants de son fils : elle fait ranger en cercle les femmes qui l'accompagnent : « Volumnia, dit-elle, et toi Virgilia, nous venons femmes nous adresser à des femmes : ce n'est point un décret du sénat, un ordre du consul, c'est le Dieu, je pense, qui prenant en pitié nos prières, nous a inspiré le dessein de venir ici, de nous tourner vers vous, et de vous demander ce qui doit assurer votre salut,

celui des autres citoyens, et vous donner, si vous me croyez, une gloire plus éclatante que celle des filles des Sabins, ramenant de la guerre à la paix et à l'amitié leurs pères et leurs époux. Venez avec nous auprès de Marcius : prenez comme nous l'appareil des suppliantes, rendez à votre patrie ce témoignage véritable et juste que malgré les maux qu'il lui a faits, elle n'a rien entrepris, rien ordonné contre vous par colère, mais qu'elle vous rend à lui, dût-elle n'en obtenir aucune condition clémente. » (PLUTARQUE. *Traduction de M. Talbot.*) Sauf cet incident mémorable qui a été justement négligé par Shakespeare comme pouvant affaiblir le pathétique de cette scène où les sentiments seuls de la nature doivent se montrer, les admirables discours de Volumnia et toutes les autres parties de ce dénoûment ont été fidèlement empruntés à Plutarque.

3. Le vœu que Shakespeare fait ici exprimer à Coriolan fut exaucé. Voici en quels termes Plutarque raconte le fait. « Le sénat décrète que tout ce qu'on croira fait pour honorer et reconnaître leur service (celui des femmes) leur soit accordé et fourni par les consuls. Elles ne demandent qu'une chose, c'est qu'on élève un temple à la Fortune féminine, offrant de contribuer elles-mêmes aux frais de la construction, laissant à la ville la dépense publique des victimes, des cérémonies, et de tout ce qu'exige le culte des Dieux. Le sénat les loue de leur zèle, mais il fait faire aux frais de la république le temple et la statue. Les femmes n'en apportent pas moins l'argent qu'elles y ont destiné ; on en fait une seconde statue, et les Romains disent que placée dans le temple, cette statue prononça ces paroles : « Par un acte agréable aux Dieux, femmes, « vous m'avez consacrée. » (PLUTARQUE. *Traduction de M. Talbot.*)

4. Cette dernière scène dans les anciennes éditions ne porte pas d'indication de localité. Rowe la plaça le premier dans Antium, où toutes les éditions suivantes l'ont placée, jusqu'à ce qu'un commentateur moderne fit remarquer que le choix de cette ville s'accordait mal avec ces paroles de Tullus à Coriolan : « Crois-tu que je vais t'appeler de ton nom volé, te donner du Coriolan dans Corioles. » C'est donc à Corioles selon toute apparence que Shakespeare a voulu placer cette scène, bien qu'on puisse observer qu'Antium et non Corioles étant la capitale des Volsques, c'est dans cette première ville que le sénat tenait ses séances. En outre Plutarque déclare positivement que ce fut à Antium que retournèrent après l'expédition Tullus et Coriolan.

5. Aux funérailles publiques des princes anglais, il était d'usage qu'un héraut suivît le cortège, et les cérémonies une fois finies, criât à haute voix les titres et les exploits du défunt. C'était aussi la coutume ailleurs qu'en Angleterre, comme le prouve le cri resté célèbre du héraut qui accompagna les obsèques de notre Louis XII : « Le roi Louis XII, le père du peuple est mort! »

JULES CÉSAR

IMPRIMÉ
POUR LA PREMIÈRE FOIS DANS L'IN-FOLIO DE 1623.
DATE PROBABLE DE LA REPRÉSENTATION, ENTRE LES ANNÉES
1600 ET 1603.

AVERTISSEMENT.

La première édition connue de *Jules César* est celle de l'in-folio de 1623, et quelques éditeurs modernes ont remarqué, non sans malice à l'égard des honnêtes mânes d'Heminge et de Condell, que cette tragédie avait été imprimée avec une correction que n'offrent malheureusement pas les autres pièces publiées par eux pour la première fois. C'est sans doute au style de la pièce que nous sommes redevables de cette correction, style net, simple, sans surcharge d'ornements comme les pièces de la première période et de la période intermédiaire de Shakespeare, sans concision obscure et effort d'énergie comme les pièces de la dernière période. Ceux qui sur l'examen du style ont cru devoir rapporter cette pièce aux années comprises entre 1600 et 1603 sont à notre avis les plus voisins de la vérité. On peut en effet observer dans ce drame le passage d'un style à un autre; jamais Shakespeare n'a écrit d'un style à la fois moins imagé et moins dense. La période poétique s'y développe avec une ampleur pleine d'aisance, et la pensée s'y sert de la parole non comme d'une esclave bonne à être torturée jusqu'à ce qu'elle ait satisfait aux plus excentriques exigences de l'imagination, mais comme d'une amie que l'on doit traiter avec déférence et respect; Shakespeare l'emploie ici plutôt comme un orateur que comme un poëte. *Jules César* en effet porte du commencement à la fin un caractère oratoire, et se distingue par là de toutes les autres pièces de Shakespeare. C'est probablement à ces particularités que nous devons la correction relative de cette pièce ; car elle n'offre rien qui puisse embarrasser même l'esprit le plus ordinaire et le moins sagace.

Ainsi la date de sa production devrait être comprise entre 1600 et 1603, si l'on en juge d'après l'examen du style, aucune des pièces qui précèdent cette époque n'étant aussi sobre d'images, et aucune de celles qui la suivent n'ayant une telle ampleur et une telle aisance de langage. Malone cependant conjecturait qu'elle avait pu être écrite vers 1607 ; mais la raison qu'il donne de cette opinion est assez peu satisfaisante. Cette raison, c'est qu'en cette année 1607 parut une pièce sur le même sujet par le comte de Sterline, et qu'il s'y rencontre une ou deux idées dont Shakespeare aurait fait son profit. Si Shakespeare a profité de la pièce de Sterline comme le croyait Malone, il faut avouer qu'il s'est bien dépêché de tirer avantage de cette publication, et que son chef-d'œuvre a suivi de bien près la production de son prétendu rival. Si l'opinion de Malone est fondée, ce n'est pas en 1607 qu'il faut rapporter la composition de *Jules César*, mais dans les années qui ont suivi. Malheureusement pour l'hypothèse de Malone, les érudits et bibliophiles modernes ont établi qu'avant l'édition de 1607 le drame de Sterline en avait eu une première en Écosse trois ans auparavant. Un critique moderne, M. Collier, a découvert un sentier détourné par lequel il s'est approché plus sûrement de la date probable. Il a été frappé de la ressemblance qui existe entre un passage d'un poëme de Drayton, *les Guerres des barons*, où le poëte résume le caractère de Mortimer, et le passage où par la bouche d'Antoine Shakespeare résume le caractère de Brutus : « Sa vie fut noble, et les éléments étaient en lui mêlés de telle sorte que la nature pouvait se lever et dire au monde entier, « c'était un homme. » La ressemblance est en effet frappante et aussi étroite que possible. L'édition du poëme de Drayton où se trouve ce passage est de 1603 ; mais cette date ne nous renseigne pas sur celle de *Jules César*, et nous laisse incertain de savoir qui de Drayton ou de Shakespeare a imité l'autre. Si c'est Drayton, *Jules César* est antérieur à 1603 ; si c'est Shakespeare, la date de *Jules César* peut se rapprocher beaucoup de celle de Malone. Mais avant l'édition de 1603, *les Guerres des barons* en avaient eu une première en 1596 sous ce titre : la *Mortimeriade*, et dans cette édition, le passage relevé par M. Collier n'existe pas. C'est donc Drayton qui est l'imitateur, et *Jules César* est antérieur à 1603.

La source où Shakespeare a puisé presque uniquement, c'est Plutarque. Cependant il est bon de dire pour mémoire qu'il existait sur ce sujet une vieille pièce anglaise dont l'auteur est inconnu, et qu'en outre il fut joué en 1582, au collége de Christ Church, Université d'Oxford, une pièce écrite en latin sous ce titre *Épilogus Cæsaris interfecti*, par un certain Richard Eedes. Jusqu'à quel point Shakespeare est redevable à ces productions antérieures, nous ne pouvons le dire, puisqu'elles ne sont pas venues jusqu'à nous, heureusement, et que le temps dans une heure de bon sens a bien voulu les jeter au gouffre des choses inutiles, service qu'il ne rend pas assez souvent à l'humanité.

Le docteur Johnson trouvait le *Jules César* plus froid que les autres pièces de Shakespeare ; peut-être y a-t-il quelque chose de vrai dans cette opinion ; mais cela tient à ce que cette pièce s'adresse à des facultés toutes différentes de celles que Shakespeare met d'ordinaire en mouvement. Cette fois il ne s'adresse ni à l'imagination, ni à la sensibilité, ni à la passion, il s'adresse aux facultés réfléchies et attentives, à la méditation du philosophe, à l'expérience du politique, à la conscience des hommes nobles et vertueux. Le spectacle qu'il présente est émouvant comme ceux que notre Corneille a mis si souvent au théâtre. Ici nous ne pouvons assez nous étonner que Voltaire qui a traduit en vers libres les trois premiers actes de *Jules César* pour mettre cette pièce en opposition avec le théâtre de Corneille, n'ait pas vu, malgré tout son esprit, que l'exemple est mal choisi pour établir un contraste, cette pièce étant de tout le théâtre de Shakespeare celle qui se rapproche le plus de la tragédie classique en général et de la tragédie de Corneille en particulier. Qu'est-ce que Shakespeare nous montre en effet dans cette pièce? les sentiments des âmes de haute condition opprimées par la raison d'état : c'est à ces mêmes sentiments élevés et presque abstraits que Corneille demande son pathétique; Brutus est un frère de l'Émilie de *Cinna*. Dans cette pièce Shakespeare n'ouvre pas non plus devant l'imagination les perspectives infinies et fantastiques de ses autres drames; la scène est vaste, aussi vaste que possible, mais elle est circonscrite cependant; elle a pour cadre Rome et pour horizon l'univers romain. Certes voilà un large espace, et pourtant on peut dire qu'étant données les exigences du génie de Shakespeare, cet espace est restreint.

Des trois pièces empruntées par Shakespeare à Plutarque, *Jules César* est celle qui nous paraît la plus réellement romaine. Les deux autres nous tirent de Rome et du monde romain et promènent notre imagination sur les personnages analogues aux leurs qu'ont produits les autres sociétés civilisées. Coriolan dans ses dédains, sa noblesse, sa hauteur aristocratique pourrait être un gentilhomme anglais aussi bien qu'un patricien romain; Shakespeare a pu voir, observer auprès de lui le modèle de ce caractère. Antoine et Cléopâtre sont deux amants nobles de toutes les sociétés aristocratiques; Antoine est un grand seigneur, Cléopâtre une belle et grande dame de tous les temps. Ajoutez que ce caractère de sirène voluptueuse qui est celui de Cléopâtre nous tire de l'Orient grec et de l'antiquité romaine par ce qu'il a d'ondoyant et de divers, par sa science du caprice, son art des grâces fugitives, sa tactique de fée mobile et insaisissable, toutes choses uniques dans l'histoire antique, et contraires à la netteté et à la précision que les anciens portaient dans tous leurs sentiments, même dans les plus pervers. Cléopâtre est une véritable exception dans le monde ancien, et placée comme elle l'est sur la limite de notre ère, on peut dire qu'elle prophétise et inaugure la sensualité et la sentimentalité romantiques, que la première elle révèle l'étendue des ressources de l'âme pour la passion, et ce qu'ajoutent à l'ivresse du corps les arts subtils de l'esprit. Mais *Jules César* nous prend à Rome et nous laisse à Rome. Les caractères sont strictement romains et sans analogues dans nos sociétés; les sentiments sont exclusivement romains et sans ressemblance avec les nôtres; l'émeute même est romaine, quoique la mobilité des foules populaires soit de tous les temps et de tous les pays, comme les girouettes sont de tous les clochers. Toutes les nuances de la haute société romaine à la fin de la république ont été observées par Shakespeare avec un soin admirable. Tous ces personnages sont romains, mais chacun d'eux est un Romain particulier.

Voici Brutus, le platonicien, âme noble et chimérique, vertueuse et étroite, dévouée à la liberté qu'il préfère à tout intérêt de caste et de condition, mais qui soit par le fait de l'habitude, soit par une erreur de jugement confond la liberté en elle-même avec la liberté de sa caste, et pour affranchir Rome donnerait des liens à l'univers; modèle éternel des erreurs dans lesquelles tombent les spiritualistes lorsqu'ils ne corrigent pas leurs convictions absolues par l'expérience empirique et l'adresse de l'esprit. Voici Cassius, l'athée sectateur des doctrines d'Épicure, le patricien égoïste et violent qui ne sacrifie pas à l'idéal comme Brutus, mais qui concentre le monde entier dans les intérêts de sa caste et dans la sécurité de sa liberté personnelle. Jaloux et envieux comme un démagogue par préjugé de race, soupçonneux comme un avare par esprit de caste, il considère toute supériorité naturelle comme une menace pour ses priviléges, toute mesure prise au nom du bien général comme un attentat contre son patrimoine, tout changement dans l'état comme un crime envers sa personne, et la trahison et l'assassinat changeant de nom apparaissent à son âme fermée à la justice comme de droit naturel. Voici Casca, le vrai Romain traditionnel, lourd, brutal, superstitieux, inaccessible à la pitié, sans vie morale, bête de proie organisée pour la force seule. Voici Antoine, le représentant de ce qu'on peut appeler la jeune Rome de l'époque, qui des traditions de l'aristocratie n'a gardé que l'élégance et les arts du commandement : celui-là ne demande pas mieux que d'entrer en accommodement avec les nécessités du temps et d'être le serviteur de l'avenir pourvu qu'il le gouverne. Voici Portia, type suprême de la matrone romaine dans les siècles de la république, héritière du nom et de l'âme de Caton, en qui brille la vertu romaine par excellence, la constance. Cicéron ne fait que traverser le drame, mais dans les quelques mots qu'il prononce, il trouve le moyen de laisser entrevoir un caractère, celui de l'homme éclairé, dégagé des erreurs du vulgaire, du sectateur de la philosophie grecque qui lui enseigne qu'un prodige est un phénomène dont la cause n'a pas encore été saisie ou soupçonnée.

Mais là où Shakespeare a montré toute l'étendue et toute la sûreté de son génie, c'est dans la peinture de l'âme de César. César n'est pas à proprement parler le héros de la pièce dont il porte le nom, et où il nous est présenté seulement pour mourir. C'est donc le César de la dernière heure qui nous apparait seul, et c'est aussi le César de la dernière heure que Shakespeare nous a peint. Le voilà tel que nous le montrent les historiens dans les suprêmes années de sa vie, emporté pour ainsi dire au-dessus de la sphère de la terre par l'élévation naturelle de son âme et la volupté du triomphe. Les longues luttes ont pris fin, les obstacles ont disparu l'un après l'autre ; ce n'est plus un héros, c'est un Dieu, et il parle comme un être désormais exempt des servitudes de la condition humaine et pour qui l'apothéose a déjà commencé. « Les prières pourraient m'émouvoir si j'étais moi-même de nature à prier pour émouvoir : mais je suis constant comme l'étoile du Nord, qui pour l'immobilité et la fixité n'a pas son égale dans le firmament. Les cieux sont émaillés d'innombrables étincelles, toutes sont de feu et chacune d'elles est brillante ; mais de toutes il n'y en a qu'une seule qui garde sa place : il en est ainsi du monde, — il est amplement fourni d'hommes, et ces hommes sont de chair et de sang, susceptibles d'être émus ; cependant dans le nombre j'en connais un, mais un seul, contre lequel nul assaut ne peut prévaloir, et qui garde sa position sans être ébranlé par aucun mouvement, et cet homme c'est moi.... » A vrai dire, dès l'origine il y eut toujours un Dieu dans César, ainsi qu'en témoignent ces paroles lorsque tout jeune encore il prononça l'éloge funèbre de sa tante Julie : « La famille de ma tante Julie, d'un côté remonte aux rois, de l'autre aux Dieux immortels. Ancus Marcius est la tige des rois Marcius et tel fut le nom de sa mère. C'est de Vénus que descendent les Jules, et notre famille est de leur race. Ainsi notre maison réunit à la sainteté des rois qui sont les maîtres des hommes, la majesté des Dieux qui sont les maîtres des rois. » Ce Dieu qui était en lui d'abord enveloppé dans l'homme s'était dégagé peu à peu, et restait à peu près seul, lorsque les simples fils de la terre, nouveaux Titans, osèrent se soulever contre le nouveau Jupiter. C'est à cette époque qu'il prononçait des paroles comme celles-là : « La république n'est qu'un nom sans réalité, Sylla en savait bien peu puisqu'il a abdiqué la dictature. Il faut désormais que l'on me parle avec plus

de retenue et que l'on regarde mes paroles comme des lois. »
On voit combien le langage que lui prête Shakespeare est
d'accord avec celui que lui prête l'histoire. C'est Suétone
qui rapporte les paroles que nous venons de citer, et il
les fait suivre immédiatement de l'anecdote que voici.
« Un jour il reçut devant le temple de Vénus Genitrix
le sénat qui venait en corps lui présenter les décrets les
plus honorifiques. Quelques-uns croient que Cornelius
Balbus le retint comme il allait se lever ; d'autres disent
qu'il ne l'essaya même pas, et qu'il regarda de mauvais
œil Trébatius qui l'avertissait de le faire. Cela parut
d'autant plus intolérable que lui-même avait été indigné
que le tribun Pontius Aquila fût le seul membre de son
collége qui ne se fût pas levé, lorsqu'il passait en triomphe devant les siéges des tribuns. Il lui cria : « Pontius
« Aquila, redemande-moi donc la république. » Et pendant
plusieurs jours, il ne promit rien à personne qu'avec
cette clause : « Si toutefois Pontius Aquila le permet. »
Lorsque le plus récent historien de César arrivera à cette
période de la vie de son héros, cette divinité lui fournira
sans doute quelques réflexions éloquentes et profondes
sur cette solitude morale qui est inhérente à la condition
royale, et aussi, hélas! inséparable des très-grandes
âmes. Pour cela il n'aura qu'à consulter son expérience,
et recueillant ses souvenirs se rappeler ces sept années
gigantesques pendant lesquelles un moderne César marcha
isolé, conversant avec ses voix intérieures, et regardant
là où les dieux regardent seulement, vers le siége où
trône l'impassible destinée qui seule est au-dessus des
Olympiens.

C'est donc le Jupiter seul que Shakespeare a montré dans
César, et c'est le Jupiter seul qu'il devait montrer ; et cela
pour deux raisons : la première, c'est qu'à l'époque où il le
présente le dieu s'était en effet séparé de l'homme ; la seconde, c'est que le Jupiter César est l'explication naturelle des Titans Brutus et Cassius. En ne présentant que

cette peinture épisodique de l'âme de César, Shakespeare a donné du même coup deux preuves de génie, d'abord parce qu'il est resté ainsi plus fidèle à l'histoire que s'il avait essayé une peinture plus synthétique de César; ensuite parce que ce personnage ainsi compris est le lien logique qui attache et soude les unes aux autres toutes les parties de son drame. C'est le Dieu qui explique le soulèvement des Titans de l'aristocratie, et c'est le Dieu qui explique aussi leur châtiment et leur chute. Antoine l'invoque pour soulever la guerre civile, et son âme errante apparaît à Brutus la veille de Philippes pour lui annoncer le châtiment inévitable qui attend les vertus assez présomptueuses et aveugles pour oser se révolter contre les ministres chargés d'exécuter sur terre les décrets promulgués dans le ciel. C'est donc avec un admirable génie que Shakespeare n'a montré dans César que le fils de la destinée.

Chose digne de toute méditation, et qui montre à quel point Shakespeare est grand, sa pensée rejoint directement celle de Dante, et pourtant pour comprendre l'importance de l'action de Brutus et de Cassius, le poëte anglais n'avait pas, comme le poëte italien, la tradition toujours vivante de l'empire et les sentiments du parti gibelin. Chez Dante, Lucifer, clef de voûte de l'enfer, broie éternellement entre ses mâchoires trois grands criminels, Judas Iscariote, et Brutus et Cassius. Ce sont les damnés suprêmes, car ils ont été criminels envers l'humanité tout entière, dans le passé et l'avenir, l'un en portant la main sur le représentant du pouvoir spirituel, les autres en portant la main sur le représentant du pouvoir temporel : tous trois ont attenté pour l'éternité à l'ordre moral. César et Jésus, c'est en effet sur ces deux axes que le monde tourne depuis dix-huit cents ans. Voici comment parle Dante. Et de son côté que dit Shakespeare : quiconque ose attenter aux fils de la destinée, à ceux que les puissances métaphysiques désignent comme leurs ministres, quelque vertueux que soit son mobile, est criminel envers les Dieux. Lorsque Shakespeare fait dire à Cassius devant le cadavre de César : « Que de fois dans les siècles à venir cette scène sublime que nous venons de jouer sera représentée chez des peuples encore à naître et dans des idiomes encore inconnus ! » Shakespeare parle au fond comme Dante et attribue exactement la même importance capitale dans l'histoire générale de l'humanité à l'action de Cassius et de Brutus.

Voltaire a fait suivre son *Commentaire sur Corneille* d'une traduction en vers blancs des trois premiers actes de *Jules César*. Il s'est arrêté à la mort du dictateur sous le singulier prétexte que le reste de la pièce fait longueur et sort du sujet principal. Mais malgré son prodigieux esprit, Voltaire n'a compris ni la portée, ni le sens, ni le sujet véritable du drame de Shakespeare. Le héros de la pièce, ce n'est pas César, mais Brutus ; la tragédie qui se déroule devant nous, ce n'est pas la tragédie de la mort du grand Jules, c'est la tragédie de l'erreur et du châtiment du noble Marcus Brutus ; la portée véritable de l'œuvre est celle-ci : Les dieux ne pardonnent pas même à la vertu lorsqu'elle ne sait pas reconnaître les ambassadeurs et les ministres nécessaires de leurs volontés. Ô Marcus Brutus, c'est en vain que la noblesse de ton âme et la pureté de tes intentions plaident pour toi auprès de la postérité ; leur plaidoyer se change en accusation : car plus vertueux et plus pur tu apparais, et plus ta culpabilité éclate. C'est précisément aux hommes de ta trempe et de ton caractère qu'il appartient de ne pas commettre l'erreur dans laquelle tu t'es laissé tomber. Tu n'as pas su lire les exigences de ton temps, et cependant ces exigences étaient écrites en caractères grands comme l'univers ; tu n'as pas entendu les voix des Dieux, et cependant ces voix grondaient comme la clameur de l'humanité tout entière. Ô platonicien, à quoi te servait d'avoir été instruit dans la doctrine par excellence de l'ordre et de l'harmonie, si c'était pour ne pas reconnaître qu'une vaste et large harmonie demandait à naître, que le règne de la cité était fini et que celui de l'univers commençait. Il est permis à un Cassius dont les regards sont tournés sur la terre, d'être aveugle devant de tels signes ; mais non à un homme tel que toi. Ce qui constitue ton crime véritable, ce n'est pas le coup de poignard que tu as donné, c'est l'erreur morale qui a dirigé ton bras. Ce coup de poignard, c'est le crime de Cassius, de Casca, de Cimber, de Ligarius ; la postérité ne va pas plus loin que cet acte matériel dans l'accusation qu'elle porte contre eux ; mais toi, tu as péché contre la métaphysique, contre l'ordre moral, contre le cours légitime des choses, contre les décrets du destin, et c'est pourquoi jusqu'à la fin des temps tu conserveras une mémoire équivoque, tu resteras un sujet de controverse ; ton nom prononcé n'éveillera jamais un transport d'enthousiasme, et ton souvenir, âme vertueuse, ne servira jamais d'aiguillon à la vertu.

PERSONNAGES DU DRAME.

JULES CÉSAR.
OCTAVE CÉSAR, \
MARC ANTOINE, } triumvirs après la mort de JULES CÉSAR.
MARC-ÉMILE LÉPIDE. /

CICÉRON, \
PUBLIUS, } sénateurs.
POPILIUS LÉNA. /

MARCUS BRUTUS, \
CASSIUS, |
CASCA, |
CINNA, |
TRÉBONIUS, } conspirateurs contre CÉSAR.
LIGARIUS, |
DÉCIUS BRUTUS, |
MÉTELLUS CIMBER. /

FLAVIUS, } tribuns.
MARULLUS.

ARTÉMIDORE, sophiste de Gnide.
CINNA, poëte.
UN AUTRE POËTE.
UN DEVIN.

LUCILIUS, \
TITINIUS, |
MESSALA, } amis de BRUTUS et de CASSIUS.
LE JEUNE CATON, |
VOLUMNIUS. /

VARRON, \
CLITUS, |
CLAUDIUS, |
STRATON, } serviteurs de BRUTUS.
LUCIUS, |
DARDANIUS. /

PINDARUS, serviteur de CASSIUS.

CALPHURNIA, femme de JULES CÉSAR.
PORTIA, femme de BRUTUS.

Sénateurs, Citoyens, Gardes, etc.

Scène. — Pendant la plus grande partie du drame à Rome, puis à Sardes, et près de Philippe.

JULES CÉSAR.

ACTE I.

SCÈNE PREMIÈRE.

Rome. — Une rue.

Entrent FLAVIUS *et* MARULLUS, *suivis par un flot de populace.*

Flavius. — Hors d'ici ! Au logis, fainéants, au logis ! Est-ce que c'est aujourd'hui jour de fête ? Comment ! est-ce que vous ne savez pas qu'étant des artisans, vous ne devez pas vous montrer un jour ouvrier, sans avoir les insignes de vos professions ? — Parle, toi, quel est ton métier ?

Premier citoyen. — Hé, Seigneur, je suis charpentier.

Marullus. — Où est ton tablier de cuir et ta règle ? Pourquoi te promènes-tu avec tes plus beaux habits ? — Et vous, Monsieur, quel est votre métier ?

Deuxième citoyen. — Ma foi, Seigneur, pour ce qui est d'avoir un bel état, je ne suis, comme vous diriez, qu'un rapiéceur.

Marullus. — Mais quel est ton métier ? réponds-moi directement.

Deuxième citoyen. — C'est un métier, Seigneur, que je puis exercer, je l'espère, avec une bonne conscience;

puisque je suis, Seigneur, un raccommodeur de vieilles *âmes de chausses* (a).

MARULLUS. — Quel métier, drôle? quel métier, méchant drôle?

DEUXIÈME CITOYEN. — Voyons, je vous en prie, Seigneur, que je ne vous mette pas hors de vous; et cependant si vous avez certaine chose qui se montre en dehors, Seigneur, je puis vous raccommoder.

MARULLUS. — Qu'entends-tu par là? Me *raccommoder*, impertinent garçon?

DEUXIÈME CITOYEN. — Parbleu, Seigneur, vous ressemeler.

FLAVIUS. — Tu es savetier, alors; est-ce là ton métier?

DEUXIÈME CITOYEN. — Vraiment, Seigneur, je ne vis absolument que par l'alène : je ne me mêle des affaires des hommes et des affaires des femmes qu'avec l'alène. Je suis, en vérité, Seigneur, un chirurgien de vieux souliers; lorsqu'ils sont en grand danger, je les rétablis, et il n'est pas d'homme si fier qu'il soit, ayant marché sur du cuir de vache, qui n'ait marché sur l'ouvrage de mes mains.

FLAVIUS. — Mais pourquoi n'es-tu pas dans ton échoppe aujourd'hui? Pourquoi conduis-tu ces gens à travers les rues?

DEUXIÈME CITOYEN. — Ma foi, Seigneur, afin de leur faire user leurs souliers, et de me procurer plus d'ouvrage. Mais la vérité, Seigneur, c'est que nous nous donnons congé pour voir César, et nous réjouir de son triomphe.

MARULLUS. — Pourquoi vous réjouir? Quelle conquête rapporte-t-il dans sa patrie? Quels tributaires le suivent à Rome, pour parer son triomphe, en marchant, captifs liés de chaînes, derrière les roues de son char[1]? Ô bûches, pierres, êtres pires que les choses insensibles! Ô cœurs endurcis, cruels habitants de Rome, ne connaissiez-vous

---

(a) *Sole*, semelle, se prononce à peu près comme *soul*, âme, et c'est ce dernier mot que Marullus entend. Il se trouve justement que dans l'argot de nos artisans, une certaine partie du soulier s'appelle l'âme.

pas Pompée? Que de fois n'avez-vous pas grimpé sur les murailles et les remparts, sur les tours et les fenêtres, oui, même sur le faîte des cheminées, vos enfants dans vos bras, et n'y êtes-vous pas restés assis, tant que le jour était long, dans une attente patiente, afin de voir le grand Pompée passer à travers les rues de Rome? et lorsque vous voyiez apparaître seulement son char, ne poussiez-vous pas une acclamation d'une telle unanimité que le Tibre tremblait sous ses flots en entendant l'écho de vos cris répercutés par ses rivages creux? Et maintenant vous venez vous mettre en habits de fête, maintenant vous vous octroyez congé, maintenant vous semez des fleurs sur la route de celui qui revient triompher du sang de Pompée! Partez! courez à vos maisons, tombez à genoux, priez les Dieux de retenir le fléau qui doit nécessairement tomber sur cette ingratitude.

Flavius. — Allez, allez, mes bons compatriotes, et pour expier cette faute, assemblez tous les pauvres gens de votre condition; conduisez-les sur les bords du Tibre, et pleurez vos larmes dans le fleuve jusqu'à ce que ses flots les plus bas viennent baiser le plus haut point de ses rivages. (*Sortent les citoyens.*) Voyez un peu si le très-bas métal dont ils sont faits n'a pas été ému; le sentiment de leur culpabilité les fait s'éloigner langue liée. Descendez de ce côté vers le Capitole; moi, j'irai de celui-là: dépouillez les images si vous les trouvez ornées d'insignes de cérémonie.

Marullus. — Pouvons-nous faire cela? Vous savez que c'est la fête des Lupercales [2]?

Flavius. — Peu importe; ne permettons pas qu'aucune image porte les trophées de César. Je vais rôder par là, et chasser le peuple des rues; faites-en autant, partout où vous apercevrez qu'ils s'attroupent. En enlevant ces grosses plumes-là de l'aile de César, nous le forcerons à prendre un vol ordinaire; sans cela, il planerait hors de la portée des yeux humains, et nous tiendrait tous dans une crainte servile. (*Ils sortent.*)

SCÈNE II.

Rome. — Une place publique.

Entrent en procession au son de la musique, CÉSAR; ANTOINE *préparé pour la course;* CALPHURNIA, PORTIA, DÉCIUS, CICÉRON, BRUTUS, CASSIUS *et* CASCA; *une grande foule les suit; dans le nombre est* UN DEVIN.

César. — Calphurnia[3]!

Casca. — Holà, silence! César parle. (*La musique cesse.*)

César. — Calphurnia!

Calphurnia. — Me voici, mon Seigneur.

César. — Placez-vous directement sur le chemin d'Antoine, lorsqu'il fera sa course. Antoine!

Antoine. — Mon Seigneur, César?

César. — Antoine, n'oubliez pas, dans l'entraînement de votre vélocité, de toucher Calphurnia; car nos anciens disent que les femmes stériles touchées dans cette sainte course se débarrassent de la malédiction de leur infécondité.

Antoine. — Je m'en souviendrai : lorsque César dit, *faites cela,* c'est chose exécutée.

César. — Commencez, et qu'on n'oublie aucune cérémonie. (*Musique.*)

Le devin. — César[4]!

César. — Hé! Qui appelle?

Casca. — Ordonnez que tout bruit cesse : paix une fois encore! (*La musique cesse.*)

César. — Qui donc m'appelle au milieu de la foule? J'entends une voix, plus perçante que toute la musique ensemble, qui crie : *César.* Parle; César est disposé à écouter.

Le devin. — Prends garde aux Ides de Mars[5].

César. — Quel est cet homme?

Brutus. — Un devin qui vous avertit de prendre garde aux Ides de Mars.

César. — Placez-le en face de moi ; laissez-moi voir son visage.

Cassius. — Camarade, sors de la foule : lève les yeux sur César.

César. — Que me disais-tu tout à l'heure ? répète-le-moi une fois encore.

Le devin. — Prends garde aux Ides de Mars.

César. — C'est un rêveur ; laissons-le ; passons. (*Fanfares. Tous sortent, excepté Brutus et Cassius.*)

Cassius. — Voulez-vous venir voir l'ordre de la course ?

Brutus. — Moi, non.

Cassius. — Venez, je vous en prie.

Brutus. — Je ne suis pas grand amateur de jeux : il me manque quelque peu de cette allégresse d'âme qui est dans Antoine. Mais que je ne sois pas un obstacle à vos désirs, Cassius ; je vais vous laisser.

Cassius. — Brutus, je vous observe depuis quelque temps : je ne trouve pas dans vos yeux cette courtoisie et ces marques d'affection que j'avais coutume d'y trouver : vous gardez une attitude trop roide et trop circonspecte avec votre ami qui vous aime.

Brutus. — Cassius, ne vous abusez pas : si mes regards sont voilés, c'est simplement qu'ils sont tournés sur le trouble intérieur de mon âme. Je suis assailli depuis ces derniers temps par des sentiments qui se font quelque peu la guerre, par des pensées qui me sont entièrement personnelles, et qui peut-être altèrent légèrement ma façon d'être ; mais que mes bons amis ne s'en affligent pas, — et dans le nombre, je vous comprends, Cassius, — et qu'ils ne donnent pas à ma négligence d'autre explication que celle-ci, c'est que le pauvre Brutus, en guerre avec lui-même, oublie de faire aux autres hommes les démonstrations ordinaires d'amitié.

Cassius. — En ce cas, Brutus, je me suis bien trompé sur vos dispositions, ce qui a fait que j'ai dû ensevelir dans mon sein des pensées de grande valeur, des réflexions importantes. Dites-moi, vertueux Brutus, pouvez-vous voir votre visage?

Brutus. — Non, Cassius, car l'œil ne se voit pas lui-même ; il ne se voit que par réflexion, par l'intermédiaire de quelque autre objet.

Cassius. — C'est juste, et on regrette beaucoup, Brutus, que vous n'ayez pas de tels miroirs pour renvoyer à votre œil l'image de votre noblesse cachée, et vous permettre de voir votre ombre. J'ai entendu bien des hommes, parmi les plus respectables de Rome, — en exceptant l'immortel César, — parler de Brutus, et tous, en gémissant sur la tyrannie du siècle, ont regretté que le noble Brutus n'eût pas ses yeux.

Brutus. — Dans quels dangers voulez-vous donc me jeter, Cassius, pour désirer me voir chercher en moi ce qui n'y est pas?

Cassius. — Préparez-vous donc à écouter, vertueux Brutus, et puisque vous convenez que vous ne pouvez vous voir vous-même que par réflexion, moi, votre miroir, je vais modestement vous découvrir de vous-même ce que vous n'en connaissez pas encore. Ne vous méfiez pas de moi, noble Brutus : si je suis un plaisant banal, si j'ai coutume de prostituer avec des serments vulgaires mon amitié à chaque nouveau venu qui m'assure de la sienne ; s'il est à votre connaissance que j'ai pour habitude de flagorner les gens, de les presser étroitement contre mon cœur, et puis d'aller après cela médire d'eux ; s'il est à votre connaissance, que dans un banquet, je suis capable de faire profession d'amitié pour tous les convives indistinctement, eh bien alors, tenez-moi pour dangereux. (*Fanfares et acclamations.*)

Brutus. — Que signifie cette acclamation? Je crains que le peuple ne choisisse César pour son roi.

Cassius. — Vraiment, craignez-vous cela? alors je dois supposer que vous ne voudriez pas que cela fût.

Brutus. — Je ne le voudrais pas, Cassius ; cependant je l'aime bien. Mais pourquoi me retenez-vous ici si longtemps? Qu'est-ce que vous vouliez me communiquer?

si c'est quelque chose qui regarde le bien général, placez l'honneur devant un de mes yeux, et la mort devant l'autre, et je les regarderai tous deux avec une égale fermeté ; car que les Dieux me soient propices, autant qu'il est vrai que j'aime le nom d'honneur plus que je ne crains la mort.

Cassius. — Je sais que la vertu habite en vous, Brutus, aussi bien que je connais les traits extérieurs de votre visage. Bon, l'honneur est précisément le sujet de mon histoire. Je ne puis dire ce que vous et les autres hommes pensez de cette vie ; mais pour ce qui est de moi en particulier, j'aimerais autant ne pas exister, que de vivre soumis à l'obligation de me courber devant un être égal à moi. Je suis né libre comme César, vous de même : nous avons été tous deux aussi solidement nourris que lui, et nous pouvons tous les deux supporter le froid de l'hiver anssi bien que lui ; car une fois, pendant une journée orageuse et pleine de vent, où le Tibre troublé grondait contre ses rivages, César me dit : « Oserais-tu bien, Cassius, te jeter avec moi dans ce fleuve irrité, et nager jusqu'à ce point qui est là-bas ? » Sur ce mot, tout habillé comme je l'étais, je plongeai, et je l'invitai à me suivre, et c'est ce qu'il fit, en vérité. Le torrent rugissait ; nous le soufflettions de nos bras vigoureux, le rejetant de côté, et le coupant avec des cœurs pleins d'émulation : mais avant que nous eussions eu le temps d'arriver au point désigné, César cria : « Secours-moi, Cassius, ou j'enfonce ! » Moi, comme Énée, notre grand ancêtre, enleva le vieil Anchise sur ses épaules du milieu des flammes de Troie, ainsi je tirai des eaux du Tibre César épuisé : et cet homme est maintenant devenu un Dieu ; et Cassius est un pauvre être qui doit plier les reins, si César lui adresse seulement un signe de tête indifférent Il eut la fièvre, lorsqu'il était en Espagne, et quand l'accès le saisit, je remarquai comme il tremblait : c'est la vérité, ce Dieu tremblait : la couleur avait fui de ses lèvres poltronnes, et cet œil dont le regard remplit le monde de crainte, avait perdu son lustre : je l'entendis gémir : oui, cette même voix qui commande aux Romains de lui prêter attention, et d'inscrire ses discours dans leurs annales, « Hélas, criait-elle, donne-moi à boire, Titinius, » comme celle d'une fillette malade. Ô Dieux, cela me confond qu'un homme d'un si faible tempérament puisse prendre à ce point les devants dans les courses de ce monde majestueux, et remporter seul la palme. (*Fanfares et acclamations*[6].)

Brutus. — Encore une autre acclamation générale! Je me doute que ces applaudissements doivent accueillir quelques nouveaux honneurs dont on charge César.

Cassius. — Parbleu, ami, il enjambe le monde étroit comme un colosse ; et nous, petits hommes, nous errons sous ses vastes jambes, rôdant de côté et d'autre pour nous trouver des tombeaux ignominieux. Il est des occasions où les hommes sont maîtres de leurs destinées : si nous sommes des subalternes, la faute, cher Brutus, n'en est pas à nos étoiles, mais à nous-mêmes. *Brutus* et *César :* qu'est-ce qu'il y a dans ce *César ?* Pourquoi ce nom sonnerait-il mieux que le vôtre ? Écrivez-les ensemble, votre nom est aussi beau : prononcez-les ensemble, ils remplissent aussi bien la bouche l'un que l'autre ; pesez-les ensemble, l'un est aussi pesant que l'autre ; employez-les ensemble pour une conjuration, *Brutus* évoquera un esprit aussi vite que *César*[7]. Au nom de tous les Dieux à la fois, je le demande, de quelle substance s'est donc nourri notre César pour être devenu grand à ce point? Siècle, tu es déshonoré! Rome, tu as perdu la race des nobles sangs! Depuis le grand déluge, s'est-il jamais écoulé un siècle qui n'ait été illustré que par un seul homme? Quand donc, jusqu'à ce jour, ceux qui parlaient de Rome, ont-ils pu dire que ses vastes murailles ne renfermaient qu'un seul homme? Rome est Rome plus que jamais maintenant, ma foi; car elle est d'autant plus vaste qu'elle ne contient qu'un seul homme. Oh! vous et moi, nous avons entendu raconter à nos pères qu'il y eut autrefois un Brutus qui aurait autant aimé voir le diable établir son empire dans Rome pour l'éternité que d'y voir un roi !

Brutus. — Que vous m'aimiez, je n'en fais aucun doute, et quant à l'entreprise dans laquelle vous voudriez m'engager, j'en ai quelque soupçon ; je vous dirai plus tard quelles ont été mes réflexions sur cette affaire et l'époque où nous vivons ; pour le moment, si mes instances peuvent obtenir cela de votre amitié, je désirerais ne pas être pressé davantage. Ce que vous m'avez dit, je le méditerai ; ce que vous avez encore à me dire, je l'écouterai avec patience ; et je trouverai une heure convenable pour entendre de si grandes affaires et y répondre. Jusqu'à ce moment, mon noble ami, ruminez bien ceci : Brutus aimerait mieux être un villageois que de se parer du titre de fils de Rome aux dures conditions que cette époque va probablement nous imposer.

Cassius. — Je suis heureux que mes faibles paroles aient frappé assez fort cependant pour faire jaillir de Brutus autant de feu.

Brutus. — Les jeux sont terminés, et César revient.

Cassius. — Lorsqu'ils passeront, tirez Casca par la manche, et il vous racontera, à sa manière morose habituelle, ce qui s'est passé aujourd'hui de digne de remarque.

Rentrent CÉSAR *et sa suite.*

Brutus. — Je ferai ce que vous me recommandez. Mais voyez donc, Cassius, cette marque de colère qui éclate sur le front de César, et tous les autres qui ont l'air d'une escorte qui a été réprimandée : la joue de Calphurnia est pâle, et Cicéron a ces mêmes yeux enflammés de furet que nous lui voyons au Capitole quand dans la discussion il est contrarié par quelques sénateurs.

Cassius. — Casca nous en dira la raison.

César. — Antoine !

Antoine. — César ?

César. — Entourez-moi d'hommes qui soient gras, d'hommes à tête lisse et dormant la nuit : ce Cassius là-bas a un regard maigre et affamé, il pense trop : de tels hommes sont dangereux.

Antoine. — Ne le crains pas, César; il n'est pas dangereux; c'est un noble Romain et bien disposé.

César. — Que je le voudrais plus gras! — mais je ne le crains pas; cependant si mon âme était capable de crainte, je ne connais pas d'homme que j'éviterais autant que ce mince Cassius. Il lit beaucoup; c'est un grand observateur, et il pénètre profondément dans les actions des hommes : il n'aime pas les représentations théâtrales comme toi, Antoine; il n'écoute pas de musique; il sourit rarement, et quand il le fait, c'est de telle sorte qu'on dirait qu'il se moque de lui-même, et qu'il méprise son âme d'avoir été assez émue pour sourire à quelque chose. De tels hommes ne vivent jamais avec un cœur content, tant qu'ils en voient un plus grand qu'eux, et par conséquent ils sont très-dangereux. Je te dis plutôt ce qu'il faut craindre que ce que je crains, car je suis toujours César. Passe à mon côté droit, car cette oreille-ci est sourde, et dis-moi sincèrement ce que tu penses de lui. (*Sortent César et sa suite. Casca reste en arrière.*)

Casca. — Vous m'avez tiré par mon manteau; voulez-vous me parler?

Brutus. — Oui, Casca; dis-nous ce qui s'est passé aujourd'hui pour que César ait l'air si triste?

Casca. — Mais, vous étiez avec lui; est-ce que vous n'y étiez pas?

Brutus. — Je ne demanderais pas alors à Casca ce qui s'est passé.

Casca. — Parbleu, on lui a présenté une couronne, et lorsqu'elle lui a été présentée, il l'a repoussée ainsi, du revers de la main; là-dessus le peuple s'est mis à applaudir.

Brutus. — Et quelle était la raison du second tapage?

Casca. — Mais, c'était encore la même.

Cassius. — Ils ont applaudi trois fois : quelle était la raison de la dernière clameur?

Casca. — Mais, toujours la même.

Brutus. — Est-ce que la couronne lui a été offerte trois fois?

Casca. — Oui, parbleu, et trois fois il l'a repoussée, à

ACTE I, SCÈNE II.

chaque fois plus doucement qu'à la précédente ; et à chaque nouveau refus, mes honnêtes voisins applaudissaient.

Cassius. — Qui lui a offert la couronne ?

Casca. — Antoine, parbleu.

Brutus. — Raconte-nous comment les choses se sont passées, aimable Casca.

Casca. — J'aimerais autant être pendu que de vous dire comment cela s'est passé : c'était bouffonnerie pure, je n'y ai pas prêté attention. J'ai vu Marc Antoine lui offrir une couronne ; — on peut à peine dire que c'était une couronne, c'était une de ces toutes petites couronnes ; — et comme je vous le disais, il l'a repoussée une première fois, mais malgré tout, selon mon opinion, il aurait bien voulu la garder. Puis Antoine la lui a offerte encore, et il l'a encore repoussée, mais selon mon opinion, il était très-lent à en retirer ses doigts. Enfin il la lui a offerte une troisième fois, et il l'a repoussée pour la troisième fois, et chaque fois qu'il l'a refusée, la canaille s'est mise à brailler, et à claquer de ses mains gercées, et à lancer en l'air ses bonnets graisseux, et à exhaler une telle masse d'haleines puantes, parce que César refusait la couronne, que César en a été presque étouffé ; car il s'est évanoui, et il en est tombé à la renverse, et pour ma part, je n'ai pas osé rire de crainte d'entr'ouvrir mes lèvres et de recevoir ce mauvais air.

Cassius. — Mais doucement, je vous prie : comment ! est-ce que César s'est évanoui ?

Casca. — Il est tombé sur la place du marché, rendant de l'écume par la bouche, et sans pouvoir parler.

Brutus. — C'est très-probable, il a le mal tombant.

Cassius. — Non, César ne l'a pas ; mais c'est vous, et moi, et l'honnête Casca, qui avons le mal tombant.

Casca. — Je ne sais pas ce que vous entendez par là ; mais ce dont je suis sûr, c'est que César est tombé. Si le peuple déguenillé ne l'a pas applaudi et sifflé, selon qu'il lui plaisait ou lui déplaisait, absolument comme il a coutume de faire avec les acteurs au théâtre, je veux bien n'être qu'un menteur.

Brutus. — Qu'a-t-il dit lorsqu'il est revenu à lui?

Casca. — Parbleu, avant de tomber, lorsqu'il s'est aperçu que le troupeau du vulgaire était joyeux qu'il refusât la couronne, il vous a ouvert sa robe, et leur a offert de lui couper la gorge! Si j'avais été un de ces artisans, je l'aurais ma foi pris au mot, ou je veux bien aller en enfer avec les coquins : — là-dessus il est tombé. Lorsqu'il est revenu à lui-même, il a dit que s'il avait fait ou dit quelque chose de travers, il suppliait leurs Excellences de vouloir bien mettre cela sur le compte de son infirmité. Trois ou quatre filles qui étaient près de moi ont crié : « Hélas! bonne âme! » et lui ont pardonné de tout leur cœur : mais il n'y a pas à faire attention à elles; si César avait tué leurs mères, elles en auraient fait tout autant.

Brutus. — Et c'est après cela qu'il s'en est retourné avec cette triste mine?

Casca. — Oui.

Cassius. — Cicéron a-t-il dit quelque chose?

Casca. — Oui, il a parlé grec.

Cassius. — Dans quel but?

Casca. — Parbleu, si je puis vous le dire, je veux bien ne plus vous regarder jamais en face : mais ceux qui le comprenaient se sont souri les uns aux autres, et ont secoué leurs têtes; mais pour ce qui me concerne, ce qu'il a dit était pur grec. Je puis vous donner encore d'autres nouvelles : Marullus et Flavius, pour avoir fait enlever les écharpes aux statues de César, sont réduits au silence. Portez-vous bien. Il s'est passé encore d'autres sottises, si je pouvais me les rappeler.

Cassius. — Voulez-vous souper avec moi ce soir, Casca?

Casca. — Non, je suis engagé déjà.

Cassius. — Voulez-vous dîner avec moi demain?

Casca. — Oui, si je suis vivant, si vous ne changez pas d'avis, et si votre dîner vaut la peine d'être mangé.

Cassius. — C'est bon, je vous attendrai.

Casca. — C'est cela : adieu, à tous les deux. (*Il sort.*)

Brutus. — Quel être émoussé il est devenu! lorsqu'il était à l'école, il n'était qu'entrain et vivacité.

Cassius. — Et tel il est encore, lorsqu'il s'agit d'exécuter quelque entreprise noble et hardie, en dépit des formes lourdes qu'il affecte. Cette rudesse est la sauce de son bon sens, et sert aux gens de stimulant pour avaler ses paroles avec un meilleur appétit.

Brutus. — C'est vrai. Je vais vous laisser pour l'instant : demain, s'il vous plaît de causer avec moi, j'irai vous trouver chez vous; ou si vous le préférez, venez me trouver chez moi.

Cassius. — C'est ce que je ferai : — jusque-là pensez au monde. (*Sort Brutus.*) Oui, Brutus, tu es noble; cependant je vois que le métal d'honneur dont tu es formé peut être travaillé de manière à perdre ses affinités premières : il est vraiment convenable que les nobles esprits tiennent toujours compagnie avec leurs pareils; car qui donc est si ferme qu'il ne puisse être séduit? César ne peut me supporter; mais il aime Brutus : si moi j'étais maintenant Brutus, et que lui fût Cassius, il ne m'influencerait pas. Je vais cette nuit jeter à ses fenêtres des billets d'écritures différentes, comme s'ils venaient de divers citoyens, tous se rapportant à la grande estime en laquelle Rome tient son nom, et où seront faites, sous forme obscure, des allusions à l'ambition de César : après cela, que César se tienne ferme sur son siége; car nous l'ébranlerons, sinon il nous faudra supporter de pires jours. (*Il sort.*)

SCÈNE III.

Rome. — Une rue.

Tonnerre et éclairs. Entrent de côtés opposés, CASCA, *son épée nue à la main, et* CICÉRON.

Cicéron. — Bonsoir, Casca : avez-vous ramené César chez lui? pourquoi êtes-vous essoufflé? et pourquoi tressaillez-vous ainsi?

Casca. — Est-ce que vous n'êtes pas ému, lorsque toute la masse de la terre tremble, comme une chose mal assise? Ô Cicéron, j'ai vu des tempêtes pendant lesquelles les vents pleins de rage fendaient les chênes noueux; j'ai vu l'ambitieux Océan se gonfler, gronder, écumer, en s'élevant jusqu'au niveau des menaçants nuages; mais jamais jusqu'à cette nuit, jamais jusqu'à cette heure, je n'avais traversé une tempête laissant pleuvoir du feu. Ou bien il y a une guerre civile dans les cieux, ou bien le monde trop impie envers les dieux, les pousse de colère à faire tomber sur lui la destruction.

Cicéron. — Comment! avez-vous encore vu quelque autre chose merveilleuse?

Casca. — Un esclave vulgaire (vous le connaissez parfaitement de vue) a élevé sa main gauche qui s'est enflammée et s'est mise à brûler comme vingt torches unies ensemble, et cependant sa main insensible au feu est restée sans blessure. En outre (je n'ai pas depuis lors rengainé mon épée), devant le Capitole, j'ai rencontré un lion, qui a fixé sur moi ses yeux de braise, et puis qui s'en est allé d'un pas farouche sans m'inquiéter: et près de là il s'était formé un groupe d'une centaine de femmes transformées en spectres par leurs craintes, qui ont juré qu'elles avaient vu des hommes, tout en feu, monter et descendre les rues. Hier l'oiseau de nuit s'est perché en plein midi, sur la place du marché, piaulant et gémissant. Lorsque de tels prodiges se présentent simultanément, qu'on ne vienne pas me dire: « ils ont leurs raisons d'être, ils sont naturels. » Pour moi, je crois que ce sont des phénomènes pleins de présages pour la région qu'ils avertissent en s'y manifestant.

Cicéron. — En vérité, c'est une époque qui couve d'étranges événements : mais les hommes peuvent interpréter les choses à leur façon, et leurs interprétations s'éloigner beaucoup de la raison véritable des choses. César va-t-il demain au Capitole?

Casca. — Il y va, car il a recommandé à Antoine de vous envoyer dire qu'il y serait demain?

ACTE I, SCÈNE III.

Cicéron. — En ce cas, bonne nuit, Casca : ce ciel troublé n'est pas propice aux promenades.

Casca. — Adieu, Cicéron. (*Sort Cicéron.*)

Entre CASSIUS.

Cassius. — Qui va là ?

Casca. — Un Romain.

Cassius. — Casca, si j'en crois votre voix.

Casca. — Vous avez l'oreille bonne. Quelle nuit que celle-ci, Cassius !

Cassius. — C'est une nuit très-agréable pour les honnêtes gens.

Casca. — Qui a jamais vu les cieux menacer ainsi ?

Cassius. — Ceux qui ont vu la terre aussi pleine de crimes qu'elle l'est. Pour ma part, j'ai erré à travers les rues, me soumettant aux périls de cette nuit : mes vêtements ouverts, comme vous voyez, Casca, j'ai offert ma poitrine nue à la pierre du tonnerre[8]; et lorsque l'éclair au bleu zigzag semblait fendre le sein du ciel, je me suis présenté comme point de mire dans la direction de sa flamme.

Casca. — Mais pourquoi donc avez-vous si fort tenté les cieux ? Il appartient aux hommes de craindre et de trembler, lorsque les très-puissants Dieux nous envoient, sous forme de signes, de tels messagers redoutables pour nous combler d'étonnement.

Cassius. — Vous êtes d'intelligence lente, Casca, et ces étincelles de vie qui devraient être dans tout Romain, vous ne les possédez pas, ou bien vous ne les employez pas. Vous voilà pâle, hagard, saisi de crainte, et tout confus d'étonnement, en voyant l'étrange impatience des cieux; mais si vous en considérez la vraie cause, si vous cherchez pourquoi tous ces feux, tous ces fantômes à l'allure glissante, pourquoi ces bêtes et ces oiseaux détournés des habitudes de leur nature et de leur espèce, pourquoi ces vieillards, ces idiots, ces enfants qui prophétisent, pourquoi tous ces êtres qui s'écartent de leur loi, échangent leur nature et leurs caractères natifs contre des qualités monstrueuses; — eh bien, alors vous découvrirez que le ciel a infusé en eux cet esprit pour en faire des instruments chargés d'annoncer et de faire redouter quelque monstrueux état de choses. Et maintenant, Casca, je pourrais te nommer un homme très-semblable à cette nuit redoutable, un homme qui tonne, lance des éclairs, ouvre des tombeaux, et rugit comme le lion du Capitole, un homme qui n'est pas plus puissant que toi et moi dans l'action personnelle, et qui cependant est devenu un prodige vivant aussi redoutable que ces étranges phénomènes.

Casca. — C'est de César que vous voulez parler, n'est-ce pas, Cassius?

Cassius. — Eh, peu importe qui ce soit! car si les Romains ont aujourd'hui des muscles et des membres comme leurs ancêtres, en revanche, — hélas, misérable siècle! — les âmes de nos pères sont mortes, et nous sommes gouvernés par les esprits de nos mères; le joug que nous souffrons prouve bien que nous sommes des femmes.

Casca. — En vérité, on dit que demain les sénateurs ont l'intention d'établir César comme roi, et qu'il portera la couronne sur terre et sur mer, en tous lieux, excepté ici, en Italie.

Cassius. — En ce cas, je sais bien où je porterai ce poignard; Cassius délivrera Cassius de l'esclavage : c'est par là, grands Dieux, que vous faites le faible très-fort; c'est par là, ô Dieux, que vous déjouez les tyrans: ni les tours de pierre, ni les murailles d'airain battu, ni les prisons privées d'air, ni les solides chaînes de fer, ne peuvent entraver la force de l'âme; mais l'existence qui est fatiguée de ces obstacles du monde, a toujours la puissance de se donner congé à elle-même. Si je sais cela, que le monde entier sache que cette part de tyrannie que je supporte, je puis la secouer quand il me plaira. (*Nouveau coup de tonnerre.*)

Casca. — Je le puis aussi, et tout esclave tient dans sa propre main le pouvoir d'annuler sa captivité.

Cassius. — Et pourquoi donc César serait-il un tyran? Pauvre homme! je sais qu'il ne voudrait pas être un loup, s'il ne voyait pas que les Romains sont des moutons : il ne serait pas un lion, si les Romains n'étaient pas des daims. Ceux qui veulent faire en toute hâte un feu puissant, le commencent avec de faibles pailles. Quel détritus, quelle corruption, quelle graisse de rebut, il faut que soit cette Rome pour consentir à être la basse substance chargée d'illuminer un être aussi vil que César! Mais, ô douleur, où m'as-tu conduit? Peut-être dis-je tout cela devant un esclave volontaire; s'il en est ainsi, je sais qu'il me faudra répondre de mes paroles : mais je suis armé et les dangers me sont indifférents.

Casca. — Vous parlez à Casca, et à un homme qui n'est pas un plaisant colporteur d'histoires. Tenez, je vous tends la main : conspirez pour le redressement de tous ces griefs, et j'avancerai mon pied aussi loin que celui qui ira le plus loin.

Cassius. — C'est une affaire conclue. Maintenant, sache, Casca, que j'ai déjà décidé un certain nombre de Romains d'entre les plus nobles à se lancer avec moi dans une entreprise de conséquences honorables et dangereuses, et je sais qu'à cette heure-ci, ils m'attendent sous le porche de Pompée; car, avec cette nuit terrible, il n'y a pas à se promener et à rôder par les rues : la physionomie du ciel ressemble à l'œuvre que nous avons en main; comme elle, elle est sanglante, enflammée et fort terrible.

Casca. — Tenons-nous à l'écart un instant, car voici quelqu'un qui vient en toute hâte.

Cassius. — C'est Cinna, je le reconnais à son pas; c'est un ami.

Entre CINNA.

Cassius. — Cinna, où allez-vous en telle hâte?

Cinna. — J'allais vous chercher. Qui est ici? Métellus Cimber[9]?

Cassius. — Non, c'est Casca, un des affiliés à nos projets. On m'attend, n'est-ce pas, Cinna?

Cinna. — Ah je suis fort heureux qu'il soit des nôtres.

Quelle terrible nuit! Deux ou trois d'entre nous ont vu d'étranges spectacles.

Cassius. — Dites-moi, est-ce que je ne suis pas attendu?

Cinna. — Oui, vous êtes attendu. Ô Cassius, si vous pouviez seulement gagner le noble Brutus à notre entreprise....

Cassius. — N'ayez crainte, mon bon Cinna ; prenez ce papier, et ayez soin de le déposer sur la chaise du préteur, où Brutus ne peut manquer de le trouver[10]; jetez celui-là à sa fenêtre; collez cet autre avec de la cire sur la statue du vieux Brutus : tout cela fait, rendez-vous sous le porche de Pompée, où vous nous trouverez. Décius Brutus et Trébonius y sont-ils?

Cinna. — Tous y sont, sauf Métellus Cimber, qui est allé vous chercher à votre logis. Bon, je vais faire diligence, et placer ces papiers comme vous me l'avez recommandé.

Cassius. — Cela fait, rendez-vous au théâtre de Pompée. (*Sort Cinna.*) Allons, Casca, il nous faut vous et moi aller visiter, avant le jour, Brutus à son logis : les trois quarts de sa personne sont nôtres déjà, et l'homme entier se rendra à nous à notre prochaine entrevue.

Casca. — Oh! il est très-haut placé dans le cœur du peuple, et ce qui en nous paraîtrait crime, sa présence, comme une très-puissante alchimie, le changera en vertu et en noblesse.

Cassius. — Vous venez de fort bien définir sa personne, sa valeur, et le grand besoin que nous avons de lui. Partons, car il est minuit passé; avant le jour, nous irons le réveiller et nous assurer de lui. (*Ils sortent.*)

ACTE II.

SCÈNE PREMIÈRE.

Rome. — Le jardin de Brutus.

Entre BRUTUS.

Brutus. — Hé, Lucius! holà! Je ne puis découvrir par la marche des étoiles à quelle distance nous sommes du jour. Lucius, dis-je! Je voudrais bien avoir le défaut de dormir aussi profondément. Eh bien, arrives-tu, Lucius? Voyons donc! Réveille-toi, dis-je! holà, Lucius!

Entre LUCIUS.

Lucius. — Est-ce que vous m'appeliez, Seigneur?

Brutus. — Prépare-moi un flambeau dans mon cabinet d'étude, Lucius : lorsqu'il sera allumé, viens m'avertir ici.

Lucius. — Oui, Seigneur. (*Il sort.*)

Brutus. — Cela doit se faire par sa mort: pour ma part, je ne me connais aucune raison personnelle de le frapper, si ce n'est l'intérêt général. Il voudrait être couronné : — jusqu'à quel point cela changerait-il sa nature, là est la question. C'est le jour lumineux qui fait sortir la vipère; cela demande qu'on avance prudemment le pied. Le couronner? — voilà l'affaire; — dans ce cas, j'avoue que nous l'armons d'un dard dont il pourra blesser à volonté. L'abus de la grandeur existe lorsqu'elle sépare l'humanité de la puissance : or pour dire la vérité sur César, je ne me suis jamais aperçu que ses passions aient pris le pas sur sa raison. Mais c'est une chose bien connue que l'humilité est l'échelle de l'ambition à ses débuts, l'échelle que l'ambitieux grimpe la face de son côté ; mais lorsqu'il a une fois atteint le faîte suprême, il tourne alors le dos à l'échelle, et regarde en haut les nuages, méprisant les vils degrés par lesquels il est monté : c'est ce que peut faire César ; pour qu'il ne le puisse, il faut donc le prévenir. En effet, comme la querelle que nous lui cherchons ne trouve aucune justification dans ce qu'il est maintenant, il faut l'appuyer sur cette considération, que le personnage qu'il est, une fois agrandi, courait à telles et telles extrémités : par conséquent, nous devons le regarder comme un œuf de serpent qui, une fois couvé, deviendrait malfaisant selon les lois de sa nature, et le tuer dans la coquille.

Rentre LUCIUS.

Lucius. — Le flambeau est allumé dans votre cabinet, Seigneur. En cherchant sur la fenêtre une pierre à feu, j'ai trouvé ce papier scellé comme le voilà (*il lui donne une lettre*) ; et je suis sûr qu'il n'y était pas lorsque je suis allé au lit[1].

Brutus. — Retourne te mettre au lit, il n'est pas encore jour. N'est-ce pas demain les Ides de Mars, enfant ?

Lucius. — Je ne sais pas, Seigneur.

Brutus. — Regarde dans le calendrier, et rapporte-moi une réponse.

Lucius. — J'y vais, Seigneur. (*Il sort.*)

Brutus. — Ces météores qui sifflent dans l'air en flamboyant, donnent tant de lumière que je puis lire à leur clarté. (*Il ouvre la lettre et lit.*) « Brutus, tu sommeilles : réveille-toi, et sache te voir toi-même. Rome sera-t-elle ? *etc. etc.* Parle, frappe, redresse ! » *Brutus, tu sommeilles ; réveille-toi !* De semblables instigations ont été souvent jetées dans des endroits où je les ai ramassées. *Rome sera-t-elle, etc. ?* Je dois achever la phrase ainsi : « Rome se courbera-t-elle sous l'autorité d'un homme ? » Comment ! Rome ? mes ancêtres chassèrent le Tarquin des rues de Rome lorsqu'il fut appelé roi. *Parle, frappe, redresse !*

Est-ce qu'on me sollicite de parler et de frapper ? Ô Rome, je te fais promesse que si le redressement de tes griefs doit s'ensuivre, tu recevras de la main de Brutus l'entier accomplissement de ta pétition !

Rentre LUCIUS.

Lucius. — Seigneur, quatorze jours de Mars se sont écoulés. (*On frappe à l'extérieur.*)

Brutus. — C'est bon. Va voir à la porte ; quelqu'un frappe. (*Sort Lucius.*) Depuis que Cassius m'a pour la première fois aiguisé contre César, je n'ai pas dormi. Tout l'intervalle qui s'écoule entre la première suggestion d'une chose terrible et son exécution, est comme une fantasmagorie ou un rêve hideux : l'âme et les organes mortels sont alors en conseil, et pareil à un petit royaume, l'homme est en proie à un état d'insurrection.

Rentre LUCIUS.

Lucius. — Seigneur, c'est votre beau-frère Cassius qui est à la porte ; il désire vous parler [2].

Brutus. — Est-il seul ?

Lucius. — Non, Seigneur, il y a d'autres personnes avec lui.

Brutus. — Les connais-tu ?

Lucius. — Non, Seigneur ; leurs chapeaux sont enfoncés sur leurs oreilles, et ils ont leurs visages à moitié ensevelis dans leurs manteaux, en sorte que je ne puis aucunement découvrir quels ils sont par aucun de leurs traits.

Brutus. — Fais-les entrer. (*Sort Lucius.*) C'est la faction. Ô conspiration ! est-ce donc que tu as honte de montrer ton front dangereux pendant la nuit, à l'heure même où les mauvaises choses sont le plus en liberté ? Oh, dans ce cas, où trouveras-tu pendant le jour une caverne assez ténébreuse pour masquer ton monstrueux visage ? N'en cherche pas, conspiration, cache-toi sous les sourires et la politesse ; car si tu te présentais avec ta physionomie naturelle, l'Érèbe lui-même ne serait pas assez ténébreux pour t'empêcher d'être reconnue.

Entrent CASSIUS, CASCA, DÉCIUS, CINNA, MÉTELLUS CIMBER *et* TRÉBONIUS.

Cassius. — Je crois que nous prenons trop de hardiesse avec votre repos : bonjour, Brutus ; est-ce que nous vous troublons ?

Brutus. — Je suis levé depuis une heure, et j'ai été éveillé toute la nuit. Est-ce que je connais ces hommes qui sont venus avec vous ?

Cassius. — Oui, vous connaissez chacun d'eux, et il n'en est aucun qui ne vous honore, aucun qui ne souhaite vous voir entretenir de vous-même l'opinion qu'en a chaque noble Romain. Celui-ci est Trébonius.

Brutus. — Il est le bienvenu ici.

Cassius. — Celui-là est Décius Brutus.

Brutus. — Il est aussi le bienvenu.

Cassius. — Celui-là est Casca, celui-là Cinna, et cet autre Métellus Cimber.

Brutus. — Ils sont tous les bienvenus. — Quels soucis inquiets s'interposent entre vos yeux et la nuit ?

Cassius. — Voudriez-vous me permettre de vous dire un mot ? (*Brutus et Cassius chuchotent.*)

Décius. — L'Orient est de ce côté : n'est-ce pas le jour qui pointe là-bas ?

Casca. — Non.

Cinna. — Oh ! pardon, Seigneur, il se lève ; et ces bandes grises là-bas qui échancrent les nuages sont les messagères du jour.

Casca. — Vous serez forcés d'avouer que vous vous trompez tous deux. C'est ici, sur le point où je dirige mon épée, que le soleil se lève, point qui est beaucoup plus au midi, à cause de la jeunesse encore récente de l'année. Dans deux mois d'ici, il présentera ses feux plus haut vers le Nord, et l'Orient se trouve droit ici, dans la direction du Capitole.

Brutus, *s'avançant*. — Donnez-moi tous vos mains les unes après les autres.

Cassius. — Et jurons notre résolution.

Brutus. — Non, non, pas de serments : si ce qui se lit sur les visages des hommes, si les souffrances de nos âmes, les abus de l'époque, sont des motifs trop faibles, eh bien! brisons là incontinent, et que chacun s'en aille s'étendre paresseusement dans son lit; laissons alors la tyrannie plonger d'en haut ses regards sur nous, jusqu'à ce que chacun tombe à son tour au gré du hasard. Mais si ces raisons-là, comme j'en suis sûr, sont capables d'apporter assez de feu pour enflammer les lâches, et pour donner aux molles âmes des femmes une valeur ferme comme l'acier, alors, mes compatriotes, je vous demande s'il est besoin d'un autre éperon que notre propre cause pour nous exciter à chercher réparation? s'il est besoin d'un autre engagement que l'engagement secret pris par des Romains qui ont donné leur parole, et qui ne tergiverseront pas? s'il est besoin d'un autre serment que la promesse donnée par l'honneur à l'honneur, que cette chose sera faite ou que nous périrons en l'exécutant? Faites jurer les prêtres, les lâches, les hommes cauteleux, les vieilles bêtes que l'âge affaiblit, et ces âmes patientes qui sont toujours prêtes à souhaiter la bienvenue à toute injure; faites jurer dans les mauvaises causes ces créatures dont on se défie : mais n'allez pas ternir la vertu intacte de notre entreprise, ni l'indomptable métal de nos âmes, par la supposition que notre cause, ou l'exécution de notre projet, a besoin d'un serment, alors que chacune des gouttes de sang que porte un Romain, et qu'il porte noblement, encourt le reproche de bâtardise, s'il manque de la plus petite syllabe à toute promesse émanée de lui.

Cassius. — Mais que pensez-vous de Cicéron? le sonderons-nous? Je crois qu'il se rangera résolûment avec nous.

Casca. — Ne le laissons pas en dehors.

Cinna. — Non certes.

Métellus. — Oh! il faut que nous l'ayons avec nous : car ses cheveux blancs nous gagneront la bonne opinion générale, et nous vaudront des voix qui loueront nos actes : on dira que c'est son jugement qui a dirigé nos mains, et l'on n'apercevra en rien ni notre jeunesse, ni notre audace, qui seront recouvertes par sa gravité.

BRUTUS. — Oh! ne le nommez pas; ne nous ouvrons pas à lui; car jamais il ne consentira à se joindre à une entreprise que d'autres auront commencée.

CASSIUS. — Alors laissons-le de côté.

CASCA. — En vérité, il n'est pas notre homme.

DÉCIUS. — N'y aura-t-il de frappé que César?

CASSIUS. — Bien demandé, Décius : je crois qu'il n'est pas bon que Marc Antoine, si aimé de César, lui survive; nous découvrirons en lui un habile agent de complots, et vous savez que ses ressources, s'il les met en œuvre, peuvent atteindre assez loin pour nous causer des embarras : pour prévenir ce danger, qu'Antoine et César tombent ensemble.

BRUTUS. — Notre conduite paraîtrait trop sanguinaire, Caïus Cassius, si, après avoir abattu la tête, nous hachions les membres : cela ressemblerait à cette colère qui s'acharne après le cadavre qu'elle a frappé, à cette cruauté qui persiste après la mort; car Antoine n'est qu'un membre de César. Soyons des sacrificateurs, mais non des bouchers, Caïus. C'est contre l'âme de César que nous nous dressons tous, et dans les âmes des hommes il n'y a pas de sang : oh, que ne pouvons-nous atteindre l'âme de César sans frapper ses membres! Mais, hélas! pour arriver à ce résultat, il faut que César saigne! Tuons-le donc hardiment, mes nobles amis, mais non avec colère : égorgeons-le comme un mets fait pour les Dieux, et ne le taillons pas en pièces comme une pâture faite pour les chiens : que nos cœurs agissent comme les maîtres habiles qui excitent leurs serviteurs à un acte de colère, et puis ensuite font semblant de les gronder. Cette conduite donnera à notre action l'aspect de la nécessité et non de la haine, et apparaissant sous cette physionomie aux yeux du peuple, elle nous fera nommer médecins et non meurtriers. Quant à Marc Antoine, ne vous inquiétez pas de lui, car il est aussi impuissant que le sera le bras de César une fois la tête de César tombée.

Cassius. — Je le crains cependant ; car avec l'amour invétéré qu'il a pour César....

Brutus. — Hélas ! mon bon Cassius, ne vous inquiétez pas de lui : s'il aime César, tout ce qu'il pourra faire n'ira pas plus loin que sa propre personne ; cela se bornerait à regretter César et à mourir pour lui : et ce serait beaucoup s'il faisait cela ; car il aime les divertissements, la dissipation, et les nombreuses sociétés.

Trébonius. — Il n'y a pas à le craindre, qu'il ne meure pas ; car s'il vit, il rira de cela par la suite. (*L'horloge sonne*[3].)

Brutus. — Paix ! comptons les heures.

Cassius. — L'horloge a frappé trois heures.

Trébonius. — Il est temps de nous séparer.

Cassius. — Mais il est encore incertain que César sorte aujourd'hui ; car il est devenu superstitieux dans ces derniers temps : il est maintenant à l'opposé des opinions si carrées qu'il professait autrefois sur les visions, les rêves, les signes tirés des cérémonies religieuses : il se peut que ces prodiges manifestes, les terreurs inaccoutumées de cette nuit, et les conseils de ses augures, le tiennent aujourd'hui éloigné du Capitole.

Décius. — Ne craignez rien de pareil : si telle était sa résolution, je saurais l'en faire changer. Il aime à entendre raconter que les licornes peuvent être prises au moyen des arbres, les ours au moyen de miroirs, les éléphants au moyen de fosses, les lions au moyen de toiles, et les hommes au moyen de flatteurs[4] : mais lorsque je lui dis qu'il déteste les flatteurs, il répond que c'est vrai ; et c'est à ce moment-là qu'il est le plus flatté. Laissez-moi faire, car je suis à même de donner à son humeur la bonne direction, et je l'amènerai au Capitole.

Cassius. — Vraiment, nous irons tous le chercher chez lui.

Brutus. — A la huitième heure ; est-ce notre dernier mot ?

Cinna. — Que ce soit notre dernier mot, et n'y manquons pas.

MÉTELLUS. — Caïus Ligarius en veut fort à César, qui l'a tancé pour avoir bien parlé de Pompée : je m'étonne qu'aucun de vous n'ait pensé à lui.

BRUTUS. — Eh bien, mon bon Métellus, allez le trouver : il m'aime beaucoup, et je lui en ai donné sujet; envoyez-le seulement ici, et je le disposerai.

CASSIUS. — Le matin vient nous surprendre : nous allons vous laisser, Brutus : amis, dispersez-vous ; mais tous, rappelez-vous ce que vous avez dit, et montrez-vous de vrais Romains.

BRUTUS. — Bons Seigneurs, que vos physionomies soient gaies et reposées ; ne laissez pas vos regards trahir notre dessein, mais sachez le porter en vous-mêmes, comme font nos acteurs romains, avec des âmes calmes et une impassibilité discrète : là-dessus, je souhaite le bonjour à chacun de vous. (*Tous sortent, excepté Brutus.*) Enfant! Lucius! Profondément endormi! Peu importe ; jouis de la rosée de miel que le sommeil verse sur toi : tu ne connais pas ces images et ces hallucinations dont l'inquiétude affairée remplit les cerveaux des hommes; c'est pourquoi tu dors si profondément.

Entre PORTIA.

PORTIA. — Brutus, mon Seigneur!

BRUTUS. — Portia, que veut dire cela? Pourquoi vous levez-vous à cette heure? Il n'est pas bon pour votre santé d'exposer votre faible tempérament au froid brutal du matin.

PORTIA. — Cela n'est pas bon pour la vôtre non plus. Vous vous êtes impoliment dérobé à mon lit, Brutus; et hier soir, à souper, vous vous êtes levé soudainement, et vous vous êtes mis à vous promener, rêvant et soupirant, avec vos bras croisés; et lorsque je vous ai demandé ce qui vous occupait, vous m'avez imposé silence par des regards méchants : je vous ai pressé avec plus d'insistance, alors vous vous êtes gratté la tête, et vous avez frappé la terre du pied avec par trop d'impatience: j'ai insisté encore, vous ne m'avez pas répondu davantage, mais avec un mouvement de colère de votre main, vous m'avez fait signe de vous laisser : c'est ce que j'ai fait, craignant d'augmenter cette impatience qui ne me semblait que trop enflammée, et espérant d'ailleurs que ce n'était qu'un effet de cette humeur que tout homme connaît à certaines heures. Cette humeur ne vous permet ni de manger, ni de parler, ni de dormir, et si elle influait autant sur votre personne physique qu'elle influe sur votre état moral, je ne pourrais vous reconnaître, Brutus. Mon cher Seigneur, faites-moi connaître la cause de votre chagrin.

BRUTUS. — Je ne me porte pas bien, et voilà tout.

PORTIA. — Brutus est sage, et s'il n'était pas en santé, il se soumettrait aux moyens qui pourraient la lui faire recouvrer.

BRUTUS. — Eh bien, c'est ce que je fais : ma bonne Portia, va-t'en au lit.

PORTIA. — Si Brutus est malade, est-ce qu'il est sain pour lui de se promener déshabillé, et d'aspirer les brouillards du matin humide? Comment! Brutus est malade, et il s'en va se glisser hors de sa couche salubre pour affronter la malfaisante contagion de la nuit, et inviter l'air humide et impur à augmenter sa maladie? Non, mon Brutus, vous avez dans votre esprit quelque pensée malade que j'ai droit de connaître de par le privilége de ma situation : je vous conjure donc à genoux, par ma beauté autrefois vantée, par tous nos serments d'amour, et par le grand serment qui nous incorpora l'un à l'autre et ne fit qu'un être de nous deux, de me découvrir à moi, votre autre vous-même, votre moitié, pourquoi vous êtes chagrin, et quels sont ces hommes qui cette nuit sont venus conférer avec vous, — car ils étaient ici quelque six ou sept qui cachaient leurs visages même aux ténèbres.

BRUTUS. — Ne t'agenouille pas, aimable Portia.

PORTIA. — Je n'aurais pas besoin de m'agenouiller, si vous étiez aimable vous, Brutus. Dites-moi, Brutus, est-ce que l'engagement du mariage interdit que je connaisse les secrets qui vous regardent? ne suis-je à vous que d'une certaine manière, d'une manière restreinte et limitée pour ainsi dire, pour vous tenir compagnie pendant les repas, réjouir votre lit, et vous parler de temps à autre? Est-ce que je n'habite que dans les faubourgs de votre bon plaisir? Si tout ce qui m'appartient se borne à cela, Portia est la concubine de Brutus, et non pas sa femme.

Brutus. — Vous êtes ma loyale et honorable épouse, et vous m'êtes aussi chère que les gouttes vermeilles qui visitent mon cœur attristé.

Portia. — Si cela était vrai, je connaîtrais ce secret. J'accorde que je suis une femme, mais une femme que le Seigneur Brutus prit pour épouse; j'accorde que je suis une femme, mais une femme digne de son nom de fille de Caton. Pensez-vous que je ne suis pas plus forte que mon sexe, ayant un tel père et un tel mari? Dites-moi vos secrets, je ne les dévoilerai pas : j'ai donné une assez grande preuve de ma fermeté en me faisant ici, à la cuisse, une blessure volontaire : comment! j'aurais pu supporter cela avec patience, et je ne pourrais pas porter les secrets de mon époux?

Brutus. — Ô vous, Dieux, rendez-moi digne de cette noble épouse! (*On frappe à l'extérieur.*) Écoutez, écoutez! on frappe. Portia, rentre un instant; et tout à l'heure ton sein recevra les secrets de mon cœur; je t'expliquerai tous mes engagements, tout ce qui est écrit sur mon front assombri : quitte-moi en toute hâte. (*Sort Portia.*) Lucius, qui frappe?

Rentre LUCIUS *suivi par* LIGARIUS.

Lucius. — Voici un homme malade qui voudrait vous parler.

Brutus. — Caïus Ligarius, dont Métellus parlait. — Enfant, laisse-nous. (*Sort Lucius.*) Eh bien, Caïus Ligarius[5]?

Ligarius. — Acceptez le bonjour d'une voix bien affaiblie.

Brutus. — Oh! quel moment vous avez choisi, brave

Caïus, pour porter un bandeau! Plût au ciel que vous ne fussiez pas malade!

Ligarius. — Je ne suis pas malade, si Brutus est en voie d'exécuter quelque exploit digne du nom d'honneur.

Brutus. — C'est un tel exploit que je suis en voie d'exécuter, Ligarius, si vous aviez pour l'apprendre une oreille en santé.

Ligarius. — Par tous les Dieux, devant lesquels se courbent les Romains, je donne ici congé à ma maladie! Ô toi, qui es l'âme de Rome! brave fils issu de reins pleins d'honneur! comme un exorciste, tu as su évoquer mon âme anéantie. Ordonne-moi maintenant de courir, et je lutterai avec des choses impossibles, et, qui mieux est, j'en triompherai. Qu'y a-t-il à faire?

Brutus. — Une œuvre qui de tous les hommes malades fera des hommes bien portants.

Ligarius. — Mais n'y a-t-il pas quelques hommes bien portants que nous devons rendre malades?

Brutus. — C'est ce que nous devons faire aussi. Ce qu'est cette œuvre, mon Caïus, je te le révélerai, pendant que nous nous rendrons près de celui sur qui elle doit être exécutée.

Ligarius. — Ouvrez la marche; c'est avec le cœur embrasé d'une flamme toute nouvelle que je vous suis pour faire je ne sais pas quoi : mais il me suffit que Brutus me conduise.

Brutus. — Suis-moi en ce cas. (*Ils sortent.*)

SCÈNE II.

Rome. — Une salle dans le palais de César.

Tonnerre et éclairs. Entre CÉSAR *en robe de chambre.*

César. — Ni le ciel, ni la terre n'ont été en paix cette nuit : trois fois Calphurnia s'est écriée dans son sommeil : « Au secours, holà! ils assassinent César! » — Quelqu'un ici, holà!

Entre UN SERVITEUR.

LE SERVITEUR. — Mon Seigneur?

CÉSAR. — Allez ordonner aux prêtres de faire sur-le-champ un sacrifice, et revenez me dire s'ils en tirent d'heureux augures.

LE SERVITEUR. — J'y vais, mon Seigneur. (*Il sort.*)

Entre CALPHURNIA.

CALPHURNIA. — Que prétendez-vous, César? est-ce que vous avez l'intention de sortir? vous ne bougerez pas de votre maison aujourd'hui.

CÉSAR. — César sortira : les choses qui m'ont menacé ne m'ont jamais regardé que par derrière; dès qu'il leur faut voir la face de César, elles s'évanouissent.

CALPHURNIA. — César, je n'ai jamais tenu grand compte des présages, cependant maintenant ils m'effrayent. Il y a là dedans quelqu'un qui, outre les choses que nous avons vues et entendues, fait le récit des spectacles singulièrement horribles qui ont été vus par les gardes. Une lionne a mis bas dans les rues; les tombeaux se sont ouverts, et ont baillé leurs morts; de furieux guerriers de feu qui combattaient dans les nuages, en rangs, en escadrons, et selon toutes les formes de la guerre, ont fait pleuvoir du sang sur le Capitole; le bruit de la bataille retentissait dans l'air, les chevaux hennissaient, les mourants gémissaient; des fantômes ont poussé à travers les rues des cris et des plaintes. Ô César, ces choses-là sont contre l'ordre habituel, et je les redoute!

CÉSAR. — Lorsque les Dieux puissants se proposent un but, comment pouvons-nous l'éviter? César sortira néanmoins, car ces prédictions regardent le monde en général aussi bien que César.

CALPHURNIA. — Lorsque les mendiants meurent, on ne voit pas de comètes; mais les cieux s'enflamment d'eux-mêmes à la mort des princes[6].

ACTE II, SCÈNE II

César. — Les lâches meurent plusieurs fois avant leur mort; les vaillants ne connaissent la mort qu'une fois. De tous les sujets d'étonnement dont j'aie encore entendu parler, celui qui me paraît le plus étrange c'est que les hommes puissent avoir peur, sachant que la mort est une fin nécessaire qui viendra quand elle devra venir.

Rentre LE SERVITEUR.

César. — Que disent les augures?
Le serviteur. — Ils vous défendent de sortir aujourd'hui. En fouillant les entrailles d'une victime, ils n'ont pu découvrir de cœur dans l'animal.
César. — Les Dieux font cela pour faire honte à la lâcheté : César serait une bête sans cœur, si par crainte il restait au logis aujourd'hui. Non, César n'y restera point. Danger sait fort bien que César est plus redoutable que lui : nous sommes deux lions issus le même jour de la même portée, et moi je suis l'aîné et le plus terrible : César sortira donc.
Calphurnia. — Hélas, mon Seigneur! votre sagesse disparaît sous ce trop de confiance. Ne sortez pas aujourd'hui; appelez mienne, et non pas vôtre, la crainte qui vous retiendra au logis. Nous enverrons Marc Antoine au sénat, et il dira que vous n'êtes pas bien aujourd'hui. Accordez-moi cela, je vous le demande à genoux.
César. — Soit, Marc Antoine dira que je ne suis pas bien; je consens à rester au logis pour complaire à ton humeur.

Entre DÉCIUS.

César. — Voici Décius Brutus, il le leur dira.
Décius. — Profond salut, César! Bonjour, noble César : je viens vous chercher pour aller au sénat.
César. — Et vous êtes venu fort à propos pour porter mes félicitations aux sénateurs et leur dire que je n'irai pas aujourd'hui : leur dire que je ne peux pas y aller, serait faux; que je n'ose pas y aller, plus faux encore :

je n'irai pas aujourd'hui, — dites-leur la chose ainsi, Décius.

Calphurnia. — Dites qu'il est malade.

César. — Est-ce que César enverra un mensonge? Ai-je donc étendu mon bras si loin dans la conquête pour craindre de dire la vérité à des barbes grises? Décius, allez leur dire que César ne sortira pas.

Décius. — Très-puissant César, donnez-moi quelques raisons, de peur qu'ils ne me rient au nez lorsque je leur dirai cela.

César. — La raison est dans ma volonté, — je ne sortirai pas; cela doit suffire pour satisfaire le sénat. Mais comme je vous aime, je veux bien, pour votre satisfaction particulière, vous faire connaître que Calphurnia, mon épouse que voilà, me retient au logis : elle a rêvé cette nuit qu'elle voyait ma statue qui, pareille à une fontaine à cent conduits, laissait couler un sang pur, et que de joyeux Romains en grand nombre venaient en souriant, et baignaient leurs mains dans ce sang; elle regarde ces images comme des avertissements, des présages et des menaces de malheurs, et elle m'a supplié à genoux de rester au logis aujourd'hui[7].

Décius. — Ce rêve est interprété tout de travers; c'était une belle et heureuse vision : votre statue laissant jaillir le sang par ces nombreux conduits où tant de Romains venaient en souriant se baigner les mains, signifie que par vous la grande Rome aspirera un sang revivifiant, et que les hommes considérables s'attrouperont pour obtenir de ce sang une teinture, une tache, une relique, un souvenir. Voilà ce que signifie le rêve de Calphurnia.

César. — Et l'interprétation que vous lui donnez est excellente.

Décius. — Elle vous paraîtra bien meilleure encore lorsque vous aurez entendu ce que je puis vous apprendre. Sachez-le dès à présent, le sénat a résolu de donner aujourd'hui une couronne au puissant César. Si vous leur envoyez dire que vous ne viendrez pas, leur avis peut changer. En outre, cela pourrait se tourner en moquerie, si quelqu'un s'avisait de dire : « Ajournez le sénat à une autre fois, jusqu'à ce que l'épouse de César ait fait de meilleurs rêves. » Si César cache sa personne, ne chuchotera-t-on pas : « Eh bien, César qui a peur ! » Pardonnez-moi, César ; c'est le tendre, tendre désir que j'ai de votre élévation qui me pousse à vous parler ainsi : ma discrétion se trouve dépendante de mon affection.

César. — Vos craintes ne vous semblent-elles pas maintenant bien folles, Calphurnia ? je suis honteux de leur avoir cédé. Donnez-moi ma robe, car je sortirai : et voyez, voici Publius qui vient me chercher.

Entrent PUBLIUS, BRUTUS, LIGARIUS, MÉTELLUS, CASCA, TRÉBONIUS *et* CINNA.

Publius. — Bonjour, César.

César. — Vous êtes le bienvenu, Publius. — Quoi ! vous aussi, vous êtes levé de si bonne heure, Brutus ? — Bonjour, Casca. — Caïus Ligarius, César ne fut jamais autant votre ennemi que cette maladie qui vous a amaigri. — Quelle heure est-il ?

Brutus. — César, huit heures ont sonné.

César. — Je vous remercie pour vos peines et votre courtoisie.

Entre ANTOINE.

César. — Voyez ! Antoine qui se divertit tout le long des nuits, n'en est pas moins debout. Bonjour, Antoine.

Antoine. — Je rends son souhait au noble César.

César. — Ordonnez-leur de se préparer là dedans : je suis fort à blâmer de me faire attendre ainsi. Bonjour, Cinna : — bonjour, Métellus. — Ah ! Trébonius ! je me réserve une heure de conversation avec vous : souvenez-vous de me la demander aujourd'hui : tenez-vous près de moi, pour que je puisse me rappeler de vous.

Trébonius. — Oui, César ; (*à part*) et je me tiendrai si près de vous, que vos meilleurs amis souhaiteront que j'en eusse été plus éloigné.

César. — Mes bons amis, entrez, et prenez une coupe de vin avec moi ; puis nous nous en irons tous ensemble, semblables à une bande d'amis.

Brutus, à part. — Tout ce qui semble n'est pas toujours en réalité, ô César ! le cœur de Brutus se déchire en y songeant. (*Ils sortent.*)

SCÈNE III.

Rome. — Une rue près du Capitole.

Entre ARTÉMIDORE, *lisant un papier*[8].

Artémidore, *lisant*. — « César, redoute Brutus ; prends garde à Cassius ; ne t'approche pas de Casca ; aie l'œil sur Cinna ; ne te fie pas à Trébonius ; observe bien Métellus Cimber ; Décius Brutus ne t'aime pas ; tu as fait tort à Caïus Ligarius. Tous ces hommes sont animés d'une seule et même âme, et elle est tout entière bandée contre César. Si tu n'es pas immortel, regarde tout autour de toi : la confiance ouvre la porte à la conspiration. Les Dieux puissants te défendent ! Ton ami, Artémidore. » Je vais me tenir sur le passage de César, et je lui remettrai ce billet comme un solliciteur. Mon cœur se lamente en voyant que la vertu ne peut vivre hors de l'atteinte des crocs de l'envie. Si tu lis ce billet, tu pourras vivre, César ; si tu ne le lis pas, c'est que les destins conspirent avec les traîtres. (*Il sort.*)

SCÈNE IV.

Rome. — Une autre partie de la même rue devant la demeure de Brutus.

Entrent PORTIA *et* LUCIUS.

Portia. — Je t'en prie, enfant, cours au sénat ; ne t'arrête pas à me répondre, mais pars vite : pourquoi restes-tu ?

ACTE II, SCÈNE IV.

Lucius. — Pour apprendre mon message, Madame.

Portia. — Je voudrais que tu y fusses allé et que tu en fusses revenu, en moins de temps qu'il n'en faut pour te dire ce que tu dois y faire. Ô constance, tiens-toi forte à mon côté ! place une énorme montagne entre mon cœur et ma langue ! J'ai l'âme d'un homme, mais la puissance d'une femme. Oh ! qu'il est difficile aux femmes d'obéir à la discrétion ! Tu es encore là ?

Lucius. — Madame, que dois-je faire ? Courir au Capitole, et rien plus ? puis revenir vers vous, et rien plus ?

Portia. — Oui, reviens me dire si ton maître a bon visage, enfant ; car il est sorti en dispositions maladives : prends bonne note de ce que fait César, des solliciteurs qui se pressent autour de lui. Chut, enfant ! quel bruit est-ce là ?

Lucius. — Je n'en entends aucun, Madame.

Portia. — Je t'en prie, écoute bien : j'entendais une rumeur tumultueuse, on aurait dit une querelle, et le vent l'apporte du Capitole.

Lucius. — En vérité, Madame, je n'entends rien.

Entre ARTÉMIDORE.

Portia. — Approche ici, l'ami ; de quel quartier viens-tu ?

Artémidore. — Je viens de ma propre maison, bonne Dame.

Portia. — Quelle heure est-il ?

Artémidore. — Environ neuf heures, Madame.

Portia. — César est-il allé au Capitole ?

Artémidore. — Pas encore, Madame, et je m'en vais prendre place pour le voir passer quand il ira au Capitole.

Portia. — Tu as quelque requête à présenter à César, n'est-ce pas ?

Artémidore. — Oui, Madame ; s'il plaît à César d'être assez bon envers César pour m'écouter, je le conjurerai d'être son ami.

Portia. — Comment ! Est-ce que tu sais qu'on a le dessein de lui faire quelque mal ?

Artémidore. — Aucun dont je puisse dire qu'il arrivera, beaucoup dont je redoute la possibilité. Bien le bonjour. Ici la rue est étroite, et la foule des sénateurs, des préteurs, des solliciteurs habituels, qui suit César aux talons, sera assez épaisse pour étouffer à mort un homme faible : je m'en vais me chercher une place moins peuplée, et là je parlerai au grand César quand il passera. (*Il sort.*)

Portia. — Il faut que je rentre. Hélas! quelle faible chose est le cœur d'une femme! Ô Brutus, puissent les cieux faire réussir ton entreprise! — A coup sûr, l'enfant m'a entendu : — Brutus doit présenter une requête que César n'accordera pas. Oh! je m'évanouis. Cours, Lucius, et recommande-moi à mon Seigneur; dis-lui que je suis gaie : puis reviens, et rapporte-moi ce qu'il t'aura dit. (*Ils sortent de côtés opposés.*)

ACTE III.

SCÈNE PREMIÈRE.

Rome. — Le Capitole. — Le Sénat est en séance.

Une masse de peuple dans la rue conduisant au Capitole; dans la foule, ARTÉMIDORE *et* LE DEVIN. *Fanfares. Entrent* CÉSAR, BRUTUS, CASSIUS, CASCA, DÉCIUS, MÉTELLUS, TRÉBONIUS, CINNA, ANTOINE, LÉPIDUS, POPILIUS, PUBLIUS, *et d'autres.*

César. — Les Ides de Mars sont arrivées.
Le devin. — Oui, César, mais elles ne sont pas passées.
Artémidore. — Salut, César! lis cette requête.

Décius. — Trébonius désire que vous parcouriez, à votre meilleur temps de loisir, cette humble requête de sa part.

Artémidore. — Ô César, lis la mienne la première, car la mienne est une requête qui touche César de plus près : lis-la, grand César.

César. — Puisque cela nous touche, nous serons servi le dernier.

Artémidore. — Ne retarde pas, César; lis-la immédiatement.

César. — Eh bien! est-ce que le camarade est fou?

Publius. — Maraud, fais place.

Cassius. — Comment! vous présentez avec cette insistance vos pétitions dans la rue? venez au Capitole.

CÉSAR *entre au Capitole; les autres le suivent.*
Tous les sénateurs se lèvent.

Popilius. — Je souhaite que votre entreprise d'aujourd'hui réussisse.

Cassius. — Quelle entreprise, Popilius?

Popilius. — Portez-vous bien. (*Il s'avance vers César.*)

Brutus. — Que disait Popilius Lœna?

Cassius. — Il souhaitait que notre entreprise d'aujourd'hui pût réussir : je crains que notre complot ne soit découvert.

Brutus. — Regardez comment il va se conduire avec César; observez-le.

Cassius. — Casca, sois prompt, car nous craignons d'être prévenus. — Brutus, que faut-il faire? Si la chose est connue, ou César ne s'en retournera jamais, ou ce sera Cassius, car je me tuerai moi-même.

Brutus. — Sois ferme, Cassius. Popilius Lœna ne parlait pas de nos projets; car vois, il sourit, et César ne change pas de visage.

Cassius. — Trébonius sait choisir son moment; car voyez, Brutus, il entraîne Marc Antoine à l'écart.

(*Sortent Antoine et Trébonius. César et les sénateurs prennent leurs siéges.*)

Décius. — Où est Métellus Cimber? Qu'il s'avance, et présente immédiatement sa requête à César.

Brutus. — Il est prêt; faites foule à ses côtés et secondez-le.

Cinna. — Casca, c'est à vous à lever le premier la main.

Casca. — Sommes-nous tous prêts?

César. — Quelle chose irrégulière César et son sénat ont-ils aujourd'hui à redresser?

Métellus. — Très-haut, très-grand et très-puissant César, Métellus Cimber jette aux pieds de ton siége un humble cœur.... (*Il s'agenouille.*)

César. — Je suis obligé de te devancer, Cimber. Ces génuflexions de chien couchant et ces basses révérences pourraient fouetter d'orgueil le tempérament des hommes ordinaires, et les pousser à faire dégénérer en lois d'enfants les règles préétablies et les décrets antérieurement rendus. N'aie pas la sottise de croire que César porte un cœur assez vain pour que son énergie fonde sous l'influence des choses qui attendrissent les imbéciles, c'est-à-dire, les doux mots, les profondes courbettes, les viles caresses d'épagneul. Ton frère est banni par décret; si tu t'inclines, si tu pries, si tu me cajoles à son sujet, je te repousse du pied hors de mon chemin, comme un chien. Sache que César ne commet pas d'injustice, et que ce n'est pas davantage sans de bonnes raisons qu'il se laisse fléchir.

Métellus. — N'y a-t-il pas de voix plus digne que la mienne, et qui puisse faire retentir plus agréablement à l'oreille du grand César une sollicitation pour le rappel de mon frère banni?

Brutus. — Je baise ta main, mais non par flatterie, César, et j'exprime le désir que Publius Cimber obtienne de toi la permission immédiate de revenir.

César. — Quoi, Brutus!

Cassius. — Pardonne, César, pardonne: Cassius s'incline aussi bas que ton pied pour solliciter l'affranchissement de Publius Cimber.

César. — Je pourrais certainement être ému, si j'étais comme vous; les prières pourraient m'émouvoir, si j'étais moi-même de nature à prier pour émouvoir : mais je suis constant comme l'étoile du nord, qui, pour l'immobilité et l'obéissance à sa loi de fixité, n'a pas son égale dans le firmament. Les cieux sont émaillés d'innombrables étincelles, toutes sont de feu, et chacune d'elles est brillante ; mais de toutes, il n'y en a qu'une seule qui garde sa place : il en est ainsi du monde, — il est amplement fourni d'hommes, et ces hommes sont de chair et de sang, susceptibles d'être émus ; cependant dans le nombre j'en connais un, mais un seul, contre lequel nul assaut ne peut prévaloir, et qui garde sa position sans être ébranlé par aucun mouvement : et que cet homme, c'est moi, laissez-moi un peu vous le prouver par ceci, que je fus inébranlable pour que Cimber fût banni, et que je reste inébranlable pour le maintenir banni.

CINNA. — Ô César....

CÉSAR. — Arrière ! veux-tu donc soulever l'Olympe ?

DÉCIUS. — Grand César....

CÉSAR. — Est-ce que Brutus ne s'est pas inutilement agenouillé ?

CASCA. — Mes mains, parlez pour moi ! (*Casca frappe César au cou. César lui saisit le bras. Il est alors frappé par divers autres conjurés, et enfin par Marcus Brutus.*)

CÉSAR. — *Et tu Brute*[1] ? En ce cas, tombe César ! (*Il meurt. Les sénateurs et le peuple se dispersent en désordre.*)

CINNA. — Liberté ! affranchissement ! la tyrannie est morte ! Courez hors d'ici, proclamez, criez cela à travers les rues !

CASSIUS. — Que quelques-uns montent aux rostres populaires, et crient : Liberté, délivrance, affranchissement !

BRUTUS. — Peuple et sénateurs, ne soyez pas effrayés ; ne fuyez pas, restez calmes : la dette de l'ambition est payée.

CASCA. — Montez à la tribune, Brutus.

DÉCIUS. — Et Cassius aussi.

BRUTUS. — Où est Publius ?

CINNA. — Ici, tout à fait perdu au milieu de cette bagarre,

Métellus. — Restons étroitement unis tous ensemble, de crainte que quelques amis de César ne puissent....

Brutus. — Ne parlez pas de rester. — Publius, bon courage : on n'entend pas faire le moindre mal à votre personne, non plus qu'à aucun autre Romain : dites-leur cela, Publius.

Cassius. — Et laissez-nous, Publius, de crainte que le peuple, s'il se précipite sur nous, ne fasse quelque outrage à votre vieillesse.

Brutus. — Faites ainsi, et que personne autre que nous ses auteurs, ne porte la responsabilité de cette action.

Rentre TRÉBONIUS.

Cassius. — Où est Antoine?

Trébonius. — Il s'est enfui à sa maison tout effaré : hommes, femmes et enfants sont saisis d'effroi, poussent des cris, et courent comme si nous étions au jour de la fin du monde.

Brutus. — Destins! nous allons connaître votre bon plaisir. Que nous devons mourir, nous le savons : ce n'est que de l'époque de la mort et du soin d'en éloigner le terme que les hommes s'inquiètent.

Casca. — Bah! celui qui se retranche vingt ans de vie, se retranche vingt ans de la crainte de la mort.

Brutus. — Admettons cela, et alors la mort est un bienfait : en sorte que nous sommes les amis de César, nous qui avons abrégé le temps qu'il avait à craindre la mort. — Courbons-nous, Romains, courbons-nous, et baignons nos bras jusques aux coudes dans le sang de César, et teignons-en nos épées : puis sortons, et allons droit à la place du marché, et là, élevant nos armes sanglantes au-dessus de nos têtes, crions tous : Paix, délivrance, et liberté!

Cassius. — Courbons-nous donc, et trempons nos mains dans ce sang. Combien de fois dans les siècles à venir la scène sublime que nous venons de jouer ne sera-t-elle pas représentée chez des nations à naître et dans des idiomes encore inconnus !

Brutus. — Que de fois il saignera par semblant, ce César qui maintenant gît à la base de la statue de Pompée, sans plus de valeur que la poussière!

Cassius. — Aussi souvent que cela sera, aussi souvent notre bande sera nommée la bande des hommes qui donnèrent la liberté à leur pays.

Décius. — Eh bien, sortons-nous?

Cassius. — Oui, partons tous : Brutus ouvrira la marche, et nous suivrons ses pas, lui donnant pour cortége d'honneur les plus courageux et les plus vertueux cœurs de Rome.

Brutus. — Doucement! qui vient ici?

Entre un serviteur.

Brutus. — C'est un ami d'Antoine.

Le serviteur. — C'est ainsi, Brutus, que mon maître m'a ordonné de m'agenouiller; c'est ainsi que Marc Antoine m'a ordonné de m'incliner à terre, et une fois prosterné ainsi, voici ce qu'il m'a ordonné de te dire : — Brutus est sage, noble, vaillant et honnête; César était puissant, hardi, royal et affectueux; dis que j'aime Brutus et que je l'honore; dis que je craignais César, que je l'honorais et que je l'aimais. Si Brutus accorde à Marc Antoine de l'approcher en toute sécurité, et consent à lui expliquer comment César a mérité de mourir, Marc Antoine n'aimera point César mort autant que Brutus vivant, et il suivra en toute sincérité et loyauté la fortune et les entreprises du noble Brutus à travers tous les hasards de ce nouvel état de choses. — Ainsi parle mon maître Antoine.

Brutus. — Ton maître est un sage et vaillant Romain; je ne l'ai jamais jugé autrement. Dis-lui que s'il lui plaît de venir ici, il recevra des explications satisfaisantes, et que sur mon honneur, il pourra partir sain et sauf.

Le serviteur. — Je vais le chercher immédiatement. (*Il sort.*)

Brutus. — Je sais que nous l'aurons pour sincère ami.

Cassius. — Je le souhaite, mais quelque chose me dit

encore qu'il est fort à craindre, et ma défiance touche toujours singulièrement juste.

BRUTUS. — Mais voici venir Antoine.

Rentre ANTOINE.

BRUTUS. — Sois le bienvenu, Marc Antoine.

ANTOINE. — Ô puissant César, es-tu donc couché si bas? Tes conquêtes, tes gloires, tes triomphes, tes butins sont-ils tous réduits à ce petit espace? Adieu. — Je ne sais, Seigneurs, quelles sont vos intentions, quels à votre sens doivent encore subir la saignée, quels sont tenus pour malsains; si je fais partie de ceux-là, il n'y a pas pour moi d'heure préférable à cette heure de la mort de César, ni d'instrument qui vaille de moitié vos glaives enrichis du plus noble sang du monde entier. Je vous en conjure donc, si vous me portez haine, satisfaites votre passion, tandis que vos mains empourprées sont chaudes et fument. Vivrais-je mille années, je ne me sentirais pas en aussi bonnes dispositions de mourir; nulle place, nul moyen de mort ne me plairont jamais autant, que d'être massacré par vous, les maîtresses âmes, la fleur des âmes de ce siècle, ici près de César.

BRUTUS. — Ô Antoine, ne nous demandez pas de vous donner la mort. Sans doute nous vous paraissons à cet instant sanguinaires et cruels; nos mains et notre action présente nous montrent tels à vos yeux; cependant vous ne voyez que nos mains et cette besogne sanglante que nous venons d'exécuter : mais nos cœurs, que vous ne voyez pas, sont compatissants; c'est la pitié pour la souffrance générale de Rome — car ainsi que le feu pousse le feu, ainsi la pitié pousse la pitié — qui a commis cette action sur César. Pour vous, Marc Antoine, nos épées ont des pointes de plomb; nos bras n'ont contre vous aucune force hostile, et nos cœurs pleins de sentiments fraternels vous reçoivent avec tendre amour, estime et respect.

CASSIUS. — Votre voix aura autant d'autorité que celle de tout autre pour disposer des nouvelles dignités.

BRUTUS. — Veuillez patienter seulement jusqu'à ce que

nous ayons apaisé la multitude, que la crainte met hors d'elle-même, et alors nous vous expliquerons pourquoi moi, qui aimais César, au moment où je le frappai, j'ai agi comme je l'ai fait.

ANTOINE. — Je ne doute pas de votre sagesse. Que chacun de vous me tende sa main sanglante. Je veux d'abord serrer la vôtre, Marcus Brutus; — puis je veux prendre la vôtre, Caïus Cassius; — puis la vôtre, Décius Brutus; — la vôtre maintenant, Métellus; — la vôtre, Cinna; — et vous, mon vaillant Casca, la vôtre; — et la vôtre, mon bon Trébonius, qui, bien que le dernier, n'êtes pas le moins aimé de moi. Hélas, Seigneurs! que vous dirai-je? Mon crédit est placé maintenant sur un terrain si glissant, que vous devez avoir de moi une de ces deux mauvaises opinions, ou bien je suis à vos yeux un lâche, ou bien je suis un flatteur. Que je t'aimais, César, oh! cela est vrai : si donc ton esprit nous contemple maintenant, ô très-noble! est-ce que cela ne t'afflige pas plus encore que ta mort, de voir ton Antoine faisant sa paix avec tes ennemis, et serrant leurs mains sanglantes, en présence de ton cadavre même? Si j'avais autant d'yeux que tu as de blessures, et s'ils versaient tous des larmes en aussi grande abondance qu'elles versent ton sang, cela me conviendrait mieux que de m'entretenir en termes d'amitié avec tes ennemis. Pardonne-moi, Jules! c'est ici que tu as été forcé, brave cerf, c'est ici que tu es tombé; c'est ici que se tiennent tes chasseurs, portant les insignes de ta défaite, et rouges de ton sang refroidi. Ô monde, tu étais la forêt de ce cerf, et lui, ô monde! il était ton cœur, en vérité (a). Comme tu ressembles à un cerf frappé par les mains de princes nombreux, couché comme te voilà!

CASSIUS. — Marc Antoine....

ANTOINE. — Pardonne-moi, Caïus Cassius : les ennemis mêmes de César prononceront mes paroles; chez un ami, elles ne sont donc que froide modération.

(a) Il y a ici une sorte de calembour intraduisible, résultant de la ressemblance de prononciation entre les mots *hart*, cerf, et *heart*, cœur.

Cassius. — Je ne vous blâme pas de louer ainsi César ; mais quel pacte entendez-vous faire avec nous ? Voulez-vous être compté au nombre de nos amis ; ou bien poursuivrons-nous notre tâche, en nous passant de vous ?

Antoine. — C'est pour une alliance que j'ai pris vos mains, mais vraiment, je me suis écarté de mon but, en contemplant César. Je vous suis ami à tous, et je vous aime tous, en espérant que vous m'expliquerez comment et en quoi César était dangereux.

Brutus. — Certes, car autrement ce serait là un sauvage spectacle ; nos raisons sont tellement légitimes, que, fussiez-vous le fils de César, vous en seriez satisfait, Antoine.

Antoine. — C'est tout ce que je cherche : et je viens en outre solliciter la permission d'exposer son corps sur la place du marché et de monter à la tribune, afin de parler pour l'organisation de ses funérailles, comme il convient à un ami.

Brutus. — Vous le pourrez, Marc Antoine.

Cassius. — Brutus, un mot. (*A part, à Brutus.*) Vous ne savez pas ce que vous faites : ne consentez pas à ce qu'Antoine parle en faveur des funérailles de César : savez-vous jusqu'à quel point le peuple pourra être ému par le discours qu'il tiendra ?

Brutus, *à part, à Cassius*. — Veuillez me pardonner ; je monterai moi-même à la tribune, et j'expliquerai les raisons de notre meurtre de César ; je déclarerai que le discours qu'Antoine doit prononcer, il le prononce de notre plein gré et avec notre permission ; et je dirai que nous consentons avec joie à ce que César reçoive tous les rites consacrés et toutes les cérémonies légitimes. Cela nous servira plus que cela ne nous nuira.

Cassius, *à part, à Brutus*. — Je ne sais pas ce qui peut arriver ; je n'aime pas cela.

Brutus. — Marc Antoine, prenez ici le corps de César. Dans votre discours pour les funérailles, vous aurez soin de ne pas nous blâmer, et vous pourrez dire tout le bien possible de César : vous direz que c'est par notre permission

ACTE III, SCÈNE I.

que vous parlez, sans cela vous n'obtiendrez aucune part aux décisions touchant ses funérailles; et vous parlerez du haut de la même tribune où je vais monter, après que j'aurai fini mon discours.

Antoine. — Soit; je n'en désire pas davantage.

Brutus. — En ce cas, préparez le corps, et suivez-nous. (*Tous sortent, hormis Antoine.*)

Antoine. — Oh! pardonne-moi, sanglant monceau d'argile, si je suis doux et pliant avec ces bouchers! Tu es les ruines de l'homme le plus noble qui ait jamais vécu dans le cours des siècles. Malheur à la main qui a répandu ce sang précieux! Je prophétise à cette heure sur tes blessures, qui, pareilles à des bouches muettes, ouvrent leurs lèvres de rubis, pour demander le secours de ma voix, qu'une malédiction tombera sur les générations des hommes; la rage intestine et la féroce guerre civile porteront le désordre dans toutes les parties de l'Italie; le sang et la destruction seront choses si habituelles, les spectacles terribles seront si familiers, que les mères ne feront que sourire, lorsqu'elles contempleront leurs enfants écartelés par les mains de la guerre, tant toute pitié sera étouffée par la pratique passée en coutume des actes cruels : et l'esprit de César, errant par soif de vengeance, viendra dans ces régions avec Até, sortie brûlante de l'enfer, criera *carnage!* d'une voix de monarque, et lâchera les chiens de la guerre; en sorte que l'odeur de cet acte odieux se fera sentir par delà la terre avec la puanteur des morts en putréfaction, gémissant après la sépulture!

Entre un serviteur.

Antoine. — Vous servez Octave César, n'est-ce pas?

Le serviteur. — Oui, Marc Antoine.

Antoine. — César lui avait écrit de venir à Rome.

Le serviteur. — Il a reçu ses lettres, et il vient; et il m'a recommandé de vous dire verbalement.... (*Apercevant le corps.*) Oh! César!

Antoine. — Ton cœur est gros; mets-toi à l'écart et

pleure. La passion est contagieuse, je le vois; car mes yeux, en voyant ces perles de la douleur apparaître dans les tiens, commencent à se mouiller. Est-ce que ton maître vient?

Le serviteur. — Il couche cette nuit à sept lieues de Rome.

Antoine. — Retourne-t'en en toute diligence, et dis-lui ce qui s'est passé : la Rome d'aujourd'hui est une Rome en deuil, une Rome dangereuse, ce n'est pas encore une Rome sûre pour Octave; pars et rapporte-lui mes paroles. Cependant, attends encore un peu; ne t'en retourne pas avant que j'aie porté ce cadavre sur la place du marché : là je tâcherai de voir, au moyen de mon discours, de quelle manière le peuple prend l'action cruelle de ces hommes sanguinaires; selon qu'ils la prendront, tu rapporteras au jeune Octave l'état présent des choses. Prête-moi le secours de tes mains. (*Ils sortent avec le corps de César.*)

SCÈNE II.

Rome. — Le Forum.

Entrent BRUTUS *et* CASSIUS, *avec une foule de citoyens.*

Les citoyens. — Nous voulons qu'on nous donne des explications! nous voulons qu'on nous donne des explications!

Brutus. — En ce cas, suivez-moi, et accordez-moi audience, amis. — Cassius, allez dans l'autre rue, et partageons la foule. — Que ceux qui veulent m'écouter restent ici; que ceux qui veulent suivre Cassius, aillent avec lui, et les raisons de la mort de César vous seront publiquement expliquées.

Premier citoyen. — Je veux entendre parler Brutus.

Second citoyen. — Moi je vais entendre Cassius; et comparons leurs raisons, lorsque nous les aurons entendus l'un et l'autre. (*Sort Cassius avec un certain nombre de citoyens. Brutus monte aux rostres.*)

ACTE III, SCÈNE II.

Troisième citoyen. — Le noble Brutus est monté : silence !

Brutus. — Soyez patients jusqu'à la fin. Romains, compatriotes, et amis! écoutez-moi pour ma cause, et soyez silencieux, afin que vous puissiez m'écouter : croyez-moi pour mon honneur, et ayez respect pour mon honneur, afin que vous puissiez me croire ; censurez-moi dans votre sagesse, et réveillez vos facultés afin que vous puissiez mieux me juger. S'il est dans cette foule quelque cher ami de César, je dis à celui-là que l'amour de Brutus pour César n'était pas moins grand que le sien. Si donc, cet ami demande pourquoi Brutus s'est élevé contre César, voici ma réponse : ce n'est pas que j'aimais moins César, mais j'aimais Rome davantage. Qu'auriez-vous préféré? César vivant, et vous mourant tous esclaves, ou César mourant, et vous vivant tous hommes libres? Comme César m'aimait, je le pleure ; comme il fut heureux, j'ai applaudi à sa fortune ; comme il était vaillant, je l'honore : mais comme il était ambitieux, je l'ai tué. Voilà des larmes pour son amour, des applaudissements pour sa fortune, de l'honneur pour sa valeur, et la mort pour son ambition. Qui dans cette foule est assez bas pour vouloir être esclave? s'il en est un, qu'il parle ; car c'est lui que j'ai offensé. Qui est assez barbare ici pour ne pas vouloir être un Romain ? s'il en est un, qu'il parle ; car c'est lui que j'ai offensé. Qui est assez vil ici pour ne pas aimer son pays? s'il en est un, qu'il parle ; car c'est lui que j'ai offensé. Je m'arrête pour attendre une réponse.

Les citoyens. — Aucun, Brutus, aucun.

Brutus. — Alors je n'ai offensé personne. Je n'ai pas plus fait envers César que vous ne feriez envers Brutus. La raison de sa mort est inscrite au Capitole ; sa gloire n'a pas été atténuée dans toutes les choses qui lui méritaient la louange, pas plus que n'ont été exagérées les offenses qui lui ont valu la mort. Voici venir son corps pleuré par Marc Antoine, qui, bien qu'il n'ait eu aucune part à sa mort, en bénéficiera cependant, car il aura une place dans la république ; — et lequel de vous ne bénéficiera pas aussi de cette mort? Je pars avec ces dernières paroles ; ainsi que j'ai tué mon meilleur ami pour le bien de Rome, j'ai le même poignard pour moi-même, lorsqu'il plaira à mon pays de réclamer ma mort[2].

Entrent ANTOINE *et autres avec le corps de* CÉSAR.

LES CITOYENS. — Vive Brutus! vive, vive Brutus!

PREMIER CITOYEN. — Portons-le en triomphe à sa maison !

SECOND CITOYEN. — Donnons-lui une statue avec ses ancêtres !

TROISIÈME CITOYEN. — Qu'il soit César !

QUATRIÈME CITOYEN. — Les meilleures qualités de César vont être couronnées en Brutus.

PREMIER CITOYEN. — Nous allons le porter à sa maison avec des applaudissements et des hourras !

BRUTUS. — Mes compatriotes....

SECOND CITOYEN. — Paix! silence! Brutus parle.

PREMIER CITOYEN. — Paix, holà!

BRUTUS. — Mes bons compatriotes, laissez-moi partir seul, et par considération pour moi, restez ici avec Antoine : faites bon accueil au corps de César, et bon accueil aussi au discours d'Antoine, qui a pour but de célébrer la gloire de César, discours que Marc Antoine a reçu de nous permission de prononcer. Je vous en conjure, que personne ne parte, moi seul excepté, avant qu'Antoine ait parlé. (*Il sort.*)

PREMIER CITOYEN. — Holà, arrêtez! et écoutons Marc Antoine.

TROISIÈME CITOYEN. — Qu'il monte à la tribune publique; nous l'écouterons. — Noble Antoine, montez.

ANTOINE. — Je vous suis reconnaissant de vouloir bien m'écouter en considération de Brutus. (*Il monte à la tribune.*)

QUATRIÈME CITOYEN. — Que dit-il de Brutus?

TROISIÈME CITOYEN. — Il dit qu'il nous est très-reconnaissant de l'écouter en considération de Brutus.

Quatrième citoyen. — Il fera bien de ne pas dire de mal de Brutus ici.

Premier citoyen. — Ce César était un tyran.

Troisième citoyen. — Oui, cela est certain : nous sommes bienheureux que Rome soit débarrassée de lui.

Deuxième citoyen. — Paix! écoutons ce qu'Antoine peut dire.

Antoine. — Nobles Romains...,

Les citoyens. — Silence, holà! écoutons-le.

Antoine. — Amis, Romains, compatriotes, prêtez-moi vos oreilles; je viens pour ensevelir César, non pour le louer. Le mal que font les hommes vit après eux; le bien qu'ils font est souvent enterré avec leurs os; qu'il en soit ainsi pour César. Le noble Brutus vous a dit que César était ambitieux; s'il en était ainsi, c'était un grand défaut, et César l'a grandement payé. Ici, avec la permission de Brutus et des autres, — car Brutus est un homme honorable, et ainsi sont-ils tous, tous hommes honorables, — je viens parler pour les funérailles de César. Il était mon ami, il fut envers moi fidèle et juste; mais Brutus dit qu'il était ambitieux, et Brutus est un homme honorable. Il a conduit ici, dans Rome, bien des captifs, dont les rançons ont rempli les coffres publics : est-ce en cela que paraissait l'ambition de César? Lorsque les pauvres ont crié, César a pleuré : l'ambition, me semble-t-il, devrait être faite d'une plus rude étoffe : cependant Brutus dit qu'il était ambitieux, et Brutus est un homme honorable. Vous avez tous vu qu'aux Lupercales, je lui ai présenté trois fois une couronne royale, et que trois fois il l'a refusée : était-ce là de l'ambition? cependant Brutus dit qu'il était ambitieux, et à coup sûr Brutus est un homme honorable. Je ne parle point pour désapprouver ce qu'a dit Brutus, mais je viens parler ici de ce que je sais. Vous l'aimiez tous autrefois, et non sans cause; quelle cause auriez-vous donc maintenant de lui refuser vos larmes? Ô jugement, tu t'es réfugié chez les bêtes brutes, et les hommes ont perdu leur raison! Veuillez me supporter avec patience; mon cœur est ici dans ce cercueil avec César, et il faut que je m'arrête jusqu'à ce qu'il me revienne.

Premier citoyen. — Il me semble qu'il y a beaucoup de raison dans ce qu'il dit.

Second citoyen. — Si tu considères droitement l'affaire, tu conviendras que César a subi une grave injustice.

Troisième citoyen. — Est-ce votre avis, Messieurs? Je crains qu'il n'en vienne un pire à sa place.

Quatrième citoyen. — Avez-vous bien remarqué ses paroles? Il n'a pas voulu prendre la couronne ; il est donc certain qu'il n'était pas ambitieux.

Premier citoyen. — Si cela est prouvé, il en est quelques-uns qui le payeront cher.

Second citoyen. — Pauvre âme! ses yeux sont rouges comme le feu à force de pleurer.

Troisième citoyen. — Il n'y a pas dans Rome un homme plus noble qu'Antoine.

Quatrième citoyen. — Faites attention maintenant, il recommence à parler.

Antoine. — Hier encore la parole de César aurait pu tenir le monde en échec : maintenant le voici gisant, et il n'est pas un homme, si pauvre qu'il soit, qui lui paye son tribut de respect. Ô mes maîtres ! si j'étais disposé à exciter vos cœurs et vos âmes à la rébellion et à la rage, je ferais tort à Brutus, et tort à Cassius, qui, vous le savez tous, sont des hommes honorables. Je ne veux pas leur faire tort, j'aime mieux faire tort au mort, faire tort à moi-même et à vous, que de faire tort à des hommes si honorables. Mais voici un parchemin avec le sceau de César, je l'ai trouvé dans son cabinet, — c'est son testament: si les plébéiens entendaient ce testament, que je n'ai pas l'intention de lire, pardonnez-moi, — ils accourraient tous en foule et baiseraient les blessures de César mort, et tremperaient leurs mouchoirs dans son sang sacré; oui, ils mendieraient un de ses cheveux pour le garder en souvenir, et en mourant mentionneraient ce cheveu dans leurs testaments et le légueraient à leur postérité comme un riche héritage.

Quatrième citoyen. — Nous voulons entendre le testament ! lisez le, Marc Antoine.

Les citoyens. — Le testament, le testament ! nous voulons entendre le testament de César !

Antoine. — Ayez de la patience, nobles amis, je ne dois pas le lire ; il n'est pas convenable que vous sachiez à quel point César vous aimait. Vous n'êtes pas de bois, vous n'êtes pas de pierre, vous êtes des hommes ; et étant des hommes, si vous entendez le testament de César, cela vous enflammera, cela vous rendra fous : il est bon que vous ne sachiez pas que vous êtes ses héritiers, car si vous le saviez, oh ! qu'est-ce qu'il en adviendrait !

Quatrième citoyen. — Lisez le testament ; nous voulons l'entendre, Antoine : vous allez nous lire le testament, le testament de César !

Antoine. — Voulez-vous être patients ? Voulez-vous attendre encore un peu ? Je suis allé trop loin en vous en parlant : j'ai fait tort, je le crains, aux hommes honorables dont les poignards ont assassiné César ; oui, je le crains.

Quatrième citoyen. — *Des hommes honorables !* ce sont des traîtres.

Les citoyens. — Le testament ! les suprêmes volontés !

Second citoyen. — Ce sont des scélérats, des meurtriers ! le testament ! lisez le testament !

Antoine. — Vous voulez donc me pousser à lire le testament ? En ce cas, faites un cercle autour du cadavre de César, et laissez-moi vous montrer celui qui fit ce testament. Descendrai-je ? voulez-vous m'en accorder la permission ?

Les citoyens. — Sautez en bas.

Second citoyen. — Descendez.

Troisième citoyen. — Vous en avez la permission.

Quatrième citoyen. — Un cercle ; rangez-vous en rond.

Premier citoyen. — Reculez-vous du cercueil ! reculez-vous du corps !

Second citoyen. — Place pour Antoine, le très-noble Antoine !

ANTOINE. — Voyons, ne vous pressez pas ainsi contre moi, reculez-vous un peu.

LES CITOYENS. — Reculez-vous ! place ! poussez-vous en arrière !

ANTOINE. — Si vous avez des larmes, préparez-vous à les répandre maintenant. Vous connaissez tous ce manteau : je me rappelle le jour où César le mit pour la première fois ; c'était un soir d'été, dans sa tente, le jour où il défit les Nerviens : voyez, à cet endroit le poignard de Cassius a traversé ; voyez quelle déchirure a faite ici l'envieux Casca ; c'est à travers cet autre que le bien-aimé Brutus l'a assassiné, et lorsqu'il en a retiré son acier maudit, voyez avec quelle promptitude le sang de César l'a suivi, comme s'il se fût précipité hors des portes pour savoir si c'était ou non Brutus qui frappait avec une telle cruauté ; car Brutus, comme vous le savez, était le génie familier de César. Ô vous Dieux, jugez avec quelle tendresse César l'aimait ! De tous les coups qui l'ont frappé, ce fut le plus douloureux, car lorsque le noble César le vit l'assassiner, cette ingratitude, plus puissante que les bras des traîtres, le vainquit complétement : alors son grand cœur se brisa, et enveloppant son visage dans son manteau, le grand César tomba à la base de la statue de Pompée toute ruisselante de sang. Oh ! quelle chute cela fut, mes compatriotes ! Moi, vous, nous tous, nous sommes tombés avec lui, tandis que la trahison a chanté victoire sur nous. Oh ! vous pleurez maintenant ; vous ressentez, je m'en aperçois, la puissante influence de la compassion : ce sont de pieuses larmes. Bonnes âmes, quoi, vous pleurez rien qu'en contemplant la robe déchirée de notre César ? Regardez ici ! le voici lui-même, défiguré, comme vous le voyez, par les traîtres.

PREMIER CITOYEN. — Oh ! lamentable spectacle !

DEUXIÈME CITOYEN. — Oh ! noble César !

TROISIÈME CITOYEN. — Oh ! jour malheureux !

QUATRIÈME CITOYEN. — Oh ! traîtres, scélérats !

PREMIER CITOYEN. — Oh ! très-sanglant spectacle !

DEUXIÈME CITOYEN. — Nous serons vengés : vengeance !

ACTE III, SCENE II.

en avant! cherchez, brûlez, incendiez, tuez, massacrez! Que pas un des traîtres ne vive!

ANTOINE. — Arrêtez, compatriotes.

PREMIER CITOYEN. — Paix, par ici! écoutez le noble Antoine.

SECOND CITOYEN. — Nous l'écouterons, nous le suivrons, nous mourrons avec lui!

ANTOINE. — Mes bons amis, mes aimables amis, que je ne vous excite pas à un mouvement si soudain de révolte. Ceux qui ont accompli cet acte sont honorables; — quels sont les griefs particuliers qui le leur ont fait commettre, je ne les connais pas, hélas! ce sont des hommes sages et honorables, et ils vous donneront sans aucun doute de bonnes raisons. Je ne viens pas, mes amis, pour vous dérober vos cœurs : je ne suis pas un orateur comme Brutus; mais, ainsi que vous le savez tous, un homme simple et sans esprit, qui me contente d'aimer mon ami, et ils le savent trop bien, ceux qui m'ont donné permission de parler de lui en public : car je n'ai ni esprit, ni paroles, ni noblesse, ni geste, ni expression, ni puissance oratoire pour stimuler le sang des hommes : je me contente de parler tout franchement; je vous dis ce que vous savez vous-mêmes; je vous montre les blessures du doux César, pauvres, pauvres bouches muettes, et je les invite à parler pour moi : mais si j'étais Brutus, et si Brutus était Antoine, il y aurait ici présent un Antoine qui déchaînerait vos courroux, et qui mettrait dans chaque blessure de César une langue capable de pousser les pierres mêmes de Rome au soulèvement et à la révolte.

LES CITOYENS. — Nous nous révolterons!

PREMIER CITOYEN. — Nous brûlerons la maison de Brutus!

TROISIÈME CITOYEN. — Allons, en avant! allons, cherchons les conspirateurs!

ANTOINE. — Écoutez-moi encore, mes compatriotes; écoutez-moi encore parler.

LES CITOYENS. — Paix, holà! écoutez Antoine, le très-noble Antoine.

Antoine. — Comment, amis, vous voilà prêts à faire vous ne savez quoi! en quelle chose César a-t-il donc mérité votre amour? Hélas! vous ne savez pas, — il faut bien que je vous le dise en ce cas; — vous avez oublié le testament dont je vous ai parlé.

Les citoyens. — C'est très-vrai; — le testament: — arrêtons, et écoutons le testament.

Antoine. — Voici ce testament, et scellé de la main de César: à chaque citoyen romain, à chaque simple particulier, il donne soixante et quinze drachmes.

Second citoyen. — Ô très-noble César! nous vengerons sa mort.

Troisième citoyen. — Ô royal César!

Antoine. — Écoutez-moi avec patience.

Les citoyens. — Paix, holà!

Antoine. — En outre, il vous a laissé tous ses lieux privés de promenade, ses vergers particuliers, ses jardins nouvellement plantés de ce côté du Tibre; il vous les a laissés à perpétuité, à vous et à vos héritiers, comme lieux publics de plaisir pour vous y promener et vous y amuser. Ah, c'était là un César! quand en viendra-t-il un pareil?

Premier citoyen. — Jamais, jamais! — Allons, en avant, en avant! Nous allons brûler son corps sur le terrain consacré [3], et avec les tisons nous mettrons le feu aux maisons des traîtres. Enlevons le corps.

Second citoyen. — Allons chercher du feu.

Troisième citoyen. — Arrachons les bancs.

Quatrième citoyen. — Arrachons les siéges, les fenêtres, tout. (*Sortent les citoyens avec le corps.*)

Antoine. — Maintenant laissons marcher les choses! Mal tu es sur pied, prends la direction que tu voudras!

Entre un serviteur.

Antoine. — Eh bien, qu'y a-t-il, l'ami?

Le serviteur. — Seigneur, Octave est déjà arrivé à Rome.

Antoine. — Où est-il?

Le serviteur. — Lui et Lépidus sont à la maison de César.

Antoine. — Et j'y vais aller de ce pas pour le voir : il vient fort à souhait. La Fortune est de bonne humeur, et dans les dispositions où elle se trouve, elle nous donnera tout ce que nous voudrons.

Le serviteur. — Je lui ai entendu dire que Brutus et Cassius se sont enfuis, poussant leurs chevaux comme des fous à travers les portes de Rome.

Antoine. — Sans doute ils ont eu vent de la manière dont j'ai soulevé le peuple. Conduis-moi auprès d'Octave [4]. (*Ils sortent.*)

SCENE III.

Rome. — Une rue.

Entre CINNA *le poëte.*

Cinna. — J'ai rêvé cette nuit que je dînais avec César, aussi ai-je l'imagination pleine de pressentiments de malheur ; j'aurais bonne envie de ne pas rôder dehors, et cependant il y a quelque chose qui me pousse.

Entrent des citoyens.

Premier citoyen. — Quel est votre nom?
Deuxième citoyen. — Où allez-vous?
Troisième citoyen. — Où demeurez-vous?
Quatrième citoyen. — Êtes-vous marié ou célibataire?
Second citoyen. — Répondez directement à chacun de nous.
Premier citoyen. — Oui, et brièvement.
Quatrième citoyen. — Oui, et sagement.
Troisième citoyen. — Oui, et sincèrement, vous ferez bien.

Cinna. — Quel est mon nom? où je vais? où je demeure? si je suis marié ou garçon? Eh bien, pour répondre à chacun directement, et brièvement, et sagement, et sincèrement, je réponds, je suis sagement célibataire.

Second citoyen. — Autant vaut dire que les hommes mariés sont des imbéciles ; je vous devrai une giffle pour cela, j'en ai peur. Continuez, — et directement.

Cinna. — Directement, je vais aux funérailles de César.

Premier citoyen. — Comme ami ou comme ennemi ?

Cinna. — Comme ami.

Deuxième citoyen. — Vous avez répondu directement à cette question.

Quatrième citoyen. — Et où demeurez-vous ? brièvement.

Cinna. — Brièvement, je demeure près du Capitole.

Troisième citoyen. — Votre nom, citoyen, sincèrement.

Cinna. — Sincèrement, mon nom est Cinna.

Premier citoyen. — Mettez-le en pièces ! c'est un conspirateur.

Cinna. — Je suis Cinna le poëte, je suis Cinna le poëte.

Quatrième citoyen. — Mettez-le en pièces pour ses mauvais vers; mettez-le en pièces pour ses mauvais vers !

Cinna. — Je ne suis pas Cinna le conspirateur.

Deuxième citoyen. — Peu importe, son nom est Cinna ; arrachez-lui son nom avec le cœur, et puis qu'il s'en aille.

Troisième citoyen. — Mettez-le en pièces, mettez-le en pièces ! Allons, des brandons ! hé ! des brandons ! Allons chez Brutus, chez Cassius ! brûlons tout ! Que quelques-uns aillent à la maison de Décius, d'autres à celle de Casca, d'autres à celle de Ligarius ! En avant ! marchons ! (*Ils sortent* [5].)

ACTE IV.

SCÈNE PREMIÈRE.

ROME. — Un appartement dans la demeure d'ANTOINE.

ANTOINE, OCTAVE et LÉPIDUS *sont assis autour d'une table.*

ANTOINE. — Donc tous ceux-là mourront ; leurs noms sont marqués.

OCTAVE. — Votre frère aussi doit mourir ; y consentez-vous, Lépidus?

LÉPIDUS. — J'y consens....

OCTAVE. — Marquez-le, Antoine.

LÉPIDUS. — Mais c'est à condition que Publius, qui est le fils de votre sœur, ne vivra pas, Marc Antoine.

ANTOINE. — Il ne vivra pas ; voyez quel gros pâté je fais pour le condamner. Mais, Lépidus, rendez-vous à la maison de César ; portez-y le testament, et nous verrons à décider ce que nous pourrons rogner dans les legs qu'il nous a laissés à charge.

LÉPIDUS. — Mais vous retrouverai-je ici?

OCTAVE. — Ou ici, ou au Capitole. (*Sort Lépidus.*)

ANTOINE. — C'est un homme médiocre, sans mérite aucun, bon pour faire les commissions : est-il convenable que, le monde une fois divisé en trois parts, il soit un des trois qui bénéficieront de ce partage?

OCTAVE. — Vous l'en avez jugé digne vous-même, et vous avez pris sa voix pour savoir qui serait marqué de mort dans nos sinistres listes de proscription.

ANTOINE. — Octave, j'ai vu plus de jours que vous, et bien que nous entassions ces honneurs sur cet homme afin de nous éviter certains fardeaux déshonorants, cependant il ne doit les porter que comme l'âne porte l'or, pour suer et gémir sous sa charge, pour être conduit et poussé, selon la route que nous voudrons qu'il suive : une fois que nous aurons conduit notre trésor où nous le désirons, alors nous le débarrasserons de son fardeau et nous le renverrons comme l'âne à vide secouer ses oreilles et paître dans les terrains communaux.

OCTAVE. — Faites comme il vous plaira ; mais c'est un soldat éprouvé et vaillant.

ANTOINE. — C'est ce qu'est aussi mon cheval, Octave, et c'est pour cela que je lui donne abondance d'avoine : c'est une créature que j'enseigne à combattre, à tourner, à s'arrêter, à courir droit vers un but, dont tous les mouvements corporels sont dirigés par mon esprit. A quelques égards, Lépidus n'est pas autre chose : il faut qu'on l'enseigne, qu'on le dirige, qu'on lui ordonne ses mouvements ; c'est un esprit stérile qui ne se nourrit que de restes, de loques et d'imitations ; lorsque les choses sont hors d'usage et surannées pour tout le monde, c'est alors que la mode en commence pour lui : ne parlez de lui que comme d'un objet qu'on possède. Et maintenant, Octave, écoutez de graves nouvelles : Brutus et Cassius lèvent des forces : il nous faut leur tenir tête immédiatement : par conséquent combinons notre alliance, assurons-nous de nos meilleurs amis, rassemblons nos meilleures ressources, et allons de ce pas tenir conseil pour décider les meilleurs moyens d'être instruits des choses cachées et de parer sûrement aux périls découverts.

OCTAVE. — Allons, car nous sommes au poteau et entourés par de nombreux ennemis aboyants ; il y en a qui sourient, et qui, je le crains, ont dans leurs cœurs des milliers de sentiments pervers. (*Ils sortent.*)

SCÈNE II.

Devant la tente de BRUTUS, au camp, près de SARDES.

Tambours. Entrent BRUTUS, LUCILIUS, LUCIUS *et des soldats;* TITINIUS *et* PINDARUS *viennent à leur rencontre.*

BRUTUS. — Halte, holà !

LUCILIUS. — Holà, prononcez le mot de passe, et halte !

BRUTUS. — Eh bien ! qu'est-ce, Lucilius ? Cassius est-il proche ?

LUCILIUS. — Il est tout près, et Pindarus est venu pour vous porter les salutations de son maître. (*Pindarus donne une lettre à Brutus.*)

BRUTUS. — Sa courtoisie est fort aimable. — Votre maître, Pindarus, soit par suite d'un changement de sa part, soit par la faute de mauvais officiers, m'a donné juste cause de désirer que certaines choses qui ont été faites soient défaites ; mais s'il est proche, j'obtiendrai des explications.

PINDARUS. — Je ne doute pas que mon noble maître n'apparaisse tel qu'il est, plein d'honneur et de sentiments dignes d'estime.

BRUTUS. — Je ne doute pas de lui. — Un mot, Lucilius ; comment vous a-t-il reçu ? apprenez-moi cela.

LUCILIUS. — Avec passablement de courtoisie et de respect, mais non pas avec cet entrain familier, et avec cette expansion libre et amicale qui lui étaient habituels autrefois.

BRUTUS. — Tu viens de décrire un ami chaud qui se refroidit : remarque-le toujours, Lucilius, lorsque l'affection devient malade et commence à décroître, elle use toujours d'une politesse contrainte. Il n'y a pas de ces comédies-là dans la simple et franche loyauté : au contraire, les hommes au cœur creux, pareils à des chevaux ardents à la main, font vaillant étalage et vaillante promesse de leur courage; mais lorsqu'il faut qu'ils endurent l'éperon qui ensanglante, alors ils baissent leur cimier, et comme des chevaux trompeurs, s'affaissent sous l'épreuve. Son armée arrive-t-elle?

Lucilius. — Ils ont l'intention de prendre ce soir leurs quartiers à Sardes : la plus grande partie, la cavalerie presque entière, marche avec Cassius. (*Une marche dans le lointain.*)

Brutus. — Écoutez! il est arrivé : marchons noblement à sa rencontre.

Entrent CASSIUS *et des soldats.*

Cassius. — Halte, holà!

Brutus. — Halte, holà! Faites passer cet ordre dans les rangs.

Une voix, *à l'extérieur.* — Halte!

Une voix, *à l'extérieur.* — Halte!

Une voix, *à l'extérieur.* — Halte!

Cassius. — Très-noble frère, vous m'avez fait injure.

Brutus. — Jugez-moi, ô vous Dieux! Est-ce que je fais injure à mes ennemis? et si cela n'est pas, comment ferais-je injure à un frère?

Cassius. — Brutus, ces formes modérées que vous employez cachent des injures; et lorsque vous les commettez....

Brutus. — Cassius, contenez-vous; exprimez doucement vos griefs, — je vous connais parfaitement : — ne nous querellons pas aux yeux de nos deux armées qui ne devraient apercevoir chez nous rien qu'affection : ordonnez-leur de se retirer : puis, expliquez vos griefs sous ma tente, Cassius, et là je vous donnerai audience.

Cassius. — Pindarus, ordonne à nos capitaines de conduire leurs cohortes un peu plus loin d'ici.

Brutus. — Fais la même chose, Lucilius, et que personne ne s'approche de notre tente, jusqu'à ce que nous ayons achevé notre conférence. Que Lucius et Titinius gardent notre porte. (*Ils sortent.*)

SCÈNE III.

Sous la tente de BRUTUS.

Entrent BRUTUS *et* CASSIUS.

Cassius. — Que vous m'avez fait injure, en voici la preuve : vous avez condamné et noté d'infamie Lucius Pella comme ayant reçu ici des présents des Sardes pour se laisser corrompre, et les lettres où j'intercédais pour lui, parce que je connaissais l'homme, ont été dédaignées [1].

Brutus. — Vous vous êtes fait injure à vous-même en écrivant dans une telle affaire.

Cassius. — Dans un temps comme celui-ci, il n'est pas bon que le plus petit délit soit si scrupuleusement pesé.

Brutus. — Laissez-moi vous dire, Cassius, que vous-même vous êtes sévèrement condamné comme ayant une main crochue, comme vendant et conférant vos charges pour de l'or à des gens qui ne les méritent pas.

Cassius. — Moi, *une main crochue!* Vous savez que vous, qui prononcez ces paroles, vous vous nommez Brutus ; sans cela, par les Dieux, ce discours serait le dernier de votre vie.

Brutus. — Le nom de Cassius honore cette corruption, aussi le châtiment cache-t-il sa tête.

Cassius. — *Le châtiment!*

Brutus. — Rappelez-vous mars, rappelez-vous les Ides de mars! Est-ce que le sang du grand Jules ne coula pas pour la justice? Quel est le scélérat qui a touché son corps, qui l'a poignardé, pour autre chose que la justice? Comment, un de nous, un de ceux qui ont frappé le premier homme de cet univers entier, simplement parce qu'il soutenait des voleurs, nous irons maintenant souiller nos doigts de vils présents, et nous vendrons le vaste champ de nos amples honneurs pour juste autant de vile monnaie qu'on en peut serrer en fermant ainsi la main? J'aimerais mieux être un chien et aboyer à la lune que d'être un pareil Romain.

Cassius. — Brutus, n'aboyez pas après moi, je ne le souffrirai pas : vous vous oubliez vous-même en voulant me tracer des limites. Je suis un soldat, moi ; je suis plus vieux que vous dans la pratique, plus capable que vous ne l'êtes de décider quelles sont les conditions à faire.

Brutus. — Allez donc ; vous n'êtes rien de pareil, Cassius.

Cassius. — Je le suis.

Brutus. — Je dis que vous ne l'êtes pas.

Cassius. — Ne me poussez pas davantage, je finirai par m'oublier : pensez un peu à votre sûreté, ne me tentez pas.

Brutus. — Arrière, homme méprisable !

Cassius. — Est-ce possible ?

Brutus. — Écoutez-moi, car je parlerai. Dois-je céder place et terrain à votre colère téméraire ? Est-ce que je vais être effrayé parce qu'un fou me menace les yeux hors de la tête ?

Cassius. — Ô Dieux, ô Dieux, faut-il que j'endure tout cela ?

Brutus. — *Tout cela!* oui, et plus encore : agitez-vous jusqu'à ce que votre cœur orgueilleux crève ; allez montrer à vos esclaves combien vous êtes emporté, et faites trembler vos serviteurs. Croyez-vous que je vais vous céder la place ? Faut-il par hasard que je vous fasse patte de velours ? Faut-il que je me taise et que je rampe sous votre mauvaise humeur ? Par les Dieux, vous avalerez le venin de votre rage, dussiez-vous en éclater ! et sur ma foi, à partir de ce jour, lorsque vous serez dans ces fureurs de guêpe, je me servirai de vous comme d'objet de gaieté ; oui vraiment, vous servirez à me faire rire.

Cassius. — Les choses en sont-elles venues là ?

Brutus. — Vous dites que vous êtes un meilleur soldat que moi ; faites-le voir, prouvez la vérité de votre fanfaronnade, cela me fera grand plaisir ; pour ma part, je serai toujours heureux d'être instruit par les hommes plus habiles que moi.

CASSIUS. — Vous me faites injure ; de toute façon, vous me faites injure, Brutus ; j'ai dit un plus vieux soldat, je n'ai pas dit un meilleur : ai-je dit un meilleur ?

BRUTUS. — Si vous l'avez dit, je n'en ai souci.

CASSIUS. — Lorsque César vivait, il n'aurait pas osé m'irriter ainsi.

BRUTUS. — Paix, paix ! vous n'auriez pas osé le provoquer ainsi.

CASSIUS. — Je n'aurais pas osé ?

BRUTUS. — Non.

CASSIUS. — Comment ! je n'aurais pas osé le provoquer ?

BRUTUS. — Par amour pour votre vie vous vous en seriez bien gardé.

CASSIUS. — Ne présumez pas trop de mon affection ; je pourrais faire ce dont je serais ensuite désolé.

BRUTUS. — Vous avez déjà fait ce dont vous devriez être désolé. Vos menaces n'ont aucune force de terreur, Cassius ; car je suis si solidement appuyé sur mon honnêteté qu'elles passent près de moi comme le vain souffle du vent que je ne remarque pas. Je vous ai envoyé demander certaines sommes d'or que vous m'avez refusées ; car je ne sais pas me procurer de l'argent par de vils moyens : par le ciel, j'aimerais mieux monnayer mon cœur et transformer mon sang en drachmes que d'arracher par des moyens illicites leur misérable pécule aux mains calleuses de paysans ! Je vous ai envoyé demander de l'or pour payer mes légions, et vous me l'avez refusé : était-ce là agir comme devait agir Cassius ? Est-ce ainsi que j'aurais répondu à Caïus Cassius ? Lorsque Marcus Brutus deviendra assez cupide pour garder sous clef les méprisables jetons de métal que ses amis lui demanderont, armez-vous de toutes vos foudres, ô Dieux, et brisez-le en éclats !

CASSIUS. — Je ne vous ai pas refusé.

BRUTUS. — Vous m'avez refusé.

CASSIUS. — Je n'ai pas refusé ; celui qui a rapporté ma

réponse n'était qu'un imbécile. Brutus a déchiré mon cœur : un ami devrait savoir supporter les imperfections de ses amis, mais Brutus fait les miennes plus grandes qu'elles ne sont.

BRUTUS. — Non, jusqu'au moment où vous me les faites mesurer à moi-même en me les faisant sentir.

CASSIUS. — Vous ne m'aimez pas.

BRUTUS. — Je n'aime pas vos défauts.

CASSIUS. — L'œil d'un ami ne devrait pas voir de tels défauts.

BRUTUS. — L'œil d'un flatteur ne les verrait pas, quand bien même ils apparaîtraient aussi énormes que le haut Olympe.

CASSIUS. — Viens, Antoine, viens, jeune Octave, vengez-vous sur Cassius seul, car Cassius est fatigué du monde, haï qu'il est par celui qu'il aime, bravé par son frère, tenu en bride comme un esclave, toutes ses fautes observées, notées sur un registre, apprises par cœur, retenues, pour lui être jetées au visage ! Oh ! je pourrais pleurer mon âme entière ! Voici mon poignard, et voici ma poitrine nue : au dedans de cette poitrine est un cœur plus précieux que la mine de Plutus, plus riche que l'or : si tu es un Romain, arrache-le ; moi qui t'ai refusé l'or, je te donnerai mon cœur : frappe, comme tu frappas César ; car je sais bien qu'alors que tu le haïssais le plus, tu l'aimais davantage que tu n'aimas jamais Cassius.

BRUTUS. — Rengainez votre poignard : mettez-vous en colère quand vous voudrez, vous en aurez pleine liberté. Faites ce que vous voudrez, une action déshonnête passera pour un effet de votre humeur personnelle. Ô Cassius, vous êtes associé à un agneau qui contient la colère comme le caillou contient le feu : en le frappant beaucoup, le caillou donne une étincelle rapide, puis sur-le-champ il redevient froid comme devant.

CASSIUS. — Cassius n'a-t-il donc vécu que pour servir de plastron et de risée à son Brutus, aux heures où l'humeur sanguine et l'humeur mélancolique ne sont pas chez lui en bon équilibre ?

Brutus. — Lorsque j'ai parlé comme j'ai fait, j'étais moi-même en mauvaises dispositions.

Cassius. — En avouez-vous autant? donnez-moi votre main.

Brutus. — Et mon cœur aussi.

Cassius. — Ô Brutus....

Brutus. — Qu'y a-t-il?

Cassius. — N'avez-vous pas assez d'amitié pour me supporter, lorsque cette humeur emportée que ma mère m'a donnée, me pousse à m'oublier?

Brutus. — Si, Cassius ; par conséquent, lorsque vous serez dorénavant par trop bouillant avec votre Brutus, il supposera que c'est votre mère qui gronde et vous laissera tranquille.

Un poëte, *de l'extérieur*. — Laissez-moi entrer pour voir les généraux ; il y a quelque pique entre eux, il n'est pas bon qu'ils soient seuls.

Lucilius, *de l'extérieur*. — Vous n'irez pas les trouver.

Le poëte, *de l'extérieur*. — La mort seule pourrait m'arrêter.

Entre LE POËTE, *suivi de* LUCILIUS *et de* TITINIUS.

Cassius. — Qu'est-ce donc ? qu'y a-t-il?

Le poëte. — Par pudeur, généraux! à quoi pensez-vous? aimez-vous, soyez amis comme doivent l'être deux hommes tels que vous; car, j'en suis sûr, j'ai vu plus d'années que vous.

Cassius. — Ah, ah! comme ce cynique rime misérablement !

Brutus. — Partez d'ici, maraud: impertinent compère, hors d'ici!

Cassius. — Supportez-le, Brutus : c'est sa façon d'être.

Brutus. — Je m'informerai de son humeur, lorsqu'il s'informera mieux de l'heure : qu'est-ce que les choses de la guerre ont à faire avec ces sots rimailleurs? Hors d'ici, camarade!

Cassius. — Allons, allons, décampe[2]! (*Sort le poëte.*)

Brutus. — Lucilius et Titinius, ordonnez aux capitaines de préparer des logements à leurs compagnies pour cette nuit.

Cassius. — Puis revenez vous-mêmes, et amenez-nous Messala immédiatement. (*Sortent Lucilius et Titinius.*)

Brutus. — Lucius, une coupe de vin !

Cassius. — Je n'aurais pas cru que vous pussiez vous mettre en semblable colère.

Brutus. — Ô Cassius, je suis malade de plus d'une douleur.

Cassius. — Vous ne faites pas usage de votre philosophie, si vous accordez influence aux maux accidentels.

Brutus. — Nul homme ne supporte mieux la douleur : — Portia est morte.

Cassius. — Ah ! Portia ?

Brutus. — Elle est morte.

Cassius. — Comment ai-je évité d'être tué, lorsque je vous ai contrarié ainsi ? Ô perte écrasante et navrante ! — De quelle maladie ?

Brutus. — L'impatience de mon absence, et la douleur de voir que le jeune Octave et Marc Antoine étaient à ce point devenus forts ; — car ces dernières nouvelles me sont venues avec celle de sa mort : — alors sa tête s'est égarée, et en l'absence de ses suivantes, elle a avalé du feu [3].

Cassius. — Et elle est morte ainsi ?

Brutus. — Ainsi même.

Cassius. — Ô Dieux immortels !

Entre LUCIUS *avec du vin et des flambeaux.*

Brutus. — Ne me parlez plus d'elle. Donnez-moi une coupe de vin. Je noie dans cette coupe tout ressentiment, Cassius. (*Il boit.*)

Cassius. — Cette santé si noblement portée altère mon cœur. Remplis, Lucius, jusqu'à ce que le vin déborde de la coupe ; je ne puis trop boire à l'amitié de Brutus. (*Il boit.*)

Brutus. — Entre, Titinius !

ACTE IV, SCÈNE III.

Rentre TITINIUS *avec* MESSALA.

Brutus. — Vous êtes le bienvenu, mon bon Messala. Maintenant asseyons-nous autour de ce flambeau, et discutons notre situation et ce qu'elle exige.

Cassius. — Portia, es-tu donc partie?

Brutus. — Assez, je vous prie. — Messala, j'ai reçu des lettres m'informant que le jeune Octave et Marc Antoine arrivaient sur nous avec une force puissante, et dirigeaient leur expédition du côté de Philippes.

Messala. — J'ai reçu moi-même des lettres de la même teneur.

Brutus. — Et qu'ajoutent vos lettres?

Messala. — Que par les décrets de proscription et de mise hors la loi, Octave, Antoine et Lépidus ont mis à mort cent sénateurs.

Brutus. — En ce cas nos lettres ne s'accordent pas bien : les miennes parlent de soixante-dix sénateurs qui sont morts par le fait de leurs proscriptions, et dans ce nombre est Cicéron.

Cassius. — Cicéron est du nombre!

Messala. — Cicéron est mort, et par cet ordre de proscription. Avez-vous reçu des lettres de votre épouse, Seigneur?

Brutus. — Non, Messala.

Messala. — Et dans vos lettres on ne vous dit rien d'elle?

Brutus. — Rien, Messala.

Messala. — Cela me semble étrange.

Brutus. — Pourquoi me parlez-vous d'elle? Vos lettres contiennent-elles quelque chose la concernant?

Messala. — Non, Seigneur.

Brutus. — Voyons, par votre titre de Romain, dites-moi la vérité.

Messala. — En ce cas, supportez comme un Romain la vérité que je vais vous dire : elle est morte pour sûr, et d'une étrange façon.

Brutus. — Eh bien alors, adieu, Portia! Nous devons

mourir, Messala : comme j'avais réfléchi qu'elle devait mourir un jour, je me trouve la patience de supporter sa perte maintenant.

Messala. — C'est ainsi que les grands hommes devraient supporter les grandes pertes.

Cassius. — J'ai appris autant de cette philosophie que vous ; mais cependant ma nature ne pourrait pas supporter ainsi une telle perte.

Brutus. — Bon ! vivement à notre besogne qui est vivante, elle. Si nous marchions immédiatement sur Philippes ; qu'en pensez-vous ?

Cassius. — Je n'approuve pas ce projet.

Brutus. — Votre raison ?

Cassius. — La voici : il vaut mieux que l'ennemi nous cherche : par là il épuisera ses ressources, fatiguera ses soldats, et se blessera lui-même ; tandis que nous, ne bougeant pas, nous restons reposés, agiles, et pleins de vigueur pour la défense.

Brutus. — Les bonnes raisons doivent de toute nécessité céder la place à de meilleures. Les populations entre Philippes et cet endroit-ci n'ont pour nous qu'une affection contrainte ; car elles ont rechigné pour nous accorder des subsides : l'ennemi, en les ramassant tout le long de sa marche, accroîtra démesurément ses forces, il nous arrivera rafraîchi, renforcé, encouragé ; tandis que nous le coupons de tous ces avantages, si nous allons à Philippes le regarder en face, en ayant ces populations derrière nous.

Cassius. — Écoutez-moi, mon bon frère.

Brutus. — Veuillez m'excuser. Vous devez faire attention, en outre, que nous avons enrôlé tout ce que nous pouvons enrôler de partisans ; nos légions sont au complet autant qu'elles le seront jamais, notre cause a désormais réuni toutes ses ressources : l'ennemi s'accroît chaque jour ; nous, parvenus à l'apogée, nous sommes prêts à décliner. Dans les affaires des hommes, il y a une voie qui, lorsqu'on sait prendre le flot, conduit à la fortune ; s'ils la négligent, tout le voyage de leur vie se passe au milieu de bas-fonds et dans des misères. C'est sur une telle mer montante que nous sommes maintenant à flot, et il nous faut suivre le courant qui se présente, ou perdre nos chances.

Cassius. — Eh bien ! qu'il en soit selon votre désir, marchez ; nous marcherons nous aussi, et nous les rejoindrons à Philippes.

Brutus. — Le milieu de la nuit est survenu doucement pendant notre entretien, et la nature est obligée d'obéir à la nécessité ; nous allons lui faire l'aumône d'un peu de repos. Vous n'avez rien de plus à dire ?

Cassius. — Rien de plus. Bonne nuit ; demain de bonne heure nous serons sur pied, — et en route !

Brutus. — Lucius, ma robe. (*Sort Lucius.*) Adieu, mon bon Messala : — bonne nuit, Titinius : — noble, noble Cassius, bonne nuit et bon repos.

Cassius. — O mon cher frère ! cette nuit avait eu un mauvais commencement ; que jamais plus nos deux âmes ne connaissent une telle division ! que cela ne soit plus, Brutus !

Brutus. — Tout est bien.

Cassius. — Bonne nuit, Seigneur.

Brutus. — Bonne nuit, mon bon frère.

Titinius *et* Messala. — Bonne nuit, Seigneur Brutus.

Brutus. — Adieu à tous. (*Sortent Cassius, Titinius et Messala.*)

Rentre LUCIUS *avec la robe.*

Brutus. — Donne-moi la robe. Où est ton instrument ?

Lucius. — Ici dans la tente.

Brutus. — Comment ! tu parles tout endormi ? Pauvre bambin ! je ne te blâme pas ; tu es fatigué de trop veiller. Appelle Claudius et quelque autre de mes gens ; je veux qu'ils sommeillent sur des coussins dans ma tente.

Lucius. — Varron et Claudius !

Entrent VARRON *et* CLAUDIUS.

Varron. — Mon Seigneur appelle ?

Brutus. — Je vous en prie, mes amis, couchez-vous sous ma tente, et dormez; il se peut que j'aie besoin de vous faire lever pour quelque affaire avec mon frère Cassius.

Varron. — S'il vous plaît, nous allons nous tenir ici debout, et nous veillerons en attendant vos ordres.

Brutus. — Je ne veux pas qu'il en soit ainsi : couchez-vous, mes bons amis : il se peut que je change d'avis. (*Varron et Claudius se couchent.*) Regarde, Lucius, voici le livre que je cherchais; je l'avais placé dans la poche de ma robe.

Lucius. — J'étais sûr que Votre Seigneurie ne me l'avait pas donné.

Brutus. — Sois endurant avec moi, mon cher enfant, je suis très-oublieux. Est-ce que tu peux tenir encore un instant ouverts tes yeux gros de sommeil, et toucher ton instrument pendant une ou deux mesures?

Lucius. — Oui, Seigneur, si cela vous fait plaisir.

Brutus. — Cela me plairait; mon enfant, je te cause beaucoup trop d'ennui, mais tu es de bonne volonté.

Lucius. — C'est mon devoir, Seigneur.

Brutus. — Je ne devrais pas pousser ton devoir au delà de ta force : je sais que les jeunes sangs sont impatients de leur temps de repos.

Lucius. — J'ai dormi déjà, Seigneur.

Brutus. — Tu as fort bien fait, et tu vas dormir encore; je ne te retiendrai pas longtemps : si je vis, je serai bon pour toi. (*Musique et chant.*) Voici un air assoupissant : — ô sommeil meurtrier! c'est ainsi que tu laisses tomber ta masse de plomb sur mon petit serviteur qui te joue de la musique? Bonne nuit, gentil bambin; je ne veux pas te causer le chagrin de te réveiller : si tu fais seulement un mouvement de tête, tu vas briser ton instrument; je vais te le retirer : bonne nuit, mon bon enfant. — Voyons, voyons; — est-ce que la page n'est pas pliée à l'endroit où j'avais cessé de lire? C'est ici, je crois. (*Il s'assied.*)

ACTE IV, SCÈNE III.

Le fantôme de César *apparaît*.

Brutus. — Comme ce flambeau brûle mal[4]! — Ah! qui vient ici? Je suppose que ce sont mes yeux affaiblis qui donnent forme à cette apparition extraordinaire. Elle s'avance sur moi! — Es-tu quelque chose de réel? es-tu un Dieu, un génie, un démon, toi qui glaces mon sang et fais dresser mes cheveux? Dis-moi ce que tu es?

Le fantôme. — Ton mauvais génie, Brutus.

Brutus. — Pourquoi viens-tu?

Le fantôme. — Pour te dire que tu me verras à Philippes.

Brutus. — Bon : ainsi je te reverrai encore?

Le fantôme. — Oui, à Philippes.

Brutus. — Eh bien, en ce cas, je te reverrai à Philippes. (*Le fantôme disparaît.*) Maintenant que j'ai repris cœur, voilà que tu t'évanouis : mauvais génie, je voudrais converser plus longtemps avec toi. — Enfant! Lucius! — Varron! Claudius! réveillez-vous, mes amis! Claudius!

Lucius. — Les cordes sont fausses, Seigneur.

Brutus. — Il se croit encore à son instrument. — Lucius, réveille-toi!

Lucius. — Mon Seigneur?

Brutus. — Tu rêvais donc, Lucius, pour crier comme tu l'as fait?

Lucius. — Seigneur, je ne sais pas si j'ai crié.

Brutus. — Oui, tu as crié : avais-tu vu quelque chose?

Lucius. — Rien, Seigneur.

Brutus. — Rendors-toi, Lucius. — Maraud de Claudius! eh, camarade, réveille-toi!

Varron. — Mon Seigneur?

Claudius. — Mon Seigneur?

Brutus. — Pourquoi avez-vous crié ainsi dans votre sommeil, mes amis?

Varron *et* Claudius. — Est-ce que nous avons crié, Seigneur?

Brutus. — Oui : aviez-vous vu quelque chose?

VARRON. — Non, Seigneur, je n'avais rien vu.
CLAUDIUS. — Ni moi, Seigneur.
BRUTUS. — Allez, et recommandez-moi à mon frère Cassius; invitez-le à faire mettre ses troupes en marche de bonne heure, et nous le suivrons.
VARRON et CLAUDIUS. — Cela sera fait, Seigneur. (*Ils sortent.*)

ACTE V.

SCÈNE PREMIÈRE.

La plaine de PHILIPPES.

Entrent OCTAVE, ANTOINE, *et leur armée.*

OCTAVE. — Eh bien, Antoine, voilà que notre espérance s'est réalisée : vous disiez que l'ennemi ne descendrait pas en plaine, mais qu'il resterait sur les collines et sur les hautes régions; c'est le contraire qui arrive : leurs légions sont proches, et ils ont l'intention de nous défier ici à Philippes, nous répondant ainsi avant que nous les ayons questionnés.

ANTOINE. — Bah! je suis dans leurs cœurs, et je sais pourquoi ils font cela : ils seraient fort contents d'aller visiter d'autres lieux; ils descendent avec la vaillance des poltrons, pensant par cet étalage de bravoure nous forcer à croire qu'ils ont courage; mais il n'en est pas ainsi.

Entre UN MESSAGER.

LE MESSAGER. — Préparez-vous, généraux : l'ennemi

s'avance en belle ordonnance; leur sanglant étendard de guerre est déployé, et quelque chose doit être fait immédiatement.

Antoine. — Octave, conduisez doucement votre corps d'armée, sur le côté gauche de la plaine.

Octave. — J'irai sur la droite, moi; prends la gauche, toi.

Antoine. — Pourquoi me contrecarrez-vous en ce moment critique?

Octave. — Je ne vous contrecarre pas, mais je veux qu'il en soit ainsi. (*Marche.*)

Bruit de tambours. Entrent BRUTUS, CASSIUS, *et leur armée;* LUCILIUS, TITINIUS, MESSALA *et autres.*

Brutus. — Ils font halte, et voudraient parlementer.

Cassius. — Halte, Titinius: il faut que nous nous avancions et que nous parlions.

Octave. — Marc Antoine, donnerons-nous le signal de la bataille?

Antoine. — Non, César, nous attendrons qu'ils chargent. Avançons; les généraux voudraient échanger quelques paroles.

Octave. — Ne bougez pas jusqu'au signal.

Brutus. — Les paroles avant les coups: est-ce votre avis, compatriotes?

Octave. — Ce n'est pas qu'à votre instar nous préférions les paroles?

Brutus. — Les bonnes paroles valent mieux que les mauvais coups, Octave.

Antoine. — Mais vous, Brutus, vous donnez de bonnes paroles avec de mauvais coups, témoin le trou que vous fîtes au cœur de César, en criant: « Longue vie! salut à César! »

Cassius. — Antoine, la façon de vos coups est encore inconnue; mais quant à vos paroles, elles volent les abeilles de l'Hybla, et les laissent sans miel.

Antoine. — Mais non pas sans aiguillons.

Brutus. — Oh, si, et sans musique encore; car vous

leur avez volé leur bourdonnement, Antoine, et vous menacez très-prudemment avant de piquer.

ANTOINE. — Scélérats, vous ne fîtes pas ainsi, lorsque vos vils poignards se plongèrent l'un après l'autre dans les flancs de César; vous montriez vos dents comme des singes, vous étiez caressants comme des lévriers, vous vous courbiez comme des esclaves en baisant les pieds de César, tandis que le traître Casca, comme un dogue, venait par derrière frapper César au cou. Ô flatteurs!

CASSIUS. — *Flatteurs!* A cette heure, Brutus, vous pouvez vous adresser des remercîments à vous-même : cette langue ne nous aurait pas insultés ainsi aujourd'hui, si Cassius avait été écouté.

OCTAVE. — Voyons, voyons, au fait : si l'argumentation suffit pour nous mettre en sueur, quand nous en viendrons aux preuves, il nous en coûtera une rosée plus rouge. Voyez, je tire mon épée contre les conspirateurs; quand croyez-vous que cette épée rentrera dans son fourreau? Jamais, avant que les trente-trois blessures de César soient pleinement vengées, ou qu'un autre César ait fourni une nouvelle proie à l'épée des traîtres.

BRUTUS. — César, tu ne peux mourir des mains de traîtres, à moins que tu ne les amènes avec toi.

OCTAVE. — C'est bien ce que j'espère; je ne suis pas né pour mourir par l'épée de Brutus.

BRUTUS. — Jeune homme, quand bien même tu serais le plus noble de ta race, tu ne pourrais pas mourir d'une manière plus honorable.

CASSIUS. — Il est bien indigne d'un tel honneur, cet insolent écolier associé à un danseur de mascarades et à un débauché!

ANTOINE. — Toujours le vieux Cassius!

OCTAVE. — Viens, Antoine, partons! Nous vous jetons le défi aux dents, traîtres! si vous osez combattre aujourd'hui, engagez la bataille; sinon, ce sera quand vous en aurez appétit. (*Sortent Octave, Antoine, et leur armée*[1].)

CASSIUS. — Eh bien! souffle, vent; gonflez-vous, vagues;

ACTE V, SCÈNE I.

flotte, barque! La tempête s'est levée, et tout est remis au hasard.

Brutus. — Holà, Lucilius! écoutez, j'ai un mot à vous dire.

Lucilius. — Seigneur? (*Brutus et Lucilius conversent ensemble.*)

Cassius. — Messala!

Messala. — Que dit mon général?

Cassius. — C'est aujourd'hui l'anniversaire de ma naissance; c'est en ce jour-ci que Cassius naquit. Donne-moi ta main, Messala : sois-moi témoin, que, comme Pompée, c'est contre mon gré que je suis forcé de jouer toutes nos libertés sur la chance d'une seule bataille. Vous savez que j'ai toujours tenu fortement pour les opinions d'Épicure : maintenant j'ai changé de sentiment, et je crois en partie aux présages. Quand nous sommes venus de Sardes, deux aigles puissants se sont abattus sur le drapeau qui marchait à notre tête; ils s'y sont perchés, mangeant et se gorgeant dans les mains de nos soldats, et ils nous ont accompagnés jusques ici, à Philippes : ce matin ils ont pris leur vol et sont partis; et à leur place, les corbeaux, les corneilles et les milans volent au-dessus de nos têtes, et nous regardent d'en haut comme si nous étions une proie déjà marquée : leurs ombres font l'effet d'un dais fatal, sous lequel est étendue notre armée, prête à rendre le dernier souffle.

Messala. — Ne croyez pas cela.

Cassius. — Je ne le crois qu'en partie ; mais en tout cas, je me sens un courage tout frais, et disposé à affronter tout péril avec la plus grande fermeté.

Brutus. — C'est cela même, Lucilius. (*Il s'avance vers Cassius.*)

Cassius. — Maintenant, très-noble Brutus, puissent aujourd'hui les Dieux nous être propices, afin qu'il nous soit donné, amis en paix, de conduire nos jours jusqu'à la vieillesse! mais puisque les affaires des hommes sont toujours incertaines, raisonnons sur ce qui peut arriver de pire. Si nous perdons cette bataille, cette conversation est la dernière que nous aurons ensemble : en ce cas, qu'êtes-vous décidé à faire?

Brutus. — Je suis décidé à me conduire d'après les règles de cette philosophie qui me firent blâmer Caton pour la mort qu'il se donna à lui-même. Je ne sais pourquoi, mais il me semble qu'il est lâche et vil, d'abréger le temps de la vie par crainte de ce qui peut arriver : m'armant donc de patience, je me confierai à la providence des puissances suprêmes qui nous gouvernent ici-bas.

Cassius. — Alors, si nous perdons cette bataille, vous vous résignerez à être conduit en triomphe à travers les rues de Rome?

Brutus. — Non, Cassius, non : ne crois pas, noble Romain, que Brutus paraisse jamais enchaîné dans Rome; il porte pour cela une âme trop grande. Mais ce jour-ci doit terminer l'œuvre commencée aux Ides de Mars, et je ne sais si nous nous rencontrerons encore. Ainsi faisons-nous notre dernier adieu : pour toujours, et pour toujours, adieu, Cassius ! Si nous nous retrouvons encore, nous sourirons; sinon, eh bien, nous aurons eu raison de prendre congé l'un de l'autre.

Cassius. — Pour toujours, et pour toujours, adieu, Brutus ! Si nous nous rencontrons encore, nous sourirons; sinon, il est certain que nous aurons eu raison de prendre congé l'un de l'autre.

Brutus. — Eh bien, maintenant, marchons. Ah ! que ne peut-on savoir la fin de cette journée avant qu'elle soit venue ! mais il suffit de savoir que ce jour finira, et qu'alors l'issue de cette affaire sera connue. — Holà, venez ! en avant ! (*Ils sortent.*)

SCÈNE II.

Philippes. — Le champ de bataille.

Alarme. Entrent BRUTUS *et* MESSALA.

Brutus. — A cheval, cours, Messala, cours, et remets ces ordres écrits aux légions qui sont de l'autre côté! (*Forte alarme.*) Qu'elles donnent toutes à la fois, car je n'aperçois que froideur dans les mouvements de l'aile d'Octave, et une poussée soudaine les culbutera. Cours, cours, Messala! qu'elles descendent toutes à la fois. (*Ils sortent.*)

SCÈNE III.

Une autre partie du champ de bataille.

Alarme. Entrent CASSIUS *et* TITINIUS.

Cassius. — Oh! vois, Titinius, vois, les gredins fuient! je suis devenu moi-même un ennemi pour les miens : mon enseigne que voilà tournait le dos, j'ai tué le lâche, et je lui ai enlevé son drapeau.

Titinius. — O Cassius, Brutus a donné le signal trop tôt; se voyant quelque avantage sur Octave, il s'est abandonné avec trop d'ardeur : ses soldats se sont jetés sur le butin, et pendant ce temps Antoine nous enveloppait tous.

Entre PINDARUS.

Pindarus. — Fuyez plus loin, mon Seigneur, fuyez plus loin! Marc Antoine est dans vos tentes, Seigneur! fuyez donc, noble Cassius, fuyez plus loin!

Cassius. — Cette colline est suffisamment éloignée. — Regarde, regarde, Titinius; sont-ce mes tentes où j'aperçois le feu?

Titinius. — Ce sont elles, Seigneur.

CASSIUS. — Titinius, si tu m'aimes, monte sur mon cheval, et enfonce tes éperons dans ses flancs jusqu'à ce qu'il t'ait conduit vers ces troupes là-bas et qu'il t'ait ramené, afin que je puisse savoir si ces troupes là-bas sont amies ou ennemies.

TITINIUS. — Je serai de retour en un clin d'œil. (*Il sort.*)

CASSIUS. — Va, Pindarus, monte plus haut sur cette colline ; j'ai toujours eu la vue basse ; observe Titinius, et dis-moi ce que tu remarques sur le champ de bataille. (*Sort Pindarus.*) C'est en ce jour que je respirai pour la première fois : le temps a marché en cercle, et je finirai au point même où j'ai commencé ; ma vie a terminé sa course. Maraud, quelles nouvelles ?

PINDARUS, *d'en haut.* — Oh, Seigneur !

CASSIUS. — Quelles nouvelles ?

PINDARUS, *d'en haut.* — Titinius est entouré de toutes parts de cavaliers qui lui courent sus à force d'éperon ; cependant il tient encore la tête. — Maintenant, ils sont presque sur lui ; — courage, Titinius ! — Maintenant quelques-uns mettent pied à terre : — ah ! il met pied à terre aussi : — il est pris — (*acclamations*) ; et écoutez ! ils crient de joie.

CASSIUS. — Descends, ne regarde pas davantage. Oh ! lâche que je suis d'avoir vécu si longtemps pour voir mon meilleur ami pris devant ma face ! (*Pindarus descend.*) Viens ici, maraud : je te fis prisonnier dans le pays des Parthes, et lorsque j'épargnai ta vie, je te fis prêter le serment que tout ce que je te commanderais tu essayerais de l'exécuter. Eh bien, à cette heure tiens ton serment ; sois maintenant un homme libre, et avec cette bonne épée qui traversa les entrailles de César, perce ce sein. Ne t'arrête pas à me répondre : ici, prends la poignée ; et dès que j'aurai couvert mon visage, — il l'est maintenant, — dirige le fer. — César, tu es vengé par l'épée même qui te tua. (*Il meurt.*)

PINDARUS. — Ainsi, je suis libre ; cependant je n'aurais pas voulu le devenir de la sorte, si j'avais pu faire ma volonté. Ô Cassius ! Pindarus va s'enfuir loin de cette contrée, dans des lieux où jamais Romain n'entendra parler de lui. (*Il sort*².)

Rentre TITINIUS *avec* MESSALA.

Messala. — Les avantages sont simplement réciproques, Titinius; car Octave est culbuté par les forces du noble Brutus, comme les légions de Cassius le sont par Antoine.

Titinius. — Ces nouvelles vont bien réjouir Cassius.

Messala. — Où l'avez-vous laissé?

Titinius. — Ici, sur cette colline, en proie à la plus extrême douleur, avec Pindarus son esclave.

Messala. — N'est-ce pas lui qui est étendu là, sur la terre?

Titinius. — Il n'est pas couché comme quelqu'un de vivant. Oh, mon cœur!

Messala. — N'est-ce pas lui?

Titinius. — Non, c'était lui, Messala, car Cassius n'est plus. Ô soleil couchant, de même que tu te plonges dans les ténèbres au milieu de rouges rayons, ainsi la vie de Cassius s'éteint dans son sang pourpre; — le soleil de Rome est couché! Notre jour est passé: viennent les brouillards, les bruines et les dangers; nous avons fini d'agir! C'est en se trompant sur mon succès qu'il a été amené à cet acte.

Messala. — Une erreur à propos d'un heureux succès a commis cet acte. Ô détestable erreur, enfant de la mélancolie, pourquoi montres-tu si souvent à la prompte imagination des hommes les choses qui ne sont pas? Ô erreur, si vite conçue, tu n'apparais jamais à une heureuse naissance sans tuer la mère qui t'engendra!

Titinius. — Eh, Pindarus! où es-tu, Pindarus?

Messala. — Cherchez-le, Titinius, pendant que moi je vais aller trouver le noble Brutus, et blesser ses oreilles de cette nouvelle: je puis bien dire blesser, car l'acier perçant et les dards envenimés seront aussi bienvenus aux oreilles de Brutus que les nouvelles de ce spectacle.

Titinius. — Courez, Messala, et moi je vais pendant

re temps-là chercher Pindarus. (*Sort Messala.*) Pourquoi m'avais-tu envoyé en reconnaissance, brave Cassius? Est-ce que je n'avais pas rejoint tes amis? et n'avaient-ils pas placé sur mon front cette couronne de victoire, en me recommandant de te la donner? N'avais-tu pas entendu leurs acclamations? Hélas! tu as tout mal interprété! Mais, tiens, que ton front reçoive cette couronne; ton Brutus m'avait ordonné de te la donner et j'exécuterai ses ordres. Brutus, accours vite, et vois en quelle estime je tenais Caïus Cassius. Avec votre permission, ô Dieux : — c'est là le rôle d'un Romain : — viens, épée de Cassius, et trouve le cœur de Titinius. (*Il meurt.*)

Alarme. Rentre MESSALA *avec* BRUTUS, LE JEUNE CATON, STRATON, VOLUMNIUS *et* LUCILIUS.

BRUTUS. — Où, où, où gît son corps, Messala?

MESSALA. — Là-bas, hélas! avec Titinius qui pleure sur lui.

BRUTUS. — Le visage de Titinius est tourné vers le ciel.

CATON. — Il est tué.

BRUTUS. — Ô Jules César, tu es puissant encore! ton âme erre dans les airs, et tourne nos épées contre nos propres entrailles. (*Sourdes alarmes.*)

CATON. — Brave Titinius! Voyez, comme il a couronné Cassius mort!

BRUTUS. — Deux Romains pareils à ceux-là vivent-ils encore? Adieu, toi le dernier de tous les Romains! il est impossible que jamais Rome engendre ton pareil. Amis, je dois plus de larmes à cet homme ici mort, que vous ne me verrez lui en payer. Je trouverai un temps pour cela, Cassius, je trouverai un temps pour cela. — Allons, envoyez son corps à Thasos : ses funérailles ne se feront pas dans notre camp, de crainte que ce spectacle ne nous décourage. Viens, Lucilius; — viens, jeune Caton; — rendons-nous au champ de bataille. — Labéon et Flavius, faites avancer nos forces : il est trois heures; — Romains, avant la nuit, nous tenterons la fortune dans un second combat. (*Ils sortent.*)

SCÈNE IV.

Une autre partie du champ de bataille.

Alarme. Entrent en combattant des soldats des deux armées; puis BRUTUS, LE JEUNE CATON, LUCILIUS, *et autres.*

BRUTUS. — Encore, mes compatriotes, oh! résistez encore!

CATON. — Quel bâtard ne le ferait pas? Qui veut venir avec moi? Je proclamerai mon nom sur le champ de bataille: holà! je suis le fils de Marcus Caton! Un ennemi des tyrans, un ami de mon pays; je suis le fils de Marcus Caton, holà! (*Il charge l'ennemi.*)

BRUTUS. — Et moi je suis Brutus, je suis Marcus Brutus, moi! Brutus, l'ami de ma patrie; reconnaissez-moi pour Brutus! (*Il sort en chargeant l'ennemi. Le jeune Caton est écrasé par le nombre, et tombe.*)

LUCILIUS. — Ô jeune et noble Caton, es-tu donc tombé? Vraiment, tu es mort aussi bravement que Titinius; tu mérites d'être honoré comme le digne fils de Caton.

PREMIER SOLDAT. — Rends-toi, ou tu es mort.

LUCILIUS. — Je ne me rends que pour mourir (*il lui offre de l'argent*): je te donne tout cela, si tu veux me tuer sur-le-champ; tue Brutus, et tire honneur de sa mort.

PREMIER SOLDAT. — Nous ne le devons pas. — Un noble prisonnier!

SECOND SOLDAT. — Place, holà! dites à Antoine que Brutus est pris.

PREMIER SOLDAT. — Je vais lui porter cette nouvelle. Ah! voici venir le général.

Entre ANTOINE.

PREMIER SOLDAT. — Brutus est pris, Brutus est pris, Seigneur!

ANTOINE. — Où est-il?

LUCILIUS. — En sûreté, Antoine; Brutus est suffisamment en sûreté: j'ose t'assurer qu'aucun ennemi ne prendra jamais le noble Brutus vivant: les Dieux le préservent contre une si grande honte! Quand vous le trouverez, ou vivant, ou mort, vous le trouverez égal à Brutus, égal à lui-même.

ANTOINE. — Ce n'est pas Brutus, mon ami, mais ce n'est pas une prise de moindre valeur, je vous assure: gardez cet homme avec soin, et traitez-le avec toute déférence: j'aimerais mieux avoir de tels hommes pour mes amis que pour mes ennemis. Allez, et voyez si Brutus est vivant ou mort; puis venez nous apprendre sous la tente d'Octave comment toutes choses se seront passées. (*Ils sortent.*)

SCÈNE V.

Une autre partie du champ de bataille.

Entrent BRUTUS, DARDANIUS, CLITUS, STRATON, *et* VOLUMNIUS.

BRUTUS. — Venez, pauvres débris de mes amis, reposons-nous sur ce rocher.

CLITUS. — Statilius a montré sa torche allumée; mais, Seigneur, il n'est pas revenu: il est pris ou tué.

BRUTUS. — Assieds-toi, Clitus; tuer est le mot d'ordre: c'est un acte à la mode. Écoute ici, Clitus. (*Il lui parle à l'oreille.*)

CLITUS. — Comment! moi, Seigneur? pas pour le monde entier.

BRUTUS. — Paix, en ce cas, pas une parole.

CLITUS. — J'aimerais mieux me tuer moi-même.

BRUTUS. — Écoute, toi, Dardanius. (*Il lui parle à l'oreille.*)

DARDANIUS. — Commettrai-je un tel acte?

CLITUS. — Ô Dardanius!

DARDANIUS. — Ô Clitus!

ACTE V, SCÈNE V.

CLITUS. — Quelle méchante demande Brutus t'a-t-il faite?

DARDANIUS. — Il m'a demandé de le tuer, Clitus. Regarde, il médite.

CLITUS. — Le chagrin remplit tellement ce noble vase qu'il jaillit même de ses yeux.

BRUTUS. — Viens ici, mon bon Volumnius; un mot.

VOLUMNIUS. — Que dit mon Seigneur?

BRUTUS. — Ceci, Volumnius : le fantôme de César m'est apparu à deux reprises différentes pendant la nuit; une fois à Sardes, et la dernière nuit, ici, dans les champs de Philippes. Je sais que mon heure est venue.

VOLUMNIUS. — Il n'en est pas ainsi, Seigneur.

BRUTUS. — Non, je suis sûr que cela est, Volumnius. Tu vois, Volumnius, comment marchent les choses; les ennemis nous ont poussés jusques aux bords du gouffre (*fortes alarmes*) : il est plus digne d'y sauter nous-mêmes que d'attendre qu'ils nous y précipitent. Mon bon Volumnius, tu sais que nous avons été camarades d'école : eh bien, au nom de cette ancienne amitié, je t'en prie, tiens moi mon épée, pendant que je me précipiterai sur elle[3].

VOLUMNIUS. — Ce n'est pas là un office pour un ami, Seigneur. (*Nouvelles alarmes.*)

CLITUS. — Fuyez, fuyez, Seigneur! il n'y a pas à s'attarder ici.

BRUTUS. — Adieu à vous, — et à vous, — et à vous, Volumnius. Straton, tu as été tout ce temps endormi; adieu aussi à toi, Straton. Compatriotes, mon cœur se réjouit, puisque dans toute ma vie je n'ai pas encore trouvé un homme qui ne fût loyal envers moi. La défaite de cette journée me procurera plus de gloire que n'en acquerront Octave et Marc Antoine par cette vile victoire. Maintenant, adieu à tous à la fois; car la voix de Brutus presque terminé l'histoire de sa vie : la nuit s'étend sur mes yeux; mes os voudraient se reposer, mes os à moi qui n'ai travaillé que pour atteindre cette heure. (*Alarmes. Cris à l'extérieur, fuyez, fuyez, fuyez!*)

CLITUS. — Fuyez, Seigneur, fuyez!

BRUTUS. — Partez ! je vous suis. (*Sortent Clitus, Dardanius et Volumnius.*) Je t'en prie, Straton, reste auprès de ton Seigneur : tu es un garçon qui jouis d'une bonne estime ; ta vie a conquis quelque parcelle d'honneur : eh bien, tiens mon épée, et détourne ton visage, pendant que je me précipiterai sur elle. Veux-tu, Straton?

STRATON. — Donnez-moi d'abord votre main. Adieu, Seigneur.

BRUTUS. — Adieu, mon bon Straton. César, sois apaisé à cette heure! je ne te tuais pas de moitié d'aussi bon cœur. (*Il se précipite sur son épée et meurt.*)

Alarme. Retraite. Entrent OCTAVE, ANTOINE, MESSALA, LUCILIUS, *et l'armée.*

OCTAVE. — Quel est cet homme?

MESSALA. — Le serviteur de mon maître. — Straton, où est ton maître?

STRATON. — Libre de l'esclavage dans lequel vous êtes, Messala : tout ce que les conquérants peuvent faire de lui, c'est de le brûler : car c'est Brutus seul qui a triomphé de lui-même, et personne d'autre que lui n'a l'honneur de sa mort.

LUCILIUS. — C'est bien ainsi qu'on devait trouver Brutus. — Je te remercie, Brutus, tu as prouvé que Lucilius avait dit vrai.

OCTAVE. — Je prendrai à mon service tous ceux qui ont servi Brutus. Camarade, veux-tu passer ta vie avec moi?

STRATON. — Oui, si Messala veut me présenter à vous.

OCTAVE. — Faites cela, mon bon Messala.

MESSALA. — Comment est mort mon maître, Straton?

STRATON. — J'ai tenu l'épée, et il s'est précipité sur elle.

MESSALA. — En ce cas, Octave, prends pour t'accompagner celui qui a rendu le dernier service à mon maître.

ANTOINE. — C'était le plus noble Romain d'eux tous. Tous les conspirateurs, sauf lui, firent ce qu'ils ont fait, par envie contre le grand César ; lui seul fit partie de leur bande dans une honnête pensée patriotique, et pour le bien commun de tous. Sa vie fut noble, et les divers éléments étaient si bien mêlés en lui que la nature pouvait se lever, et dire à l'univers entier : « Celui-là était un homme! »

Octave. — Traitons-le comme le réclame sa vertu, avec un plein respect, et selon tous les rites des funérailles. Ses os dormiront sous ma tente cette nuit, environnés des honneurs qui conviennent à un soldat. Appelons l'armée au repos, et partons pour aller distribuer à chacun la part qui lui revient dans la gloire de cette heureuse journée.

(Ils sortent.)

COMMENTAIRE.

ACTE I.

1. Il s'agit ici du triomphe qui suivit la bataille de Munda remportée en Espagne sur les fils de Pompée. Voici ce que dit du triomphe qui suivit cette bataille Plutarque, dont les paroles s'accordent assez bien, comme on le verra, avec celles du tribun de Shakespeare. « Ce fut la dernière guerre de César; mais le triomphe qui la suivit affligea les Romains plus que toute autre chose. Car ce n'était pas pour avoir vaincu des généraux étrangers, ni des rois barbares qu'il triomphait, mais pour avoir anéanti les enfants et la race du plus grand des Romains tombé dans l'infortune C'était mal de se faire une pompe des désastres de la patrie et de se glorifier d'un succès qui n'avait qu'une seule excuse devant les dieux et devant les hommes, la nécessité; d'autant que jusque-là César n'avait jamais envoyé de courrier ni de lettres publiques pour annoncer ses victoires dans les guerres civiles, et qu'il en avait répudié la gloire par un sentiment de pudeur. » (*Traduction de M. Talbot.*) — Disons une fois pour toutes qu'afin de donner à sa pièce une certaine unité, Shakespeare a souvent rapproché des événements qui en réalité furent séparés les uns des autres par un assez grand intervalle de temps. Ce triomphe dont il est ici question a l'air de se confondre avec les Lupercales de la scène suivante; en réalité il en fut séparé par plusieurs mois. La bataille de Munda est de 45 av. J. C.; les célèbres Lupercales de la seconde scène, 13 février, 44 av. J. C., précédèrent d'un mois son assassinat, 15 mars 44. Toujours est-il que c'est bien aux Lupercales que les tribuns firent enlever les insignes royaux dont les statues de César avaient été revêtues.

2. Les Lupercales étaient une des fêtes les plus vraiment nationales de Rome, car elles symbolisaient, à n'en pas douter, l'origine de la célèbre cité et l'histoire fabuleuse de son fondateur. Mais cédons la parole à Plutarque qui est plein de renseignements curieux à cet égard. « Les

Lupercales, à en juger par leur époque, sont une fête expiatoire. Elles se font un des jours néfastes du mois de février qui signifie lui-même mois expiatoire, et ce jour s'appelait anciennement *fevrata*. Leur nom en grec veut dire Lycées, et l'on croit d'après cela qu'elles datent de loin, des Arcadiens, compagnons d'Évandre. Mais ce n'est là qu'un bruit populaire : leur nom peut venir de la louve, et les Luperces commencent leurs courses à l'endroit même où, dit-on, Romulus fut exposé. D'ailleurs ce qui s'y fait n'est pas de nature a en éclaircir l'origine. On égorge des chèvres : on fait approcher deux jeunes gens de famille; des hommes leur touchent le front avec un couteau ensanglanté, et d'autres, au même instant, le leur essuient avec de la laine mouillée de lait. Il faut que les jeunes gens rient après cette opération. On découpe alors des peaux de chèvre; puis ces lanières en main on se met à courir tout nu, n'ayant qu'une ceinture de cuir, et l'on frappe ceux que l'on rencontre. Les femmes jeunes encore n'évitent point ces coups, persuadées qu'ils ont une heureuse influence sur la grossesse et la maternité. La fête a encore cela de particulier, que les Luperces sacrifient un chien. Un certain Buta, dans ses vers élégiaques, raconte je ne sais quelles fables sur ces pratiques des Romains. Il dit que Romulus et les siens, vainqueurs d'Amulius, coururent tout joyeux jusqu'à l'endroit où, tout enfants, la louve leur avait donné la mamelle; que cette fête est une imitation de leur course, et que les jeunes gens de famille courent,

> Frappant tout devant eux, comme avec leur épée,
> D'Albe sont accourus Romulus et Rémus.

Pour ce qui est de l'épée sanglante dont on leur touche le front, il dit que c'est une allusion au carnage et au danger de la bataille, et que l'ablution de lait est un souvenir de l'allaitement des deux frères. — Caïus Acilius raconte que, avant la fondation, le troupeau de Romulus et de son frère disparut; ils adressent une prière à Faune, et se mettent à courir tous nus pour ne pas être incommodés par la sueur : et voilà pourquoi les Luperces courent tout nus. Quant au chien, on peut dire que si la fête est une expiation, on l'immole comme victime expiatoire. Les Grecs, dans les expiations, immolent souvent des chiens, et rien n'est plus fréquent chez eux que ce qu'on appelle *Periskylacisme*. Si c'est un témoignage de reconnaissance envers la louve, nourrice et gardienne de Romulus, on n'a pas tort d'immoler un chien; c'est l'ennemi des loups; à moins, ma foi, qu'on ne punisse cet animal de gêner les Luperces quand ils courent. » (PLUTARQUE, *Vie de Romulus. Traduction de M. Talbot.*) — Pour peu qu'on examine ces détails, on aperçoit sans beaucoup de peine tous les traits principaux de l'histoire des fondateurs de Rome telle que nous l'a transmise la tradition, histoire symbolisée par des barbares naïfs, aux instincts de bandits, et doués d'une âme plus forte qu'aimable. Il est probable toutefois que les *Lycéennes* d'Arcadie dont le mot *lupercales* est l'exacte traduction, se seront mêlées dès l'origine à cette fête romaine, et même qu'elles en auront fourni la base. Mais la

COMMENTAIRE.

fête des Lycéennes célébrée en l'honneur de *Pan lyceus* (Pan chasse-loups), protecteur des bergers et de leurs troupeaux, n'était rien moins qu'instituée pour fêter les loups, et signifiait tout le contraire de ce que signifiaient les Lupercales, si l'explication qui la regarde comme un hommage à la louve est la vraie.

3. Calpurnia, fille de L. Pison, quatrième et dernière femme de César. Les trois précédentes avaient été Cossutia, de simple mais riche famille de chevaliers; Cornelia, fille de Cinna quatre fois consul, qui fut la mère de cette Julie mariée à Pompée et dont la mort imprévue rompit les derniers scrupules de César au moment de la guerre civile; et enfin Pompeia, fille de Q. Pompée et nièce de Sylla, celle que rendit si célèbre la grotesque équipée du jeune Clodius surpris chez elle en habits de femme, lors de la célébration des mystères de la bonne déesse.

4. Selon Suétone, ce devin était un augure, et s'appelait Spurinna. Plutarque, dont Shakespeare a suivi le récit, parle seulement d'un devin et place l'avis donné à la fête des Lupercales.

5. Les *Ides*, de *iduo*, diviser, marquaient la moitié du mois; elles tombaient le 15 pour les mois de mars, de mai, de juillet et d'octobre, et le 13 pour les autres huit mois.

6. Voici la singulière note que cet admirable récit de Cassius, si conforme à la nature d'un ambitieux et d'un envieux, si bien calculé pour démontrer ce qu'il veut prouver, c'est-à-dire que César n'est qu'un homme, et qu'en conséquence il n'a pas les droits d'un Dieu sur ses semblables et ses égaux, inspire à Voltaire. « Tous ces contes que fait Cassius ressemblent à un discours de Gilles à la foire. Cela est naturel, oui, mais c'est le naturel d'un homme de la populace qui s'entretient avec son compère dans un cabaret. Ce n'est pas ainsi que parlaient les plus grands hommes de la république romaine. » (*Notes à sa traduction en vers blancs du Jules César.*)

7. Cet autre passage, non moins beau que le précédent, suggère encore à Voltaire la note suivante : « Ces idées (l'emploi du mot conjurer) sont prises de contes de sorciers qui étaient plus communs dans la superstitieuse Angleterre qu'ailleurs, avant que cette nation fût devenue philosophe, grâce aux Bacon, aux Shaftesbury, aux Collin, aux Wollaston, aux Dodwell, aux Middleton, aux Bolingbroke et à tant d'autres génies hardis. »

8. Les anciens croyaient que le tonnerre produisait une pierre qui tombait en même temps que partait l'éclair. Cette pierre, nommée *Brontia*, est mentionnée par Pline. Sous ce nom se trouvaient désignés certaines coquilles fossiles ou autres produits transformés des créations antérieures.

9. Plutarque et Suétone le nomment Tillius Cimber.

10. Brutus était alors préteur.

ACTE II.

1. Encore une note de Voltaire. « Un papier du temps de César n'est pas trop dans le costume; mais il n'y faut pas regarder de si près; il faut songer que Shakespeare n'avait point eu d'éducation, et qu'il devait tout à son seul génie. » Voltaire aurait bien dû songer aussi que les vrais anachronismes sont ceux qui portent non sur le *costume*, comme il dit fort bien pour désigner les détails extérieurs, mais sur la vérité morale.

2. Cassius avait épousé Junia, sœur de Brutus.

3. Nous n'avons pas besoin de faire remarquer que les horloges étant d'invention moderne, Shakespeare commet encore ici un léger anachronisme.

4. Nous avons déjà vu plusieurs fois qu'une opinion populaire voulait que les fabuleuses licornes fussent prises au moyen de leur propre instrument de défense; le chasseur les excitait, puis se cachait derrière un arbre, alors l'animal furieux courait contre l'arbre et y enfonçait sa corne qu'il ne pouvait plus dégager ensuite. Les ours étaient surpris au moyen de miroirs qu'ils s'arrêtaient pour regarder avec étonnement, ce qui permettait de les attraper plus sûrement. Les éléphants étaient pris dans des fosses couvertes de légères couches de gazon sur lesquelles on plaçait quelque appas. Une fois tombé dans la fosse, l'animal ne pouvait plus en sortir à cause de son volume énorme. (STEEVENS.)

5. Ce fut Brutus qui rendit visite à Ligarius, et non pas Ligarius à Brutus; mais Shakespeare pour ne pas trop éparpiller l'action a fait ici ce qu'il a fait très-souvent dans cette pièce; il a rapproché toutes les circonstances qui se groupaient autour de la conspiration en une même scène. C'est ainsi que nous le verrons réunir également en une seule scène toutes les circonstances qui se rapportent à la mort de César, et confondre dans une même action la bataille de Philippes où mourut Cassius, et celle après laquelle Brutus se donna la mort, bien que les deux batailles soient séparées par un intervalle de plusieurs semaines.

6. Peut-être ce détail a-t-il été suggéré à Shakespeare par ce que Suétone raconte de l'étoile flamboyante qui apparut sept jours de suite, pendant la célébration des jeux institués par Auguste en l'honneur de Jules César. Le commun peuple crut que cette comète indiquait sa réception parmi les Dieux. DOUCE.

7. Tel ne fut pas tout à fait, selon Plutarque et Suétone, le rêve de Calpurnia. Voici le récit de Plutarque : « Après le souper, comme il était couché suivant son ordinaire, auprès de sa femme, toutes les portes et les fenêtres de la chambre s'ouvrent tout à coup d'elles-mêmes; réveillé en sursaut par le bruit et par la clarté de la lune, il entend Calpurnia, quoique profondément endormie, pousser des gémissements confus et des sons inarticulés que lui arrache un songe. Elle rêvait en effet qu'elle pleurait son époux et le tenait égorgé dans ses bras. D'au-

tres disent que ce ne fut point là le songe de Calpurnia. Il y avait au faîte de la maison de César, par décret du sénat, un pinacle qui y était comme un ornement et une distinction, s'il faut en croire Tite Live Calpurnia avait songé que ce pinacle était brisé, et c'était là le sujet de ses gémissements et de ses pleurs. »

8. Cet Artémidore était de Cnide et enseignait à Rome l'éloquence grecque. En sa qualité de lettré grec, il était lié avec Brutus, et il avait eu ainsi le moyen de connaître une partie de ce qui se tramait contre César.

ACTE III.

1. Ces paroles célèbres de César tombant ne se trouvent pas dans Plutarque; Suétone les rapporte, mais comme ayant été dites en grec, *kai su teknon!*

2. Avec quel génie Shakespeare s'est servi pour ce discours d'un détail que lui fournissait Plutarque! Brutus était célèbre par la concision affectée de ses paroles, et le discours que Shakespeare lui fait tenir est énergique jusqu'à la fatigue et condensé jusqu'à l'obscurité. « Brutus, dit Plutarque, s'était assez exercé dans la langue romaine pour haranguer les soldats et pour plaider dans les procès : quant à la langue grecque, on voit à chaque instant dans ses lettres qu'il y affectait une brièveté sentencieuse et laconienne. Ainsi, au commencement de la guerre, il écrit aux habitants de Pergame : « J'apprends que vous avez donné de l'ar- « gent à Dolabella : si vous l'avez donné de bon gré, avouez votre tort; si « c'est de mauvais gré, prouvez-le en m'en donnant de bon gré. » Il écrit aux Samiens : « Vos délibérations sont longues et les effets en sont « lents. Quelle en sera, pensez-vous, la fin? » Et cette lettre au sujet des Pataréens : « Les Xanthiens dédaignant ma clémence, ont fait de leur pa- « trie le tombeau de leur désespoir. Les Pataréens en se livrant à moi ont « couronné leurs priviléges avec leur liberté. Vous pouvez avoir ou le bon « sens des Pataréens, ou le sort des Xanthiens : choisissez. » Voilà quelques échantillons du style épistolaire de Brutus. » (PLUTARQUE, *Vie de Brutus.*)

3. Le terrain sur lequel les Romains brûlaient les corps n'était pas tenu pour terre sacrée, mais seulement l'endroit où les cendres étaient ensevelies, lisons-nous dans une note de l'édition *Peter* et *Galpin*. Sans doute, mais ce n'est ni à un terrain consacré comme un cimetière ni au terrain sur lequel on brûlait les corps d'ordinaire que Shakespeare fait ici allusion. Il est très-probable que cet ignorant de Shakespeare qui avait tout lu fait allusion ici à un tout autre lieu consacré. En effet, nous lisons dans Suétone que quelques-uns des révoltés voulaient qu'on brûlât le corps *dans le sanctuaire de Jupiter*, et d'autres dans la salle de Pompée.

4. Octave César ne fut pas d'abord l'ami d'Antoine comme Shakespeare le rapporte, et son arrivée à Rome ne fut pas non plus aussi

prompte qu'il le dit. Antoine gouverna d'abord seul à Rome où il commença par faire regretter Brutus. Plus tard, vint Octave, et dès son arrivée, Antoine et lui se déclarèrent ennemis, et cherchèrent par tous les moyens à se nuire mutuellement auprès du peuple ; il y eut enfin toute la guerre civile de Modène entre cette première rivalité et la concorde passagère qui donna naissance au triumvirat que nous présente la première scène de l'acte suivant.

5. Cette singulière aventure si caractéristique des journées d'émeute est rapportée à la fois par Plutarque et par Suétone.

ACTE IV.

1. Ce fut Brutus lui-même qui jugea et condamna Lucius Pella, le lendemain même de la scène que Shakespeare va nous montrer. Cette condamnation ne précéda donc pas la dispute de Cassius et de Brutus, mais la suivit au contraire. Du reste Cassius, nous apprend Plutarque, s'en montra fort affligé, et fit valoir pour excuser Pella les mêmes excuses qu'il présente dans Shakespeare.

2. Ce grotesque incident est historique ; seulement ce faiseur d'embarras n'était pas un poëte, mais un philosophe, et s'appelait Favonius. Voici comment Plutarque raconte cette anecdote : « Bientôt ils (Brutus et Cassius) se laissent emporter aux larmes et aux mots blessants : leurs amis étonnés de leur violence et de leur ton de colère, craignent qu'il n'en résulte quelque chose de fâcheux ; mais l'entrée de la chambre leur est interdite. Marcus Favonius, ce partisan zélé de Caton, philosophe moins par raison que par une fougue et une passion furieuses, veut entrer et est arrêté par les esclaves. Mais c'était toute une affaire de contenir Favonius quand il s'était mis quelque chose en tête : il était en tout violent et emporté. Il considérait comme rien d'être sénateur romain ; et la liberté cynique de son langage ne servait point à le relever, ses boutades intempestives n'étant presque jamais accueillies que par des rires. Il écarte en ce moment avec violence les mains de ceux qui le repoussent, entre, et grossissant sa voix, il récite les vers que Nestor prononce dans Homère :

> Mais écoutez, votre âge est au-dessous du mien,

et le reste. Cassius se met à rire, mais Brutus le chasse en l'appelant faux chien et franc cynique. Cependant ils ne poussent pas plus loin leurs contestations et se retirent. Cassius donnait un dîner : Brutus s'y rend avec ses amis. On était assis, quand Favonius arrive en sortant du bain. Brutus proteste qu'il ne l'a pas invité et ordonne qu'on le mette au haut bout de la table : Favonius se place de force au milieu. Il règne dans le repas une aimable gaieté qui n'exclut pas la philosophie. » (PLUTARQUE, *Vie de Brutus. Traduction Talbot.*)

3. Selon quelques historiens, Portia serait morte non avant mais après Brutus. Voici comment Plutarque résume les diverses traditions qui avaient cours sur cette mort. « Antoine renvoya les cendres de Brutus à Servilia, sa mère. Quant à Portia, femme de Brutus, Nicolas le philosophe et Valère Maxime rapportent que voulant mourir, mais détournée de ce dessein par ses amis qui s'y opposaient et la gardaient à vue, elle prit un jour au feu des charbons ardents, les avala, tint sa bouche complétement fermée et s'étouffa ainsi. Il existe cependant une lettre de Brutus, dans laquelle il adresse des reproches à ses amis et déplore le sort de Portia, qu'ils ont négligée et laissée se donner la mort pour la délivrer d'une maladie. Il semble donc que Nicolas ait commis un anachronisme; car on voit et la maladie de Portia, et son amour pour son mari, et le moyen qu'elle employa pour se donner la mort, nettement exposés dans cette lettre si elle est vraiment de Brutus. (PLUTARQUE, *Vie de Brutus*.)

4. C'était une ancienne croyance qu'à l'approche des spectres la lumière des flambeaux s'obscurcissait ou brûlait bleue.

ACTE V.

1. Cette scène où les généraux romains s'invectivent à la manière des guerriers grecs ou des barbares germains avant le combat et en tête de leurs armées, est la seule de cet admirable drame où Shakespeare n'ait pas observé la couleur de son sujet, et ait commis un véritable anachronisme moral.

2. Plutarque raconte en effet qu'on ne revit jamais Pindare et que plusieurs soupçonnèrent qu'il avait tué son maître sans en avoir reçu l'ordre. Ce qui le ferait croire, c'est qu'on trouva la tête séparée du tronc, ce qui semble indiquer un assassinat commis d'une manière cruelle plutôt qu'un meurtre par amour et par devoir. Cassius, un des plus détestables caractères de toute l'histoire, devait être en effet un maître fort dur, et il est probable que Pindare aura profité de l'absence de Titinius pour débarrasser l'univers de ce puissant malfaiteur qui l'avait sans doute fait rosser de coups plus d'une fois. La conscience de tout homme de bien aime à penser que cet odieux scélérat n'aura pas échappé à la justice divine, et qu'il aura payé son grand forfait en remettant sa vie néfaste au poignard de son esclave.

3. Ce Volumnius était un philosophe qui se trouvait dans le camp de Brutus. Il ne faut pas le confondre avec un autre Volumnius qui se trouvait parmi les prisonniers faits du côté de Cassius, et que le soir de la première journée de Philippes, Brutus laissa massacrer avec un bouffon du nom de Saculion, par suite d'un cruel malentendu.

FIN DU SEPTIÈME VOLUME.

TABLE.

TIMON D'ATHÈNES... 1

    Avertissement.. 3
    TIMON D'ATHÈNES... 17
    Commentaire.. 101

TROILUS ET CRESSIDA... 107

    Avertissement.. 109
    TROILUS ET CRESSIDA.. 125
    Commentaire.. 243

CORIOLAN.. 249

    Avertissement.. 251
    CORIOLAN.. 259
    Commentaire.. 381

JULES CÉSAR.. 389

    Avertissement.. 391
    JULES CÉSAR.. 403
    Commentaire.. 489

FIN DE LA TABLE.

8364. — Imprimerie générale de Ch. Lahure, rue de Fleurus, 9, à Paris.

Librairie HACHETTE et Cⁱᵉ, boulevard Saint-Germain, 79, à Paris

BIBLIOTHÈQUE VARIÉE, FORMAT IN-18 JÉSUS, A 3 FR. 50 C. LE VOL.

About (Edm.). Causeries. 2 vol. — La Grèce contemporaine. 1 vol. — Le progrès. 1 vol. — Le Turco. 1 vol. — Madelon. 1 vol. — Salon de 1864. 1 vol. — Salon de 1866. 1 vol. — Théâtre impossible. 1 vol. — A B C du travailleur. 1 vol. — Les Mariages de province. 1 vol.
Achard (Amédée). Album de voyages. 1 vol.
Ackermann. Contes et poésies. 1 vol.
Arnould (Edm.). Sonnets et poèmes. 1 vol.
Barrau. Histoire de la Révolution française. 1 vol.
Bautain (L'abbé). La belle saison à la campagne. 1 v. — La chrétienne de nos jours. 2 vol. — Le chrétien de nos jours. 2 vol. — La religion et la liberté 1 v. — Manuel de philosophie morale. 1 vol. — Méditations sur les épîtres et les évangiles. 2 vol. — Idées et plans pour la méditation et la prédication. 1 vol. — Les choses de l'autre monde. 1 vol.
Bayard (J. F.). Théâtre. 12 vol.
Bellemare (A.). Abd-el-Kader. 1 vol.
Belloy (de). Le chevalier d'Ai. 1 vol. — Légendes fleuries. 2 vol.
Bersot. Mesmer ou le magnétisme animal. 1 vol. — Les tables tournantes et les esprits. 1 vol.
Busquet (A.). Le poème des heures. 1 vol.
Calemard de la Fayette (Ch.). Le poème des champs. 1 vol.
Caro. Études morales. 2 vol. — L'idée de Dieu. 1 vol. — Le matérialisme et la science. 1 vol.
Carraud (Mᵐᵉ). Le livre des jeunes filles. 1 vol.
Castellane (De). Souvenirs de la vie militaire. 1 vol.
Chabot (Ernest de). Brins d'herbe. 1 vol.
Charpentier. Écrivains latins de l'empire. 1 vol.
Cherbuliez (Victor). Comte Kostia. 1 vol. — Paule Méré. 1 vol. — Roman d'une honnête femme. 1 vol. — Le Grand-Œuvre. 1 vol. — Prosper Randoce. 1 vol. — L'aventure de Ladislas Bolski. 1 vol.
Chevalier (M.). Le Mexique ancien et moderne. 1 v.
Crépet (E.). Le trésor épistolaire de la France 2 v.
Dargaud (J.). Marie Stuart. 1 vol. — Voyage aux Alpes. 1 vol. — Voyage en Danemarck. 1 vol.
Daumas (E.). Mœurs et coutumes de l'Algérie. 1 v.
Deschanel (Em.). Physiologie des écrivains. 1 vol. — Études sur Aristophane. 1 vol. — A bâtons rompus. 1 vol.
Devinck (F.). La pratique commerciale. 1 vol.
Duruy (V.). De Paris à Vienne. 1 vol. — Introductions à l'histoire de France. 1 vol.
Énault (L.). Constantinople et la Turquie. 1 vol.
Ferry (Gabriel). Le coureur des bois. 2 vol. — Costal l'Indien. 1 vol.
Figuier (Louis). Histoire du merveilleux. 4 vol. — L'alchimie et les alchimistes. 1 vol. — L'année scientifique. 13 années (1856-1868). 13 vol.
Fonssagrives (J.-B.). Le rôle des mères dans les maladies des enfants. 1 vol.
Fromentin (Eug.). Dominique. 1 vol.
Garnier (Ad.). Traité des facultés de l'âme. 3 vol.
Géruzez (E.). Mélanges et pensées. 1 vol.
Gonzalès (Em.). Voyages en pantoufles. 1 vol.
Garnier (Charles). A travers les beaux-arts. 1 vol.
Guizot (F.). Un projet de mariage royal. 1 vol.
Hoefer. La chimie enseignée par la biographie de ses fondateurs. 1 vol. — Les Saisons. 2 vol
Houssaye (A). Le 41ᵉ fauteuil. 1 vol. — Violon du Franjole. 1 vol. — Voyages humoristiques. 1 vol.
Hugo (Victor). Œuvres. 20 vol.
Jacques. Contes et causeries. 1 vol.
Jouffroy. Cours de droit naturel. 2 vol. — Cours d'esthétique. 1 vol. — Mélanges philosophiques. 1 v. — Nouveaux mélanges philosophiques. 1 vol.

Jurien de la Gravière (L'amiral). Souvenirs d'un amiral. 2 vol. — La marine d'autrefois. 1 vol.
La Beaume. La science des bonnes gens. 1 vol.
La Landelle (G. de). Le tableau de la mer. 4 vol.
Lamartine (A. de). Chefs-d'œuvre. 8 vol. — Lectures pour tous. 1 vol.
Lanoye (F. de). L'Inde. 1 vol. — Le Niger. 1 vol
Laugel. Études scientifiques. 1 vol.
Lavallée. Zurga le chasseur. 1 vol.
Laveleye (Émile de). Études et essais. 1 vol.
Loiseleur (Jules). Les crimes et les peines 1 vol. — Problèmes historiques. 1 vol.
Marmier (Xavier). Romans et Voyages. 13 vol.
Martha. Les moralistes sous l'Empire romain. 1 vol.
Mayrargues (A.). Rabelais. 1 vol.
Mézières (L.). Charades et homonymes. 1 vol.
Michelet. La femme. 1 vol. — La mer. 1 vol. — L'amour. 1 v. — L'insecte. 1 v. — L'oiseau. 1 v
Michelet (Mᵐᵉ J.). Mémoires d'un enfant. 1 vol.
Monnier. L'Italie. 1 v. — Les aïeux de Figaro. 1
Mortemart (Baron de). La vie élégante. 1 vol.
Nisard (Désiré). Études de mœurs et de critique sur les poètes latins de la décadence. 2 vol.
Nourrisson (J. F.) Les Pères de l'Église latine, leur vie, leurs écrits, leur temps. 2 vol.
Patin. Études sur les tragiques grecs. 4 vol. — Études sur la poésie latine. 2 vol.
Perrens (F. T.). Jérôme Savonarole. 1 vol.
Pfeiffer (Mᵐᵉ Ida). Voyage d'une femme autour du monde. 1 vol. — Mon second voyage autour du monde. 1 vol. — Voyage à Madagascar. 1 vol.
Ponson du Terrail. Les contes du drapeau. 2 v
Prevost-Paradol. Études sur les moralistes français. 1 vol. — Histoire universelle. 2 vol.
Quatrefages (De). Unité de l'espèce humaine. 1 v.
Roland (Mᵐᵉ). Mémoires. 2 vol.
Roussin (A.). Une campagne au Japon. 1 vol.
Sainte-Beuve. Port-Royal. 6 vol.
Saintine (X.-B.). Le chemin des écoliers. 1 vol. — Picciola. 1 vol. — Seul ! 1 vol. — La mythologie du Rhin. 1 vol.
Sand (George). Jean de la Roche. 1 vol
Simon (Jules). La liberté politique. 1 vol. — La liberté civile. 1 vol. — La liberté de conscience. 1 v. — La religion naturelle. 1 vol. — Le devoir. 1 vol. — L'ouvrière. 1 vol.
Stroda (De). Essai d'un Ultimum organum. 2 vol. — Méthode générale. 2 vol.
Taine (H.). Essai sur Tite Live. 1 vol. — Essai de critique et d'histoire. 1 vol. — Histoire de la littérature anglaise. 4 vol. — Nouveaux essais de critique et d'histoire. 1 vol. — La Fontaine et ses fables. 1 vol. — Les philosophes français au XIXᵉ siècle. 1 vol. — Voyage aux Pyrénées. 1 vol. — Notes sur Paris ; Vie et opinions de M. Graindorge. 1 vol.
Topffer (Rod.). Nouvelles genevoises. 1 vol. — Rosa et Gertrude. 1 vol. — Le presbytère. 1 vol. — Réflexions et menus propos d'un peintre. 1 vol.
Troplong. De l'influence du christianisme sur le droit civil des Romains. 1 vol.
Vapereau (Gust.). L'année littéraire, 11 années.
Viardot. Musées d'Allemagne, d'Angleterre, de Belgique, de Hollande, de Russie, d'Espagne, de France et d'Italie. 6 vol. — Espagne et beaux-arts. 1 vol.
Viennet. Fables complètes. 1 vol.
Vivien de St-Martin. L'année géographique, 7 années (1862-1868). 8 vol.
Wallon. Vie de N.-S. Jésus-Christ. 1 volume. — La sainte Bible. 2 vol.
Wey (Francis). Dick Moon. 1 vol. — La haute Savoie. 1 vol.

Imprimerie générale de Ch. Lahure, rue de Fleurus, 9, à Paris.

www.ingramcontent.com/pod-product-compliance
Lightning Source LLC
Chambersburg PA
CBHW071722230426
43670CB00008B/1096